고대 동아시아의
무기(武器)와 전사(戰士)

우병철 지음

진인진

고대 동아시아의 무기(武器)와 전사(戰士)

초판 1쇄 발행 | 2024년 11월 1일

지   음 | 우병철
발행인 | 김태진
발행처 | 진인진
등   록 | 제25100-2005-000003호
편   집 | 배원일, 김민경
주   소 | 경기도 과천시 관문로 92, 101-1818
전   화 | 02-507-3077~8
팩   스 | 02-507-3079
홈페이지 | http://www.zininzin.co.kr
이메일 | pub@zininzin.co.kr

ⓒ 우병철 2024
ISBN 978-89-6347-612-4 93910

* 이 책 내용의 전부 또는 일부를 다시 사용하려면 반드시 자료 제공 협조기관과 출판사 모두의 동의를 얻어야 합니다.
* 책값은 표지 뒷면에 있습니다.

목차

들어가며 7
    테글 1   고대 무기체계 및 군사조직의 연구 방법론 10
    테글 2   한반도지역의 군사·지리적 환경의 이해 15

제1장   한반도 철기문화의 출현과 전개 17

    테글 3   한반도지역 철기문화의 형성기를 둘러싼 제문제 그리고 한국식 철기문화의 이해 18
    테글 4   한반도 북부지역의 초기철기문화(B.C. 4~2세기경) 20
    테글 5   한반도 서남부지역의 초기철기문화(B.C. 3~2세기경) 22
    테글 6   한반도 동남부지역의 초기철기문화(B.C. 2세기중후엽) 24
    테글 7   한국식 세형동검 문화에서 한국식 철기문화(단조철기 중심)로 전환 26
    테글 8   한반도 동남부지역의 철 생산과 유통 28

    1. 머리말 31
    2. 한반도 동남부지역 철기문화의 출현과 전개 32
    테글 9   경산 양지리유적으로 본 한반도 동남부지역에서 철기의 출현과 전개 58
    3. 한반도 동남부지역 철기문화의 특성과 계통 60
    4. 소결 67

제2장   한반도 동남부지역 철제 무기·무구·마구의 변천 69

    1. 머리말 71
    2. 공격용 무기의 전개 양상 72
    테글 10   화살촉과 갑옷의 상관 관계로 본 무기체계 85

3. 방어용 무기의 전개 양상	87
4. 기승용 무기의 전개 양상	92

제3장　한반도 신라 및 가야의 무기체계 그리고 고구려, 백제 무기의 특성　99
　1. 머리말　101
　2. 초기철기시대~원삼국시대 한반도 동남부지역 진·변한 小國의 무기체계　101
　　테글 11　원삼국시대 유력 수장묘의 등장(1세기후엽~2세기전엽, 경주 사라리130호)　108
　　테글 12　원삼국시대 후기이후 군사조직이 장창병 중심으로 운용　109
　　테글 13　원삼국시대 신라의 동해안 북쪽 주요 군사적 거점지역　110
　3. 삼국시대 한반도 동남부지역 신라와 가야의 무기체계　111
　　테글 14　경주 황남대총남분 무기로 본 신라의 주요 무기　118
　　테글 15　경주 계림로14호분 무기로 본 신라의 주요 무기　120
　4. 한반도 북부지역 고구려의 무기체계　130
　　테글 16　고분벽화로 본 고구려의 무기체계 및 군사조직　137
　　테글 17　고분벽화로 본 고구려의 전사　138
　　테글 18　유적으로 본 고구려의 방어체계　140
　　테글 19　고구려 우산하고분군(集安禹山下古墳群) 태왕릉 출토 무기류　144
　5. 한반도 서남부지역 마한·백제의 무기체계　145

제4장　동아시아 한반도 주변 국가의 무기체계　155
　1. 머리말　157
　2. 중국 삼연(前燕)의 무기체계　157
　　테글 20　북방 기마민족 흉노의 화살　159
　　테글 21　중국 삼연(前燕) 문화의 특성　161
　　테글 22　중국 삼연(前燕) 무기체계의 특성　162

3. 일본열도 왜의 무기체계 … 164
- 테글 23 일본열도 왜(倭) 古墳時代前期(4세기후엽~5세기전엽)의 무기체계 … 179
- 테글 24 일본열도 왜(倭) 古墳時代中期(5세기)의 무기체계 … 187

4. 동아시아 무기체계의 특성 … 208

제5장 의장 무기로 본 신라와 가야 … 211

1. 머리말 … 213
2. 궐수형철기로 본 원삼국시대 정치체의 상호작용 … 214
- 테글 25 신라 초기의 의장무기 궐수형철모 다수부장 … 242

3. 삼국시대 장식대도의 특성과 지역성 … 243
- 테글 26 신라 장식대도의 출현과 변천 … 272
- 테글 27 신라 장식대도의 특성과 성행 … 273
- 테글 28 백제 장식대도의 특성과 성행 … 280
- 테글 29 가야(대가야) 장식대도의 특성과 성행 … 281
- 테글 30 백제권역 영산강유역 장식대도의 특성 … 284

4. 신라와 가야의 의장 무기의 특성 … 286

제6장 의장 무기로 본 신라와 가야의 세력 확산 … 317

1. 머리말 … 319
2. 신라의 의장 무기와 세력 확산 … 320
- 테글 31 신라 북서쪽 영남내륙의 군사적 방어 거점지역 의장 무기(경산지역) … 335
- 테글 32 신라 북서쪽에 대가야와 백제의 경계지역에 위치한 군사지역의 의장 무기(성주지역) … 340
- 테글 33 신라 북서쪽 영남내륙의 군사적 거점지역(의성지역) … 345
- 테글 34 신라 남서쪽에 대가야의 경계지역에 위치한 군사적 거점지역의 의장 무기(창녕지역) … 349
- 테글 35 신라 남쪽 남해안에 위치한 군사적 거점지역의 의장 무기(부산지역) … 356

   3. 의장 무기로 본 대가야의 세력 확산   368

   4. 소결   384

제7장   맺음말   387

참고문헌   399

사진제공 기관   413

들어가며

19세기 덴마크의 고고학자 톰센(Christian Jürgensen Thomsen, 1788~1865)은 처음으로 삼시대법(돌의 시대, 청동의 시대, 철의 시대)을 유물의 분류에 적용하였다. 이후 삼시대법은 유럽의 스칸디나비아지역을 비롯한 전 세계 여러 지역에서 편년설정과 문화단계를 구명하는 데 결정적인 기준이 되었고, 오늘날까지도 계속 유효하게 사용되고 있다.

우리나라 고고학은 문자 기록의 유무에 따라 크게 선사고고학과 역사고고학으로 구분하고 있다. 그리고 선사고고학은 삼시대법에 기초를 두고 구석기시대, 신석기시대, 청동기시대, 철기시대로 구분한다. 삼시대법 상 철기시대에 해당하는 역사고고학의 범위는 고조선과 삼한 단계 또는 삼국시대부터 중세나 근대까지 계속될 수 있다. 따라서 현재를 살아가는 우리 역시 기원 전후부터 시작된 **철기시대** 속에 여전히 살고 있다고 볼 수 있다.

철의 출현은 국가의 성립과 권력의 형성, 전쟁의 발생과 무기의 발달, 산업의 변화·발전 등에 이르기까지 사회·경제·문화의 변동을 이끄는 가장 중요한 요소 중 하나이다. 즉 고대 철 생산기술의 수용과 재지화, 철기의 국내·외 유통, 한반도지역에서의 무기체계 구성 등, 철과 관련한 여러 현상은 현대 우리나라의 산업기술의 수용과 발전, 국제 무역 중심의 산업구조, 육군 중심의 무기체계 등과 매우 유사한 상황이다. 따라서 철 또는 철기의 출현과 전개과정에 대한 이해는 고대부터 오늘날까지 우리의 역사·문화를 제대로 인지하기 위한 필수불가결한 요소라 할 수 있겠다.

고대 한반도에서는 본격적인 철 생산에 따라 철기 제작 및 유통이 활발해지면서 강도가 우수한 철제 농기구가 보급되기 시작하였다. 이는 곧 농업 생산량 증대로 이어져서 당시의 생업과 산업 구조에 큰 변화를 가져왔다. 그런데 당시 최첨단 하이테크 기술이었던 철 생산 기술의 수용과 철기의 제작, 유통 등은 쉽게 이루어지지 않았고, 이전부터 기술을 독점하고 있었던 중국으로부터 많은 제약이 따랐다. 종국적으로 한반도지역에서는 중국의 제약을 넘어 독자적인 철생산과 철기제작이 정착하였고, 그 생산력을 바탕으로 주요 지역을 중심으로 소국(小國)이 형성되고 이후 고대 국가로 성장하게 되었다. 그리고 동아시아에 위치한 고대 국가의 영토의 대립이 본격화되면서, 각 집단의 무기체계 구성과 군사조직 운용이 더욱 전문화되었다.

고대 한반도의 전쟁과 무기체계에 대한 연구는 『三國史記』 등의 문헌자료를 중심으로 연구가 이루어져 왔다. 그러다가 1980년대 이후에 들어와서 매장유산 발굴조사 건수가 증가함에 따라 수십만 점의 철제 무기류가 보고되었다. 이때부터 고고학적으로 개별 무기류의 특성과 실체를 밝히고자 하는 연구가 진행되어 왔다. 이제 기왕의 문헌과 실물자료인 고고자료의 연구를 종합하여, 합리적인 역사문화 해석에 접근할 필요가 있다.

그런데 고고자료 중 철제무기는 무기 자체의 특성상, 적군이 사용하는 무기의 성능에 따라 아군의 무기가 결정될 수밖에 없는 상대성이 강한 기구이다. 또 전투지의 자연환경, 상대 집단의 규모나 문화 등을 고려하여 승리하기에 유리한 무기를 선택했음에 틀림없다. 따라서 무기체계를 검토함에 있어 '왜 이러한 무기류가 출토되었는가'라는 물음에 이상의 여러 가지 요소를 고려한 큰 틀에서 답변할 필요성이 있다.

이 글은 시·공간적으로 동아시아의 중국대륙(동북지역), 한반도, 일본열도의 무기를 비교하여, 큰 틀에서 고대 우리나라가 주로 선호하였던 **무기체계와 군사조직의 정황성**을 살펴보는데 주된 목적이 있다.

한편 고대의 정치체가 성장할수록 집단의 엘리트들은 아집단의 정체성을 표현하고 부각시키기 위해 상징성이 강한 의장 무기를 제작한다. 현대에서도 각 국가의 국기, 군사조직의 의장기, 군부대의 상징 마크 등을 사용하는 것과 같은 맥락이라 할 수 있겠다.

고대 집단의 무기체계는 군사지리적 환경, 상대 집단의 무기체계 등을 고려한 효율성과 실전 전투에 기반한 무기체계가 구성되는 반면, 의장무기는 상징동승(Symbolic entrainment), 우월경쟁(Competitive emulation), 정체성 표현(Expressive identity) 등의 목적으로 상징성이 강한 무기로 제작 및 소유하여 활용된다. 하지만 이러한 의장무기의 소유는 시기별로 각 사회문화의 환경에 따라 표현 방식에서 집단간의 상징 표현에 차이가 있다. 그 대표적인 예로, 한반도 동남부지역에서의 원삼국시대 소국(小國)과 삼국시대 국가(國家)의 엘리트들의 의장무기 선호 방식이다. 원삼국시대 소국(小國)의 엘리트들은 지휘용 또는 상징의 의장무기인 유사한 형태의 철검을 공통적으로 제작 및 보유하려 했으며, 대외의 중국 한(漢)나라의 문물인 청동제 거울(漢式鏡) 등을 동질의 상징물 소유경쟁 현상이 간취된다. 하지만 삼국시대의 국가 엘리트들은 아집단의 정체성을 표현하기 위해 독자적 성격이 강한 의장무기를 제작하였다. 대표적 의장 무기로 금·은·청동제의 칼(대도)가 있으며, 백제 및 대가야의 용봉환두대도, 신라의 삼루환두대도, 삼엽환두대도가 있다.

테글 1
고대 무기체계 및 군사조직의 연구 방법론

고대 우리나라 무기체계의 실체에 접근하려면 우선 개별 무기류에 대한 정량적 분석을 바탕으로 형식변화를 검토해야 한다. 다음으로는 단계별 무기의 조합관계를 살펴봐야 하는데 이때는 각 단계의 최고 수장급 무덤에서 출토되는 무기 조합군과 수량을 분석할 필요가 있다.

이 글에서 각 단계별 최고 수장급 무덤의 무기류를 검토 대상으로 삼은 배경은 최고 수장급묘의 무기류가 당시 무기체계를 가장 잘 반영하는 표본으로 볼 수 있기 때문이다. 최상위급 무덤을 축조하는 매장 의례 중에 다수의 무기류가 부장되는 현상은 피장자가 사후세계에서도 권력과 안위를 유지하려는 의도가 내포되어 있는 것으로 볼 수 있다. 즉 피장자의 무덤에 유물을 부장하는 행위가 피장자가 생전에 가졌던 권력과 지위를 어느 정도 반영하는 것으로 볼 수 있으며, 무기 역시 그와 같은 성격에서 매장되었을 것이다.

중국 진시황릉(秦始皇陵) 병마용갱, 한반도 고구려 안악3호 벽화고분의 행렬도, 대가야의 순장묘 등에 보이는 군사들의 모습은 사후에도 피장자를 수호하고자 하는 염원을 반영한 것이다. 신라와 가야지역 무덤에서 무기가 다량 부장되는 현상도 같은 맥락에서 이러한 사후관념이 투영되었을 가능성이 크다고 할 수 있다.

중국 진시황릉 병마갱의 전사

각 집단의 무기체계는 내부 집단의 인구, 환경 및 지리적 요건뿐만 아니라 외부의 상대집단의 무기체계 및 군사력 등 대내외적으로 여러 영향을 받는다. 따라서 한반도지역을 포함한 고대 동아시아 각 국가의 무기체계를 설명하기 위해서는 유물 자체에 대한 분석과 함께 제집단의 규모, 환경 및 지리적 여건, 상대의 무기체계 등 다방면에서 검토가 필요하다. 이러한 방식의 접근에는 유물 자체에 대한 분석을 토대로 문화 체계의 구성 요소를 함께 고려하는 과정주의 고고학적 연구방법이 효율적이다.

---

1 대표적으로 데이비드 클라크(Clarke)는 문화 체계가 하나의 단일한 사회문화적 시스템의 하위체계 네트워크들 사이의 역동적 평형의 정적이고 도식적인 모델과 그것의 전체적 환경 시스템, 문화 상호작용들에 의해 연결되는 사회문화적 체계들의 영향의 합계를 대표한다고 하였다.
Clarke, G. (1976), "Prehistory since Childe", Bulletin of Archaeology, London.

과정주의 고고학은 생업, 취락, 기술, 사회조직, 인구, 환경 등 문화를 구성하는 요소가 상호작용하면서 각각의 문화가 형성되는 것으로 본다. 그래서 과정주의 고고학은 문화의 진화, 과거에 대한 체계론적 접근, 객관적이고 과학적인 방법론, 문화 과정과 일반화의 추구, 문화 체계에 대한 환경의 중요성 등의 연구 방식을 강조하였다.[1] 특히 초기 과정주의 고고학자들은 과거 인간사회를 설명하려는 하나의 접근법으로 체계이론을 적극 권장했다.

체계이론은 자연환경 또는 사회조직들이 주위의 내적인 요인과 외적인 환경에 적응해나가면서 유기체 또는 조직 내부의 여러 변수들 사이에서 벌어지는 상호작용을 설명하는 데 강점이 있다. 반면 체계이론은 다양한 인간 사고로부터 발생되는 행위를 설명하지 못하기 때문에 비판을 받는다. 그럼에도 불구하고 과정주의 고고학의 체계이론은 한반도 무기체계를 설명하는데 유효한 연구방식이 될 수 있다.

특히 한반도 내 고구려, 백제, 신라, 가야의 무기체계를 이해하기 위해서는 그에 영향을 끼치는 자연지리적 환경, 철기의 제작기술 보유, 각 집단의 규모, 타집단의 군사력 등 문화의 상호작용 시스템 차원에서 접근해야 합리적인 해석이 도출될 수 있기 때문이다. 예를 들면 당시의 최첨단 기술인 철 생산과 철제무기 제작 기술력은 어느 정도 확보하였는지, 각 집단 안에서 전투 병력으로 동원할 수 있는 인구는 어느 정도 규모인지, 적군에 대

원삼국시대 철창의 다수부장

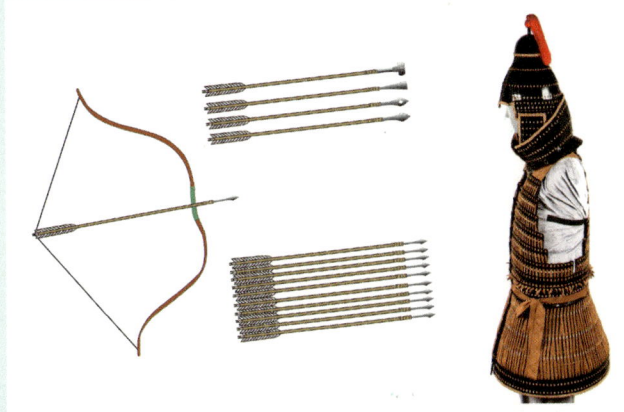
삼국시대 활과 갑옷

고구려(안악3호분 행렬도)의 전사

고구려의 중장기병

몽골 기마민족의 경기병

중국대륙의 중보병

응할 만한 효율적인 무기체계가 구성되어 있는지, 산지와 크고 작은 분지가 많은 한반도 동남부지역에서 기동성이 떨어지는 철제 갑옷이 과연 얼마나 효용이 있을지 등 다양한 요인에 대한 사전 검토가 이루어져야 한다는 것이다.

구체적인 예로, 한반도 동남부지역의 영남지방에는 진·변한이라는 정치체가 자리 잡고 있었으며 양 정치체는 초기철기시대, 원삼국시대를 지나면서 소국 병합 과정을 거쳐 각각 국가를 형성하였다. 이렇게 성립된 신라와 가야는 태백산맥과 소백산맥에 둘러싸인 천혜의 요새 속에서, 영남지방 각지의 크고 작은 분지에 입지한 소국을 병합하여 국가단위로 발전해 나간 문화적 공통성을 가진다.

원삼국시대에는 지리적으로 소국(小國)간의 상호거리가 그리 멀지 않으면서 환경적 요인도 유사했기 때문에 생업, 사회조직 등 여러 면에서 동일문화권을 형성했다고 볼 수 있을 것이다. 그리고 이러한 문화의 동일성은 신라와 가야의 무기체계의 형성과 발전과정에도 역시 유사하게 반영되었을 것으로 판단된다.

이러한 현상에 대하여 문화생태학의 역사생태학적 관점에서는 다음과 같이 설명한다. 스튜어드의 문화생태학은 문화를 인간이 특정 환경에 적응하기 위한 수단이라 생각하고 문화와 환경 간 관계에 주목하는 연구방법을 주장하였다. 문화생태학의 바탕에는 각기 다른 환경에서 다른 생업기술을 갖고 적응하면 서로 다른 문화를 만들어내지만 유사한 환경에서 유사한 생업기술을 갖고 적응하면 비슷한 문화를 만들어낸다는 생각이 깔려 있다. 스튜어드의 진화론은 시대나 지역이 다른 복수의 문화가 유사한 환경조건과 생업기술에 의해 비슷한 역사과정을 밟는다는 내용 때문에 평행진화론으로 불리기도 한다.[2] 역사생태학은 인간의 사회적 변화와 환경적 변화 사이의 복잡한 상호작용을 설명하려고 한다.[3] 역(사)생태학에서는 인간과 환경을 이원론적으로 구분하고 인간이 환경에 적응한다고 보는 것이 아니라 인간과 환경 간의 변증법적 상호작용에 주목하고 있다.

문화생태학의 역사생태학적 접근 방식은 고대 한반도지역의 고구려, 백제, 신라, 가야 무기체계를 설명하는 데 도움을 준다. 결론적으로 역사생태학적인 관점에서 볼 때 고대 고구려, 백제, 신라, 가야의 실전용 무기체계는 일본열도 왜와 비교해 볼 때 유사성이 매우 강하다. 특히 실전용 무기체계는 원삼국시대부터 삼국시대까지 거의 유사하게 전개된다. 전체적으로 문화적인 유사성을 띠는 가운데 세부적으로 상이성을 띠는 것으로 이해할 수 있는데, 굳이 차이점을 찾는다면 수장급이 소유하던 의장 무기의 구분이 가능한 정도이다.

현대 대한민국 특수부대

현대 대한민국의 경보병(일반 보병의 경우 갑옷 착용 ×)

한편 고대 각 집단의 무기체계는 군사지리적 영향을 강하게 받기 때문에, 각 집단이 위치한 지리적 환경을 이해하여야 한다. 한반도 동남부지역의 예로 보면, 이 지역은 태백산맥과 소백산맥으로 둘러싸여 다른 지방과는 확연히 구별되는 지형을 형성하고 있다.

---

2   Steward, J. H, 1955, 『Theory of Culture Change』.
     줄리안 스튜어드, 2007, 『줄리안 스튜어드의 문화변동론: 문화생태학과 다선진화 방법론』, 조승연 옮김, 민속원.

3   Balee, W, 1998, 「Advances in Historical Ecology」, 『Introduction』, New York: Columbia University Press.

현대 대한민국의 기갑병(필자-전우와 함께)

미래 대한민국의 보병(방탄복 착용), 육군 출처-아미타이거 시범여단

구체적으로 영남지방은 태백산맥과 소백산맥, 남부의 해안산맥으로 둘러싸인 하나의 거대한 분지인 동시에 내부적으로도 낙동강의 대소 지류가 지나가는 수많은 분지군으로 구성되어 있다. 한반도 동남부지역(영남지방)의 분지들은 대체로 경기, 호남, 호서지방 등에 비해 산지가 많아 토지의 비옥도가 떨어지나 분지의 규모가 작은 곳이 많아 소규모 공동체 집단이 자리 잡기 좋은 여건을 갖추었다. 이러한 폐쇄성이 짙은 자연지리적인 요인으로 인해 영남지방의 정치체는 집단 내부의 통합이 빠르게 이루어졌으며, 시간이 흐름에 따라 영남지방에 독자적인 사회체계와 생활방식을 가진 다수의 분지 문화를 형성하기에 이르렀다. 신라와 가야의 무기체계는 이러한 자연적인 환경에 크게 영향을 받을 수밖에 없었고, 폐쇄적이고 산지가 많은 지형조건으로 인해 그에 맞게 무기체계가 구성되었을 가능성이 크다.

테글 2
한반도지역의 군사·지리적 환경의 이해

고대의 무기체계 및 군사조직, 전투와 전쟁을 이해하기 위해서는 대내외의 지리적 환경에 대한 검토가 선행되어야 한다. 그 이유는 과거부터 상대 집단 간의 전쟁을 수행함에 있어, 지리적 환경을 고려한 전투의 전술 및 작전의 이행, 무기체계의 구성, 주요 병사의 구성 비율의 확립 등이 필수적으로 이루어지기 때문이다.

한반도 대부분의 지역은 크고 작은 산지가 위치하고 있으며, 일부 한반도 북서지방과 서남부지방은 서해안 인근의 평지지형으로 구성되고 있다. 한반도 서쪽의 평지지형도 동쪽의 태백산맥에서 이어지는 여러 산맥으로 인해 자연적 방어선이 형성되고 있다. 특히 한반도 동남부지역의 소백산맥은 북서쪽의 중국대륙이나 북동쪽의 북방민족, 한반도 서남부지역 집단에 대응할 수 있는 강력한 군사지리적 방어선 역할을 하였다.

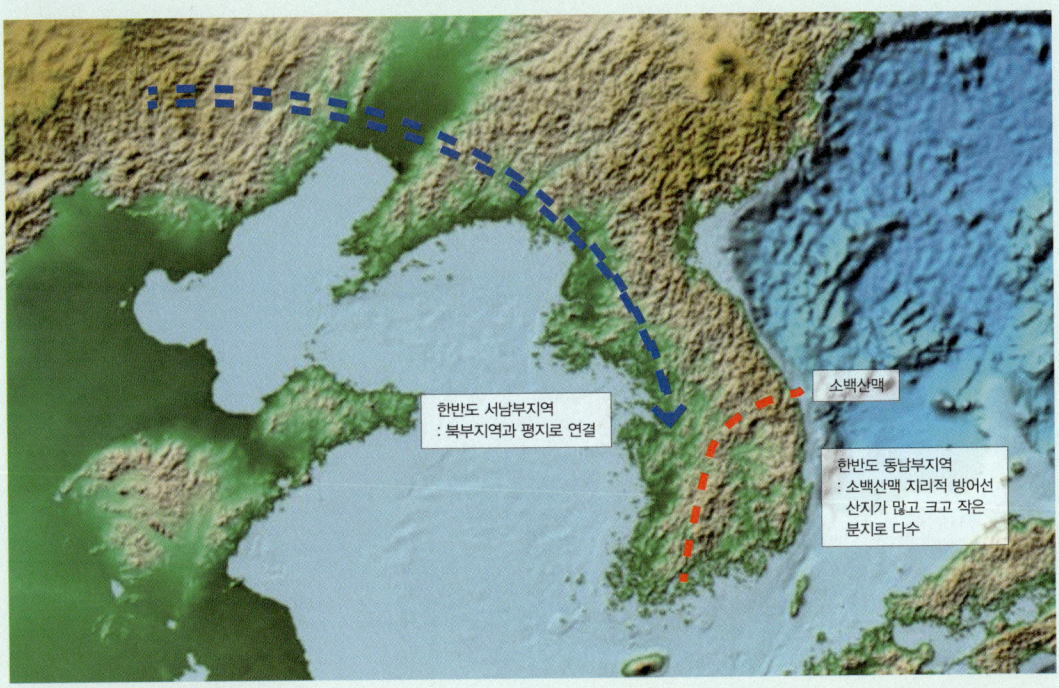

www.pinterest.com 인용

중국의 영향에 대응한 최후의 보루, 소백산맥
 - 한반도 철기 문화의 형성과 발전이 안정적으로 이루어진 배경에는 험준한 소백산맥이 군사지리적 방어선으로 큰 역할을 하였다.

iStock 인용

1. 머리말

2. 한반도 동남부지역 철기문화의 출현과 전개
   가) 철기 개별 기종의 전개 양상
    1) 초기철기시대 동남부지역 철기문화의 출현
    2) 원삼국시대 동남부지역의 철기문화의 전개 양상
      (1) 철제 무기의 출현과 전개
      (2) 철제 농공구류의 출현과 전개
      (3) 철제 마구류의 출현과 전개
   나) 원삼국시대 동남부지역 철기

3. 한반도 동남부지역 철기문화의 특성과 계통
   1) 한반도 남부지역 철기문화 출현과 관련된 계통 연구의 쟁점
   2) 한반도 동남부지역 철기문화의 특성과 계통

4. 소결

01 한반도 철기문화의 출현과 전개
- 한반도 동남부지역 철기문화의 특성과 계보 -

고대 동아시아의 무기(武器)와 전사(戰士)

테글 3
한반도지역 철기문화의 형성기를 둘러싼 제문제 그리고 한국식 철기문화의 이해

한국고고학에서의 '초기철기시대'라는 시대구분의 개념은 세형동검(細形銅劍), 정문경식세문경(精文鏡式細文鏡) 등 한국식 동검문화가 가장 활성화되는 시기에 일부 철기문화가 유입되는 의미로 사용되고 있다.

세계사에서 철의 등장은 현재 서아시아에 위치한 아나톨리아지역에서 서기전 2000년경에 시작된 것으로 추정되고 있다. 이 철 생산 기술은 동쪽으로 전해져 중국의 춘추전국시대(BC770~BC221)에 지속적으로 발전하고, 주변지역으로도 확산된다. 한반도 역시 이 시기에 제철기술이 유입된 것으로 알려져 있으나, 제철기술 유입의 과정은 어려운 여정을 거쳐 이루어 졌다. B.C. 2C 중후엽, 중국 한나라의 한무제는 염철전매제를 시행하고, 고조선(위만조선)을 멸망시키면서 한사군(낙랑군 등)에 철관을 설치하여 철기의 유통을 엄격히 제한하였다. 이 시기부터 기왕에 철기의 유통이 활발했던 한반도 북부지역과 서남부지역에서도 철기의 유통이 제한적으로 확인된다.

반면 이 시기에 험준한 소백산맥 동쪽의 한반도 동남부지역은 한나라의 영향력이 약하여 단조기술로 제작한 독자적인 철기가 제작되고 점진적으로 발전이 이루어 졌다. 최근 한반도 동남부지역의 철기문화에 대하여 한반도 대동강유역의 고조선(古朝鮮)과 위만조선(衛滿朝鮮)이 형성했던 철기문화가 이 지역으로 확산된 것으로 보는 견해 증가하고 있다. 이렇게 형성된 한반도 동남부지역에서 형성된 단조 제작기술 중심의 철기문화는 삼국시대 백제, 신라, 가야까지 계통적으로 이어진다.

· 한반도 초기 철기문화에 대한 이해

초기철기시대 한반도의 철기문화와 관련해서 고고자료에서 확인되는 일반적인 현상을 인지할 필요성이 있다.

첫째, B.C. 3~2세기경 동아시아 각 지역에서의 초기 철기문화는 중국(中國) 연나라(燕) 및 한나라(漢)의 철기문화의 강력한 영향을 받았으며, 대표적인 것이 한반도 북부지역에서 확인되는 '세죽리-연화보유형'의 철기문화이다. 또한 이 시기의 한반도 서남부지역에서도 연나라에서 유행하였던 화살인 철경동촉 등과 함께 한반도 북부 세죽리-연화보유형의 주조철기문화가 확산되고 있다. 그런데 한반도 남부지역의 동남부지역에서 이러한 중국의 전국계(戰國系) 연식(燕式) 철기문화가 소수만 확인되고 있다.

둘째, 시간의 흐름에 따른 각 지역의 철기문화 유행이 다르다는 점이다. 특히 한반도 남부지역의 경우 소백산맥을 기준으로 서남부지역과 동남부지역의 철기문화 전개가 큰 차이가 있다. 앞서 언급하였듯이 B.C. 3~2세기경까지는 한반도 북부와 남부의 서남부지역에서 연식 철기문화인 **주조철기문화가** 유행하다가 한반도 서남부지역의 경우, B.C. 1세기부터 A.D. 2세기까지 철기가 상대적으로 극소수만 확인(공수 수촌리유적, 서산 동문동유적, 나주 구기촌유적, 함평 신흥동유적 등)되고 있다는 점이다.

한편 한반도 남부의 소백산맥 이동의 동남부지역에서는 B.C. 3~2세기경에 연식철기문화가 극소수만 확인(경산 임당동유적 등)되다가 한반도 서남부지역 B.C. 2세기 중후엽부터 A.D. 2세기까지는 연식 철기와 기술적, 형태적으로 차이가 있는 **단조철기문화가 점진적으로 유행**(대구 팔달동유적, 월성동유적, 경산 임당동유적, 신대리유적, 경주 하구리유적, 황성동유적, 덕천리, 조양동유적, 영천 용전리, 성주 예산리, 울산 교동, 밀양 교동, 창원 다호리유적, 등)하고 있다.

셋째, 2세기 중후반부터는 중국 후한의 세력이 약화되면서, 한반도의 주요 지역의 세력의 성장과 더불어 철기문화도 전역에 걸쳐 크게 증가하고 있다. 한반도 서남부지역에서는 B.C. 3~2세기경에 연식철기문화가 크게 유행하다가 B.C. 3~2세기 중엽경 중국 한(漢)의 염철전매제가 시행되는 시기부터 한의 세력이 약화되는 A.D. 2세기 초까지 철기의 자료가 소수만 확인되고 있다. 이후 A.D. 2세기부터는 한반도 서남부의 중서부지역(천안 청당동유적, 대화리유적, 인천 검단동유적, 김포 운양동유적, 운서동유적, 오산 궐동유적, 서산 예천동유적, 평택 마무리유적, 아산 용두리유적, 공서리유적, 청주 오송유적, 송절동유적, 세종 용호리유적, 진천 송두리유적 등)에서는 철기문화가 급속히 활성화되며, 자체 제작기술뿐만 아니라 일부 지역에서는 소백산맥 이동의 동남부지역의 철기문화도 확인되고 있다.

테글 4
한반도 북부지역의 초기철기문화(B.C. 4~2세기경)
세죽리 – 연화보유형 철기문화의 확산

· 위원 용연동유적 철기일괄(주조철기 문화 중심)

한반도의 북부지역인 중국 요하(遼河) 동쪽에서 청천강 이북에 걸쳐 분포했던 문화유형으로 요령성 무순(撫順) 연화보 유적과 평북 영변 세죽리 유적을 표지(標識)로 한다. 화폐로서 중국 연나라에서 제작한 명도전(明刀錢)이 출토되었다. 한편 연식 철기문화 외에도 앞 시기 청동기시대의 반달돌칼(반월형석도)을 모방한 철기(반월형철기)도 재지적 철기도 출토되고 있다.

위원 용연동 일괄유물(국립중앙박물관, 1998, 「한국고대국가의 형성」 인용)

· 한국식 철기문화(단조기술 중심 철기문화)의 형성

한반도 초기 철기문화는 고고자료에 있어 총체적인 흐름이 문헌사의 주요 사건과도 일맥상통하는 부분이 있다.

첫째, 중국대륙의 철기문화는 전국시대 연나라의 철기문화가 주변 국가로 확산되는데, 중국 연나라와 인근에 위치한 한반도지역도 유사한 상황이다. B.C. 3~2세기 중엽경 한반도 북부지역과 서남부지역에서는 연식 철기문화가 유행한다. 한편 한반도 동남부지역에서는 상대적으로 철기문화의 유입 및 유행이 이루어지지 않고 있다. 이러한 현상을 교통 및 지리적 특성으로 접근해 보면, 한반도 북부와 서남부지역은 평지로 쉽게 이어지지만, 동남부지역은 험준한 소백산맥을 넘어야 하는 교통의 불리한 점이 작용했을 것으로 보인다. 그런데 소백산맥으로 둘러싸여 있는 동남부지역은 교통의 불리한 점이 있지만 군사적 측면에서는 자연적 방어선이 구축되어 자체 발전에는 유리한 점이 있다.

둘째, 중국 한나라의 한무제(漢武帝)가 실시한 '염철전매제'와 '위만조선의 멸망, 한사군(漢四郡) 설치'이다. 한나라 초기(기원전 2세기 중엽경) 무제는 흉노(匈奴)와의 전쟁 등 대외정복 사업으로 발생한 재정문제를 해결하기 위해 전매제도(專賣制度)를 실시하였다. 철기의 유통은 각 지방에 50여 개의 철관(鐵官)을 설치하여 엄격히 제한하였다.

그리고 기원전 108년에는 한무제가 위만조선을 멸망시키고 한사군을 설치하였다. 당시 한반도 북부지역은 이러한 염철전매제도의 영향권에 포함되었고, 한반도 북부지역에서 철기를 수입하던 서남부지역도 극히 제한될 수밖에 없는 상황이 되었다.

이러한 역사적 배경은 한반도 북부지역과 서남부지역에서 B.C. 3~2세기까지 연식 철기문화가 유행하다가 B.C. 1C~A.D. 1C까지 소수만 확인되는 고고자료의 현상과 연결된다.

한편 소백산맥에 둘러 쌓여 있는 동남부지역 철기문화는 한반도 북부지역과 서남부지역과는 다른 양상으로 전개된다. B.C. 3~2세기까지 연식 철기문화가 소수만 확인되다가 기원전 2세기 중후엽경 연식 주조철기문화와는 차이가 큰 단조철기문화가 출현하기 시작한다. 이후 기원전1세기경 위만조선 멸망이후 한사군이 설치되자 앞 시기의 단조철기문화가 급속히 발전하는 양상이 확인된다. 또한 금호강유역을 중심으로 세형동검문화가 번성(대구 만촌동, 신천동유적, 팔달동유적, 경주 구정동유적, 입실리유적 등)하다가 점차 철기문화로의 변화가 이행되는 현상(대구 팔달동유적, 월성동유적, 경산 임당동유적, 양지리유적 등)도 뚜렷이 확인되고 있다.

기왕의 학계에서는 중국 한나라의 한사군, 특히 낙랑군 설치(B.C. 108년)이후 한나라의 영향으로 한반도 남부지역에 철기문화가 확산되는 것으로 보는 시각이 많았으나 구체적인 현상은 그렇지 않은 것을 알 수 있다. 즉 한나라는 한반도 서남부지역에서 B.C. 1C~A.D. 1C까지 소수만 확인 양상으로 보아 지속적으로 한반도의 철기유통을 제한하였으며, 소백산맥 이동의 한반도 동남부지역에는 한나라의 영향이 미치지 못하였던 것으로 보인다.

당시의 국제 상황으로 볼 때, 철 생산기술은 각지의 유력집단이 경제 및 정치·군사적 측면에서 필수적으로 보유해하는 부분이었기 때문에 철의 유통 및 기술 전파 및 수용이 엄격히 제한되었을 가능성이 컸을 것이다. 이 시기 한반도 동남부지역에서는 중국 연식 및 한식 철기문화와는 차이가 있으며, 앞 시기에 출현하였던 단조철기문화 중심의 독자적인 철기문화가 발전하게 된다. 위만조선 철기문화의 뚜렷한 양상은 확인되지 않지만, 역사적 상황으로 보아 위만조선의 철기제작 기술이 한나라의 영향이 약한 한반도 동남부지역에 유입된 것으로 보는 것이 합리적이다.

기왕에 크게 주목하지 않았지만, 기원전 2세기 중후엽경 한반도 동남부지역 금호강유역을 중심으로 출현하는 단조철기 중심의 철기문화와 기원전 1세기부터 동남부지역 주역에서 활성화된 철기문화는 한반도의 한반도식 철기문화를 이해하는데 핵심적 요소라 할 수 있다.

테글 5
한반도 서남부지역의 초기철기문화(B.C. 3~2세기경)

서기전 3~2세기경 서남부지역(중서부지역 포함)에서는 한반도 북부지역인 세죽리-연화보유형의 철기문화 영향을 받은 철기류가 당시에 유행했던 한반도 세형동검 문화의 청동기류와 함께 확인된다. 철기문화는 한반도 북부지역과 마찬가지로 주조기술로 제작한 주조철기문화가 주류를 이루며, 중국 연나라에서 유행하는 철경동촉(신부-청동, 슴베-철)도 여러 지역에서 확인되고 있다. 대표적인 유적으로 장수 남양리유적, 갈동유적, 신풍유적, 부여 합송리유적, 당진 소소리유적, 공주 수촌리유적, 논산 원북리유적, 익산 신동리유적, 전주 마전유적, 영광 군동유적, 나주 덕산리유적, 인천 운북동 등이 있다.

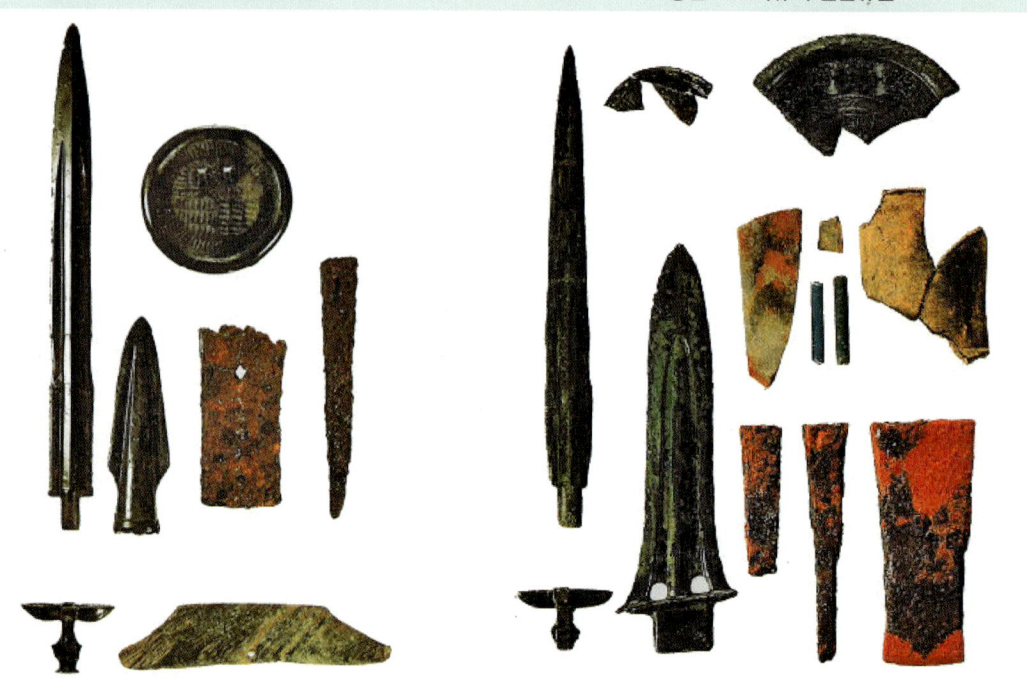

한국식 세형동검문화와 세죽리-연화보유형 철기문화(주조철기 중심)(국립중앙박물관, 1998, 『한국고대국가의 형성』 인용)

부여 합송리유적 일괄유물

한국식 세형동검문화와 세죽리-연화보유형 철기문화(주조철기 중심)(국립중앙박물관, 1998, 『한국고대국가의 형성』 인용)

한반도지역에서 동남부지역에서는 유물의 다수 부장하는 매장의례의 특성으로, 고대국가 형성기까지(신라, 가야 등) 철기문화의 형성과 전개를 관찰할 수 있는 안정적인 자료가 확인된다. 따라서 계통적으로 이어지는 각종의 철기에 대하여 역으로 추적하여 거슬러 올라가면 우리나라 초기 철기문화의 특성을 밝히는 데 유용한 점이 있다.

테글 6
한반도 동남부지역의 초기철기문화(B.C. 2세기중후엽)

· 한반도 동남부지역 철기문화와 한국식 철기문화

한반도 동남부지역 철기문화는 기원전 2세기경 철검, 방형철부, 단조철부 등의 단조철기와 주조철부 등의 일부 주조철기가 혼합된 양상으로 출현하는데 전반적으로 단조철기문화가 중심을 이루고 있다. 특히 철기의 개별 기종에서 있어서는 단조제 철제 단검, 방형철부가 대구 월성동유적, 팔달동유적 등에서 집중적으로 출토되어 한반도 동남부지역의 지역성이 확인된다.

이러한 동남부지역 철기문화는 中國 燕式 철기와 세죽리-연화보유형 철기문화의 영향을 받은 서남부지역의 주조철기문화와 비교해 볼 때, 제작 기술뿐만 아니라 개별 기종에서도 큰 차이를 보이고 있다. 더욱이 동남부지역 철기문화는 단조철기 제작기술이 기원전 1세기 전엽부터 급격히 확산되는 현상이 확인되며, 3세기까지 점진적으로 양적 확대가 이루어지는 양상을 보인다. 이러한 철기문화의 급격한 확산은 위만조선의 멸망과 낙랑군 설치라는 역사적 사건과 연동될 가능성이 크다. 이제까지 동남부지역 철기의 출현 시기는 낙랑군 설치 이후로 보는 경향이 있었으나, 급격한 철기문화 확산의 전 단계인 대구 월성동, 팔달동유적 단계의 철기류는 기원전 2세기경으로 낙랑군 설치(기원전 108년)이전으로 소급되는 것이 많다.

· 초기철기~원삼국시대 금호강유역의 주요 유적

금호강 유역은 영천, 경산, 대구 지역에 걸쳐 있으며, 종국에는 낙동강을 만나기까지 이어지고 있다. 그리고 금호강 인근에는 팔공산, 보현산, 비슬산 등 큰 산들이 둘러싸여 있어 광역의 의미로서 대구분지 지역이다. 험준한 소맥산맥의 동쪽에 거대 분지지역에 위치하여, 지리적으로 외부로부터 방어에 유리하여 안정적 삶을 유지하기에 좋다. 금호강유역에서는 구석기시대부터 유적이 확인되며, 특히 외세의 영향이 강한 시기에는 중요 군사·정치적 역할을 하는 유적이 다수 확인되고 있다.

구석기시대에는 월성동유적(후기 구석기시대, 4만년~1만년전), 파동 바위그늘유적, 달성 감문리유적 등이 있다. 신석기시대에는 서변동 마을유적에서 빗살무늬토기가 출토된 후 유천동, 대천동, 대봉동, 경산 옥산동유적 등 금호강 하류의 지류 곳곳에서 신석기시대유적이 확인되었다. 최근 대구 검단동유적에서는 금호강유역 최대 범위의 신석기시대 생활유적이 확인되었다.

중국의 춘추전국시대에서 통일왕조인 진나라와 한나라가 건립되면서, 한반도지역에도 강한 영향을 받는 시기이다. 이 시기 군사지리적으로 소백산맥이 방어선의 역할을 하면서 진변한의 옛 고지인 영남지역은 더욱 발전을 하게 된다. 기원전 2세기 중후엽부터 한국식 동검문화가 가장 활성화되고 곧 철기문화 중심으로 전환한다. 주요 유적으로 대구 신천동, 만촌동, 팔달동, 월성동, 경산 임당동, 양지리, 영천 어은동, 용전리유적 등이 있다.

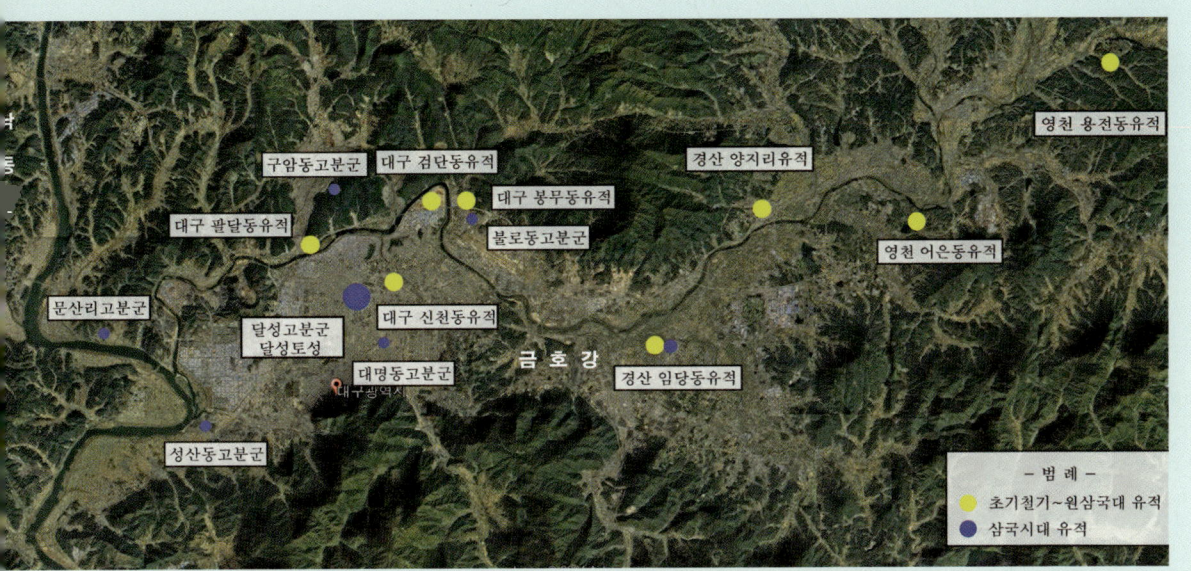

금호강유역 초기철기~원삼국시대 주요 유적 현황

· 금호강유역의 초기철기 문화

대구 월성동777-2번지유적에서는 초기철기시대 점토대토기와 단조기술로 제작된 철기문화가 출현. 방형판상철기는 초기철기시대의 한반도지역에서는 대구 월성동, 팔달동 등의 한반도 동남부지역에 집중적으로 확인되고 있다.

경상북도문화재연구원, 2008, 『大邱 月城洞 777-2番地 遺蹟(II)』 인용

테글 7
한국식 세형동검 문화에서 한국식 철기문화(단조철기 중심)로 전환

· 대구 팔달동유적에서 본 한국식 청동기문화에서 철기문화로의 전환

1996년에 조사된 대구 팔달동유적에서는 청동기시대 주거지를 비롯하여 초기철기시대(기원전 2세기)~원삼국시대(기원전 1세기~)의 무덤(토광묘, 목관묘)이 다수 확인되었다. 무덤에서 출토된 유물에는 초기철기시대의 점토대토기와 원삼국시대 와질토기 등의 토기류가 있다.

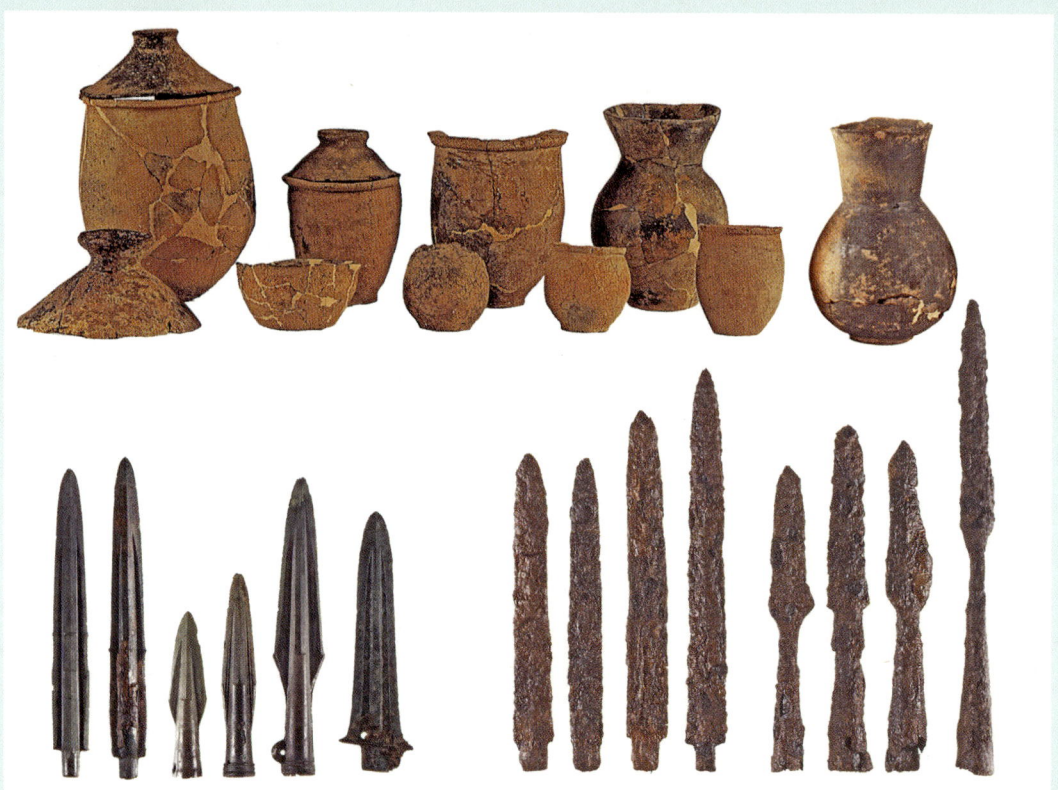

한국식(세형동검) 청동기문화에서 한국식(단조철기 중심) 철기문화로의 전환(영남문화재연구원, 2000, 『大邱八達洞遺蹟 I』인용)

특히 금속류의 경우 한국식 동검문화로 잘 알려져 있는 세형동검, 동모, 동과와 함께 주조기술로 제작한 주조철부(괭이), 단조기술의 철검, 철모(창), 단조철부(도끼), 철착(끌), 방형철부, 철겸(낫) 등의 철기류가 다수 출토된 바 있다.

대구 팔달동유적은 청동기와 철기가 다수 출토되고 청동기문화에서 철기문화로의 점진적 변화를 엿 볼 수 있는 한반도지역 내에서 중요 유적으로 평가되고 있다. 특히 기원전 2세기 중후엽부터 한반도 서남부지역에서 철기류의 확인이 급감하는 반면, 이 시기부터 대구 팔달동유적을 비롯한 한반도 동남부지역에서는 단조기술의 철기문화가 출현하고 급증하는 현상이 확인된다.

초기철기~원삼국시대 한반도 동남부지역의 대팻날도끼 -대구 팔달동, 학정동, 월성동, 경주 하구리, 창원 다호리유적 등-(국립대구박물관, 2018, 「금호강과 길」 인용)

테글 8
한반도 동남부지역의 철 생산과 유통

· 대구 검단동유적에서 본 한반도 동남부지역의 철 생산의 시작과 전개(B.C. 2세기 후엽~B.C. 1세기 전엽)

검단동 유적은 대구분지 북쪽의 금호강이 동쪽에서 서쪽으로 흐르면서 크게 굽이지는 곳의 남쪽 충적지 일대를 포함하는 곳에 위치하며, 유적 내에서는 발굴조사 과정에서 초기철기~원삼국시대의 목탄가마 9기가 조사되었다. 유적 내에서 확인된 목탄가마는 모두 측구가 있는 백탄가마에 해당하는 것으로 유적에 대한 과거지형을 분석한 결과 목탄가마는 자연제방의 후사면부와 배후습지의 미고지를 중심으로 단독 혹은 군집을 이루며 조성되었다.

대구 검단동 유적에서 초기철기~원삼국시대 목탄가마가 9기가 조사되었으며, 작업장에서 철생산의 부속 시설물인 송풍관편도 출토되었다. 이 중 1호 목탄가마는 잔존상태가 양호하여 한반도 초기 목탄가마의 원형을 유추할 수 있게 되

목탄가마 규모(전체길이 7.12m, 너비 1.93m, 잔존깊이 0.6m)

대구 검단동유적 1호 목탄가마(백탄요) 전경 및 세부(영남문화재연구원, 2024, 「大邱 檢丹洞 遺蹟」 인용)

었다. 1호 목탄가마는 일시적 폐기되어 가마 내부시설인 연소부의 화구(부뚜막시설), 소성부(가마 내부), 측구부, 연도부(굴뚝시설)의 형태를 명확히 알 수 있다. 또한 연소부(부뚜막시설)에서는 연소 후 가마 내부 공기를 조절하기 위한 연소부 막음시설(막음 돌)과 측구부 막음시설이 원형태로 위치하고 있다.

1호 목탄가마는 연대측정 분석(방사성탄소연대 측정법)에서 BC 240~AD 40(73.6%)로 도출되어, 이는 한반도 남부지역에서 조사된 목탄가마 중 가장 이른 시기의 형태이다. 또한 유적에서 철 생산시설의 부속품(송풍관)이 함께 출토되어 한반도 남부지역의 본격적인 철 생산 시기를 유추할 수 있게 되었다.

또한 대구 검단동유적은 인근에 초기철기~원삼국시대의 철기가 다수 출토된 대구 팔달동고분군이 위치하고 있어, 당시의 철 생산과 유통을 유추할 수 있다.

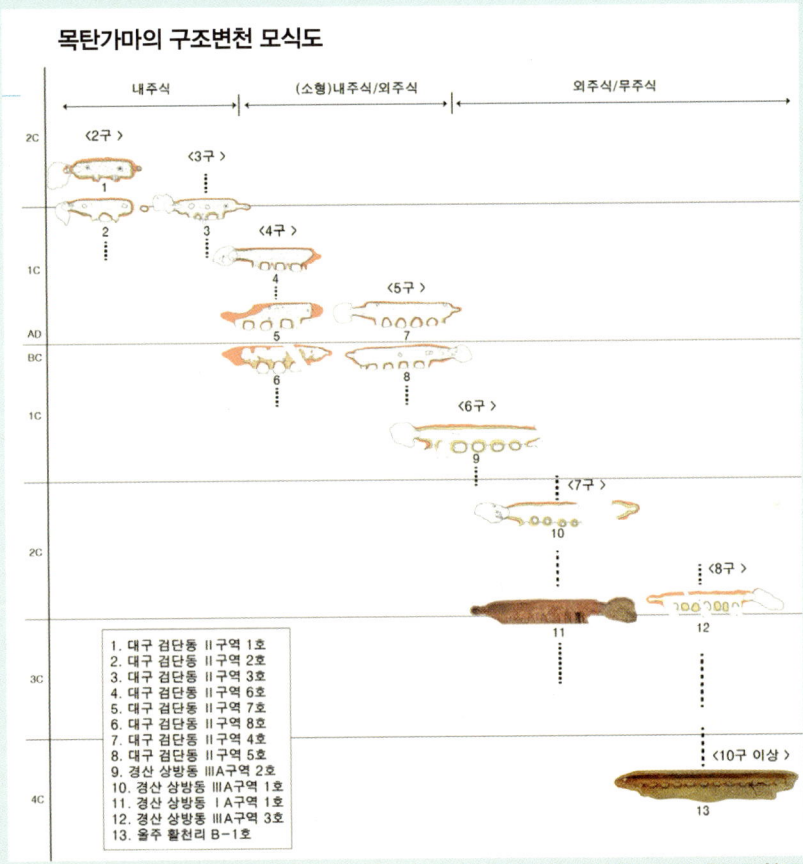

대구 검단동유적 1호 목탄가마(백탄요) 전경 및 세부(영남문화재연구원, 2024, 『大邱 檢丹洞 遺蹟』 인용)

1. 머리말

한반도 남부지역에서 철기 출현기의 기종에는 주조철부, 철겸, 철착, 단조철부, 철사 등의 농공구류와 철검, 철도, 철모, 철촉 등의 무기류가 공통적으로 유행한다. 하지만 한반도 서남부지역과 동남부지역의 철기문화는 출현 시기, 유행하는 개별 기종, 제작기술 등에서 뚜렷이 구별된다.

기존의 초기철기시대 한반도 남부지역 철기문화의 연구는 그 영향력이 가장 컸던 세죽리-연화보유형 철기문화를 두고 그 주체가 중국 연(燕)[4]과 고조선-위만조선[5]이라는 의견이 양분되고 있다.

이러한 논쟁이 지속되는 현상에는 세죽리-연화보유형 철기문화의 중심 지역과 고조선 및 위만조선 철기문화의 실체를 명확하게 규정할 수 없는 고고자료의 한계가 주요 원인이라 할 수 있다. 이렇게 세죽리-연화보유형 철기문화를 둘러싼 논쟁의 지속은 자연스럽게 이 문화의 강력한 영향을 받은 한반도 남부지역의 철기문화의 출현 시기, 전개과정 등의 문제로 이어지고 있다. 특히 형식 변화가 둔감한 철기의 특성에 따라 철기 개별 기종의 편년에 주요한 영향을 끼치고 있다.

기왕에 한반도 남부지역 철기문화의 연구가 중국 연식(燕式) 철기문화의 확산 현상에서 남부지역 철기문화의 출현, 계통, 전개 양상 등을 검토하였다. 이 절에서는 기왕의 연구방법론에 대해 역으로 철기의 출현 시기가 가장 늦지만 한반도 남부지역에서 철기문화의 전개 양상이 가장 안정적으로 확인되는 한반도 동남부지역 철기문화의 특성을 살펴본 후, 이를 토대로 시기를 거슬러 올라가면서 한반도 전체의 철기문화 양상을 검토해 보고자 한다.

[4] 송호정, 2007, 「세죽리-연화보유형 문화와 위만조선의 성장」, 『역사와 담론』48, 湖西史學會.
石川岳彦·小林青樹, 2012, 「春秋戰國期の燕国における初期鐵器と東方への拡散」, 『国立歴史民俗博物館研究報告』167, 国立歴史民俗博物館.

[5] 김새봄, 2012, 「중국 동북지역 半月形鐵刀의 출현과 그 기원에 관한 문제제기」, 『人類學考古學論叢』, 영남대학교 문화인류학과 개설 40주년 기념논총.
이청규, 2014, 「遼東·西北韓의 初期 鐵器文化와 衛滿朝鮮」, 『동북아역사논총』44, 동북아역사재단.
정인성, 2016, 「燕系 鐵器文化의 擴散과 그 背景」, 『嶺南考古學』74號, 영남고고학회.
김상민, 2017, 「요령지역 철기문화의 전개와 한반도 초기철기문화」, 『동북아역사논총』55, 동북아역사재단.
김상민, 2018, 「東北아시아 鐵器文化의 擴散과 古朝鮮」, 『韓國考古學報』第107輯, 韓國考古學會.

2. 한반도 동남부지역 철기문화의 출현과 전개

1) 초기철기시대 동남부지역 철기문화의 출현

기왕에 한반도 동남부지역 초기철기시대 철기는 경산 임당FⅡ-34호에서 이조의 돌대를 가진 주조철부가 주된 논의의 대상이었다. 이 주조철부는 중국 전국(戰國)계 연식(燕式), 세죽리-연화보유형 철기문화 계통이다. 기존의 연구에서는 초기철기시대 한반도 동남부지역에서는 한반도 서남부지역과 같이 세죽리-연화보유형의 영향을 받지만 그 영향은 아주 미세한 것으로 판단되었다.

그런데 한반도 동남부지역 철기문화 출현기의 특성은 경산 임당FⅡ-34호 주조철부 등 중국 연식 철기문화의 영향을 받은 철기류가 극히 제한적으로 확인되고, 이와는 상이한 단조제작기술의 철검, 철모, 철착, 철사, 방형철부 등이 확인되고 있다. 이러한 철기 기종이 출토된 주요 유적으로는 대구 팔달동유적과 월성동유적이 있으며, 필자는 기왕에 주목하지 않았던 대구 월성동 777-2번지유적 출토 철기품에 주목해 왔다.[6] 그 이유는 대구 팔달동유적에 특수한 예로 보이던 일부 단조제 철기류가 다수 확인되었기 때문이다. 특히 단조체 철기류 중에서도 철제 단검, 장방형 판상철부는 이전 시기 서남부지역에서는 잘 확인되지 않았던 동남부지역에서의 철기문화 지역성이 확인된다. 철제 단검은 이전 시기에 유행하였던 청동제 세형동검을 형태적으로 모방하여 단조제 제작기술이 결합된 형태로 출현한 것으로 판단되며, 단조제 방형철부는 동남부지역에서 자체적으로 발생한 기종으로 보인다.

상기와 같은 특유한 동남부지역 철기문화 출현 시기는 언제인가? 과거 한반도 남부지역 철기문화 형성기에 동남부지역의 철기문화 확대현상은 '낙랑군(樂浪郡) 설치'의 영향에서 파급되는 문화로

---

[6] 우병철, 2009, 「신라 철제 무기로 본 동해안 고분 축조 집단의 군사적 성격」, 『4~6세기 영남 동해안 지역의 문화와 사회』, 동북아역사재단.
우병철, 2012, 「한반도 동남부지역 철기문화의 성격과 전개양상」, 『2012 동아시아 고대철기문화연구-燕國철기문화의 형성과 확산』, 국립문화재연구소.

연결하기에 가장 적합한 견해였다. 주지하고 있듯이 중국 한문제의 위만조선(衛滿朝鮮) 정벌과 '낙랑군 설치'는 당시 한반도에서 중요한 사건이며, 이 사건의 여파는 한반도 남부지역의 문화 변동에 많은 영향을 끼쳤을 것이라는 추정이 가능하였다. 그리하여 동남부지역의 철기문화는 낙랑군(樂浪郡) 설치된 기원전 108년 이후의 기준이 설정되었고 세죽리-연화보유형 철기문화와 유사한 서남부지역의 철기문화는 기원전 낙랑군 설치 이전의 기원전 2세기대가 중심 연대로 판단하는 것이 대세론이었다.

  이러한 대세론은 유적에서 출토되는 유물에 대한 편년에도 영향이 미쳤다. 창원 다호리 1호 출토 성운문경은 상한연대가 기원전 2세기대의 자료[7]임에도 불구하고 낙랑군 설치의 역사 기록을 감안하여 기원전 1세기 후반으로 판단되었으며[8], 이 보다 한 단계 늦은 경주 조양동38호 출토품은 자연스레 기원전후로 설정하는 경사편년이 적용되어 왔다. 이러한 연구 경향은 당시 전반 자료에 적용하기에 합리적인 해석이었으나 유적 조사를 통해 자료가 축적되자 최근 이 경사편년에 대한 새로운 견해가 지속적으로 제기되고 있다. 구체적 예로 김상민은 중국 연식 철기문화의 종합적 검토로 볼 때 완주 갈동유적 등 한반도 서남부지역의 주요 유적 철기들이 기왕에 기원전 2세기대로 판단되던 것에서 기원전 3세기대로 소급하는 것으로 보았다.[9] 또한 정인성은 진변한권역의 독자적인 철기문화를 서북한지역에 기원을 둔 위만조선에서 유래를 찾았으며, 특히 평양 상리유적의 부장품을 위만조선의 물질문화로 이해하면서 한반도 동남부지역의 성주 예산리유적 출토품과 유사함을 지적하였다.[10]

  이에 기존의 주요 연구의 경사편년을 적용하지 않는다면 창원 다호리 1호묘와 경주 조양동 38호묘 출토 한경(漢鏡)은 중국 한경 연구 성과를 토대로 각각 기원전 1세기 전엽과 기원전 1세기 중엽에 비정할 수 있다. 그리고 창원 다호리 1호보다 이른 형식의 점토

[7] 岡村秀典, 2007, 「中國鏡から原三國時代の歷年代」, 『第19回 東アジア古代史·考古学研究交流會』, 東アジア考古学會.

[8] 李健茂·李榮勳·尹光鎭·申大坤, 1989, 「창원 다호리유적」, 『考古學誌』.

[9] 김상민, 2018, 「東北아시아 鐵器文化의 擴散과 古朝鮮」, 『韓國考古學報』第107輯, 韓國考古學會.

[10] 정인성, 2013, 「衛滿朝鮮의 鐵器文化」, 『白山學報』96, 白山學會.
정인성, 2014, 「燕式土器文化의 확산과 후기 고조선의 토기문화-세죽리·연화보유형의 이해를 바탕으로」, 『白山學報』100, 白山學會.

대토기가 출토되는 대구 월성동유적과 대구 팔달동유적의 주요 유구는 기원전 2세기 전중엽으로 소급될 수 있다.[11] 따라서 한반도 동남부지역 철기문화 출현은 기원전 2세기 전중엽의 어느 시기에 철제단검, 철착, 철사, 판상형철부 등의 단조제 철기문화 중심으로 낙랑군 설치 이전부터 형성되었을 가능성이 크다.

2) 원삼국시대 동남부지역의 철기문화의 전개 양상

기원전 1세기대 한반도 남부지역에서는 동남부지역을 중심으로 철기문화의 확산 현상이 뚜렷이 확인된다. 이러한 현상은 가평 대성동유적, 인천 영종도유적 등의 한반도 중부지역과 완주 갈동유적, 부여 합송리유적, 장수 남양리유적 등의 한반도 서남부지역과 구별된다.

더욱이 한반도 동남부지역의 기원전 2세기대에 대구 팔달동유적, 월성동유적, 경주 하구리유적 등에서 제한적으로 확인되는 초기철기문화와도 차별화된다고 할 수 있다. 하지만 원삼국시대 동남부지역의 철기문화는 앞 시기의 단조철기 제작기술의 전통을 이어받아 급격히 확산되며, 이 시기 와질토기문화의 발생과 확산과도 그 맥을 같이하고 있다.

이 장에서는 원삼국시대 한반도 동남부지역 철기의 전개 양상을 개별 기종으로 검토하며, 시기의 구분은 원삼국시대 목관묘 단계를 전기전반(기원전 1세기~기원후 1세기 전엽)과 전기후반(기원후 1세기 중엽~2세기 전엽)으로 나누고 목곽묘 단계는 원삼국시대 후기로 총 3단계로 구분하여 전개양상을 살펴보고자 한다.

---

[11] 金玟澈, 2014, 「嶺南地方 鐵器 登場過程과 그 年代를 둘러싼 논의」, 『한반도 남부지역 초기철기시대 철기문』.

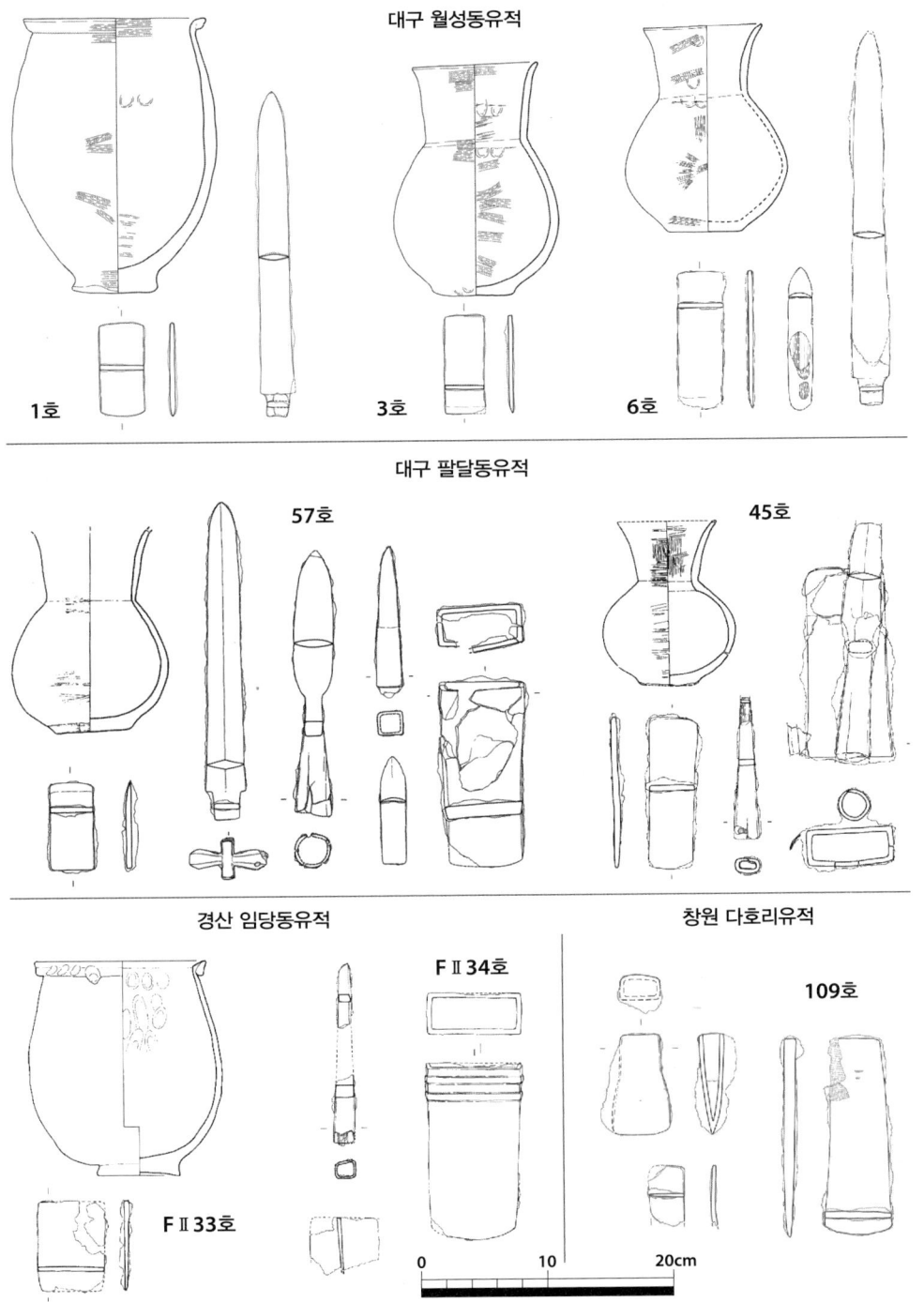

도면 1　초기철기시대 한반도 동남부지역 주요 유구 출토 토기 및 철기류

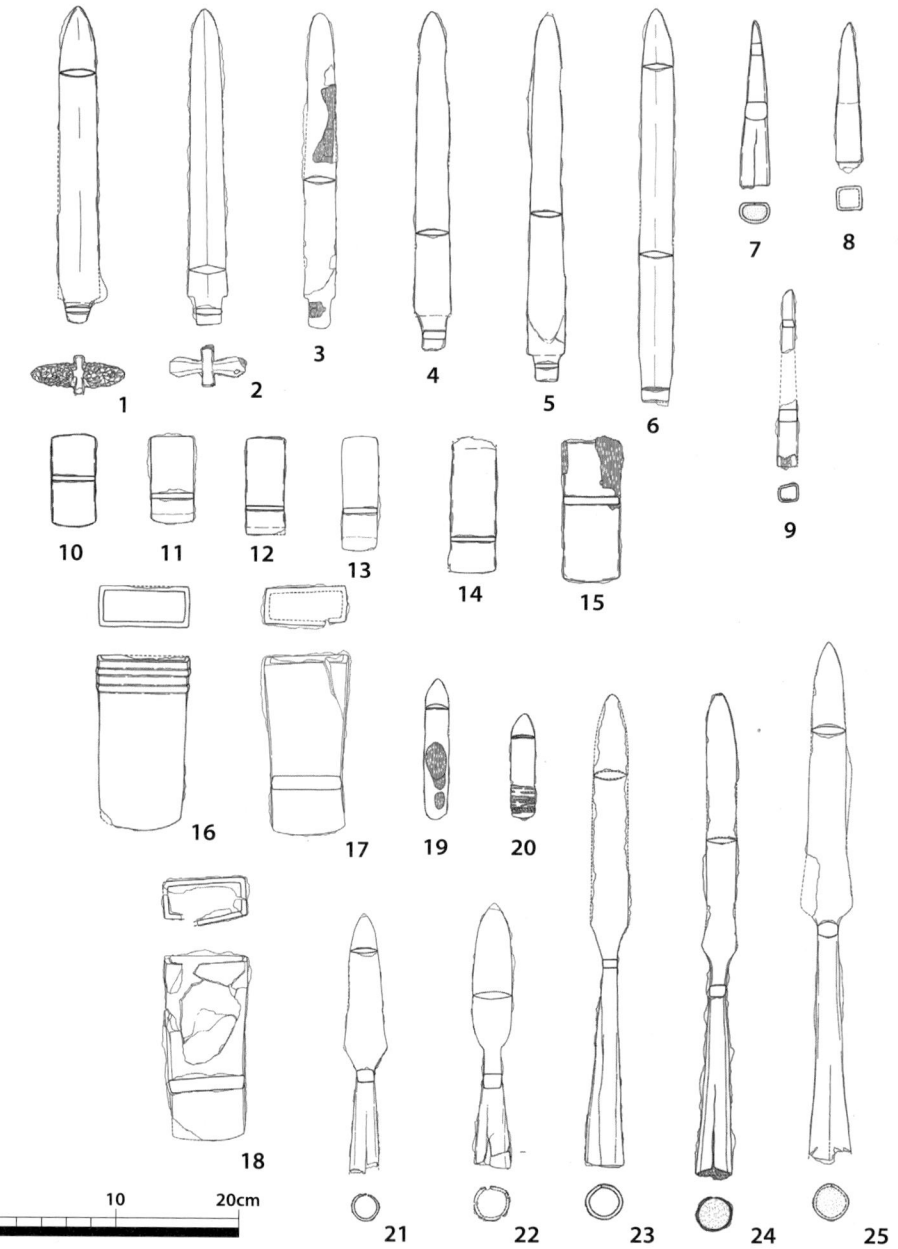

도면 2 한반도 동남부지역 출토 초기철기시대 철기류 각종

1. 대구 월성동777-2 I-12호 | 2·8·11·18·22. 대구 팔달동57호 | 3·17. 팔달동77호 | 4. 월성동 I-13호 | 5·14·19. 월성동 I-6호 | 6. 월성동 I-2호 | 7. 월성동 I-2 | 9·16. 경산 임당동 F II-34호 | 10. 월성동 I-1 | 12. 월성동. I-3호 | 13·21. 팔달동67호 | 15·20. 월성동 II-2호 | 23. 팔달동90호 | 24. 경주 덕천리138호 | 25. 성주 예산리6호

가) 철기 개별 기종의 전개 양상

(1) 철제 무기의 출현과 전개

① 철검과 철도

철검이 출현하는 시기는 초기철기시대이며, 대표 유적으로 대구 월성동777-2번지유적과 대구 팔달동유적을 들 수 있다. 대부분 삼각형점토대토기와 두형토기만 부장되는 유구에서 출토된 철제 단검이다. 한반도에서 철검의 출현은 세형동검을 모방 제작한 것으로 보고 있다.

출현 단계의 철검은 형태적으로 세형동검의 신부와 유사하고 칼집과 자루, 병부에 부착되는 검파두식 등 검부속구 또한 세형동검의 그것과 동일한 청동제품을 사용하고 있다. 따라서 그 기원을 중국 중원 및 동북아지방이 아니라 위만조선의 기술의 이입에 따른 것으로 보고 있다.[12]

철검의 변화 양상을 파악하는데 속성으로 신부의 길이가 조금 길어지는 변화가 있지만 명확한 구분이 어렵다.

철도는 환두도가 중심으로 확인되며 환두도의 사용 용도에 대해서는 신부의 길이가 전투용으로 보기에는 다소 짧은 형태이기 때문에 무기용 보다는 삭도(削刀) 등 공구용으로 보는 견해가 있다. 하지만 경산 임당동AⅡ-4호 출토 소환두도와 같이 공구용으로 보기에는 어려운 것도 소수 확인되며, 최근 울산 교동1호에서는 삼국시대 소환두대도와 유사한 규모가 출토된 바 있다.

② 철모

철모가 출현하기 시작하는 것은 초기철기시대이며, 본격적으로 활성화되는 것은 원삼국시대 이후라 할 수 있다. 초기철기시대의 철모는 신부가 길고 짧은 장신형철모와 단신형철모가 대구 팔달동유적 등에서 제한적으로 확인되며, 원삼국시대 철모와 유사한 형태를

---

[12] 이청규, 2007, 「石劍, 銅劍, 그리고 鐵劍」, 『石心鄭永和敎授 停年退任記念 天馬考古學論叢』, 석심정영화교수 정년퇴임논총 간행위원회.

띠고 있다.

원삼국시대 장신형철모는 전국계 계통으로 인식되고 있는데[13] 초기철기시대에서도 소수 확인되고 있기 때문에 출현 시기는 소급될 여지가 크다. 장신형철모와 함께 단신형철모도 함께 유행하는데 이는 앞서 유행하였던 동모의 형태와 유사하다. 자체적 제작 기술로 동모 형태의 모티브로 제작되었을 가능성이 크다.

③ 철과

한반도에서 철과는 경주, 영천, 성주, 밀양, 창원지역 등 대개 한반도 동남부지역의 주요 목관묘유적에서 출토되었다. 대부분 원삼국시대의 목관묘 단계에서 확인되며, 이후 목곽묘 단계에서는 거의 확인되지 않는다. 철과의 주요 속성으로 관부의 형태, 경부의 형태, 신부 구멍의 형태를 두고 검토하였으며, 관부의 단이 형성된 것에서는 없는 것으로, 경부가 큰 형태에서 작은 형태로 변화하였다.[14] 원삼국시대 철과는 타기종의 철기에 비해 유행하지는 않으며, 일부 유적에서 이전 시기의 동과를 모방하여 자체 기술로 제작하였을 가능성이 크다.

④ 철촉

철촉은 철검과 철모가 초기철기시대에 등장하는 것에 비해 다소 늦은 원삼국시대 전기 전반에 출현하며 성주 예산리 31호 출토 추형철촉 등 제한적인 예를 제외하면 대부분 슴베가 없는 무경식(無莖式) 철촉이 주류를 이루고 있다. 원삼국시대의 무경식철촉은 전체 길이가 짧고 폭이 넓은 특징을 지니며 경부가 짧게 형성된 것도 창원 다호리 30호 등에서 제한적으로 확인된다. 특이한 점은 청동기시대에 무경식석촉과 함께 유경식석촉이 유행하였음에도 불구하고 무경식석촉을 모티브로 한 무경식철촉만이 기원전 1세기부터 기원

---

[13] 高久健二, 1992, 「韓國出土 鐵鉾의 傳播過程에 대한 硏究」, 『考古歷史學志』第8輯, 東亞大學校博物館.

[14] 허준양, 2007, 「Ⅳ. 고찰」, 『永川 龍田里 遺蹟』, 國立慶州博物館.

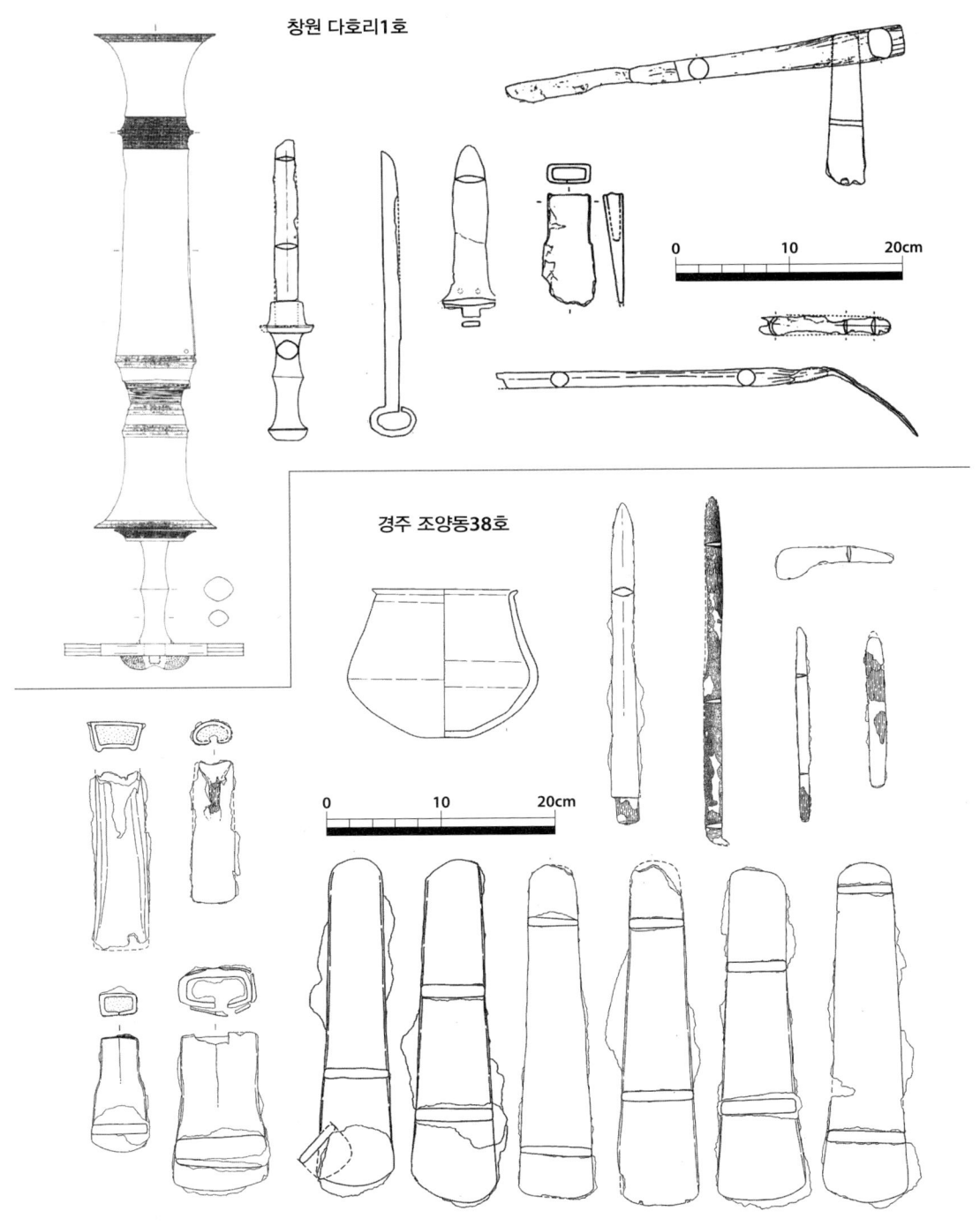

도면 3 한반도 동남부지역 원삼국시대의 철기 문화

제1장 한반도 철기문화의 출현과 전개 39

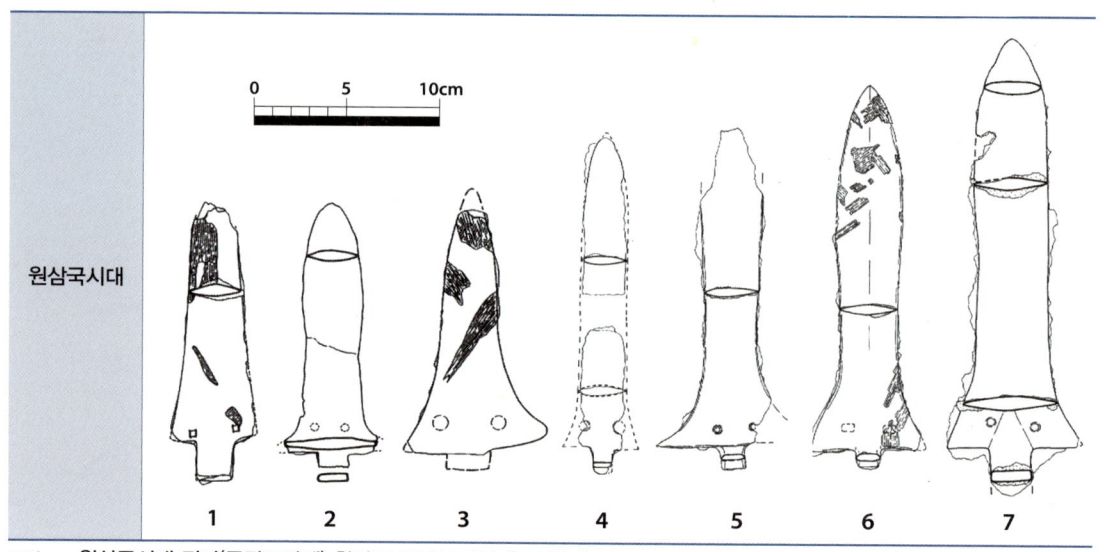

도면 4 원삼국시대 전기(목관묘단계) 한반도 동남부지역 출토 철과
1. 성주 예산리31호 | 2. 창원 다호리1호 | 3. 창원 다호리74호 | 4. 밀양 교동10호 | 5·6. 영천 용전리 | 7. 경주 조양동5호

후 2세기까지 약 300여년간 유행한다.

유경식철촉이 무경식철촉보다 상대적으로 살상력이 강하고 기술적으로도 발전된 형태이지만 오랜 기간 유경식철촉을 사용하지 않고 무경식철촉만이 유행하며, 유경식철촉은 3세기대에 이르러서야 본격적으로 사용되기 시작한다. 철촉의 전반적 변천의 정황으로 보아 전투 군사조직으로서 전문화된 궁병이 갖추어진 것은 원삼국시대 후기 목곽묘단계부터라 할 수 있겠다.

(2) 철제 농공구류의 출현과 전개

① 주조철부(괭이)

주조철부는 한반도 남부지역의 철기문화 도입과 관련하여 주된 논제의 대상이 되었다. 한반도 남부지방의 철기문화 도입 시기는 지역마다 차이가 있는데 기존의 연구에서는 한반도 서남부지역의 완주 갈동, 부여 합송리, 장수 남양리 등의 유적에서 출토된 일괄유물로 볼 때 한반도의 철기문화는 기원전 2세기 전반의 초기철기시대에 유입된 것으로 보았다.[15] 그런데 최근의 연구에서는 한반도 북부지역의 '세죽리-연화보유형'의 유적에서 출토되는 철기류와 유사한 양상이기 때문에 한반도 서남부지역의 유적들도 기원전 3세기대로 소급해야한다는 견해가 제기되었다.[16]

한편, 한반도 동남부지역의 주조철부는 기원전 2세기 중후반경에 출현하고 있다. 주조철부는 기왕의 연구성과에서 보면 공부의 형태를 주된 속성으로 설정하고 크게 장방형, 육각형, 제형의 3가지로 분류하여 단계설정하고 있으며, 일정기간 공존하는 단계를 거치지만 전반적으로는 장방형 → 제형 → 육각형 형식으로의 상대적 출현 시기가 설정되어 있다.[17] 그런데 공부단면 육각형형식은 제한적으로 확인되고 있기 때문에, 전반적인 흐름은 공부단면 장방형에서 제형으로 변화하고, 평면형태는 장방형에서 팔자형으로의 변화가 확인된다.

경산 임당동FⅡ-34호 출토 주조철부는 한반도 북부의 연화보(蓮花堡)와 세죽리(細竹里)유적에서 출토된 주조철부와 관련하여 전국계 철기의 유입으로 자주 논의가 되었다. 경산 임당동FⅡ-34호 출토 무문토기 기종으로 보아 초기철기시대로 판단된다. 초기철기시대에 주로 확인되는 주조철부는 평면 형태가 장방형이고 공부 단면이 장방형인 것이 대구 팔달동 유적에서 확인된다. 그리고 대구 팔달동 78호 주조철부와 같이 공부 단면이 제형의 주조철부도 확인된다.

원삼국시대 전기(목관묘단계)에는 앞 시기의 공부 단면이 장방형인 주조철부는 점차 소멸하고 단면 형태 제형인 것이 주류를 이루고 있다. 평면 형태 장방형과 팔자형이 유행하며 평면 형태 팔자형에 철대가 형성된 것이 출현하여 삼국시대까지 그 전통이 지속된다, 원삼국시대 후기(목곽묘단계)에는 평면형태가 장방형인 철부는

15 李健茂, 1990,「夫餘 合松里遺蹟 出土 一括遺物」,『考古學誌』第2輯. 박진일. 2007,「점토대토기, 그리고 청동기시대와 초기철기시대」,『한국청동기시대의 시기구분』, 한국청동기학회.

16 김상민, 2018,「東北아시아 鐵器文化의 擴散과 古朝鮮」,『韓國考古學報』第107輯, 韓國考古學會.

17 金度憲, 2002,「三韓時期 鑄造鐵斧의 流通樣相에 대한 檢討」,『嶺南考古學報』31.嶺南考古學會.

점차 소멸하며 평면 형태 팔자형에 철대가 형성되고 전체 길이도 점차 세장화된 주조철부가 유행한다.

② 판상철부

판상철부는 평면형태 속성에 따라 장방형, 제형, 봉상, 팔자형의 형식으로 나뉜다. 전반적으로 장방형 → 제형 → 팔자형의 상대적 출현 시기가 설정되는데 팔자형식의 판상철부는 원삼국시대에 출현하여 삼국시대까지 지속적으로 사용되고 있다.[18]

판상철부의 출현은 초기철기시대이며 평면 형태 장방형인 것이 유행한다. 대구 월성동유적과 팔달동유적, 경산 임당동유적, 경주 하구리유적, 창원 다호리유적 등 한반도 동남부지역에서 일부 확인된다. 초기철기시대 판상철부(장방형철부)는 원삼국시대 판상철부에 비해 길이와 폭 등 규모가 상대적으로 작은 형태이며 선단부의 형태가 끝의 형태를 띠고 있는 것도 있어 대패날로 보는 견해도 있다. 이 판상철부(장방형철부)는 한반도 서남부지역에서는 확인되지 않으며, 초기철기시대 한반도 동남부지역에만 확인되는 제지의 성격을 띠고 있다.

이후 원삼국시대 한반도 동남부지역 목관묘에서는 판상철부를 부장하는 예가 급증하며, 평면형태 제형과 팔자형이 유행하며, 선단부가 곡선인 경우와 직선에 가까운 형태도 확인된다.

③ 단조철부

단조철부는 주조철부보다 출현 시기는 늦지만 역시 기원전·후에 출현하여 지속적으로 제작·사용되고 있다. 그런데 단조품은 형태적인 변화가 적다는 특징 때문에 큰 관심을 끌지는 못한 듯하다. 단조철부의 주요 속성으로 견부의 有無와 공부의 단면 형태를 들 수 있다.

18 金度憲, 2004, 「고대의 판상철부에 대한 검토 - 영남지역 분묘출토품을 중심으로 - 」, 『韓國考古學報』 53, 韓國考古學會.
申東昭, 2008, 「嶺南地方 原三國時代 鐵斧와 鐵矛의 分布定型 硏究」, 慶北大學校 文學碩士學位論文.

공부의 단면 형태는 전반적으로 장방형 → 타원형 → 원형으로 변화한다. 초기철기시대에는 견부가 없는 단조철부가 대구 팔달동 75호 등에서 제한적으로 확인된다. 원삼국시대 전기에는 견부가 있는 것과 없는 것이 함께 확인되지만, 주로 확인되는 것은 견부가 형성된 유견철부이다.

④ 철겸

원삼국시대 전기(목관묘단계)에 출현하며 분묘의 부장 사례가 많은 철제 농구류이다. 원삼국시대 전기의 철겸은 전체 길이가 긴 것과 짧은 것이 공존하지만 긴 것이 주류를 이룬다. 주요 속성으로 목제 병부와의 장착 각도에 따라 둔각겸, 직각겸, 예각겸으로 구분된다. 원삼국시대 전기 전반이후 출현하여 지속적으로 유행하며, 전체 길이

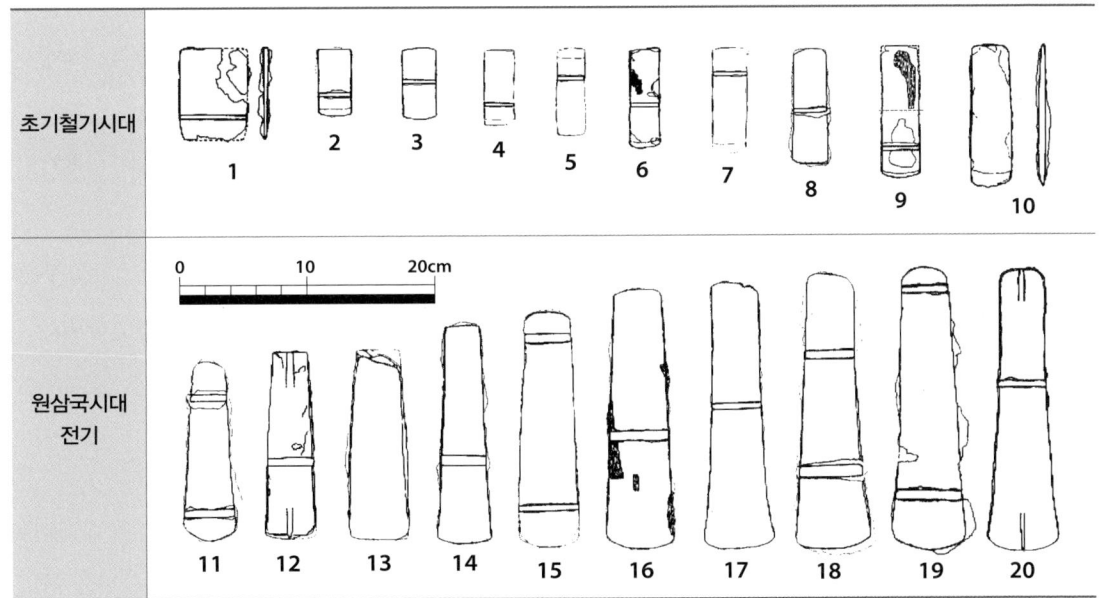

도면 5 초기철기시대~원삼국시대 전기(목관묘단계)의 판상철부
1. 경산 임당동FⅡ33호 | 2. 대구 팔달동57호 | 3. 대구 월성동1호 | 4. 월성동3호 | 5. 팔달동67호 | 6. 팔달동116호 | 7. 월성동6호 | 8. 팔달동116호, 대구팔달동45호 | 9. 성주 예산리6호 | 10. 경주하구리15호 | 11. 경주조양동52호 | 12. 경산임당동A1-11호 | 13. 창원다호리93호 | 14. 팔달동31호 | 15. 다호리91호 | 16. 경주덕천리138호 | 17. 팔달동28호 | 18·19. 조양동38호 | 20. 임당동A1-74호

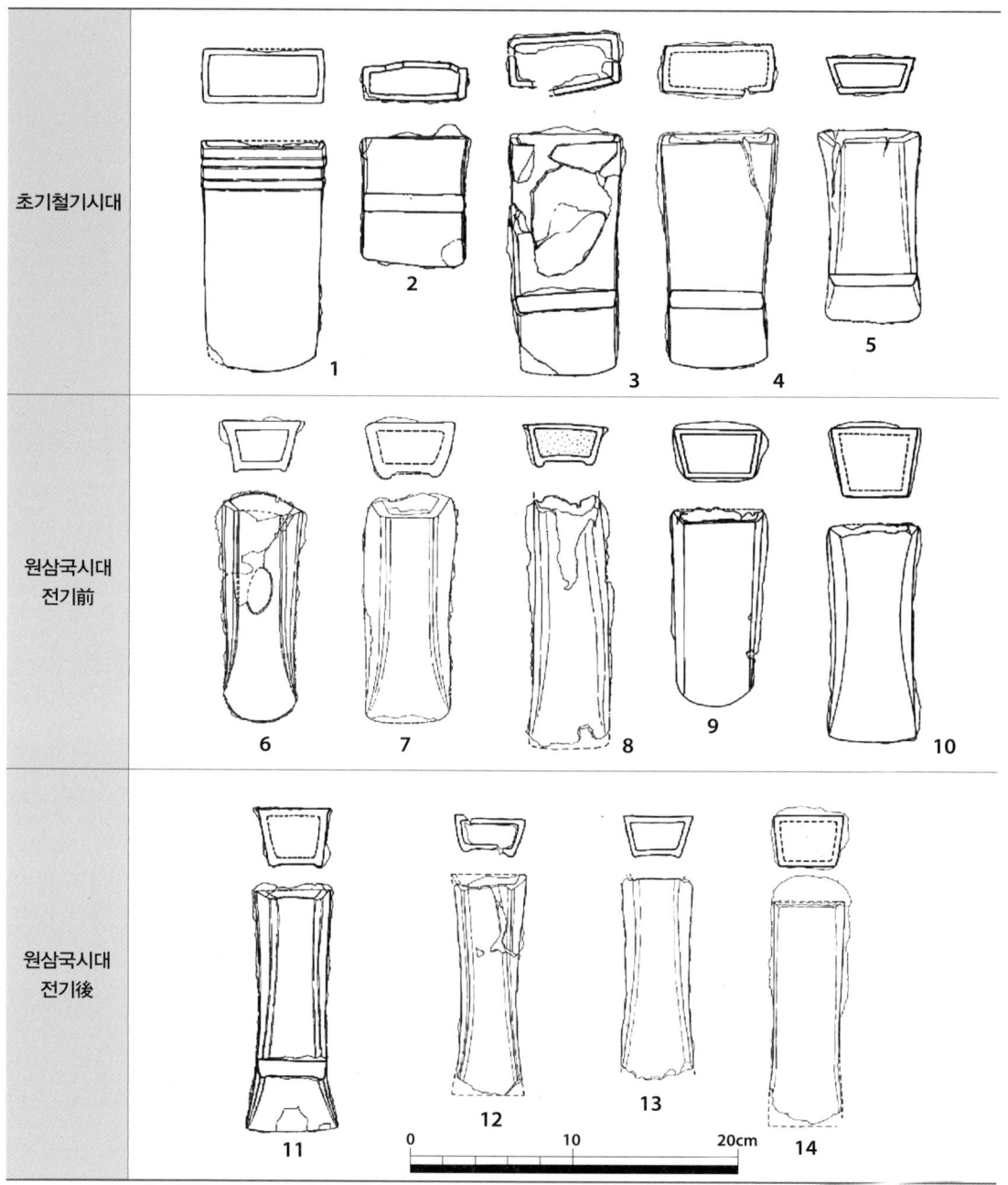

도면 6 초기철기시대~원삼국시대 전기(목관묘단계)의 주조괭이(주소철부)

1. 경산임당FⅡ-34호 | 2. 대구팔달동49호 | 3. 팔달동57호 | 4. 팔달동77호 | 5. 팔달동78호 | 6. 경주황성동 3호 | 7. 창원다호리93호 | 8. 경주조양동38호 | 9. 성주예산리1호 | 10. 예산리6호 | 11. 대구팔달동117호 | 12. 경산신대리62호 | 13. 신대리111호 | 14. 신대리88호

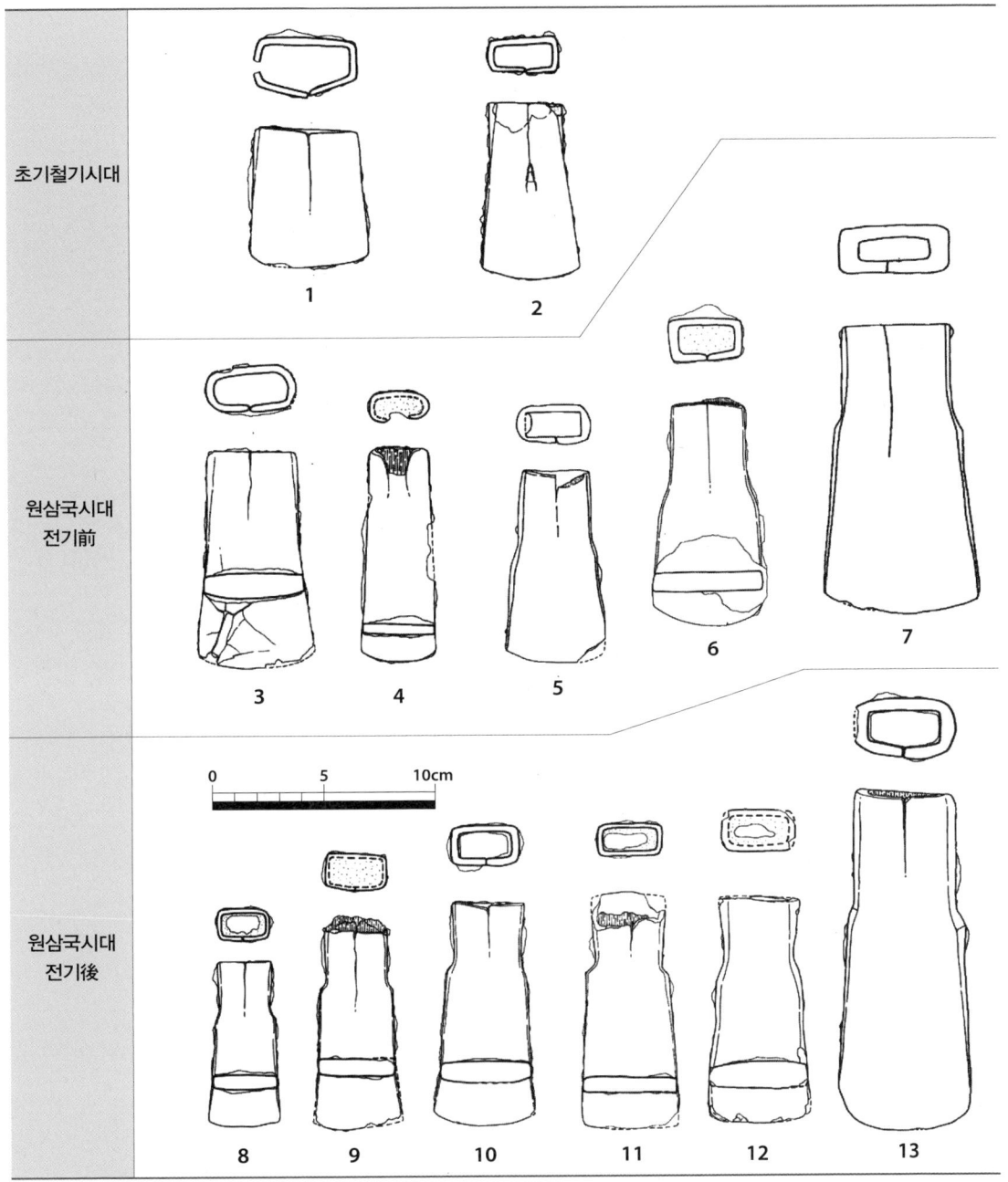

도면 7 초기철기시대~원삼국시대 전기의 단조철부

1. 대구팔달동75호 | 2. 팔달동30호 | 3. 팔달동31호 | 4. 성주예산리31호 | 5. 경산임당동A1-74호 | 6. 경주조양동38호 | 7. 임당동A2-4호 | 8. 경산신대리45호 | 9. 신대리10호 | 10. 신대리48호 | 11. 신대리111호 | 12. 신대리86호 | 13. 경주사라리130호

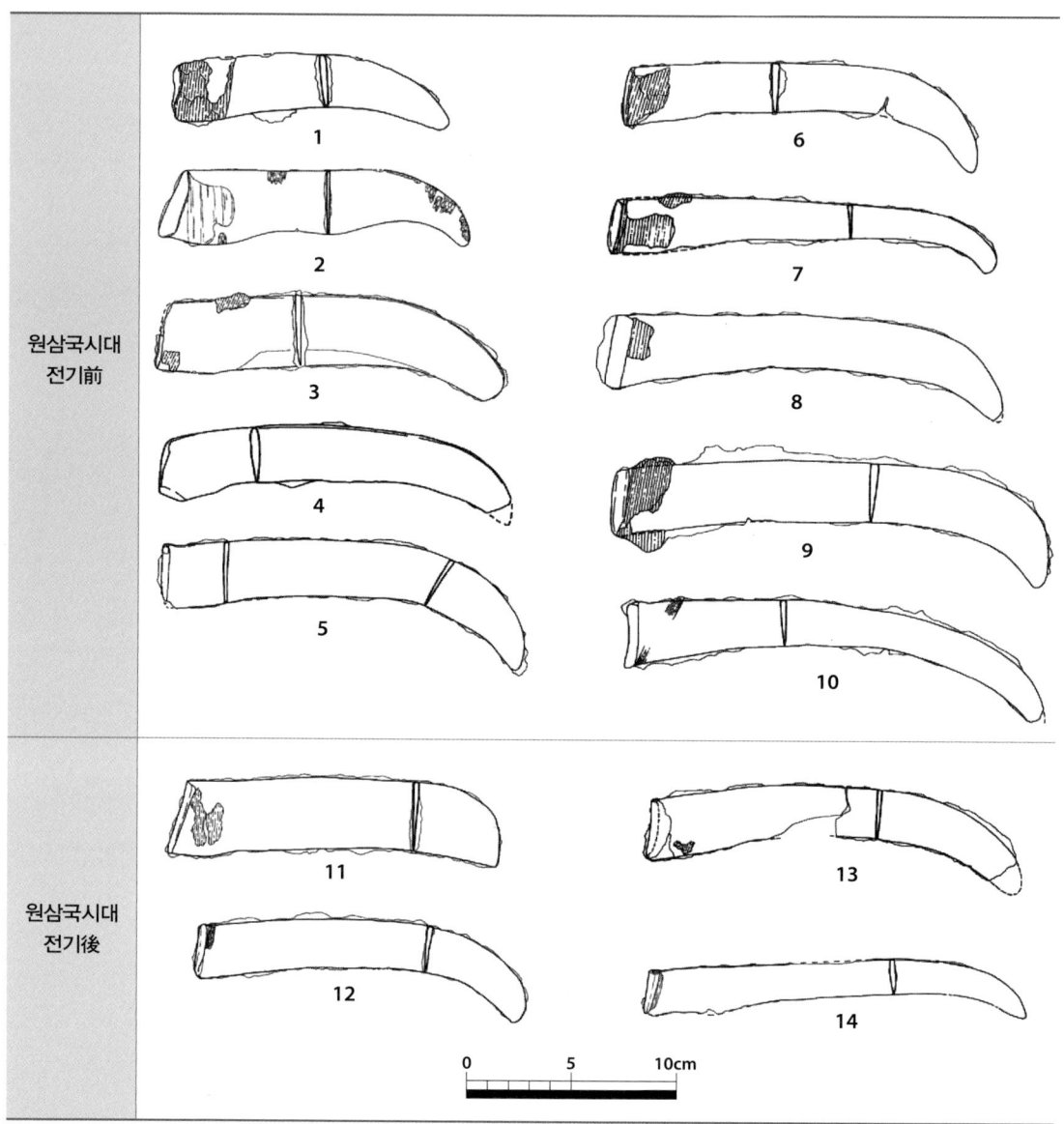

도면 8 원삼국시대의 철겸

1. 경주조양동5호 | 2. 성주예산리4호 | 3. 경주황성동2호 | 4. 창원다호리30호 | 5. 대구팔달동74호 | 6. 조양동52호 | 7. 다호리69호 | 8. 다호리71호 | 9. 다호리70호 | 10. 다호리67호 | 11. 경주황성동575번지5호 | 12. 황성동575번지7호 | 13. 대구팔달동112호 | 14. 경산신대리10호

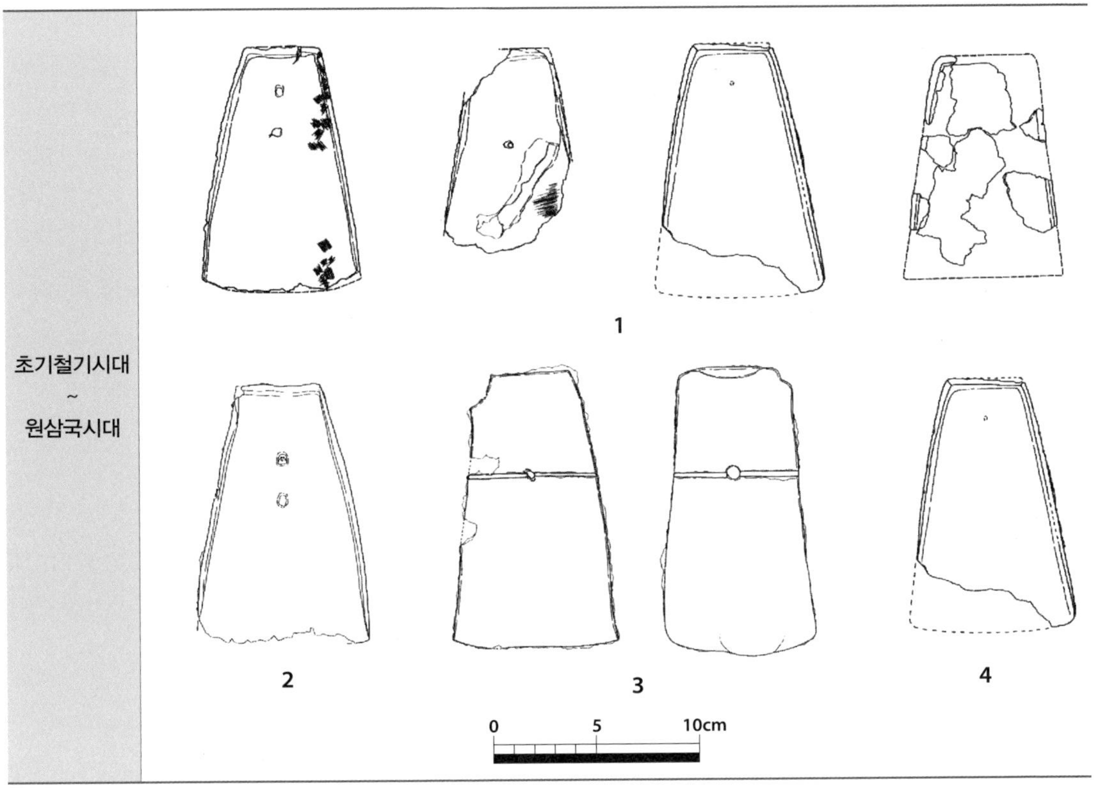

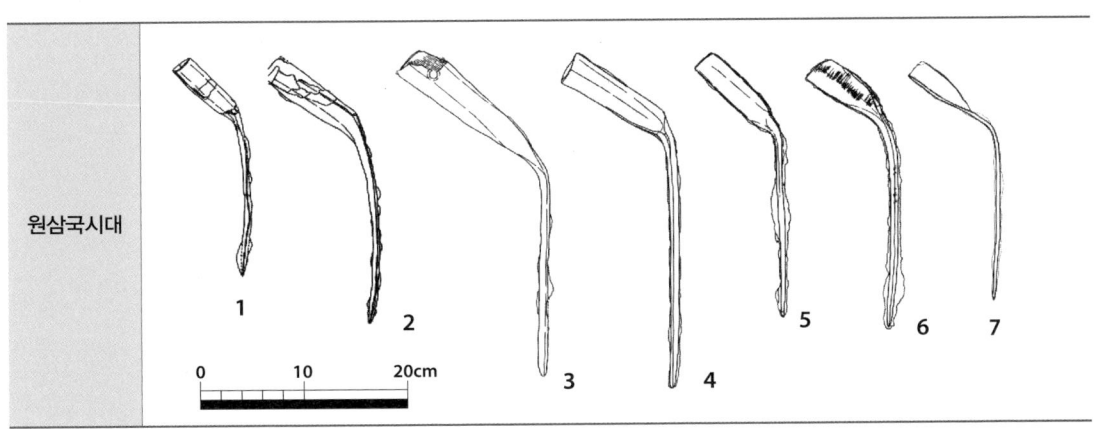

도면 9 초기철기시대~원삼국시대의 철서
1. 창원 다호리61호 | 2. 다호리77호 | 3. 경주 황성동옹관묘1호 | 4. 밀양 교동3호

도면 10 원삼국시대의 따비
1. 경산임당동A1-96호 | 2. 임당동A1-148호 | 3. 창원다호리79호 | 4. 밀양교동8호 | 5. 대구팔달동101호 |
6. 팔달동117호 | 7. 경산신대리99호

제1장 한반도 철기문화의 출현과 전개   47

가 짧은 것과 긴 것, 장착 각도에 따른 둔각겸, 직각겸이 공존한다.

⑤ 철서

철서는 원삼국시대 전기 전반에 주로 확인되며 그 수도 제한적이다. 대개 제형의 평면형태를 띠며 신부에 뚫린 구멍이 중간에 위치하거나 상위에 위치하는 것이 있다. 경주 황성동 옹관묘1호, 창원 다호리 61호, 77호, 밀양 교동3호 등에서 확인되었다. 중국의 전국계 혹은 한식 철기에서 확인되는 철서와 유사한 형태를 띠고 있다.

⑥ 따비

원삼국시대 전기전반에 출현하며 그 수가 제한적이다. 원삼국시대 전기 전반에는 전체 길이가 짧은 것과 긴 것이 공존하며, 원삼국시대 전기 후반에는 24~28cm 내외로 정형화된다. 선단부가 직선인 것과 뾰족한 것 등이 확인된다.

⑦ 철착과 철사

다른 철제 공구류에 비해 비교적 일찍 출현하지만, 원삼국시대 전기 후반에는 점차 소멸한다. 철착과 철사는 전체 길이가 세장화되는 특성이 확인된다. 철착과 철사는 공반 출토 예가 많다.

(3) 철제 마구류의 출현과 전개

① 재갈

철제 재갈의 출현은 일부의 사례로 초기철기시대 2세기후엽으로 편년되는 경산 양지리2호에서 확인된다. 경산 양지리2호 출토 재갈은 몽골의 아르항가이 아이막 지방의 타미린 올란 호쇼 47호묘, 헨티 아이막 지방의 도르릭 나르스 1호 지방의 재갈과 계통적으로 유사하다.

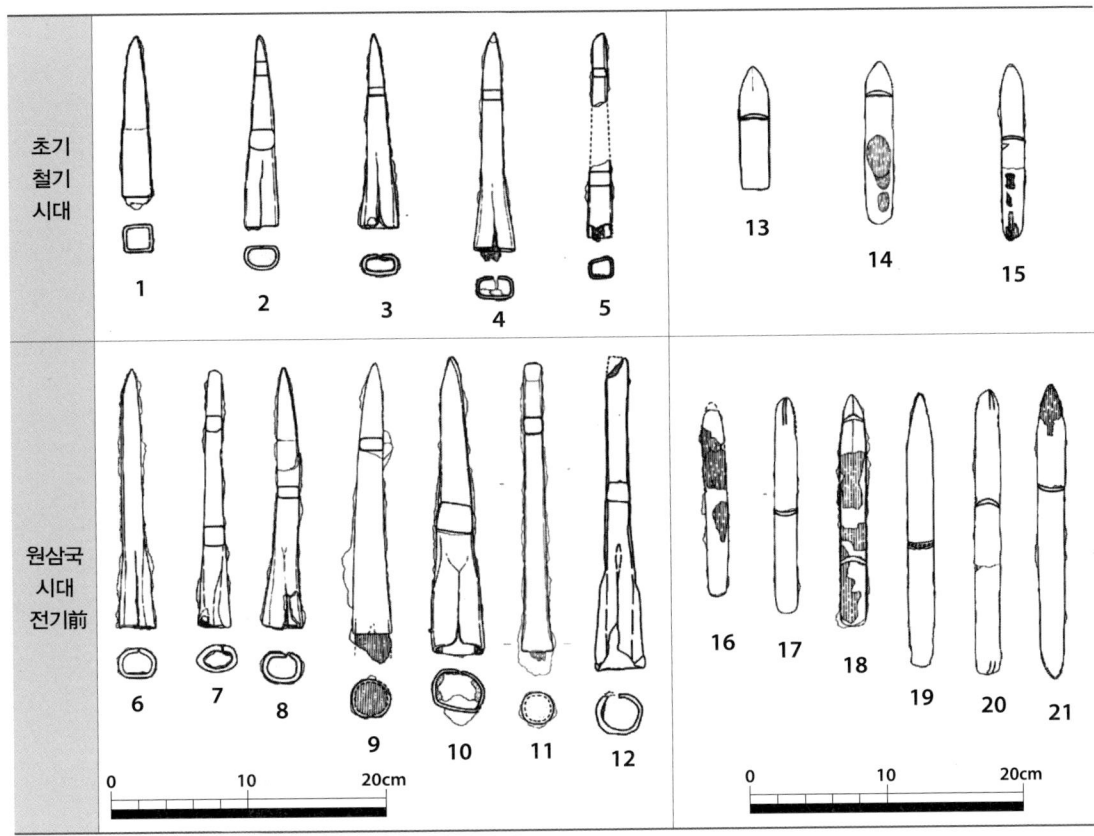

도면 11 초기철기~원삼국시대 전기의 철착과 철사

1. 대구팔달동57호 | 2. 대구월성동2호 | 3. 팔달동30호 | 4. 팔달동89호 | 5. 경산임당FⅡ-34호 | 6. 경주황성동3호 | 7. 창원다호리79호 | 8. 팔달동31호 | 9. 다호리71호 | 10. 경주조양동28호 | 11. 경주덕천리138호 | 12. 임당동A1-44호 | 13. 팔달동57호 | 14. 월성동6호 | 15. 팔달동89호 | 16. 조양동38호 | 17. 다호리70호 | 18. 황성동3호 | 19. 성주예산리31호 | 20. 다호리71호 | 21. 조양동52호

　재갈은 원삼국시대에 전기전반에 본격적으로 유행한다. 대부분 표(鑣)와 함(銜)으로 구성되어 있다. 표(鑣)는 측면에 2개의 구멍이 뚫려 있고 평면 형태 'S'형에서 'I'자형으로 변화되고 있다.
　'S'자형의 청동제 표가 앞서 유행하기 때문에 자체 제작하였을 것으로 보는 견해도 있지만 'S'자형과 'I'자형 표가 중국 길림성(吉林省) 유수(楡樹) 노하심(老河深)56호, 4호 등에서 확인되기 때문에 서북지방의 영향도 고려해야할 여지가 있다. 함(銜)은 2연식이 주류를

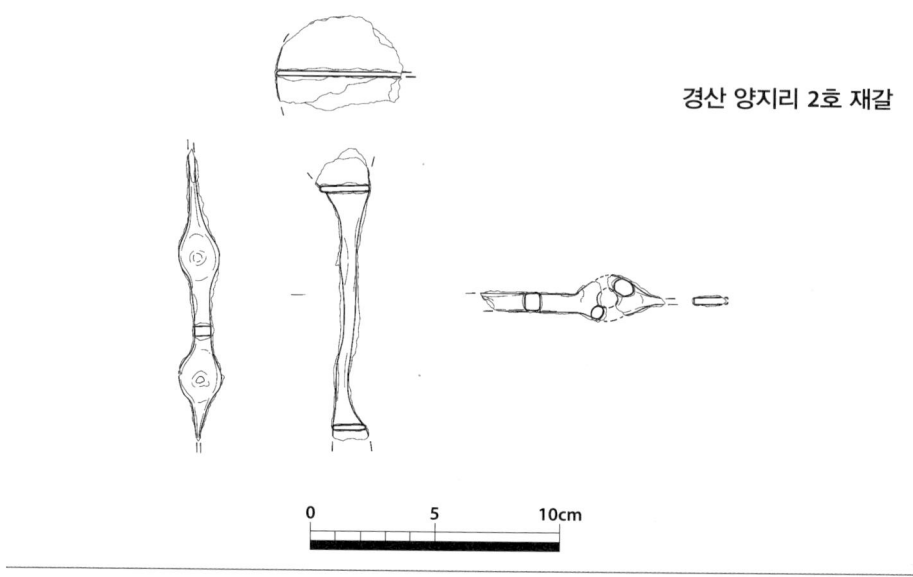

경산 양지리 2호 재갈

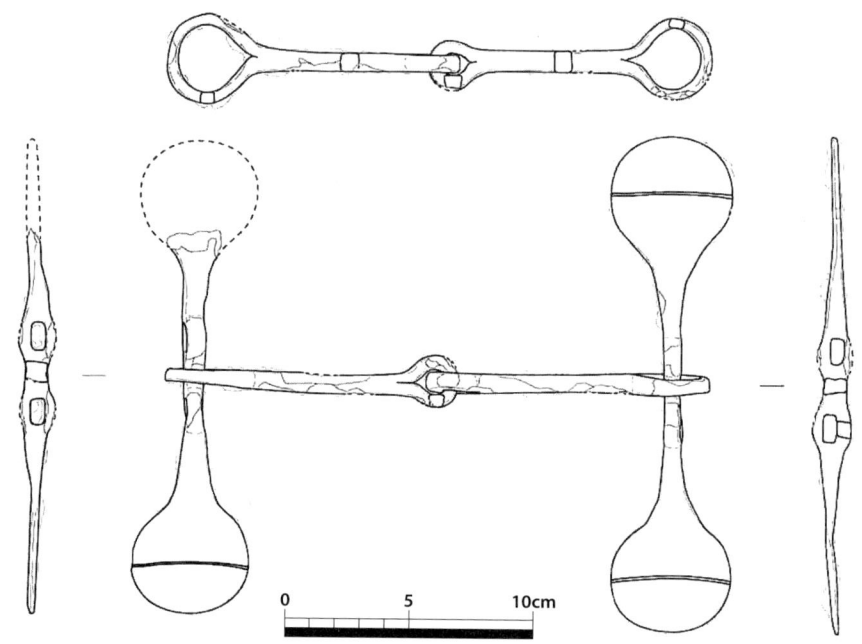

몽골 타미린 올란 호쇼47호 재갈

도면 12 초기철기시대(기원전2세기 후엽경) 한반도 동남부지역 출토 마구류(재갈)

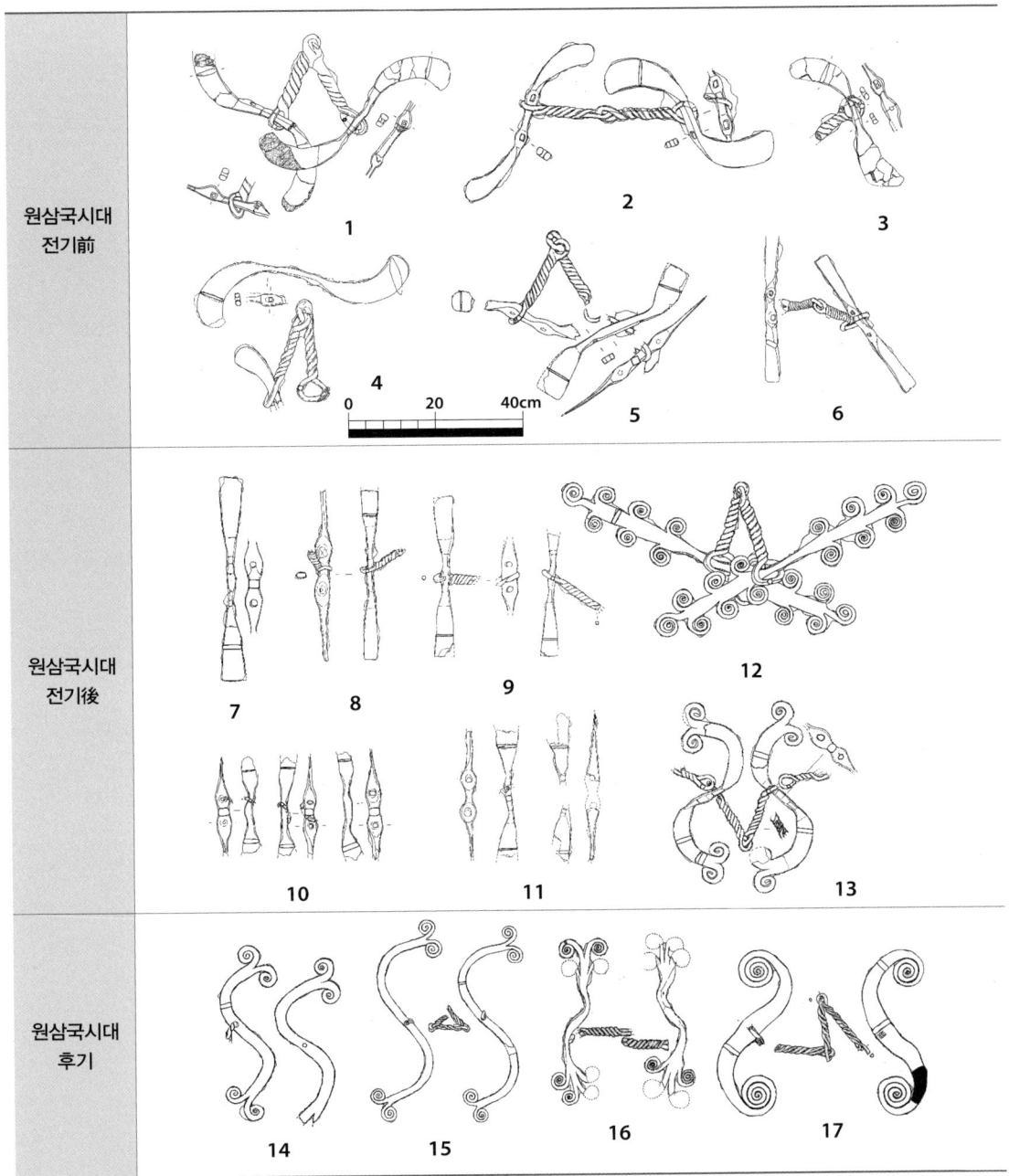

도면 13 한반도 동남부지역 출토 원삼국시대 마구류(재갈)의 특성
1. 경산 임당동AI-145호 | 2. 창원 다호리69호 | 3. 경산 임당동AI-96호 | 4. 창원 다호리70호 | 5. 성주 예산리 1호 | 6. 밀양 교동10호 | 7, 13. 경주 사라리130호 | 8. 경산 신대리63호 | 9. 경산 신대리1호 | 10. 경주 조양동60호 | 11. 경산 신대리111호 | 12. 창원 다호리104호 | 14. 경주 조양동68호 | 15. 울산 중산리Ⅷ4호 | 16. 김해 양동리162호 | 17. 경주 황성동46호

이루고 있다.

　　원삼국시대 전기후반에는 이 시기부터 철기의 장식화의 주류를 이루는 궐수형 표(鑣)과 확인된다, 창원 다호리 104호 출토품의 경우 궐수형 표의 가장 이른 형태의 것으로 4단에 걸친 궐수형 자(刺)가 형성되어 있다. 경주 사라리 130호의 표는 평면형태 S자형이며 양 끝에 궐수형 자가 부착되어 있다. 원삼국시대 후기 목곽묘 단계에는 한반도 동남부지역 각 지역의 주요 목곽묘에 궐수형 표가 확인된다.

② 닻형철기

닻형철기는 그 사용 용도에 있어서 불분명하였으나 최근 닻형철기의 연구에서 그 기원을 중국 동북지방의 마구류 중의 하나인 패광

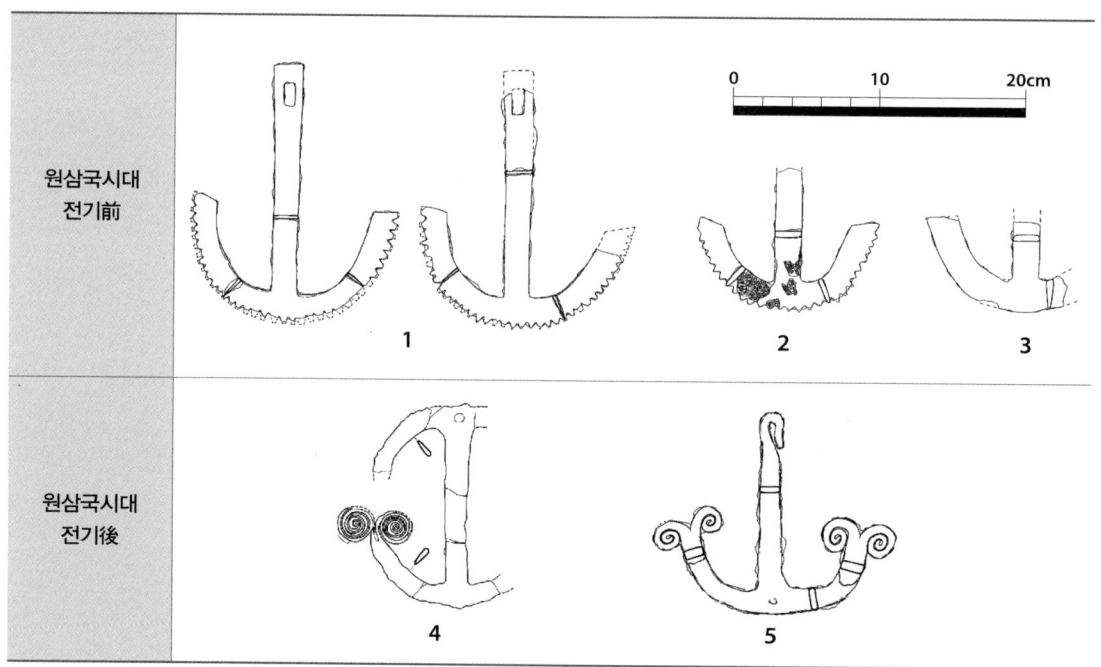

도면 14　원삼국시대 전기(목관묘단계)의 닻형철기
1. 밀양교동3호　│　2. 창원다호리74호　│　3. 영천용전리　│　4. 창원다호리19호　│　5. 경주사라리130호

구(고삐걸개) 용도로 추정하고 점차 재지화된 것으로 본 바 있다.[19] 원삼국시대부터 확인되며 하단이 톱니모양으로 구성된 것이 창원 다호리유적과 밀양 교동유적에서 확인되며 하단이 날로 뾰족한 것이 영천 용전리유적에서 확인되었다. 원삼국시대 전기후반에는 궐수형 자가 형성된 닻형철기가 확인된다.

나) 원삼국시대 동남부지역 철기문화의 전개 양상

앞의 원삼국시대 개별 철기의 특성을 살펴 본 바와 같이 한반도 동남부지역의 철기문화는 기본적으로 앞 시기 초기철기시대 철기 기종의 전통을 이은 가운데 철촉, 철과, 철겸, 철서, 따비, 재갈류 등 새로운 기종도 확인된다. 원삼국시대 전기의 철기문화는 앞 시기에 제한적인 철기 수용에 비해 철기 활용이 극대화되는 현상이 확인된다. 앞에서 검토한 개별 기종의 특성과 전개 양상을 요약하면 다음과 같다.

한반도 남부지역 중 동남부지역에서는 초기철기시대에 신부와 병부의 길이가 짧은 형태의 철제 단검이 출현하며, 초기철기시대에 유행하는 세형동검을 모방 제작한 것으로 상정된다. 출현 단계의 철제 단검은 형태적으로 세형동검의 신부와 유사하고 칼집과 자루, 병부에 부착되는 검파두식 등 검부속구 또한 세형동검의 그것과 동일한 청동제품을 사용하고 있다.

철제 단검이 가장 유행하는 시기는 원삼국시대의 창원 다호리 1호(기원전 1세기 전엽경) 단계부터 이며, 원삼국시대 전기 전반의 한반도 동남부지역 주요 목관묘군에서 확인된다. 이후 경주 사라리 130호 단계의 전후 시기(기원후 1세기 중엽~2세기 전엽)에서는 조사 사례도 상대적으로 적지만 부장비율도 현격히 줄어든다.

초기철기시대이후 원삼국시대 전기까지 철제 단검이 유행하고 이후 원삼국시대 후기(2세기 중엽 이후)에는 거의 사라지고 철제

---

19 고상혁·김훈희, 2014, 「영남지역 목관묘 출토 닻형철기 연구」, 『嶺南考古學』68號, 嶺南考古學會.

장검이 제한적으로 확인된다. 울산 하대43호, 44호 출토 장검(長劍) 등의 유적에서 일부 확인되는데 신부가 장신화(長身化)되고, 병부(柄部) 역시 철제 단검에 비해 훨씬 길어지는 특성을 지니고 있다.

철도(鐵刀)는 환두소도가 중심으로 확인되며 출현 시기는 원삼국시대이다. 환두도의 사용 용도에 대해서는 신부의 길이가 전투용으로 보기에는 다소 짧은 형태이기 때문에 무기용 보다는 삭도(削刀) 등 공구용으로 보는 견해가 일반적이다. 하지만 경산 임당동 AⅡ-4호 출토 소환두도와 같이 공구용으로 보기에는 길이가 다소 긴 모호한 것도 소수 확인된다.

철도는 원삼국시대 전기(전기후반)에 경주 사라리 130호, 경주 인왕동 1호 등에서 일부 확인되지만, 유행하는 것은 원삼국시대 후기이다. 원삼국시대 후기 초반에 나타나는 철도는 병부(柄部)에 아무런 장식을 하지 않고 나무에 끼워 병부를 제작하는 목병도가 주류를 이루다가 곧 환두부를 제작하여 장식화한 환두대도가 유행한다. 목병도(木柄刀)는 장식화된 환두대도가 출현하기 전까지 유행하며, 신부의 길이가 주된 변화의 속성으로 전반적으로 길이가 짧은 것에서 긴 것으로 변천한다.

원삼국시대 후기의 주요 목곽묘에 환두도(環頭刀)가 출현하여 본격적으로 유행하기 시작하며, 일반적으로 소환두도(素環頭刀)에서 환두대도(環頭大刀)로 변화한다. 소환두도는 환두부와 신부의 제작기법, 관부 형태 등의 속성에 따라 형식적 변화가 관찰되는데, 신부와 병부가 한 번에 일체로 제작한 일체형이 원삼국시대 후기에 유행하며, 이후 삼국시대에 들어서면 신부와 병부를 따로 제작하여 부착하는 방식의 결합형이 주류를 이룬다.

철모가 출현하기 시작하는 것은 초기철기시대이며, 본격적으로 활성화되는 것은 원삼국시대 이후라 할 수 있다. 한반도 동남부 지역에서는 다양한 형태의 철모가 확인되는데 각 시기를 대표할 만한 표지적인 철모가 존재하여 그 변화 양상을 엿볼 수 있다. 즉 전국계 혹은 위만조선의 영향으로 초기철기시대부터 나타나는 전국계 철모 혹은 낙랑의 영향으로 보는 단신형철모 및 장신형철모(기원전 2세기 중후엽), 원삼국시대 전기에 유행하는 이단관식철모와 원삼국시대 후기에 유행하는 관부돌출형철모(2세기 중엽~3세기 중후엽) 등과 같은 철모의 전반적인 변천 양상을 설정할 수 있다.

초기철기시대의 철모는 신부길이에 따른 장신형철모와 단신형철모가 대구 팔달동유적 등에서 제한적으로 확인되며, 원삼국시대 철모와 유사한 형태를 띠고 있다. 원삼국시대 장신형철모는 中國 전국계 계통으로 인식되고 있는데 초기철기시대에서도 소수 확인되고 있기 때문에 한반도 동남부지역에서의 출현 시기는 소급될 여지가 크다. 장신형철모와 함께 단신형철모도 함께 유행하는데 이는 앞서 유행하였던 동모의 형태와 유사하다. 동모 형태를 모티브로 자체 제작되었을 가능성이 크다.

원삼국시대 전기에는 한반도 동남부지역에서 유행하는 특유의 이단관식철모가 유행하며, 공부에 관부 1단이 추가되어 2단 관부의 형태이다. 이단관식철모의 모티브로서 중국 서안시(西安市) 진시황릉원(秦始皇陵園) 출토 동모와 같이 중국 진나라의 이중관식 동모 등의 외적인 요소와 청동기시대의 이단병식 석검 등의 내부적인 요소로 양분된다.

원삼국시대 후기에 접어들면, 앞 시기에 유행하던 이단관식철모는 관부가 돌출된 관부돌출형철모로 대체된다. 경주지역에서는 이단관식 철모의 다수부장이 관부돌출형 철모로 대체되는 현상이 뚜렷이 확인되는데, 특히 경주 황성동 68호(동)까지 이단관식철모가 일색을 이루다가 목곽묘 2호의 철모 구성을 보면 이단관식철모가 주류를 이루는 가운데 이후 유행하는 관부돌출형철모가 2점 부장되는 과도기를 거친다. 이후 대부분의 목곽묘에서는 관부돌출형 철모가 주류로서 유행하게 된다. 특히 포항 옥성리나78호, 경주 덕천리19호, 울산 중산리Ⅶ-1호, 하대43호, 44호, 김해 양동리 162호 등 동남해안지역 각지의 주요 대형 방형계 목곽묘에서 다수의 관부돌출형 철모가 부장되는 현상으로 볼 때, 정치·경제적 성격을 어느 정도 반영하고 있다고 할 수 있다. 또한 한반도 동남부지역 특유의 관부돌출형 철모가 한반도 중서부지방의 김포 운양동, 아산 용두리, 보령 관창리, 논산 예천동유적 등에서도 보이고 있어, 철제 무기의 전파와 유통이 논의되기도 한다.

철촉은 철검과 철모가 초기철기시대에 등장하는 것에 비해 다소 늦은 원삼국시대 전기 전반에 출현하며, 성주 예산리 31호 출토 추형철촉 등 제한적인 예를 제외하면 대부분 슴베가 형성되지 않은 무경식철촉이 주류를 이루고 있다. 아이러니한 점은 이미 청동기시대부터 무경식촉에서 유경식촉으로 발전하여 사용되고 있었음에도 불구하고 철제 기술이 도입된 후 다시 무경식을 채택하여 유경식철촉이 출현하는 2세기대까지 지속한다는 것이다. 동북아지역 전체로 보았을 때도 이미 연나라의 경우 경부가 철이고 촉신부가 청동으로 제작한 철경동촉, 낙랑과 고구려의 경우에도 유경식철촉이 이미 제작되고 주요 실전용 무기로 사용되고 있었다.

원삼국시대 전기(전기전반)의 무경식철촉은 전체 길이가 짧고 폭이 넓은 특징을 지니며 경부가 짧게 형성된 것도 창원 다호리 30호 등에서 제한적으로 확인된다. 원삼국시대 전기(전기후반) 경주 사라리130호 단계에는 전체 길이가 길어지고 촉신부의 폭도 좁아진다.

원삼국시대 후기가 되면 앞 시기의 무경식철촉뿐만 아니라 다양한 유경식철촉이 나타나기 시작하는데, 그 주류는 세형계 능형철촉이다. 한반도 동남부지역에 진·변한의 각국이 존재하였던 기원전·후부터 3세기 후엽까지는 이와 같이 무경식철촉과 유경식철촉(골촉형계 철촉)이 출현하여 유행한다.

한반도에서 철과의 출토는 경주, 영천, 성주, 밀양, 창원지역 등 대개 한반도 동남부지역 주요 목관묘유적에서 제한적으로 확인되었다. 대부분 원삼국시대 전기에서 확인되며, 이후에는 거의 확인되지 않고 있다. 현재까지의 자료로 볼 때 철기 제작 기술의 도입되면서 앞선 시기의 동과를 모방하여 철과로 제작한 것 정도로 의미를 두어야 할 것으로 판단된다.

마구(馬具)는 사람이 말을 탈 때 필요한 도구로, 말과 사람 간의 관계가 형성되기 시작한 시점부터 출현한 것으로 추정된다. 한반도에서는 원삼국시대부터 마구가 출현하는데, 재갈만 확인될 뿐 사람이 직접 말에 타 부릴 때 쓰이는 기승용(騎乘用) 마구는 확인되지 않는다.

철제 재갈의 출현은 초기철기시대 2세기후엽으로 편년되는 경산 양지리2호에서 확인된다. 원삼국시대 전기(전기전반)에 본격적으로 유행하며, 대부분 표(鑣)와 함(銜)으로 구성되어 있다. 표는 측면에 2개의 구멍이 뚫려 있고 평면 형태 'S'형에서 'I'자형으로 변화되고 있다. 'S'자형의 청동제 표가 앞서 유행하기 때문에 자체 제작하였을 것으로 보는 견해도 있지만 'S'자형과 'I'자형 표가 중국 유수(楡樹) 노하심(老河深)56호, 4호 등에서 확인되기 때문에 서북지방의 영향도 고려해야 할 여지가 있다. 銜(재갈멈치)은 2연식이 주류를 이루고 3조 꼬임기법으로 제작하고 있다.

원삼국시대 전기(전기후반) 경주 사라리130호 단계에는 이 시기부터 철기의 장식화의 주류를 이루는 궐수형 표과 확인된다. 창원 다호리104호 출토품의 경우 궐수형 표의 가장 이른 형태의 것으로 4단에 걸친 궐수형 자가 형성되어 있다. 경주 사라리130호의 표는 평면형태 'S'자형이며 양 끝에 궐수형 자가 형성되어 있다. 원삼국시대 후기 목곽묘 단계에는 한반도 동남부지역 각 지역의 주요 목곽묘에 궐수형 표가 확인된다.

원삼국시대 후기에는 앞 시기 창원 다호리104호에서 궐수형

테글 9
경산 양지리유적으로 본 한반도 동남부지역에서 철기의 출현과 전개

한반도 동남부지역의 내륙에 위치한 경산 양지리유적은 수장묘에서 출토된 청동기, 철기류로 한국식 세형동검문화에서 단조철기 중심문화의 변화, 단조철기문화의 확산 현상을 보여주는 좋은 사례이다. 경산 양지리2호 목관묘는 대구 팔달동 목관묘와 같이 주위에 적석을 하는 이른 형태의 매장시설을 갖추고 있다. 경산 양지리1호에서는 창원 다호리1호, 경주 조양동38호, 밀양 교동3호, 포항 성곡리13호 등 진번한 각지 최고 수장급 무덤에서 출토되는 전한경(성운문경, 소명경 등)과 오수전 등의 중국 한나라계 유물과 한반도 동남부지역에서 유행하는 단조철기문화 중심의 철기류가 다수 출토된 바 있다.

발굴조사 보고에 의하면[20], 경산 양지리2호 · 경주 조양동5호 → 영천 용전리1호 → 창원 다호리1호 → 경주 조양동38호 · 경산 양지리1호의 상대 연대 순서를 알 수 있다.

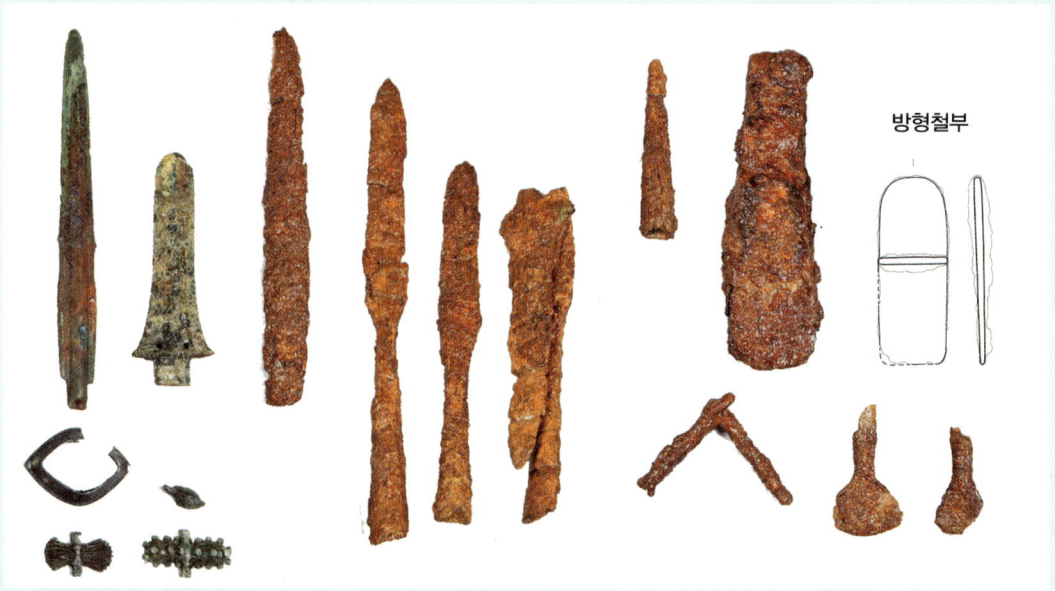

경산 양지리2호 한국식 세형동검문화와 단조철기문화(기원전 2세기후엽, 초기철기시대)(성림문화재연구원, 2020, 「慶山 陽地里 遺蹟」 인용)

---

20 박광열 외, 2020, 「Ⅵ. 맺음말」, 『慶山 陽地里 遺蹟』 학술조사보고 제147책, 聖林文化財研究院·한국토지주택공사.

· 경산 양지리유적으로 본 한반도 동남부지역에서 단조철기문화의 확산

경산 양지리1호 한국식 세형동검문화와 단조철기문화(기원전 1세기중엽, 원삼국시대)(성림문화재연구원, 2020, 『慶山 陽地里 遺蹟』 인용)

표비가 초현한 후 이 시기에 주로 유행한다. 대부분 경주 황성동46호, 울산 하대1호, 울산 중산리Ⅶ-4호, 김해 양동리162호 등과 같이 각 지역의 대형목곽묘에서만 확인되는 위세적 성격이 강한 마구류이다.

3. 한반도 동남부지역 철기문화의 특성과 계통

1) 한반도 남부지역 철기문화 출현과 관련된 계통 연구의 쟁점

최근 한반도 남부지역의 철기문화 유입 양상에 대해서 학계의 논쟁이 활발하다. 논쟁의 중심에는 한반도 남부지역 철기문화에 많은 영향을 준 세죽리-연화보 철기문화의 자체 성격에 대한 견해차와 한반도 남부지역 철기문화 형성 시기에 대한 의견 차이가 크기 때문이다.

　　세죽리-연화보유형 철기문화의 성격에 대해서는 전반적으로 한반도 남부지역 철기문화 형성과 관련하여 큰 영향을 미친 문화란 것과 그 자체가 燕의 철기문화와 유사하다는 것에 관심이 집중되었다. 그런데 최근 이 문화의 주체 세력이 연(燕)이라는 주장이 제기되자 반대 의견으로 고조선 및 위만조선 주체설이 대두되어 양 입장이 충돌되고 있다.

　　세죽리-연화보유형 철기문화에 대한 중국 연(燕) 주체설은 춘추전국시대 연의 철기문화를 중심에 두고 동쪽으로 광범위하게 확산되는 연식 철기문화를 연(燕)나라의 지배 영역으로 보고 있다.[21] 반면 고조선 혹은 위만조선 주체설은 세죽리-연화보유형 철기문화가 광범위한 한식(燕式) 철기문화 영향권에는 속하나 연의 철기문화 중심 유적인 연하도(燕下都)유적의 철기에 보이지 않는 반월형철도 등 여러 유물의 기종에서 재지적 성격의 기종이 확인되므로 이

21　송호정, 2007, 「세죽리-연화보유형 문화와 위만조선의 성장」, 『역사와 담론』48, 湖西史學會.
石川岳彦·小林靑樹, 2012, 「春秋戰國期の燕國における初期鐵器と東方への拡散」, 『国立歷史民俗博物館硏究報告』167, 国立歷史民俗博物館.

를 한반도 북부지역에 위치한 고조선 및 위만조선의 문화로 보고 있다.[22]

기왕의 학계에서는 '세죽리-연화보유형'의 철기문화에 대하여 중국 한식 철기문화의 영향을 받아 한반도 북부지역에 형성된 문화로 한반도 철기문화 유입 양상을 검토하는 데 있어 중요한 문화로 인식하여 왔다.

이 문화의 주체에 대하여 학계에서는 암묵적으로 고조선 등을 염두하고 있었으나 고조선 철기문화의 실체가 규명되지 않다 보니 이 문화의 주체에 대한 논의를 회피하는 경향이 있었다. 이러한 배경에는 중국 연의 연하도유적 같이 문헌기록으로만 알려진 왕검성 등의 고조선 중심 문화를 설정하기 어려웠기 때문이다. 하지만 이 문화를 둘러싸고 '중국 연 주체설'이 국내 일부 연구자를 비롯한 일본의 연구자까지 의견이 개진되자 이전까지 암묵적으로 판단되어 온 '고조선 주체설'이 수면 위로 오르게 된 것이다.

'세죽리-연화보유형'의 철기문화에 대한 고조선 혹은 위만조선 주체설은 세죽리-연화보유형 철기문화가 중국 요하 동쪽에서 청천강 이북에 걸쳐 분포하였던 연나라와 재지적 문화 요소가 함께 혼재된 문화유형이며, 요하의 동쪽에 해당하는 요동지역은 연나라 문화가 유입됨에도 재지적 문화 요소가 강하게 남아 있어, 고조선 문화권으로 비정하거나 독자적인 문화권을 형성하고 있다고 보고 있다.

2) 한반도 동남부지역 철기문화의 특성과 계통

한반도 서남부·동남부지역 철기문화의 형성시기에 대해서는 연구자마다 차이가 있으나, 서남부지역이 동남부지역보다 상대적으로 이른 시기에 형성되었다고 보는 것이 일반적이다. 서남부지역에서는 청동제 세형동검과 함께 주조철부, 철겸, 철경동촉 등의 철기류

[22] 김새봄, 2012, 「중국 동북지역 半月形鐵刀의 출현과 그 기원에 관한 문제제기」, 『人類學考古學論叢』, 영남대학교 문화인류학과 개설 40주년 기념논총.
이청규, 2014, 「遼東·西北韓의 初期 鐵器文化와 衛滿朝鮮」, 『동북아역사논총』44, 동북아역사재단.
정인성, 2016, 「燕系 鐵器文化의 擴散과 그 背景」, 『嶺南考古學』74號, 영남고고학회.
김상민, 2017, 「요령지역 철기문화의 전개와 한반도 초기철기문화」, 『동북아역사논총』55, 동북아역사재단.
김상민, 2018, 「東北아시아 鐵器文化의 擴散과 古朝鮮」, 『韓國考古學報』第107輯, 韓國考古學會.

무순 연화보유적

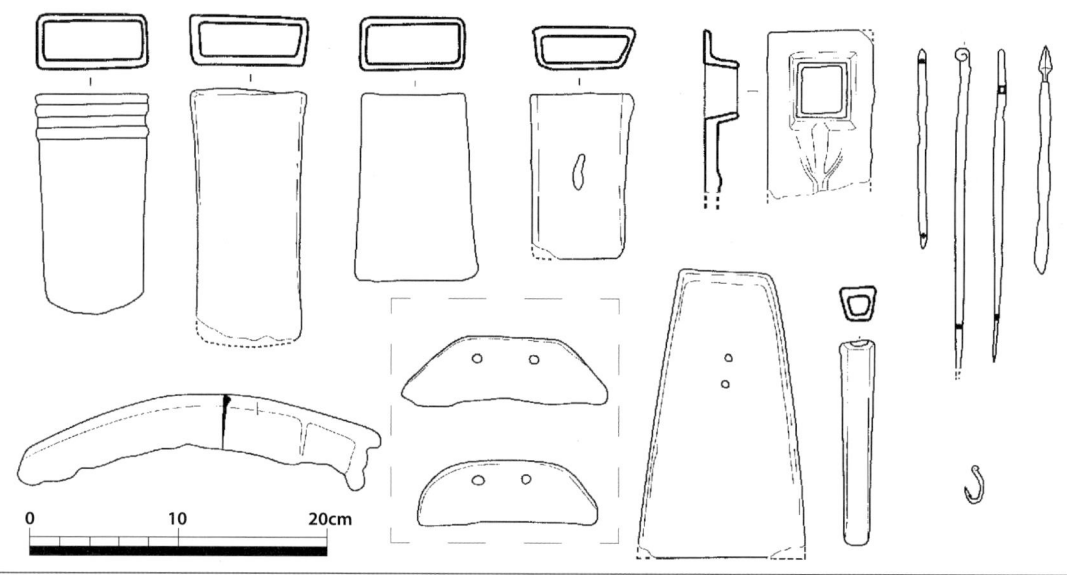

위원 용연동유적

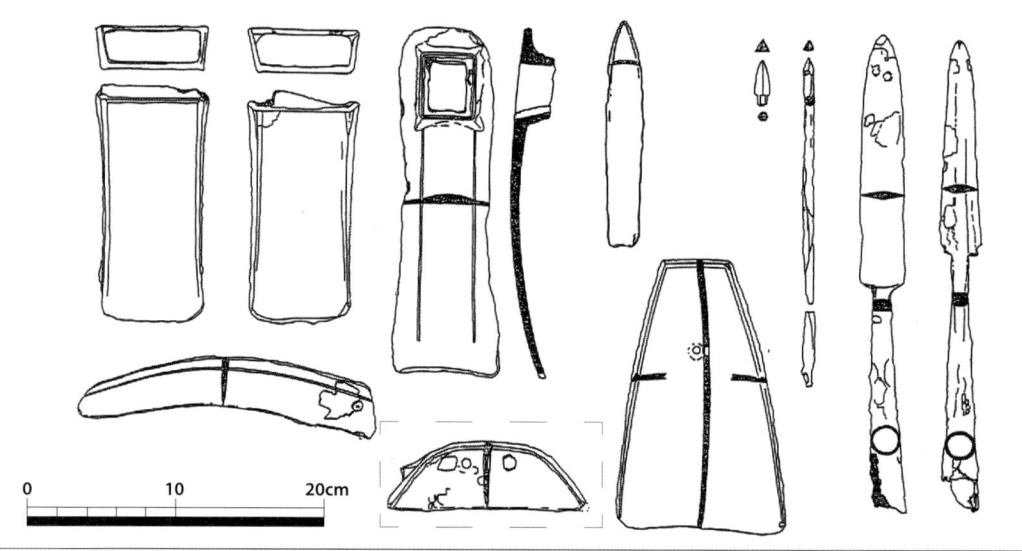

단동 쌍산자유적

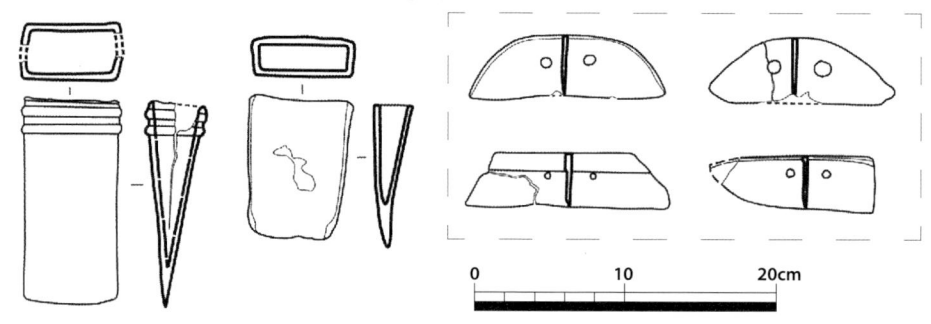

도면 15 중국 동북지역 및 한반도 북부지역의 초기철기 문화

가 공반되고 있다. 반면에 동남부지역은 철검, 철모, 철촉, 주조철부, 단조철부, 철사, 철겸 등 철제 무기류와 농공구류가 다양하게 확인되었는데 전체적인 비율은 철제 무기류가 높다. 제작 기술에서도 뚜렷한 차이가 발견되는데 서남부지역이 주조철기문화, 동남부지역이 단조철기문화가 중심을 이루고 있다.

양 지역은 철기문화의 전개 과정에도 차이를 나타낸다. 서남부지역의 철기문화는 동남부지역보다 이른 기원전 4세기에 출현하여 기원전 3세기까지 유행하나, 이후 공백기를 가지다가 기원후 3세기 이후가 되면 그 양이 폭발적으로 증가하는 양상을 보인다. 한편 동남부지역의 철기문화는 서남부지역보다 늦은 시기에 형성되는데, 처음부터 단조철기문화가 중심이 되어 점진적으로 질적·양적 성장을 보이는 점이 특징적이다. 특히 창원 다호리 1호 목관묘 단계이후부터는 한반도 남부지역에서 가장 철기문화가 확대되고 있는 양상이다.

기왕에 한반도 동남부지역 철기문화 출현 시기를 둘러싸고 그 시기를 언제로 볼 것인가에 대한 논쟁의 중심에는 위만조선의 멸망과 중국 한(漢)의 '낙랑군 설치'라는 역사적 사건을 어느 시점에 적용할 것인가에 대한 인식 차이에서 발생되었다.

또한 한반도 동남부지역 철기문화 출현기의 주요 연구는 중국 연(燕), 진(秦), 한(漢)과 세죽리-연하보유형의 한반도 북부지역과 요동지역, 낙랑군이 설치된 평양의 주요 유적에서 확인되는 자료의 비교 연구가 중심을 이루었다. 그런데 여기서 간과한 점이 있다. 한반도 동남부지역 철기문화 출현기의 특성이 먼저 검토되지 않은 것이다. 결론적으로 언급하면 한반도 동남부지역 철기문화는 단조철기 문화가 철기문화 출현 시기부터 지속적으로 유행한다는 점이다. 이는 주조철기 문화로 대표되는 중국 연(燕)의 철기문화와 그 영향을 받은 한반도 북부지역 세죽리-연화보유형 철기문화, 한반도 서남부지역의 철기문화와는 기술적으로 다를 뿐만 아니라 이 지역에서 제작된 철기의 기종 역시 독특한 문화를 형성하고 있다는 점이다.

이러한 한반도 동남부지역의 단조철기 중심 문화는 낙랑군이 설치된 평양의 주요 유적 출토 철기류와는 기종과 기술면에서 전혀 다른 계통이라 할 수 있다. 즉 한반도 동남부지역 자체의 단조철기 문화가 형성되고 전개되는 가운데 낙랑군 설치의 영향으로 중국 한식 동경, 동전 등의 물품들이 교류에 의해 유입되고 있는 것이다. 하지만 기존의 연구는 중국 한식 문물 유입과 철기문화 모두가 낙랑군 설치의 영향으로 보기 때문에 편년 연구에 충돌이 발생하게 되었다. 구체적으로 언급하면, 창원 다호리1호 단계부터 한반도 동남부지역의 철기문화 확산현상은 위만조선의 멸망과 낙랑군설치 이후의 자연스러운 현상으로 볼 수 있음에도 불구하고 경산 임당동 FⅡ34호 출토 중국 한식 주조철기, 대구 팔달동유적 출토 이른 시기의 철기 존재를 고려하여 창원 다호리1호, 경주 조양동38호 출토 한경에 대해 경사편년을 적용한 것이다. 결국 한반도 동남부지역의 철기문화는 중국 한나라, 낙랑군 철기문화와 다른 문화이기 때문에 낙랑군 설치와 별도로 다룰 문제인데 이를 연결 사슬로 묶다보니 한식(漢式) 문물 유입품 대부분이 전세품으로 전락할 수밖에 없는 상황에 이른 것이다.

그렇다고 하여 낙랑군 설치의 파급 현상을 전혀 부정할 수는 없을 것이다. 위만조선의 멸망과 낙랑군 설치는 분명 한반도 남부지역에도 많은 영향을 미쳤을 것이다. 하지만 동북아시아 정세를 흔들었던 위만조선의 멸망과 낙랑군 설치의 영향을 한반도 동남부지역 철기문화 출현으로 연결하는 것은 기존부터 발생하여 전개되어 온 한반도 남부지역의 철기문화 양상과 마찰을 불러 올 수밖에 없을 것이다.

고고 자료의 전반적 상황을 고려하면, 낙랑군 설치의 파급 효

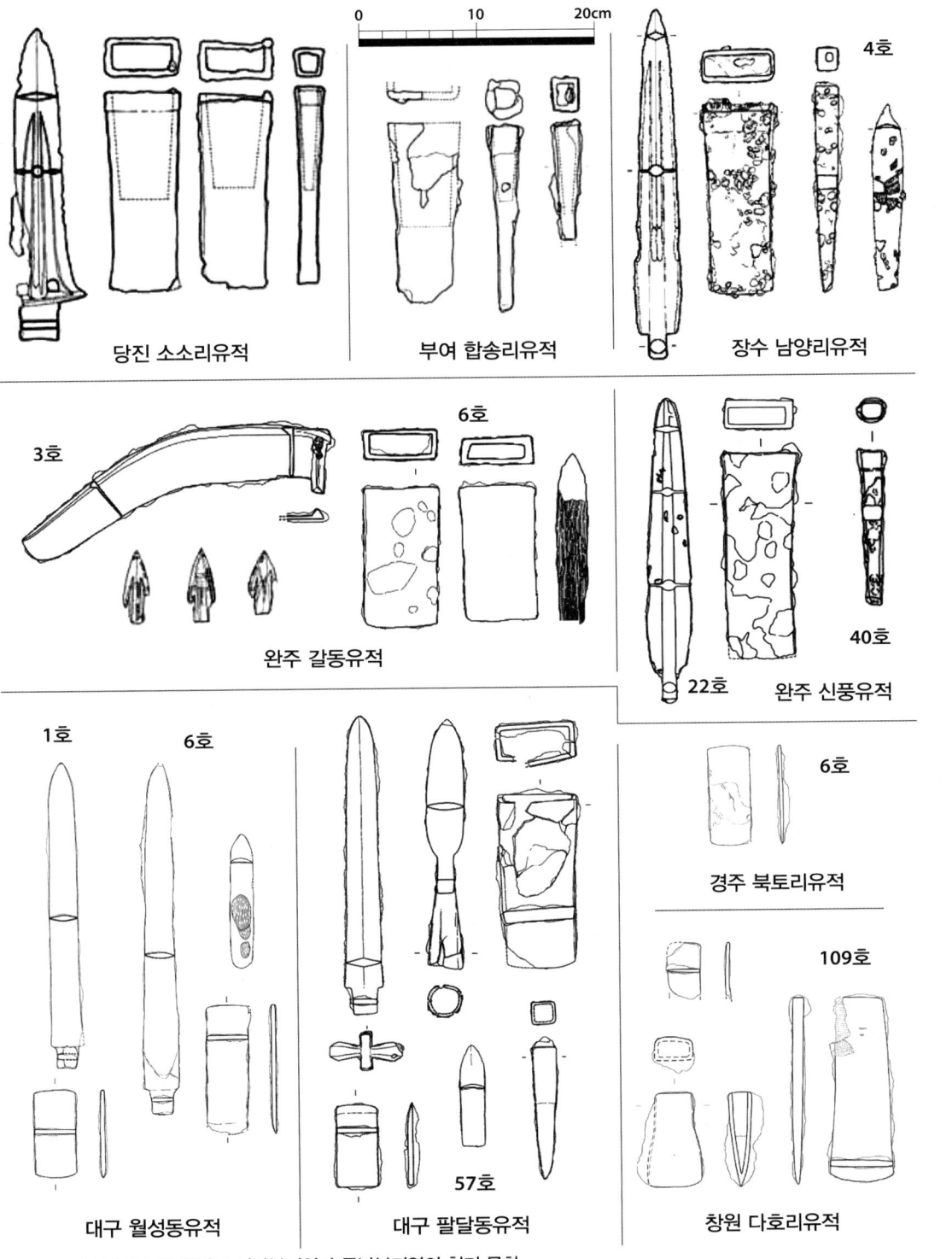

도면 16　초기철기시대 한반도 서남부지역과 동남부지역의 철기 문화

과로 설명할 수 있는 한반도 남부지역의 물질적 변화는 창원 다호리1호묘 단계(기원전 1세기 전엽)부터 발생하는 한반도 동남부지역 특유의 와질토기 문화의 발생과 철기문화의 급속한 확장 현상으로 보는 것이 합리적 해석일 것이다.

그렇다면 한반도 동남부지역 철기문화의 계통은 어디인가? 한반도 동남부지역 철기문화는 중국 연나라, 진나라, 한나라와 이제까지 알려진 이른 단계의 세죽리-연화보유형과는 명확한 차이가 있다. 그런데 동북아시아 철기문화의 전반적인 확산되는 현상으로 볼 때, 갑자기 한반도 동남부지역만 자체의 기술 혁명으로 단조철기문화가 출현하였다고 볼 수도 없을 것이다. 따라서 자료의 한계성이 일부 존재하지만 한반도 동남부지역의 단조철기문화는 평양 상리유적, 은파 갈현리 등 한반도 북부의 단조제 철기문화와 계통을 연결하는 것이 가장 합리적이다.

이상과 같이 한반도 동남부지역 철기문화는 위만조선 철기문화의 영향을 받아 기원전 2세기경 안정적으로 출현하고, 이후 기원전 2세기 말~1세기 전엽경 위만조선의 멸망 및 낙랑군 설치 등의 영향으로 철기문화가 급속히 확산되었다고 볼 수 있겠다.

한편 앞 절의 '세죽리-연화보유형' 주체설에 관해서는 고조선-위만조선 주체설이 가장 합리적 해석으로 판단되며 그 이유는 다음과 같다. 첫째 세죽리-연화보유형의 철기문화는 중국 연식 철기문화의 영향을 강하게 받아 유성성이 강하다. 다만 청동기시대 고조선의 석기인 반월형석도를 모티브로 제작한 주조제 반월형철도[23]는 세죽리-연화보유형 철기문화에서 다수 확인되어 지역성이 확인된다.

둘째, 앞에서 주로 논의한 한반도 동남부지역 철기문화의 영향은 한반도 북부지역에서 찾을 수 있는데 그 양상이 중국 연나라, 진나라, 한나라의 철기문화와는 상이하다는 점이다. 즉 한반도 동

---

[23] 김새봄, 2012, 「중국 동북지역 半月形鐵刀의 출현과 그 기원에 관한 문제제기」, 『人類學考古學論叢』, 영남대학교 문화인류학과 개설 40주년 기념논총.

남부지역에서 단조철기문화의 출현 시기와 그 규모로 볼 때, 이에 영향을 준 것은 한반도 북부지역에 위치한 위만조선 세력으로 보는 것이 타당하다. 따라서 세죽리-연화보유형의 철기문화는 고조선-위만조선 세력이 주체적으로 형성한 문화로 판단된다.

4. 소결

지금까지 한반도 동남부지역을 중심으로 한 남부지역 철기문화의 형성과 전개과정을 살펴보았다. 한반도 동남부지역 철기문화는 기원전 2세기경에 주조철기와 단조철기가 함께 출현하며, 그 중에서도 단조철기문화가 중심을 이루고 있다. 원삼국시대 이후에는 단조철기 제작기술이 급격히 확산되는 현상이 확인된다. 이에 반해 한반도 서남부지역은 기원전 4~3세기경에 주조철기 제작기술이 일시적으로 유행하다가 갑자기 소멸되듯 한 연속성이 확인되지 않는 점 등, 양 지역 간의 지역성이 확인된다.

　　원삼국시대 기원전 1세기 전엽부터 한반도 동남부지역 철기문화가 급격히 확산되는 현상은 고조선(위만조선)의 멸망 및 한반도 북부지역에 설치된 낙랑군과 관련 있을 것으로 추정된다. 즉 한의 공격으로 위만조선이 멸망하자 한반도 북부지역은 한무제가 시행하였던 염철전매제의 영향권에 포함되었을 것이다. 이때 한의 영향력이 다소 약한 한반도 동남부지역에는 위만조선의 철기 제작기술이 유입되었을 가능성이 있다.

　　한반도 동남부지역에 미친 중국의 영향력이 약했던 배경은 지리적 환경과 관련되었을 것으로 판단된다. 한반도 동남부지역은 태백산맥과 소백산맥이라는 험준한 산지로 둘러싸여 지형적으로 천연의 방어선을 갖추고 있다. 이러한 자연지리적 특징은 이후 원삼국시대 한반도 동남부지역의 소국이 외부의 압력에 구애받지 않고 내적 통합 및 발전을 이루는 데 중추적인 요소로 작용하였다. 반면 한반도 서남부지역은 동남부지역에 비해 평지가 많아 중국 한(漢)의 염철전매제 영향을 간접적으로 받았기 때문에 철기 생산과 확산에 많은 제약이 따랐을 것으로 추정된다.

따라서 한반도 서남부지역에 비해 철기 출현이 늦었음에도 불구하고 원삼국시대에 한반도 동남부지역의 철기문화가 급격히 발전할 수 있었던 원인은 지리적 이점이 작용하여 중국으로부터의 외압이 적게 미쳤기 때문이었던 것으로 판단된다. 이와 함께 한반도 북부지역의 우수한 철기 제작기술 유입 또한 중요한 요소로 언급할 수 있겠다.

한편 기왕의 논쟁이 된 세죽리-연화보유형 철기문화의 주체에 관해서는 한반도 동남부지역 철기문화의 출현 시기와 그 규모로 보아, 이에 영향을 준 것은 한반도 북부지역에 위치한 거대한 정치세력(위만조선)일 가능성이 크기 때문에 '고조선-위만조선'이 주체인 것으로 판단된다.

1. 머리말

2. 공격용 무기의 전개 양상
  1) 철검(鐵劍)과 철도(鐵刀)
  2) 철모(鐵鉾)의 전개양상
  3) 화살촉(鐵鏃)의 전개 양상

3. 방어용 무기의 전개 양상
  1) 갑주

4. 기승용 무기의 전개 양상
  1) 마주(馬冑)와 마갑(馬甲), 장식 마구류

02 한반도 동남부지역 철제 무기·무구·마구의 변천

고대 동아시아의 무기(武器)와 전사(戰士)

1. 머리말

이 장에서는 영남지방의 주요 수장급묘에서 출토한 무기 및 무구의 개별 기종을 대상으로 초기철기시대부터 삼국시대까지 단계별 변화 양상을 살펴보고자 한다.

그런데 이에 앞서 전제되어야 할 것이 있다. 그것은 단계별 주요 수장급묘에서 출토되는 무기와 무구가 당시의 무기체계를 반영한다는 것이다. 고고학에서는 무덤의 매장의례 행위가 우리에게 어떠한 정보를 제공하는가라는 원론적 문제에 대한 여러 가지 견해가 제기된 바 있다. 이와 같은 논란의 배경은 현재 우리의 시각에서는 과거의 물질자료를 통해서 당시의 의식이나 행위를 추정하기는 어렵기 때문이다. 그렇지만 필자는 원삼국시대 이후 한반도에 위치한 고분들에서 나타나는 매장의례 행위를 총체적으로 볼 때, 각 집단의 수장급묘에서 확인되는 무기류는 당시의 무기체계를 반영할 가능성이 크다고 판단한다.

한반도 동남부지역에서는 초기철기시대의 철기 출현과 더불어 원삼국시대부터 삼국시대까지 여러 국가가 탄생하거나 국가로 이행되는 과정이 나타난다. 그러한 과정 속에 단위지역 및 광역의 집단에서는 각자의 정체성을 드러내려는 행위로서 집단의 상징성을 나타내기 시작한다. 또한 집단 간에 상호작용을 활발하게 진행하는데 이러한 양상은 한반도 동남부지역의 공통적인 현상들이다. 이러한 현상의 하나로써 원삼국시대 영남지방의 각 지역집단의 수장급묘에서는 다수의 철제 무기류가 부장되는 매장 의례가 확인되고 있다.

그런데 각 지역 수장급묘에 부장되는 무기류는 몇몇 기종을 제외하고는 피장자가 생존하였을 때 사용하였다고 보기 어려운 것들이 많다. 피장자가 사용하지 않았다고 보는 결정적 사유는 무덤 속에 여러 기종의 많은 무기들이 한꺼번에 부장되기 때문이다. 이러한 현상은 앞서 언급한 진나라 진시황릉의 병마용, 고구려 안악3호분 벽화고분의 행렬도 등과 같이 피장자가 사후 세계에서 안위한 생활을 누렸으면 하는 염원을 담아 군사를 대신하여 무기나 무구를 매장하는 의례를 했던 것으로 추정된다. 부장된 철기의 규모나 기종 등을 통해 볼 때 이것들이 피장자의 친위대나 국가 전체의 군사조직을 반영할 가능성도 있다고 생각된다.

이처럼 본고는 원삼국시대 이후 영남지방의 최상급 무덤에서 확인되는 무기류가 제집단의 군사조직을 어느 정도 반영한다는 전제하에 논의를 전개하고자 한다.

시기적 단계 설정은 철제 무기류가 형식적 변화가 둔감함을 고려하여 큰 틀에서 초기철기시대(기원전 2세기), 원삼국시대 전기(목관묘 단계) 전반(기원전 1세기~기원후 1세기 전엽), 전기 후반(기원후 1세기 중엽~2세기 전엽), 원삼국시대 후기(목곽묘 단계 - 2세기 중엽~3세기 후엽), 삼국시대로 설정하고자 한다.

2. 공격용 무기의 전개 양상

1) 철검(鐵劍)과 철도(鐵刀)

영남지방에서 철검은 철제 무기류가 등장하는 초기철기시대(기원전 2세기 중후엽)부터 철제 단검(短劍)이 사용되다가 원삼국시대 후기(2세기 중엽)가 되면 중국 한(漢)의 영향으로 철제 장검(長劍)이 일시적으로 유행한다. 그러나 3세기대에 대도(大刀)가 본격적으로 유행하면 철검은 점차 사라지는 경향이다.

초기철기시대에는 제한적으로 확인되던 철제 단검이 원삼국시대 전기(기원전 1세기 전엽~기원후 2세기 전엽)에 이르러 유행한다. 형태적으로 원삼국시대 전기 철제 단검이 초기철기시대의 것과 큰 차이를 보이지 않는다. 기원전 1세기 단계의 경주 조양동 38호부터 경주 사라리 130호 단계까지 철제 단검이 지속적으로 사용되고 있다.

원삼국시대 후기(2세기 중엽~3세기 중후엽)에 들어오면 이전부터 유행한 철제 단검이 지속적으로 사용되는 가운데 중국 한나라의 영향을 받아 장검이 유행한다. 울산 하대 43호와 44호 등 다수의 유적에서 출토되는 장검을 보면 단검에 비해 신부가 길어지고 병부(柄部) 또한 훨씬 길어지는 특성을 지니고 있다.

철도는 목병대도(木柄大刀), 손잡이에 고리가 형성된 환두대도(環頭大刀)로 구분되는데, 목제 손잡이를 가진 철제 대도에서 손잡이에 철제 고리 장식이 가미된 환두대도로 변화·발전하였다. 환두소도(環頭小刀)가 주로 출토되며 출현 시기는 기원전 2세기의 초기철기시대이다.

철도는 원삼국시대 전기 말(1세기 후엽~2세기 전엽)에 경주 사라리 130호, 경주 인왕동 1호 등에서 일부 확인되지만 유행하는 것은 원삼국시대 후기(2세기 중엽~3세기 중후엽)이다. 원삼국시대 후기(2세기 중엽~3세기 중후엽) 초기에 나타나는 철도는 손잡이에 아무런 장식을 하지 않고 나무를 끼워 병부를 제작하는 목병도가 주류를 이룬다. 그러나 곧 환두부로 병부를 만든 소환두대도가 주로 유행하게 된다. 목병도는 장식 소환두대도가 출현하기 전까지 유행하며, 신부의 길이가 변화를 반영하는 주된 속성으로서 전반적으로 길이가 짧은 것에서 긴 것으로 변화한다.

삼국시대 초기에는 원삼국시대에 유행하던 소환두대도가 지속적으로 사용되면서 크게 유행한다. 특히 경주 월성로 가13호에서 고구려의 영향을 받은 환두부 금제 장식대도가 출현한 이후, 신라와 가야에서는 자신의 정체성을 반영한 용봉환두대도, 삼루환두대도, 삼엽환두대도, 소환두대도, 규두대도 등 다양한 장식대도가 유

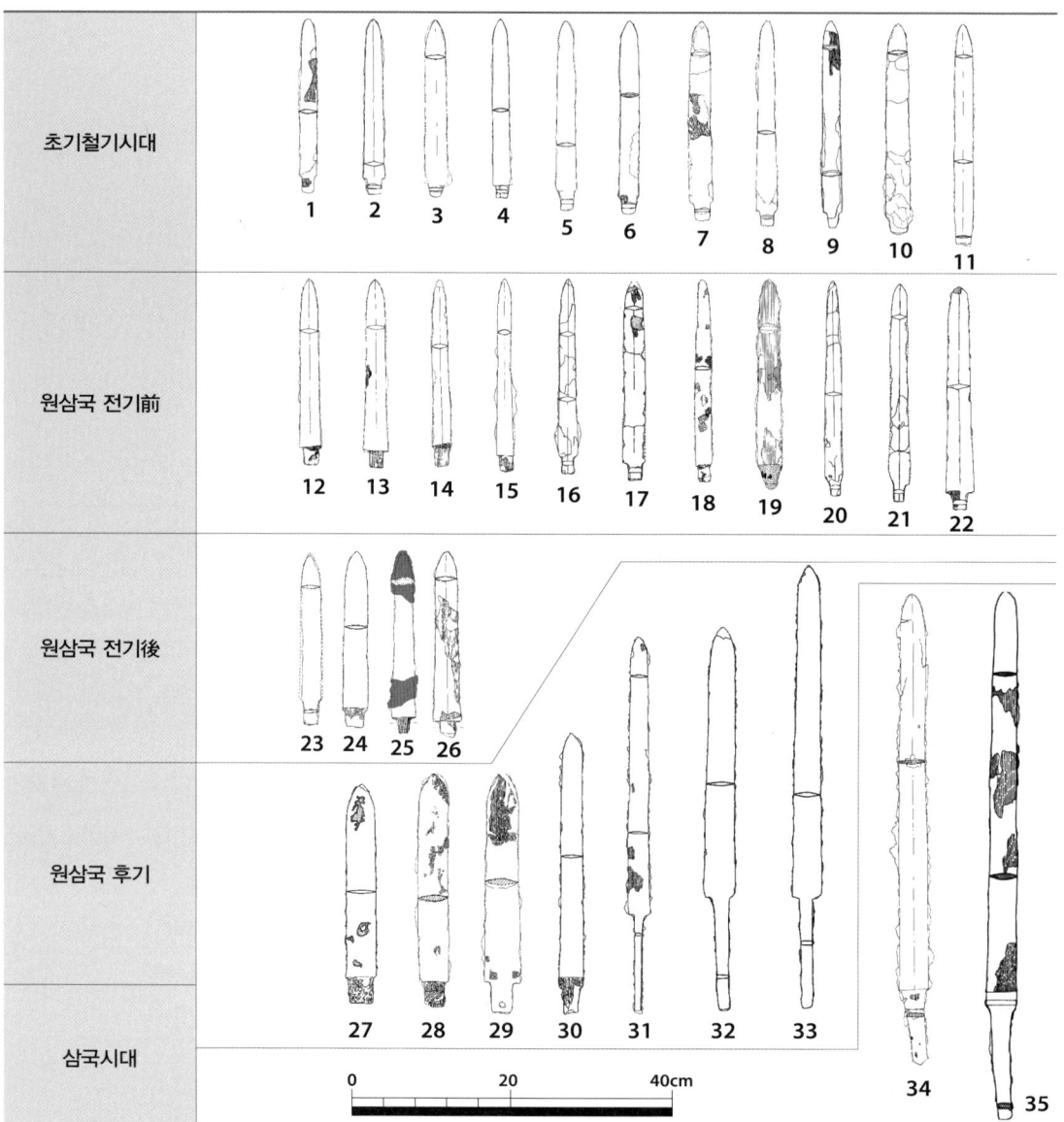

도면 17 영남지방 철검의 단계별 변천 양상

1. 대구 팔달동77호 | 2. 대구 팔달동57호 | 3. 대구 월성동12호 | 4. 대구 월성동1호 | 5. 대구 월성동13호 | 6. 대구 팔달동27호 | 7. 대구 팔달동78호 | 8. 대구 월성동6호 | 9. 대구 팔달동90호 | 10. 대구 팔달동75호 | 11. 대구 월성동2호 | 12. 경주 황성동3호 | 13. 경주 황성동2호 | 14. 청원 다호리79호 | 15. 경주 조양동38호 | 16. 경산 임당동A1-12호 | 17. 경산 임당동A1-78호 | 18. 경주 조양동28호 | 19. 경주 덕천리138호 | 20. 경산 임당동A1-11호 | 21. 경산 임당동A1-44호 | 22. 경산 임당동A1-74호 | 23. 경산 신대리8호 | 24. 경주 황성동575번지 5호 | 25. 경주 황성동575번지 7호 | 26. 경주 황성동575번지 14호 | 27, 30, 31. 울산 하대44호 | 32, 33. 울산 하대43호 | 28, 29. 김해 양동리162호 | 34. 포항 옥성리 가-35호 | 35. 경주 황남대총남분

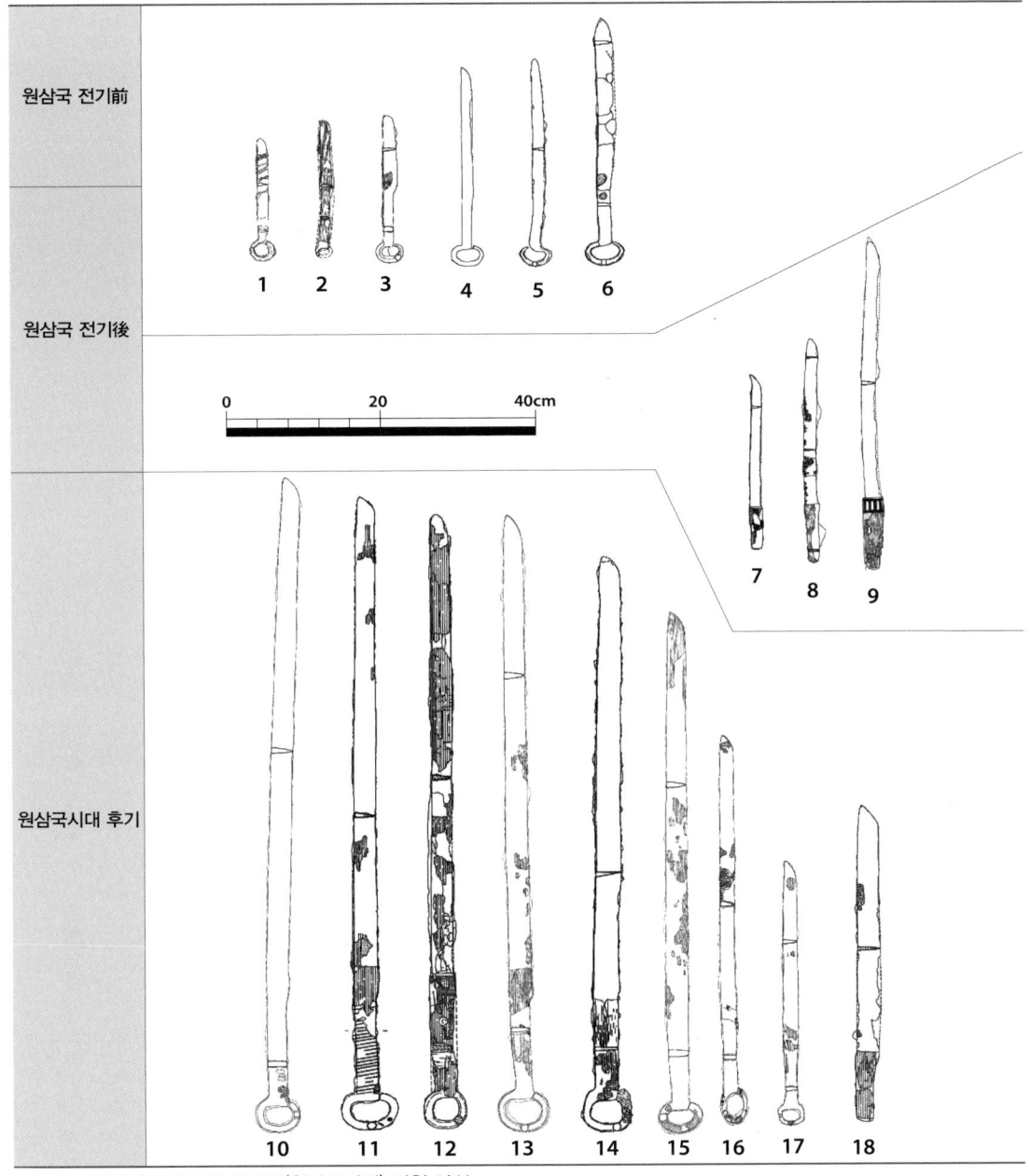

도면 18 영남지방 철도의 단계별(원삼국시대) 변천 양상
1. 영천 용전리　|　2. 경주 조양동5호　|　3. 창원 다호리74호　|　4. 창원 다호리1호　|　5. 창원 다호리30호　|　6. 경산 임당동AⅡ-4호　|　7·9. 경주 사라리130호　|　8. 경주 인왕동1호　|　10. 경주 덕천리19호　|　11. 경주 황성동22호　|　12. 김해 대성동18호　|　13. 경주 덕천리15호　|　14. 울산 하대43호　|　15. 경주 덕천리12호　|　16. 경주 덕천리80호　|　17. 경주 덕천리82호　|　18. 김해 대성동13호

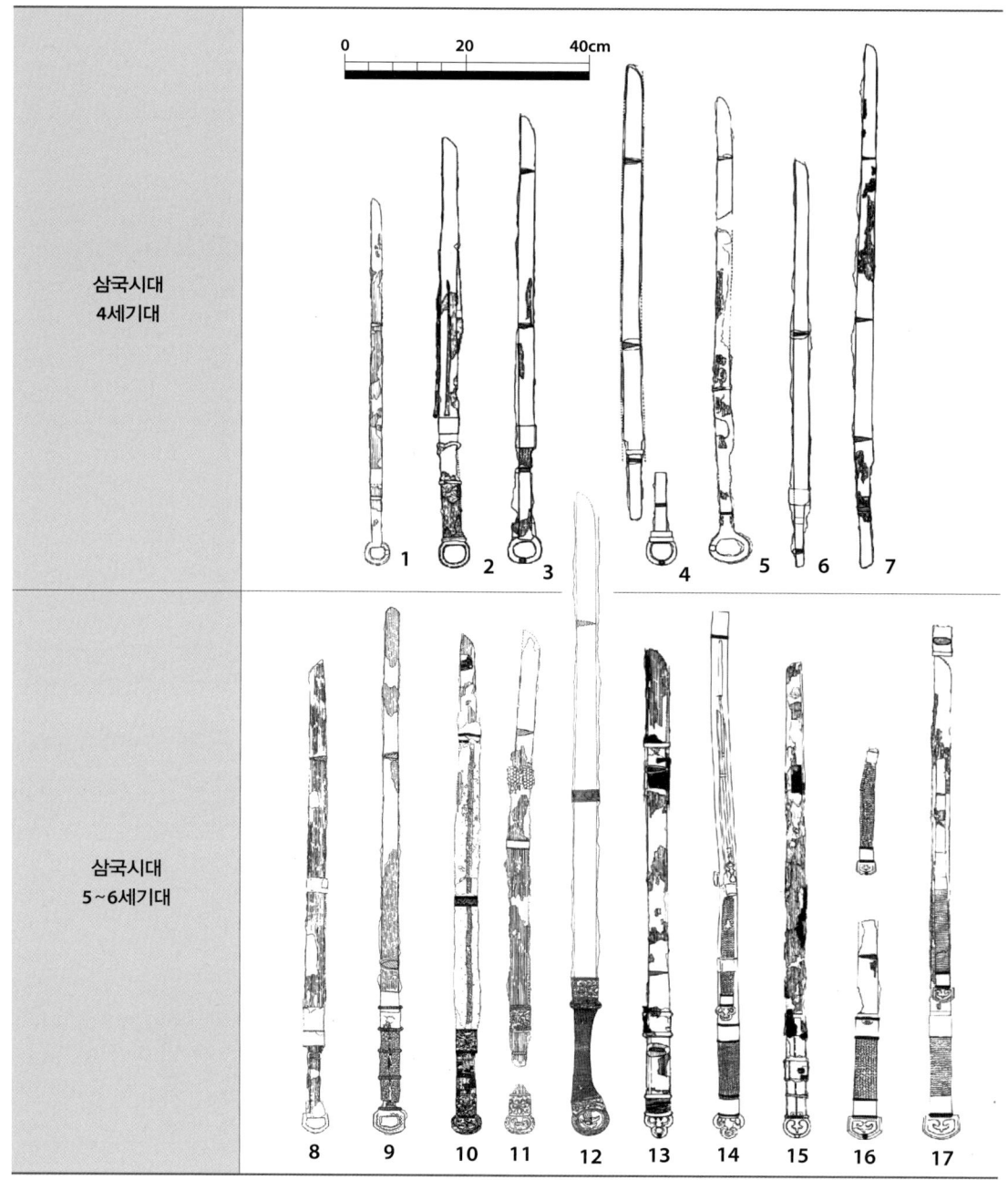

도면 19 영남지방 환두대도의 단계별(삼국시대) 변천 양상

1. 울산 중산리IA100호 | 2, 3, 4, 6, 7. 경주 월성로 가13호 | 5. 경산 임당동G6호 | 8. 합천 옥전71호 | 9. 함안 마갑총 | 10~12. 합천 옥전M3호 | 13, 15. 부산 복천동11호 | 14, 16. 경주 황남대총남분 | 17. 경산 임당동CI-1호

행한다.

　환두대도는 환두를 용봉의 모양으로 장식한 용봉환두대도(龍鳳環頭大刀)와 환두가 C자형 고리 3개로 이루어진 삼루환두대도(三累環頭大刀), 환두 안에 삼엽문양(三葉文) 장식이 있는 삼엽환두대도(三葉環頭大刀), 환두 안에 아무런 장식이 없이 고리를 금, 금동, 은 또는 철 자체로만 제작한 소환두대도(素環頭大刀) 등이 있다. 삼루·삼엽환두대도는 대부분 환두부를 금, 금동, 은으로 제작된 것이 많다.

　용봉환두대도는 영남지방에서 주로 고령 지산동고분군, 합천 옥전고분군 등 대가야 중심지에 집중적으로 출토되었으나 점차 산청 등 대가야 외곽 지역으로 확산되는 정황이 나타난다. 삼루환두대도는 경주 황남대총남분, 금령총, 금관총, 천마총, 식리총 등 신라의 최상위 무덤에서 출토되고 있다. 삼엽환두대도는 삼루환두대도에 비해 위계는 낮지만 역시 상위 무덤에서 출토되고 있다.

　삼루 및 삼엽환두대도는 신라 중앙인 경주지역에 집중되어 있지만 경산 임당동고분군, 대구 내당동고분군, 부산 복천동고분군 등 지방의 수장급 무덤에서도 출토되고 있다. 이 대도들은 중앙과 지방과의 관계를 잘 보여주는 의장용무기임을 알 수 있다. 반면에 용봉환두대도는 경주 천마총, 식리총, 호우총, 창녕 교동 11호분 등 신라권역에서는 제한적으로 출토되고 있다. 이로 인해 신라권역에서 출토되는 용봉환두대도는 가야 또는 백제 환두대도의 영향을 받아 일시적으로 제작된 것으로 보고 있다.

2) 철모(鐵鉾)의 전개양상

철모(철창)가 출현한 시점은 초기철기시대이며 본격적으로 사용되는 시기는 원삼국시대 이후라 할 수 있다. 영남지방에서는 철모의 형태가 다양할 뿐만 아니라 각 시기를 대표할 만한 표지적인 철모가 존재하여 그 변화 양상을 엿볼 수 있다. 먼저 초기철기시대에는 중국의 전나라 혹은 위만조선의 영향을 받아 제작되었거나 낙랑의 영향을 받아 제작된 것으로 보기도 하는 단신형철모와 장신형철모(기원전 2세기 중후엽)가 출현한다. 원삼국시대 전기에는 이단관형철모, 원삼국시대 후기에는 관부돌출형철모(2세기 중엽~3세기 중후엽), 원삼국시대 후기와 삼국시대 전기에는 궐수형철모 등 의기성이 강한 철모(3세기 중후엽~4세기 전중엽)가 차례로 유행한다. 이후에도 삼국시대의 주요 실전용 철모인 직기형 및 연미형철모의 출현과 유행(3세기 후엽~6세기), 의장용 성격이 강한 고구려계 반부철모와 가지형철모, 공부다각형철모의 출현(4세기 중후엽~6세기) 등이 확인되는 등 초기철기시대부터 삼국시대까지 철모의 변천 양상을 설정할 수 있겠다.

원삼국시대 전기(기원전 1세기~기원후 2세기 전엽)의 철모는 신부의 단면이 얇은 것이 특징적이다. 창의 주기능인 찌르기뿐만 아니라 형태적으로 철검의 신부와 유사하기 때문에 양쪽 인부로 베는 기능도 겸비하고 있다. 신부가 긴 형태의 장신형철모는 전국계로 인식되고 있다. 장신형철모와 함께 단신형철모도 함께 유행하는데 이는 앞서 유행하였던 동모의 형태와 유사하다. 단신형철모는 동모의 형태를 모티브로 자체 제작되었을 가능성이 크다.

비슷한 시기에 영남지방에서는 영남지방 특유의 이단관형철모가 유행한다. 이 철모에 공부에 관부 1단이 추가된 형태이다. 이단관형철모의 모티브와 관련된 의견으로는 중국 서안시(西安市) 진시황릉원(秦始皇陵園)에서 출토된 바 있는 진나라의 이중관식 동모라는 설, 청동기시대의 이단병식 석검이라는 설 등이 있다. 중국의 이중관식 동모는 유행한 것이 아니라 제한적으로 확인되기 때문에 청동기시대의 이단병식 식검을 모티브로 제작되었다는 설에 더 무게를 둘 수 있다.

그런데 이러한 원삼국시대의 이단관형철모도 후기에 이르면

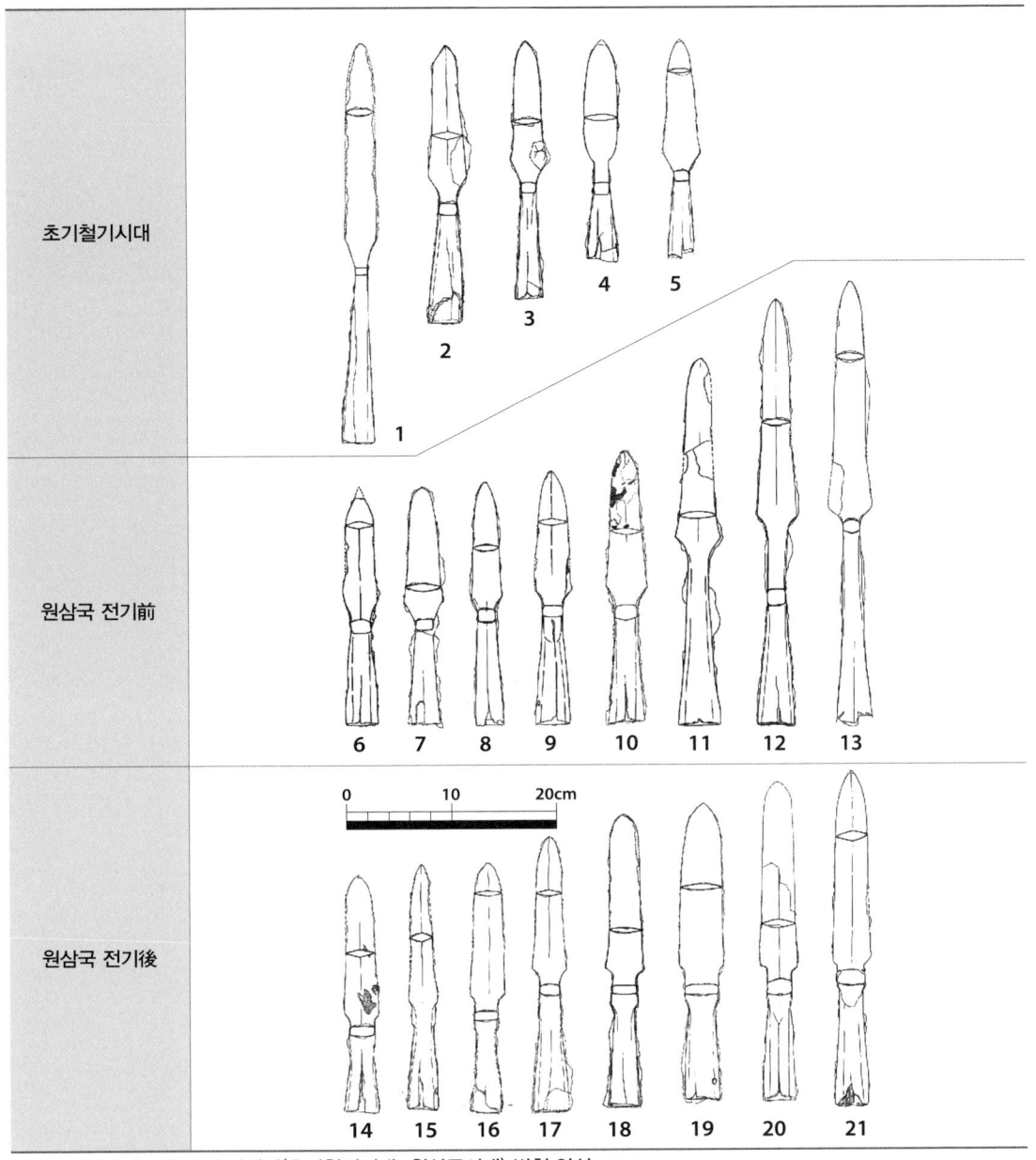

도면 20 영남지방 철모의 단계별(초기철기시대~원삼국시대) 변천 양상

1. 대구 팔달동90호 | 2. 대구 팔달동27호 | 3. 대구 팔달동99호 | 4. 대구 팔달동57호 | 5. 대구 팔달동67호 | 6. 경산 임당동A1-44호 | 7. 경주 조양동5호 | 8. 성주 예산리1호 | 9. 경산 임당동A1-74호 | 10. 경주 황성동3호 | 11. 창원 다호리30호 | 12. 경주 덕천리138호 | 13. 성주 예산리6호 | 14. 경산 신대리48호 | 15. 경산 신대리22호 | 16. 경주 황성동575번지14호 | 17. 경주 황성동575번지7호 | 18. 대구 팔달동117호 | 19. 경주 황성동575번지5호 | 20. 경주 사라리130호 | 21. 경주 조양동60호

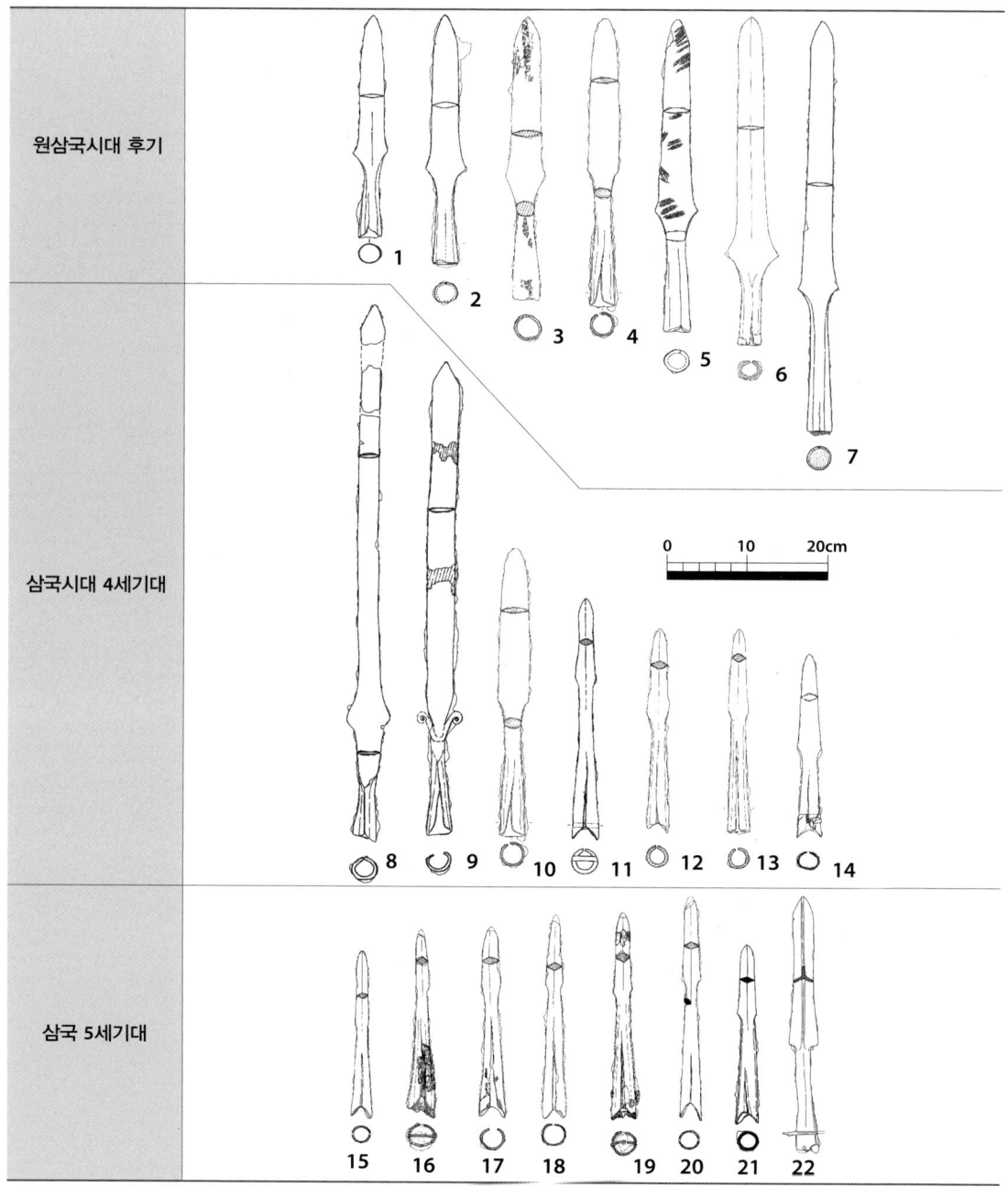

도면 21 영남지방 철모의 난계별(삼국시대) 변천 양상

1, 7. 울산 하대44호 | 2. 포항 옥성리78호 | 3. 김해 양동리200호 | 4. 부산 노포동6호 | 5. 울산 하삼정9호 | 6. 경주 덕천리1호 | 8, 9. 경주 구정동4곽 | 10. 부산 노포동6호 | 11. 경주 월성로가13호 | 12, 13. 경주 월성로가6호 | 14. 경산 임당G6호 | 15~20. 부산 복천동11호 | 21, 22. 경주 황남대총남분

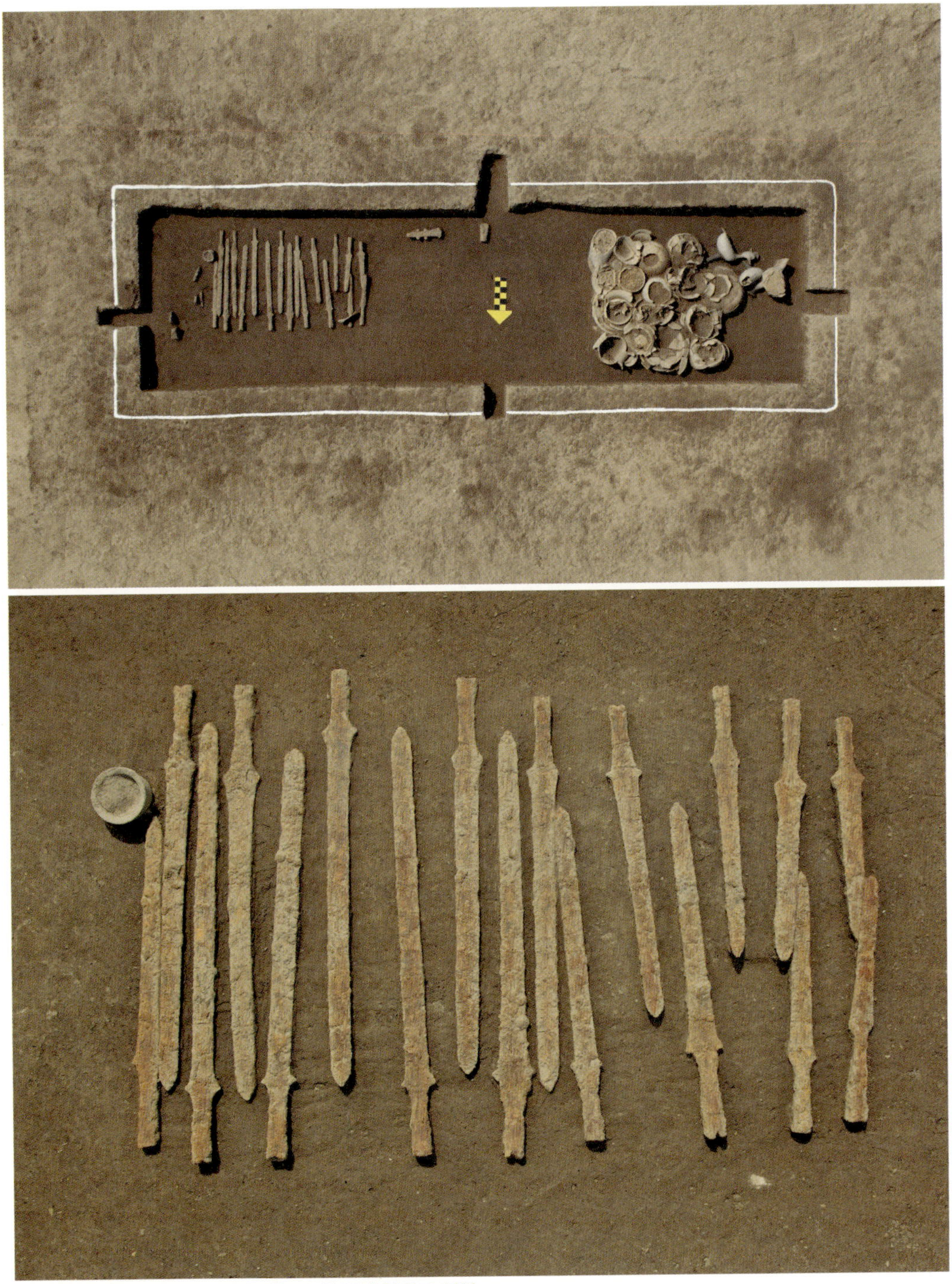

경주 덕천리유적 목곽묘 120호 출토 관부돌출형철모 일괄

과도기를 거치면서 새로운 철모로 변화한다. 이단관형철모의 관부가 돌출된 형태의 관부돌출형철모로 대체되는 것이다. 경주 황성동 68호(동) 단계까지는 이단관형철모 일색이다가 2호 목곽묘 단계가 되면 이단관형철모가 주류를 이루는 가운데 관부돌출형철모가 2점 추가되어 부장되는 과도기적 양상이 관찰된다.

목곽묘 출현 이후 경주지역을 중심으로 관부돌출형철모의 다수 부장 의례가 유행한다. 동시에 경주지역에서는 판상철부의 다수부장이 관부돌출형철모로 대체되는 현상이 뚜렷이 확인된다. 포항 옥성리 나78호, 경주 덕천리19호, 울산 중산리Ⅶ-1호, 하대43호·44호, 김해 양동리162호 등 동남해안지역 각지의 주요 대형 방형계 목곽묘에서 다수의 관부돌출형 철모가 부장되는 양상이 관찰되는 것이다. 이를 통해 볼 때, 관부돌출형 철모의 다수부장 현상은 피장자의 정치·경제적 지위를 어느 정도 반영하고 있다고 할 수 있다.

한편 영남지방 특유의 관부돌출형 철모가 한반도 중서부지방의 김포 운양동, 아산 용두리, 보령 관창리, 논산 예천동유적 등에서도 보이고 있다. 이로써 영남지방과 중서부지방 간에 철제 무기의 전파와 유통이 있었던 것을 어느 정도 인정할 수 있겠다.

3) 화살촉(鐵鏃)의 전개 양상

철검과 철모가 초기철기시대에 등장하는 데 비해 철촉은 이보다 다소 늦은 원삼국시대 전기전반에 출현한다. 성주 예산리 31호묘 출토 추형철촉 등 몇 가지 예를 제외하면 대부분 슴베가 형성되지 않은 무경식철촉(無莖式鐵鏃)이 주류를 이루고 있다.

한 가지 흥미있는 점은 청동기시대에 이미 무경식석촉에서 유경식석촉으로 변화·발전하여 유경식석촉이 마지막까지 유행하였음에도 불구하고 철제 기술이 도입된 이후에는 다시 무경식을 채택하여 유경식 철촉이 출현하는 2세기대까지 유행했다는 사실이다.

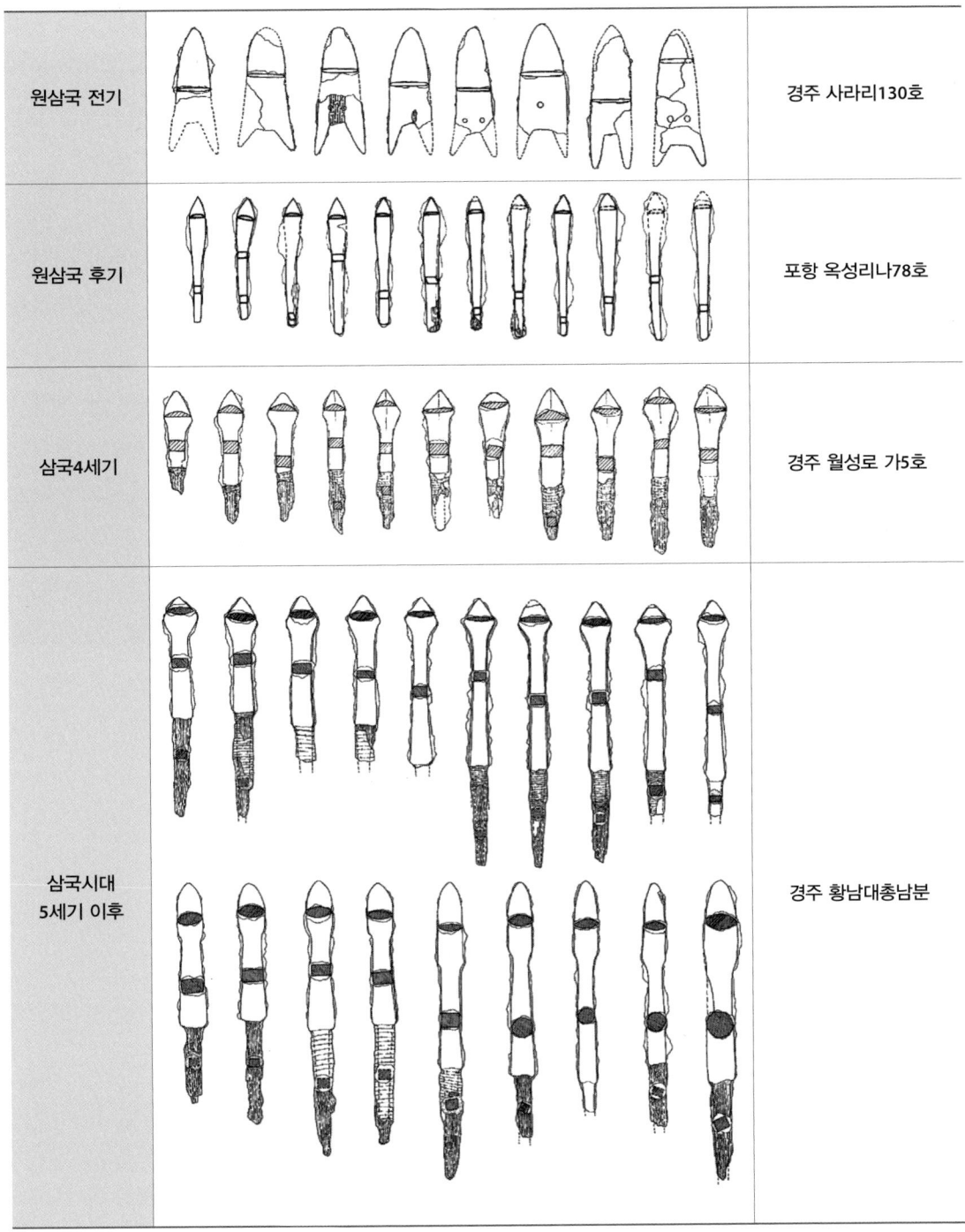

도면 22 영남지방 철촉의 단계별 변천 양상

철제 소재의 화살촉이 등장한 것은 기원전 1세기대로 청동기시대의 무경식석촉 형태를 모방한 무경식철촉이며, 이 무경식철촉은 기원후 4세기까지 확인된다. 3세기대 후엽에는 유경식철촉이 출현하며 촉신부가 다양한 형태로 출현하다. 철촉은 일반적으로 무경식(無莖式) → 유경식(有莖式) → 단경식((短頸式, 頸部(경부)의 출현)) → 장경식(長頸式)으로 변화한다. 즉 살상력과 비거리능력을 향상시키기 위하여 무게가 점차 무거워지고 길이가 점점 길어지는 특성을 지니고 있다.

원삼국시대 후기와 삼국시대 초기에 들어서면 신라 및 가야가 소규모 집단에서 국가 체계로 전환되면서 전문적인 궁병이 출현한다고 볼 수 있다. 이는 이 시기의 유력 수장묘에서 유경식(有莖式)철촉의 출현과 다수 부장 현상이 확인되기 때문이다.

고대 국가가 형성되었던 삼국시대에 이르면, 철촉은 촉신부 형태가 광형계 및 세형계의 능형, 역자형, 착두형, 유엽형, 도자형, 삼익형 등 다양한 형태로 출현한다. 광형계 및 특수형태의 철촉은 의장 무기로의 성격이 강하고, 세형계 철촉은 실전용 전투에 주로 사용되었다.

테글 10
화살촉과 갑옷의 상관 관계로 본 무기체계

삼국시대에 이르러 철촉의 다수 부장으로 보아 전문화된 궁병이 운용되었다고 볼 수 있다. 그런데 철촉의 형태를 보면 4~5세기까지는 무게가 증가한 단경식 철촉이 출현하면서 비거리 능력이 확대되어 간다. 하지만 비거리와 갑옷 등의 살상력이 높아진 장경식 철촉의 등장은 5세기 후반~6세기대 이르러서 본격화된다. 고구려 등 한반도 북부지역에서는 이미 장경식 철촉이 유행함에도 불구하고 단경식 철촉이 오랜 기간 유행하는 것은 영남지방에 위치한 신라와 가야에서 단경식 철촉이 더 효율성이 컸기 때문으로 판단된다.

　광활한 벌판에서 벌어지는 전투, 적국의 갑옷 방어력이 높을 경우에는 비거리와 살상력이 큰 화살이 효율적이다. 그런데 험난한 지형의 산지나 협곡 등 지형을 이용하는 전투에는 가벼운 혁제갑옷과 혁제갑옷에 대응한 단경식 철촉만으로도 효과적 전투가 가능하다. 따라서 4~5세기대까지 단경식 철촉이 유행한 것으로 보아 다수의 군사는 장경식 철촉

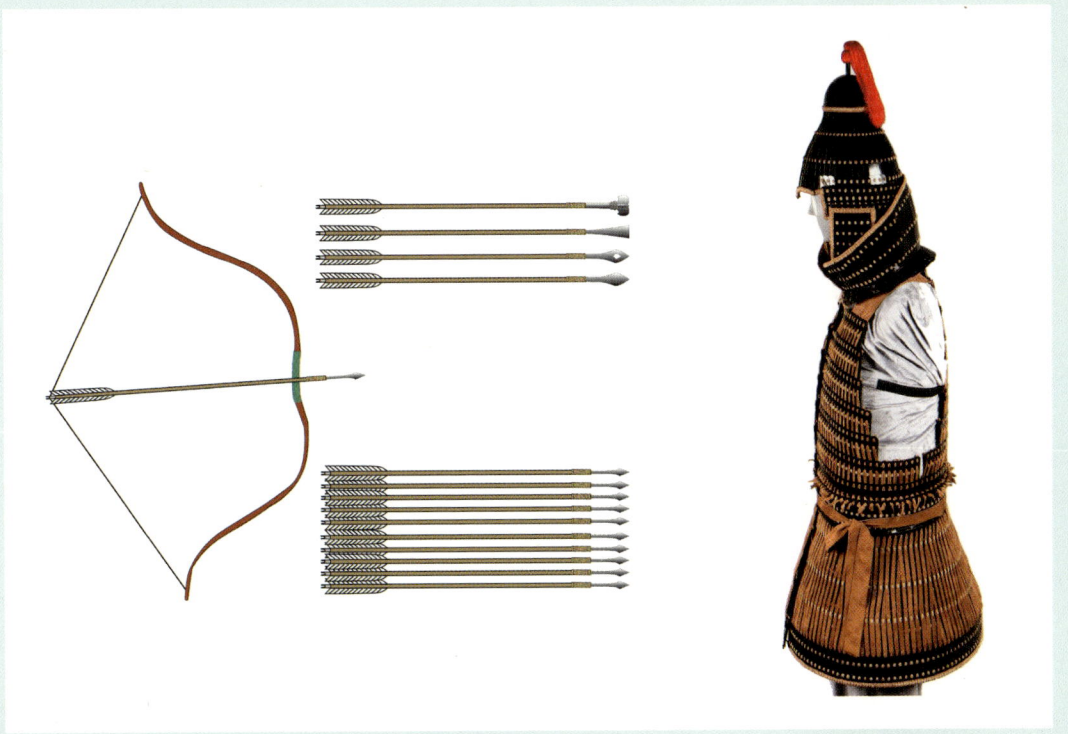

활과 갑옷의 상관 관계(갑옷복원 사진 – 국립경주문화유산연구소 인용)

등 높은 살상력으로 투력이 필요한 판갑, 찰갑을 사용하지 않은 것으로 판단된다. 철제 갑옷은 혁갑, 목갑에 비해 방어력은 높지만 이동 등의 유동성은 떨어지는 약점이 있다.

　4세기대에 유행하는 판갑과 5세기대에 유행하는 찰갑은 일정한 직위의 장수들만이 사용했던 위계적 성격의 방어구로 판단된다. 병사들이 착용했던 최상의 갑옷은 배자갑으로 경산 임당유적 등에서 일부 확인되고 있으나 신라와 가야에서 크게 유행하였다고 보기에는 무리가 있다. 따라서 삼국시대 신라와 가야에서는 높은 직위의 장수들 위주로 판갑이나 찰갑 등 최첨단의 방어구를 착용하고, 일반병의 경우에는 가죽으로 만든 혁갑, 나무로 만든 목갑이 유행하였을 가능성이 크다고 할 수 있겠다.

3. 방어용 무기의 전개 양상

1) 갑주(甲冑)

방어용 무기로는 갑옷과 투구, 방패 등이 있다. 철제 갑주는 삼국시대 초기에 본격적으로 출현한다. 포항 마산리 목곽묘3호, 울산 하삼정26호, 경산 조영1B-60호 등의 일부 유적에서는 고구려 등 한반도 북부지역의 영향을 받은 전신(全身) 찰갑이 확인된다. 이 전신 찰갑은 곧 영남지방의 여러 조건에 적합한 나름의 갑주로 자리잡게 된다. 4세기대 영남지방에서 가장 유행하는 갑주는 종장판갑(縱長板甲)이다. 전신(全身) 찰갑이 변형된 형태인 경갑과 요찰이 가미된 찰갑도 종종 확인된다. 이러한 현상의 배경에는 당시 영남지방 내의 중심 소국들이 자신의 세력을 확장하는 과정에서 전투에 투입될 인구, 전술에 강한 영향을 주는 지형적 조건 등 저마다의 군사조직과 관련성이 있다.

당시 동북아시아에서 가장 우수한 갑옷은 방어성과 더불어 유동성이 뛰어난 찰갑이었다. 그럼에도 불구하고 4세기대 영남지방의 신라와 가야에서는 종장판갑이 가장 유행하며 찰갑도 경갑과 요찰이 조합된 형태가 성행한다. 4세기대 종장판갑은 경주 인근지역, 울산지역, 부산지역, 김해지역에 집중 분포하는데 이 지역들은 바다에 인접한 곳이라는 지리적 유사성이 있다. 신라권역에서는 현재까지 경주 중심부에서의 종장판갑 출토 예가 희박하고 주변 지역인 경주 구어리유적, 구정동유적 등에서 주로 확인되고 있다.

이러한 상황을 종합해 볼 때, 갑옷이 출토되는 유적은 해양 전술에 능하면서 신라와 가야의 중심지를 방어하는 수성(守成) 역할을 하는 중심지에 집중되고 있음을 알 수 있다. 이 때문에 이 지역들에서는 찰갑에 비해 유동성은 떨어지나 방어력이 우수한 종장판갑이 성행하였을 가능성이 크다고 판단된다.

5세기대가 되면 이제 경주지역을 중심으로 한 신라권역에서 판갑은 거의 사라진다. 대신 유동성이 강한 찰갑이 유행하게 된다. 반면에 바다와 인접한 김해지역과 부산지역에는 찰갑과 더불어 판갑 또한 지속적으로 사용되고 있다.

판갑은 종장판갑 → 방형판갑 → 삼각판갑 → 횡장판갑 등으로 변화·발전하였다. 철판을 연결하는 방법으로는 혁결기법과 정결기법이 있으며, 혁결 → 정결로 변화하였다. 종장판갑은 세로로 긴 사각형의 지판을 연결하여 만들었다고 하여 붙여진 명칭이다. 판갑은 지판의 형태와 지판과 대판(大板)을 연결하는 방법에 따라 세분되는데 종장판혁결판갑, 방형판혁결판갑, 삼각판혁결판갑, 삼각판정결판갑, 횡장판정결판갑 등이 있다.

초기 종장판갑은 전동부(煎胴部) 및 후동부(後胴部)를 고대판 없이 제작하는 것이 특징적이다. 또 판갑의 본체뿐만 아니라 목을 가리는 측경판과 후경판을 일체식으로 제작하였다. 울산 중산리(蔚山 中山里) IA-75호, 경주 구정동(慶州 九政洞)3호, 부산 복천동(釜山 福泉洞)38호에서 출토되는 종장판갑을 통해 그 특징을 간략히 정리하면 다음과 같다. 종장판갑은 4세기 초에 경주와 울산지역을 중심으로 처음 출현하였다가 4세기 후반대에 전성기를 맞이하였다. 이후 5세기 초에 이르기까지 한반도 동남부지역인 신라, 가야지역에서 계속해서 제작된다. 종장판갑은 이 지역의 독특한 갑옷이라 할 수 있다.

찰갑(札甲)은 일정한 크기의 작은 소찰(小札)을 횡방향으로 이어가며 고정시키고 이것을 다시 종방향으로 연결하여 상하(上下) 유동성을 가지도록 한 갑옷이다. 찰갑의 본격적인 도입은 4세기대 중장기병 전술의 도입과 궤를 같이한다.

찰갑은 규격이 다양하나 상원하방형(上圓下方形)의 소찰 상부 중앙에 수결공이 있는 것이 특징이다. 이는 초기 신라·가야에서 나

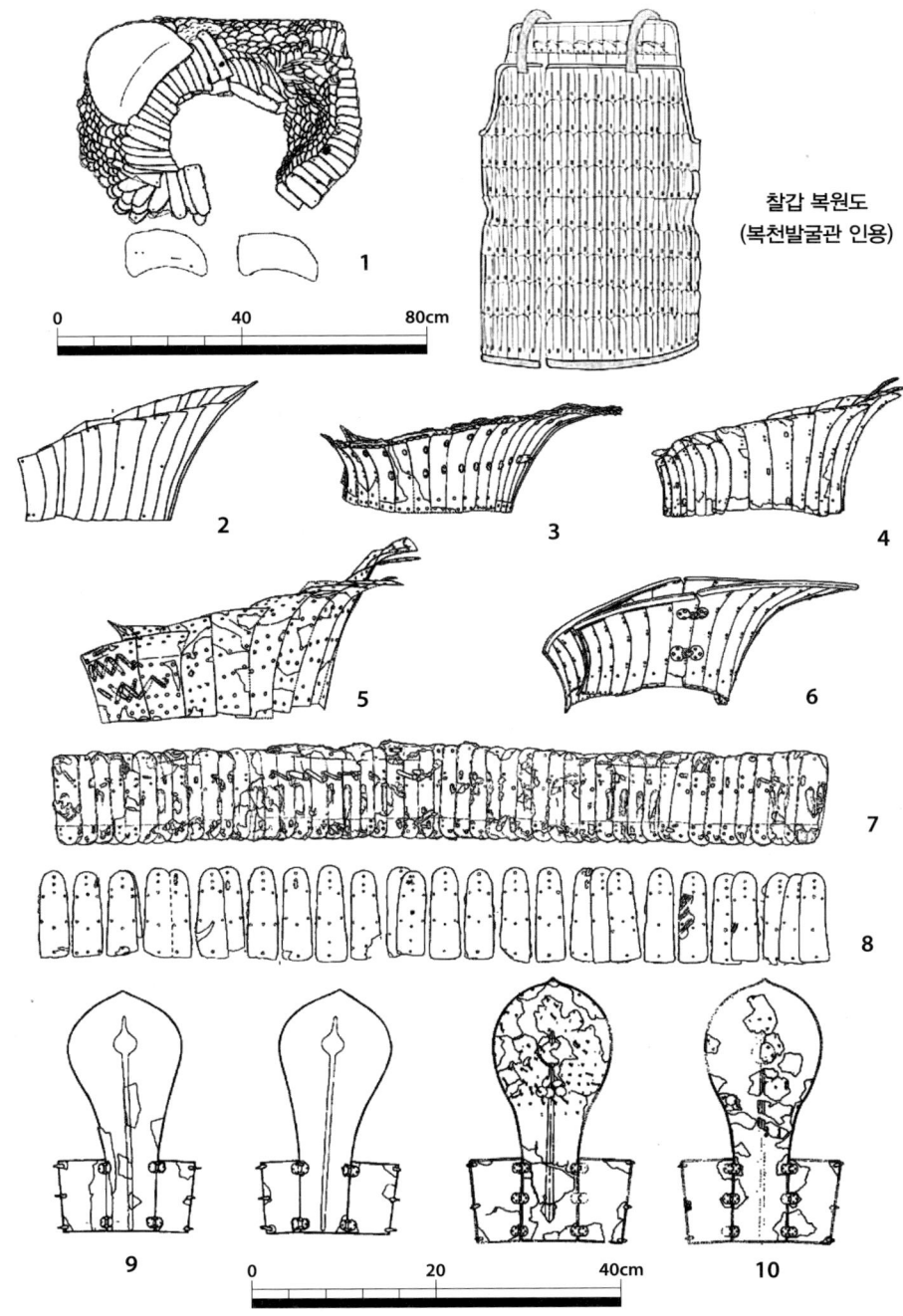

찰갑 복원도
(복천발굴관 인용)

도면 23 영남지방 찰갑의 종류 및 경갑
1. 울산 하삼정26호 | 2·8. 경주 구어리1호 | 3. 경산 임당동G5호 | 4·7. 부산 복천동21호 | 5. 포항 옥성리나29호 | 6. 부산 복천동11호 | 9. 경주 황남대총남분 | 10. 경주 천마총

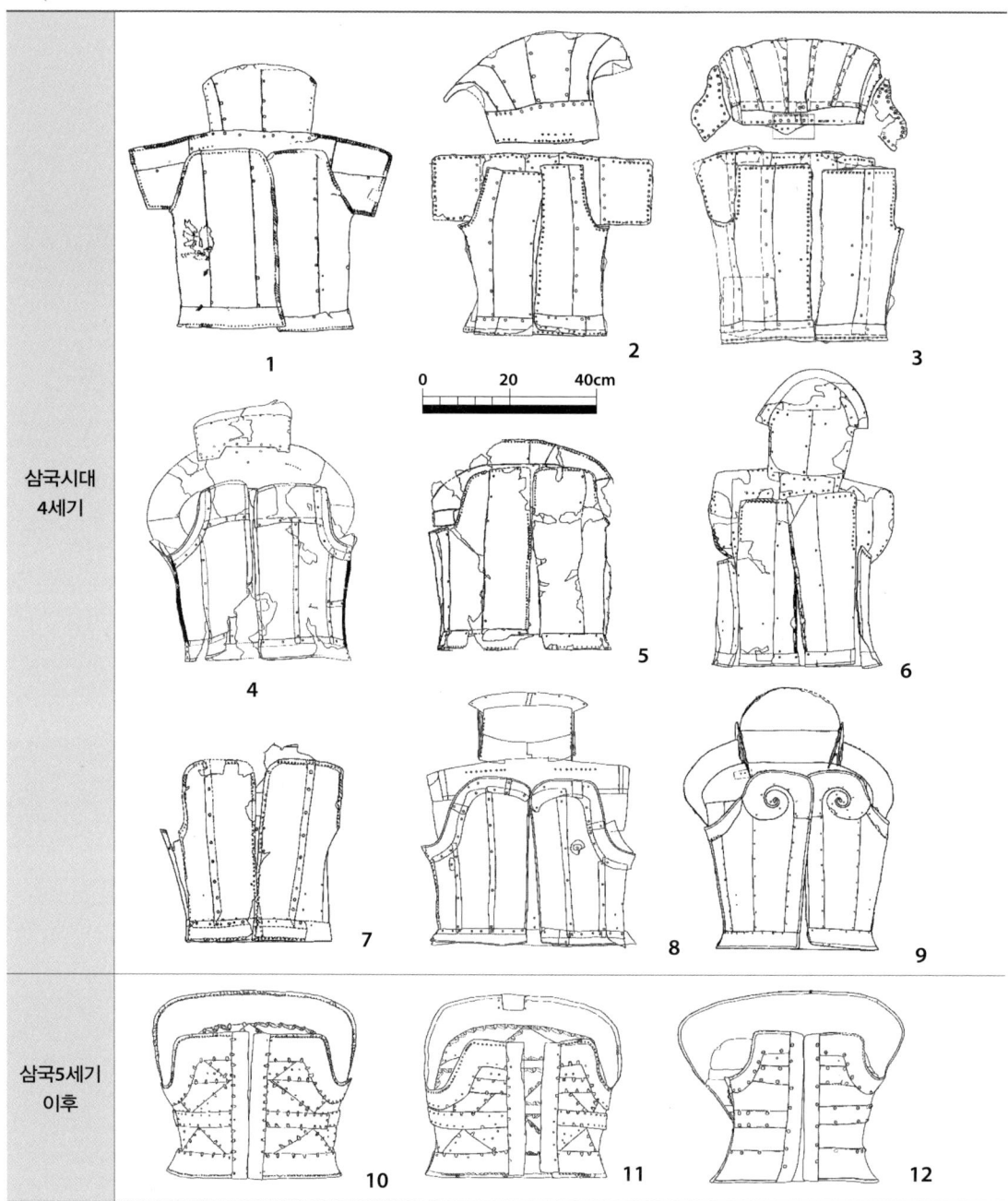

도면 24 영남지방 판갑의 변천 양상
1. 울산 중산리 IA75호 | 2, 3. 경주 구정동 3곽 | 5. 부산 복천동71호 | 6. 부산 복천동57호 | 7. 부산 복천동46호
| 8. 경주 사라리55호 | 9. 김해 양동리78호 | 10. 함안 도항리13호 | 11. 합천 옥전68호 | 12. 합천 옥전28호

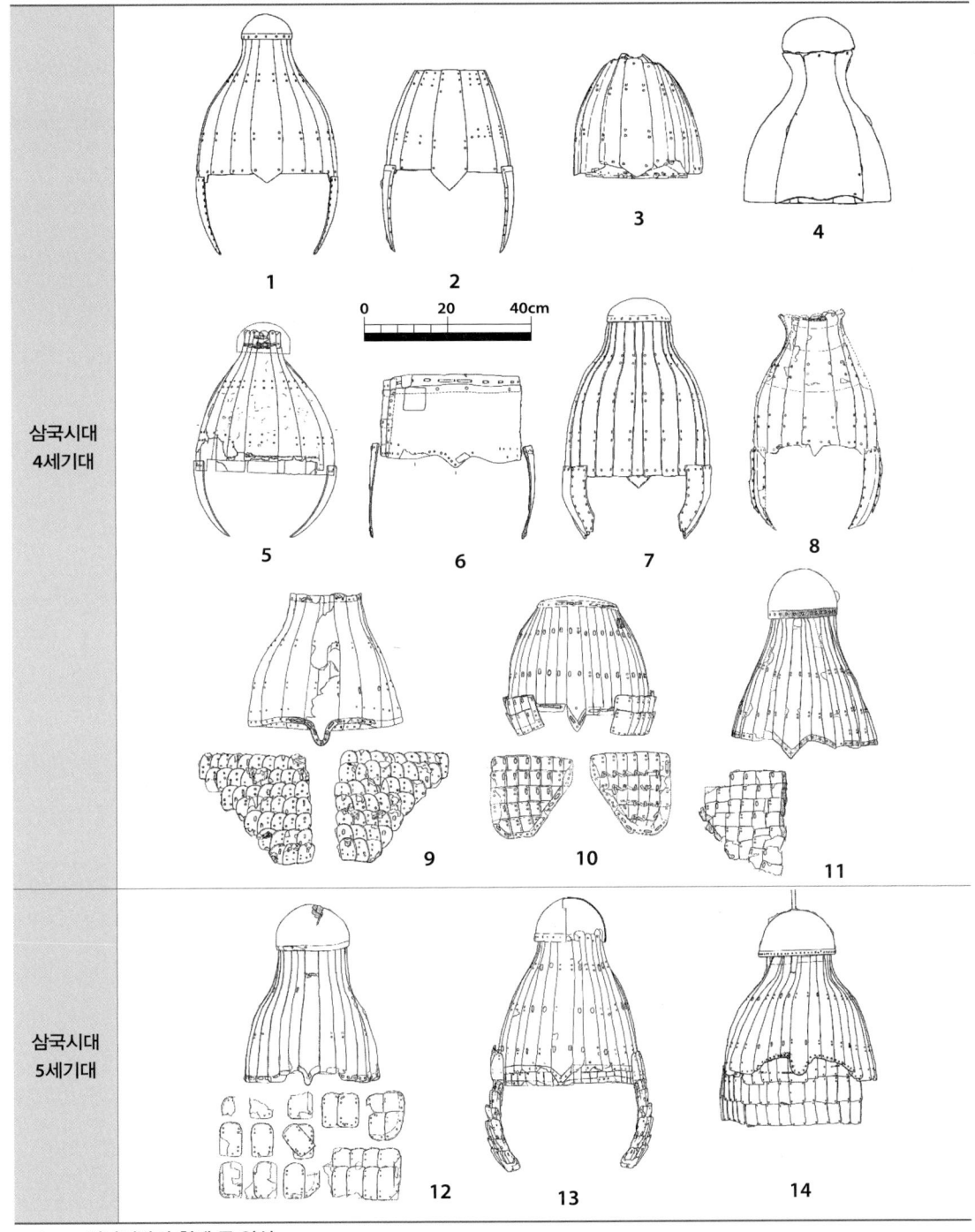

도면 25 영남지방의 철제 주 양상

1. 김해 대성동18호 | 2. 김해 대성동57호 | 3. 김해 예안리150호 | 4. 김해 양동리78호 | 5. 함안 도항리36호 | 6. 경주 사라리5호 | 7. 울산 중산리ⅠA100호 | 8. 포항 옥성리나17호 | 9. 부산 복천동93호 | 10. 경산 임당동G5호 | 11. 경주 사라리13호 | 12. 울산 중산리ⅠA100호 | 13. 부산 복천동21호 | 14. 부산 복천동11호

타나는 동환식 찰갑의 특징과 동일하다. 그러나 5세기 후반대에는 상부가 직선적인 상방하방형으로 변화하며 소형 소찰의 하단부가 삼각형으로 재단되는 변화상을 보인다.

　　4세기의 찰갑은 허리에 만곡이 있는 동환식 찰갑은 거의 출토되지 않는다. 요찰만 있는 것, 상반신을 보호하면서 요찰이 평찰갑으로 된 것 등 크게 두 가지 양식이 유행한다. 5세기대에는 부속구가 다양화되면서 대퇴갑(大腿甲), 슬갑(膝甲), 경갑(脛甲)까지 갖추어져 지면서 갑주의 전성기를 맞이하게 된다.

4. 기승용 무기의 전개 양상

1) 마주(馬冑)와 마갑(馬甲), 장식 마구류

말의 몸통과 머리를 보호하는 마갑과 마주도 영남지방의 신라와 가야의 주요 고분인 경주 쪽샘지구 목곽묘, 부산 복천동고분군, 함안 마갑총 등에서 출토되었다. 유물의 상태가 양호하여 당시 전투용 말의 무장모습을 짐작할 수 있다. 말갑옷에 사용된 찰갑은 병사용 찰갑보다 훨씬 큰 소찰들을 가죽끈으로 연결하여 만든 것으로 목을 가리는 경갑, 가슴을 가리는 흉갑, 몸통을 가리는 동갑, 엉덩이를 가리는 고갑 등으로 구성된 것이 일반적이다.

　　경주 쪽샘지구 목곽묘에서 출토된 철제 마갑의 형태로 보아 고구려 벽화고분에 보이는 중무장한 철기(鐵騎)의 영향을 받았음을 짐작할 수 있다. 좁고 긴 소찰로 구성된 경갑과 상원하방형 소찰로 구성된 흉갑, 장방형 소찰을 5단으로 연결한 동갑 등이 모두 확인되고 있어서 여러 형태의 소찰갑이 부위별로 사용된 것으로 보인다. 말 투구는 얼굴덮개와 챙, 볼가리개 등으로 구성되는데, 황남동 110호분과 경주 사라리고분 등에서 출토되었다. 이러한 형태의 말투구 역시 고구려 고분벽화에 보이는 것과 같은 형식으로서 마갑과 함께 4세기 후반~5세기경 고구려로부터 전해진 것으로 추정된다.

마구(馬具)는 원삼국시대부터 출현하지만 이 시기까지는 제어용인 재갈만 확인될 뿐 사람이 직접 승마할 때 사용되는 기승용(騎乘用) 마구는 확인되지 않는다. 그러나 4세기대가 되면 신라에도 선비계(鮮卑系) 마구의 영향을 받아 등자(鐙子), 안장(鞍裝) 등의 기승용 마구가 출현한다. 행엽(杏葉), 운주(雲珠) 등의 장식마구 또한 등장하여 지역마다 형태나 제작방법의 차이를 보이면서 발전해 나간다.

신라 마구는 4~6세기대 낙동강 이동지역에서 나타나는 마구로서 그 이서지역인 가야에서 출토되는 마구와 공통성을 지니면서도 나름대로 독특한 문화를 형성하였다. 4세기대에는 낙동강 이동의 신라와 이서의 가야지역에서 공통성이 강한 기승용마구가 출현하였다. 이때에는 기본적으로 말을 제어하는 재갈이 가장 많이 확인되며 곧이어 등자, 안장도 출현한다. 행엽은 심엽형행엽(心葉形杏葉), 운주는 환형운주(環形雲珠)가 소량 확인된다.

5세기대가 되면 신라와 가야의 지역성이 나타나는데 바로 장식마구(裝飾馬具)의 출현과 유행이다. 장식용 마구인 행엽과 운주가 다양한 형태로 제작되고 재갈이나 등자, 안장에도 금동(金銅) 또는 은(銀)을 사용하거나 용문(龍文), 삼엽문(三葉文) 등의 문양을 투조하여 장식하기도 한다.

5세기 전반의 무덤인 황남동 110호분에서 전형적인 신라 마구인 편원어미형행엽(扁圓魚尾形杏葉)이 출현하는 것을 시작으로, 5세기 전중엽의 무덤인 황남대총 남분에서는 다종다양한 장식마구들이 8세트나 출토되어 당시 정점에 이른 신라 장식마구의 전모를 알 수 있다.

소반구형장식금구(小半球形裝飾金具)와 보요부장식금구(步搖附裝飾金具) 말띠의 교차점과 그 아래에는 비단벌레 날개로 장식된 扁

圓魚尾形杏葉이 달린다. 또한 청자고둥(이모가이)이라는 남해산 희귀 조개껍질을 사용하여 마구를 장식하기도 한다.

　　5세기대 등자에는 병부(柄部)에 못을 많이 박혀 있다. 병부에서부터 윤부(輪部)까지 철대를 부착한 목심철판장윤등자가 주로 사용되었기 때문이다. 이 등자는 낙동강 이동지역을 중심으로 확인되므로 소위 '신라계 등자'로 인식되고 있다. 안장은 좌목선금구(座木先金具)가 일체로 제작된 것은 '신라계', 분리된 것은 '비신라계(가야, 백제)'로 언급되기도 한다. 또한 안장의 중앙 부분에 돌출된 안교손잡이는 5세기대 낙동강 이동지역에서 집중 확인되어 신라마구의 주요 특징 중 하나라고 할 수 있다. 운주 가운데 보요부장식금구와 소반구형운주는 편원어미형행엽과 조합되면서 신라의 독자적인 마장(馬裝)의 모습을 보여준다.

　　6세기대에 들어서면 신라의 장식마구는 약간의 변화상을 보이지만 기왕의 기조는 그대로 유지된다. 목심철판장윤등을 대신하여 철제 윤등이 출현하고 격자식 마장과 함께 반구형운주(半球形雲珠), 십금구(辻金具)도 사용되는 등 새로운 마장 구조가 유행하게 된다. 편원어미형행엽은 이전보다 출토 사례가 줄어든 반면, 새로이 자엽형행엽(刺葉形杏葉), 종형행엽(鐘形杏葉) 등이 제작된다. 이전부터 꾸준히 제작되어 온 심엽형행엽은 소문, 십자문, 삼엽문 등의 문양이 주를 이루던 데서 인동당초문(忍冬唐草文)으로 변화하는 특징을 보인다. 운주도 이전의 금동, 은 등의 재질에다가 청자고둥(이모가이)이나 중앙부에 유리를 박아 만든 반구형운주, 십금구가 출현하여 신라 마구의 장식을 더욱 화려하고 풍성하게 만들었다.

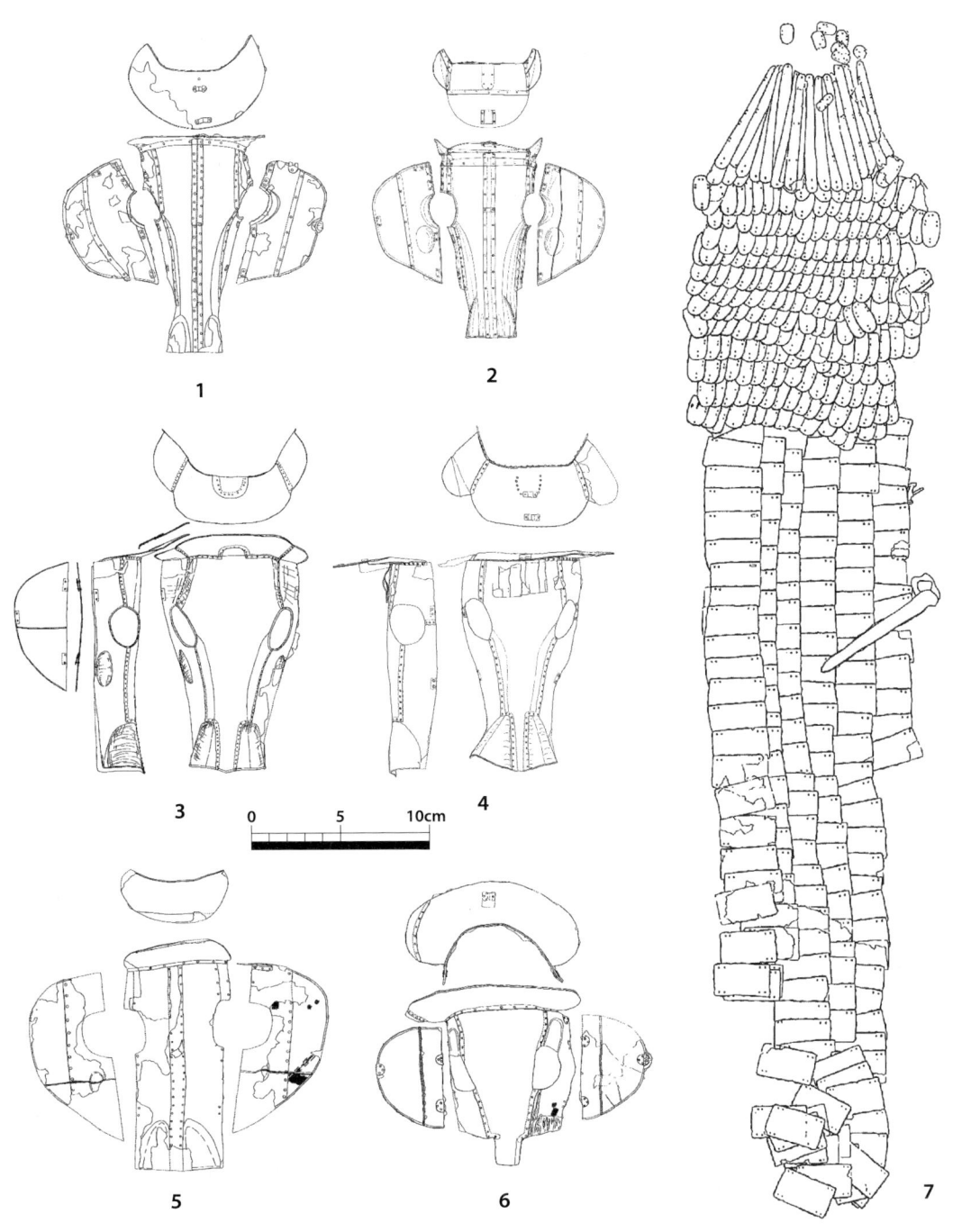

도면 26 영남지방 삼국시대의 마주와 마갑

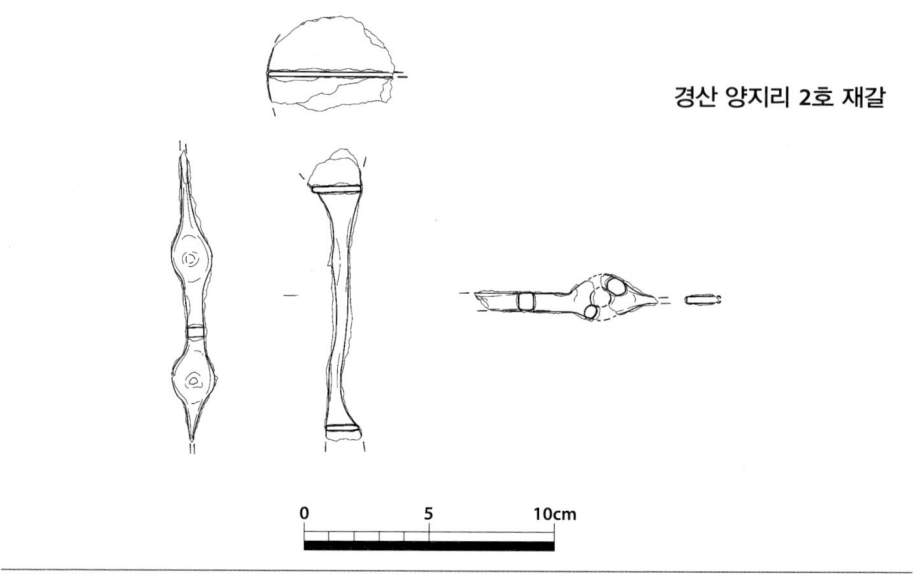

경산 양지리 2호 재갈

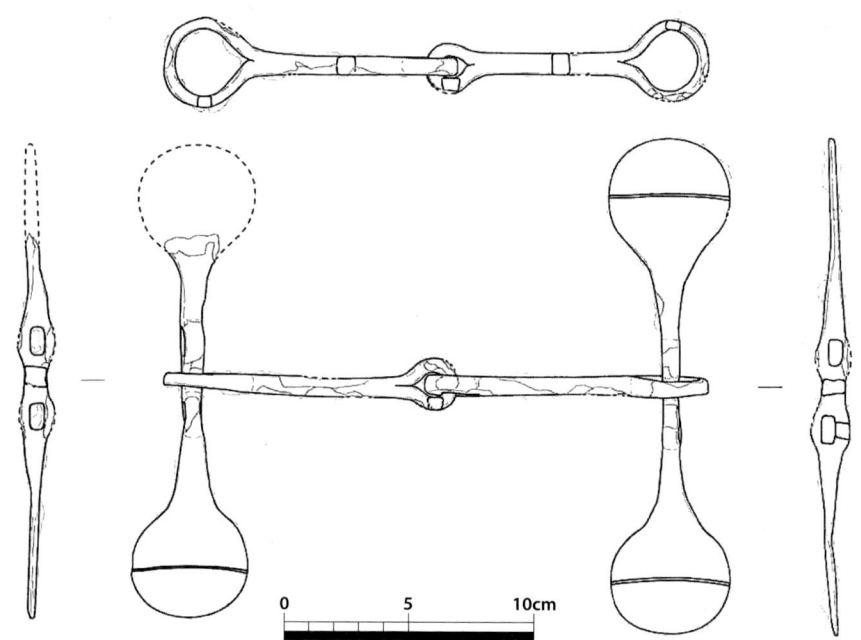

몽골 타미린 올란 호쇼47호 재갈

도면 27 초기철기시대(기원전2세기 후엽경) 한반도 동남부지역 출토 마구류(재갈)

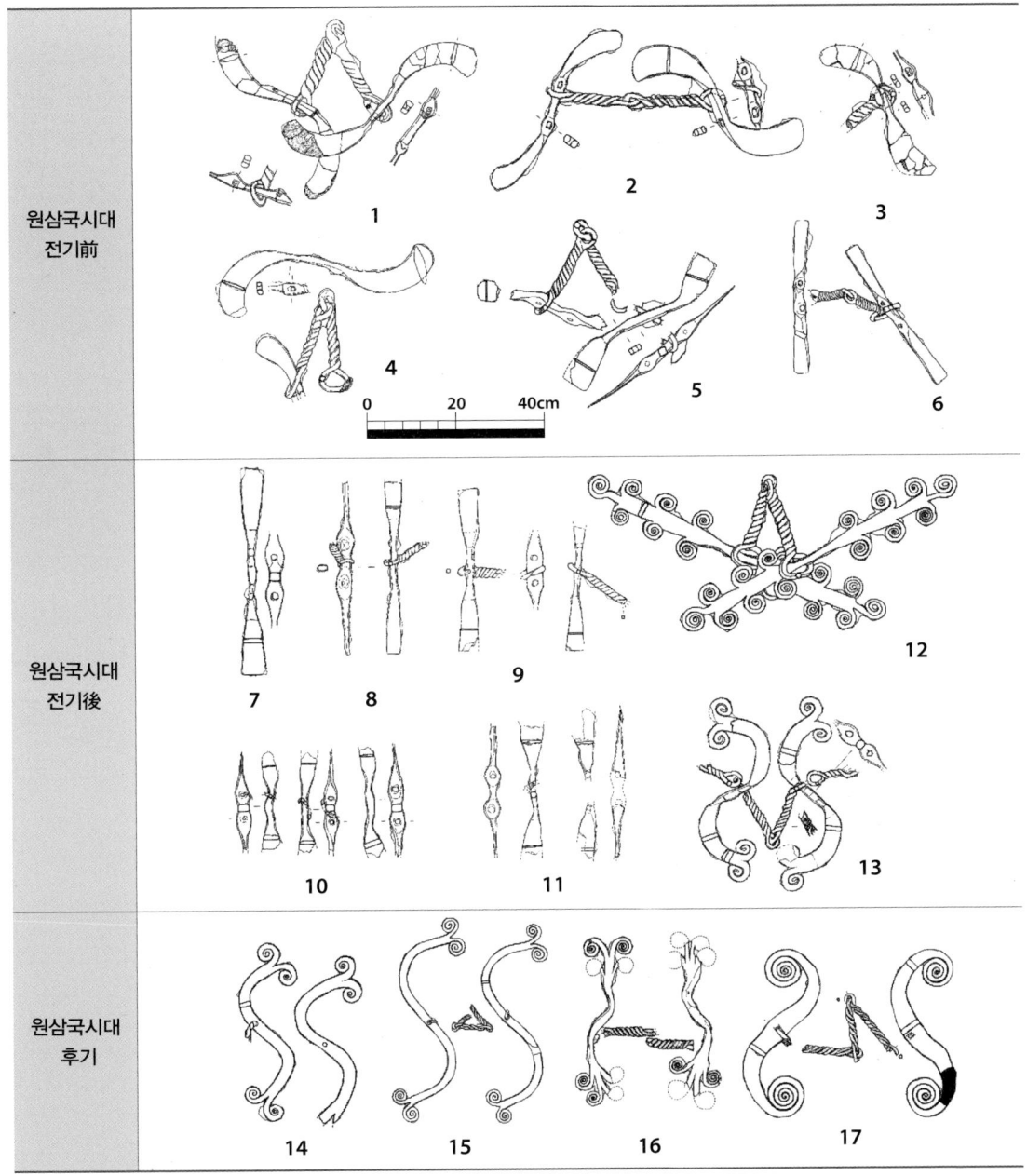

도면 28 영남지방 원삼국시대 재갈의 변천 양상

1. 경산 임당동AI-145호 | 2. 창원 다호리69호 | 3. 경산 임당동AI-96호 | 4. 창원 다호리70호 | 5. 성주 예산리 1호 | 6. 밀양 교동10호 | 7, 13. 경주 사라리 130호 | 8. 경산 신대리63호 | 9. 경산 신대리1호 | 10. 경주 조양동60호 | 11. 경산 신대리111호 | 12. 창원 다호리104호 | 14. 경주 조양동68호 | 15. 울산 중산리Ⅶ4호 | 16. 김해 양동리 1622호 | 17. 경주 황성동46호

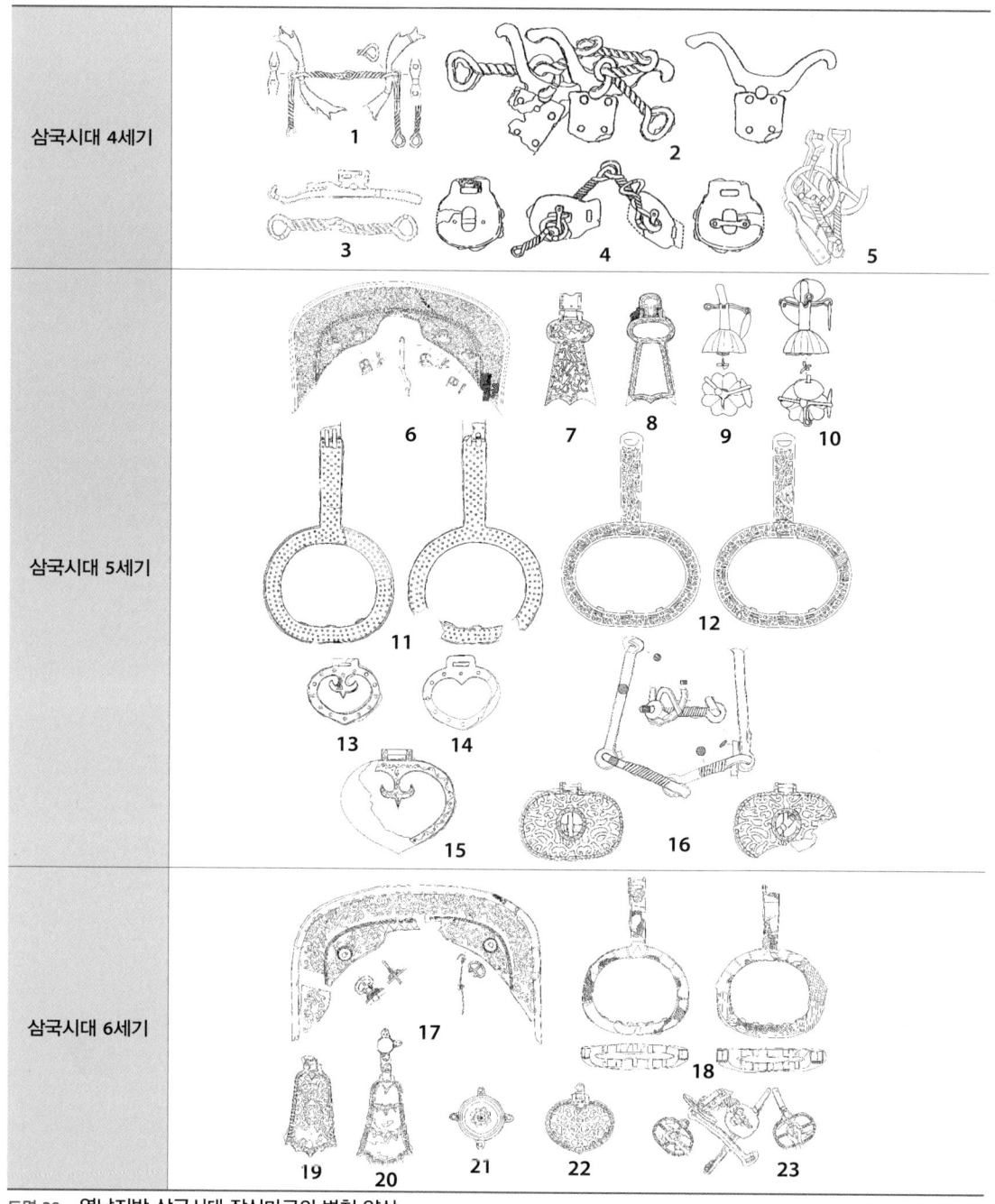

도면 29 영남지방 삼국시대 장식마구의 변천 양상
1. 울산 하삼정2호 | 2. 울산 중산리IB1호 | 3. 부산 복천동38호 | 4. 포항 옥성리 나29호 | 5. 경주 사라리13호
| 6~16. 경주 황남대총 남분 | 17~23. 경주 계림로14호

1. 머리말

2. 초기철기시대~원삼국시대 한반도 동남부지역
   진·변한 소국(小國)의 무기체계

3. 삼국시대 한반도 동남부지역 신라와 가야의 무기체계
   1) 신라 및 가야 무기체계의 유사성
   2) 금관가야 무기체계의 지역성
   3) 6~7세기 신라의 무기체계와 군사조직

4. 한반도 북부지역 고구려의 무기체계
   1) 고구려 무기체계의 특성
     (1) 개별 무기의 특성
     (2) 무구의 특성
   (3) 무덤의 벽화와 출토 유물로 본 고구려의 무기체계

5. 한반도 서남부지역 마한·백제의 무기체계
   1) 한반도 서남부지역 철기문화의 출현과 전개
   2) 한반도 서남부지역 마한의 철기문화
   3) 삼국시대 백제 전기의 철기문화
   4) 한반도 서남부지역 백제 후기의 철기문화

03 한반도 신라 및 가야의 무기체계 그리고 고구려, 백제 무기의 특성

고대 동아시아의 무기(武器)와 전사(戰士)

1. 머리말

고대 한반도에 위치한 주요 국가로는 고구려, 백제, 신라, 가야(대가야)가 대표적이다. 이 주요 고대 국가의 무기체계에 대한 연구가 많이 진행되었음에도 불구하고 구체적인 무기의 특성과 변화를 알 수 있는 것은 실질 자료가 다수 확보된 신라와 가야이다. 이러한 이유는 한반도 고대국가의 매장의례가 다른 데 주요 원인이 있다고 할 수 있다. 당시 한반도 각 국가는 무덤의 피장자에 대한 사후세계의 안녕과 염원을 바라는 매장의례로, 고구려는 무덤의 벽화를 중심으로 일부 무기를 부장하였고 백제는 피장자가 소유했던 무기류나 신분을 상징하는 일부의 무기만을 부장하고 있다.

반면 신라와 가야의 경우에는 피장자의 신분을 상징하는 무기뿐만 아니라 친위군 혹은 호위 세력을 의미하는 다수의 무기류를 부장하는 매장의례를 행하고 있다. 그래서 신라와 가야의 무기 자료는 현재 수만점의 자료가 있어 구체적인 특성 및 변화양상을 파악하는 유리한 점이 있다.

따라서 이 장에서는 자료가 풍부한 한반도 동남부지역의 신라와 가야의 무기체계의 특성과 변화 양상을 중점적으로 살펴보고, 실제 자료는 소수이지만 맥락상 유사한 무기체계를 가지고 있는 고구려와 백제의 양상을 비교해 보고자 한다.

2. 초기철기시대~원삼국시대 한반도 동남부지역 진·변한 小國의 무기체계

초현기(初現期)에 확인되는 철기류로는 주조철부, 판상철부, 단조철부, 철사, 철착 등 대개 농공구류가 주류를 이루며, 무기로는 철검과 철모가 있다. 대표적인 유적은 경주 하구리유적, 북토리유적을 비롯하여 대구 월성동777-2번지유적과 대구 팔달동유적, 경산 임당동유적 등을 들 수 있다. 초현기의 철제 무기류 중에는 철제 短劍이 대부분이며 삼각형점토대토기와 두형토기가 부장되는 유구에서만 주로 출토되는 경향이 있다. 이 단계의 철검은 형태적으로 세형동검의 신부와 유사하고 칼집과 자루, 병부에 부착되는 검파두식 등 검부속구 또한 세형동검의 그것과 유사한 청동제품을 사용하고 있다.

기원전후에 들어서면 철 생산체계를 갖추는 것은 곧 그 지방의 정치적 중심을 차지하는 것과 밀접하게 연관된다. 당시 철은 첨단 소재로서 상당히 중요한 가치를 지니게 된다. 『三國志』魏書 東夷傳에 기록된 진·변한의 철 생산과 관련된 내용[24]을 보면 진·변한에서 생산된 철 생산품이 예(濊)와 왜(倭)등에 수출되었다고 한다. 이로써 위서 동이전이 편찬된 3세기대에는 이미 한반도 동남부지역은 철 생산의 중심지였음을 알 수 있다.

원삼국시대의 군사조직은 전기부터 보병 중심의 검병(단검, 장검), 장창병(장신형 및 단신형철모, 이단관식철모, 관부돌출형철모), 궁병(무경식철촉, 유경식철촉)이 기본적인 구성을 이루는 체계를 유지한다. 하지만 기원전 1세기부터 기원후 2세기 전엽의 목관묘에서 무기가 출토되는 양상을 보면 대개 철제 단검 한 점만이 출토되고 있다. 이러한 양상을 가지고 검병부대가 있었다고 해석하기는 어렵기 때문에 이보다는 피장자가 정치군사적 성격을 가진 수장으로 보는 것이 적절할 것으로 판단된다.

사로국 단계에 지속적으로 유행하는 무경식철촉을 통해서는 철제 단검과 마찬가지로 이것을 사용하는 조직화된 궁병부대가 존재하였다고 판단하기는 힘들다. 이처럼 사로국 단계 전기에는 장창병(이단관식철모) 중심의 소규모 군사체계가 유지 및 발달하였다고 할 수 있겠다.

[24] 「國出鐵 韓濊倭皆從取之 諸市買皆用鐵 如中國用錢 又以供給二郡」라 기록되어 있다.

원삼국시대 후기에 이르면 한반도 동남부지역(영남지방)의 小國들이 정치, 경제, 군사 등 다방면으로 발전하면서 군사조직 역시 앞 시기에 비해 전문화되고 있다. 철제 장검이 일시적으로 출현하여 유행하다가 곧이어 철도(목병도, 환두대도)가 유행하면서 철제 장검은 제한적으로 사용된다. 철모는 관부돌출형철모의 다수 부장현상이 뚜렷이 확인되는데 포항 옥성리78호의 경우 108점의 관부돌출형 철모가 부장되기도 한다. 이 외에도 영남지방 각 지역에서 수장묘를 중심으로 관부돌출형철모의 다수 부장현상이 확인된다. 철촉은 장기간에 걸쳐 유행하던 무경식철촉이 소멸하고 유경식철촉이 크게 유행한다.

사로국 단계 후기 무기의 특성으로 보아 이 시기의 군사조직은 사로국 단계 전기에 비해 상당히 조직화된 군사조직으로 발전하였음을 알 수 있다. 그 중심에는 역시 관부돌출형철모를 사용하는 장창병부대와 궁병부대가 있다고 할 수 있겠다.

이상으로 초기철기시대부터 원삼국시대의 무기체계를 철검을 사용하는 검병(단검병, 장검병), 창(철모)을 사용하는 장창병, 화살을 사용하는 궁병으로 구분하여 살펴보았다. 주로 철검과 철모를 사용하는 보병 중심의 군사조직이 지속되는 양상을 보이는데 이를 무기별로 시기적 특징을 간단히 요약하면 다음과 같다.

먼저 기원전 1세기부터 기원후 2세기 전엽에는 철제 단검을 사용하는 단검병이 오랜 기간 유지된다. 그러다가 2세기 중엽부터 3세기 중엽에는 철제 장검을 사용하는 장검병이 나타나면서 기왕의 단검병을 대체하게 된다. 다음으로 철모를 사용하는 장창병의 경우, 초기에는 장신형 및 단신형철모를 사용하지만 이후 영남지방 특유의 이단관식철모를 장기간에 걸쳐 사용하고 있다. 2세기 중엽부터 3세기 중엽이 되면 찌르는 기능과 베는 기능을 겸비한 관부돌출형 철모가 유행한다. 마지막으로 궁병은 사로국 단계에 슴베가 형성되

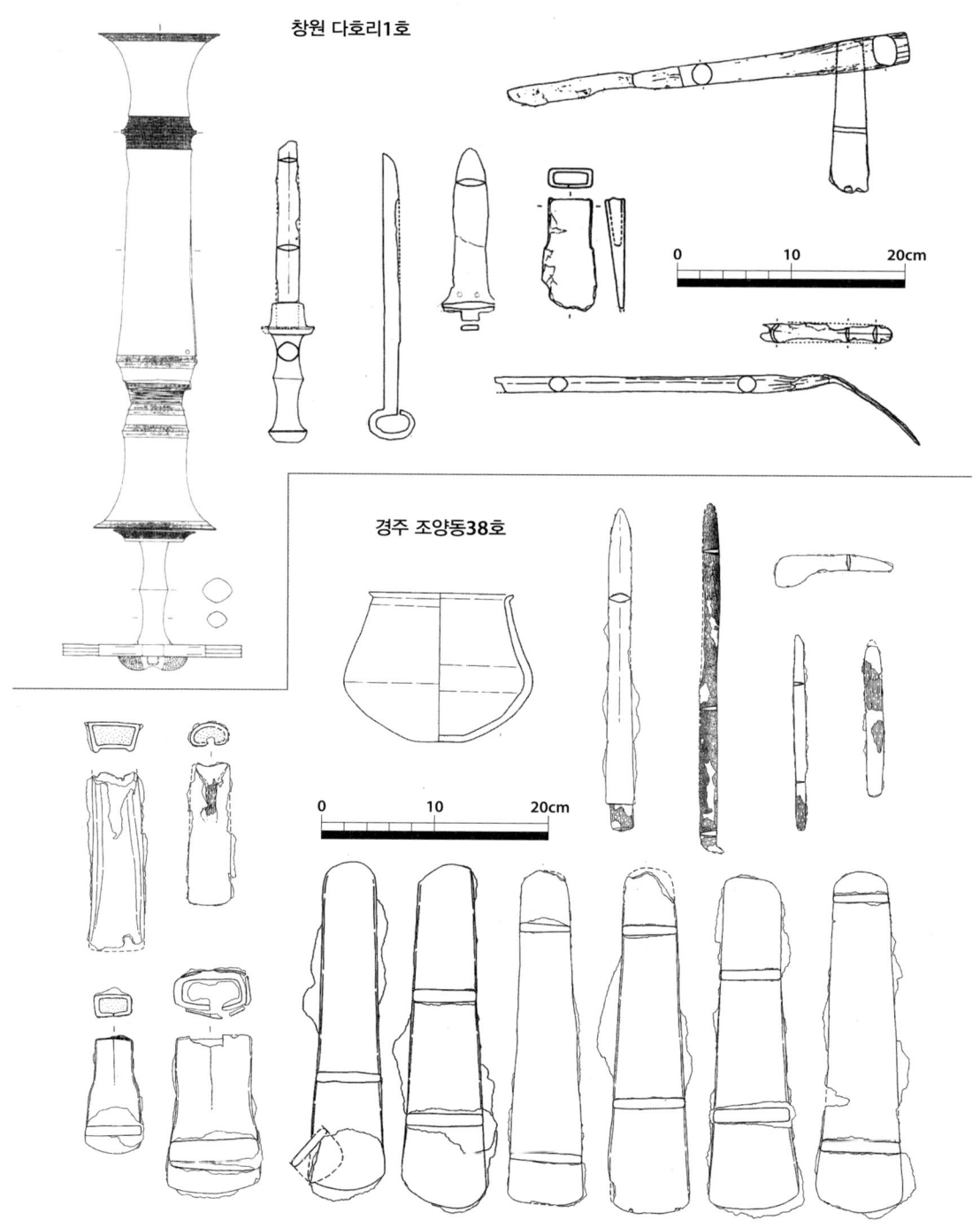

도면 30 원삼국시대 전기(전반)의 철제 무기류

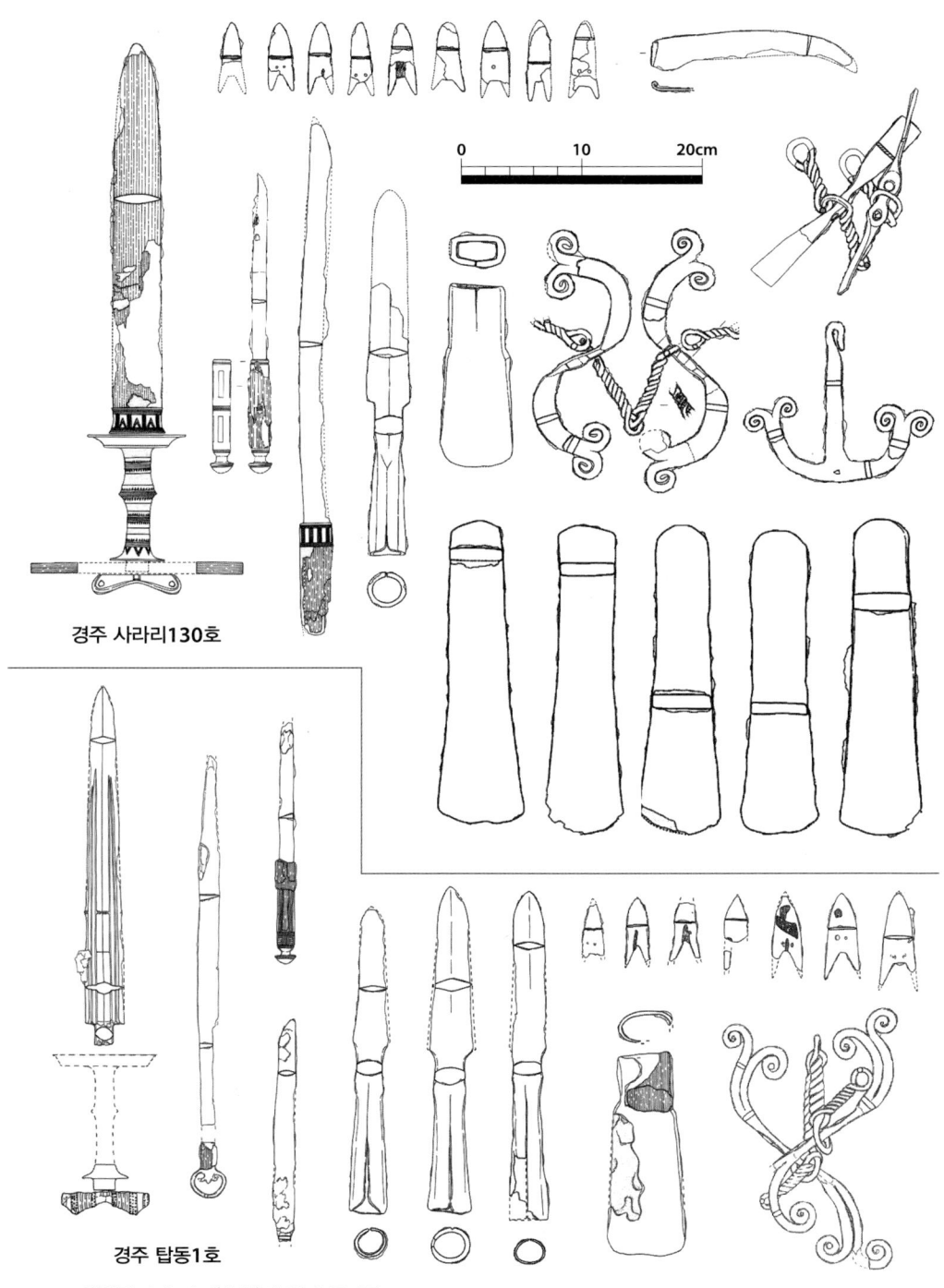

경주 사라리130호

경주 탑동1호

도면 31 원삼국시대 전기(후반)의 철제 무기류

제3장 한반도 신라 및 가야의 무기체계 그리고 고구려, 백제 무기의 특성

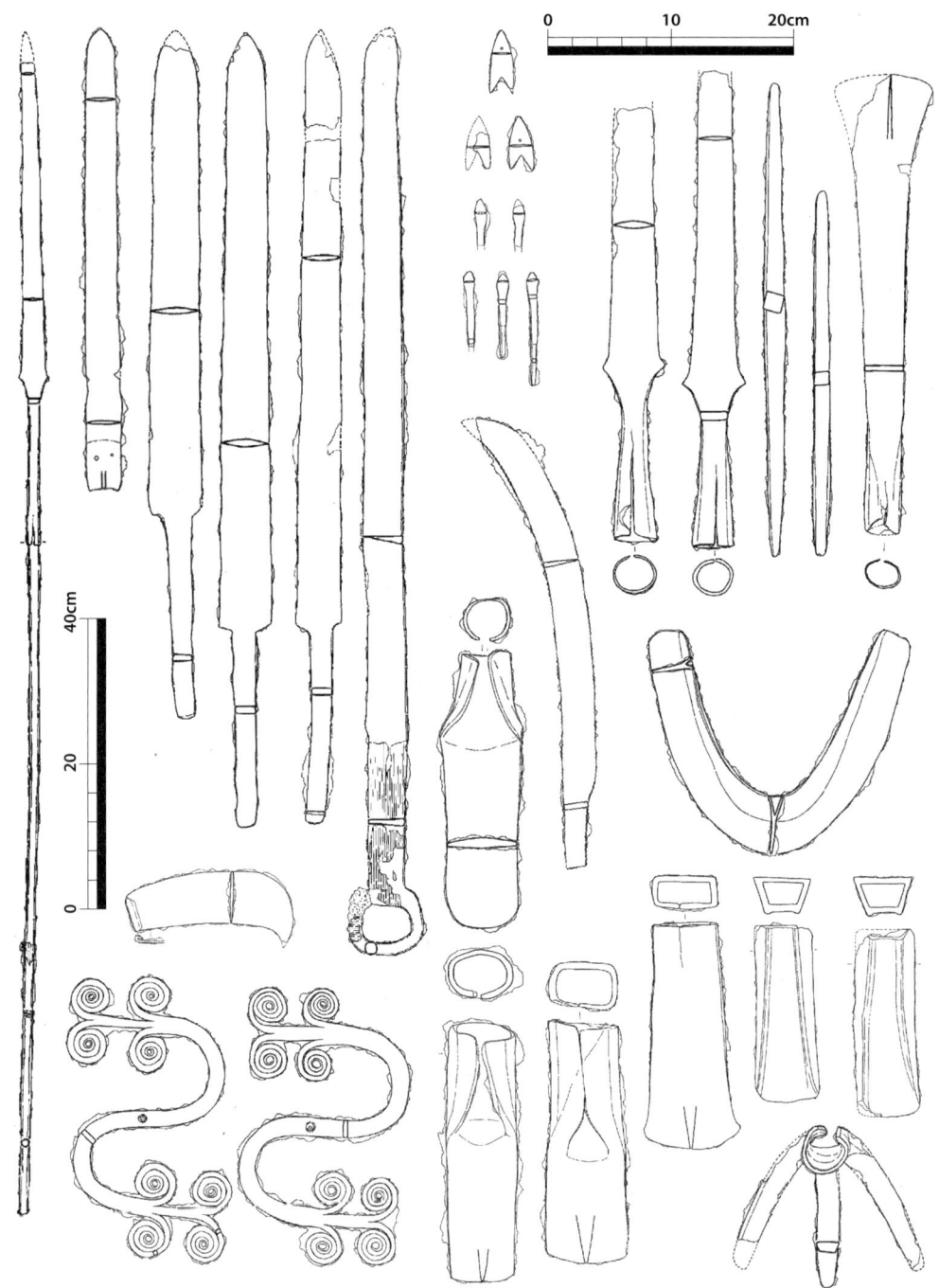

도면 32 원삼국시대 후기의 철제 무기류(울산 하대43호 출토 철기류 일괄)

지 않은 무경식철촉(無莖式鐵鏃)을 장기간 사용하다가 3세기대가 되면 슴베가 형성된 유경식철촉(有莖式鐵鏃)이 등장하면서 유행하는데 그 수량도 크게 증가한다.

　　이처럼 원삼국시대에는 보병(검도병, 장창병, 궁병)에서도 장창병 중심의 군사조직이 주류를 이루었다. 전기에는 초보적인 보병으로서 군사조직을 유지하다가 후기에 이르면 어느 정도 체계화된 군사조직이 확립되었다고 할 수 있겠다.

테글 11
원삼국시대 유력 수장묘의 등장(1세기후엽~2세기전엽, 경주 사라리130호)

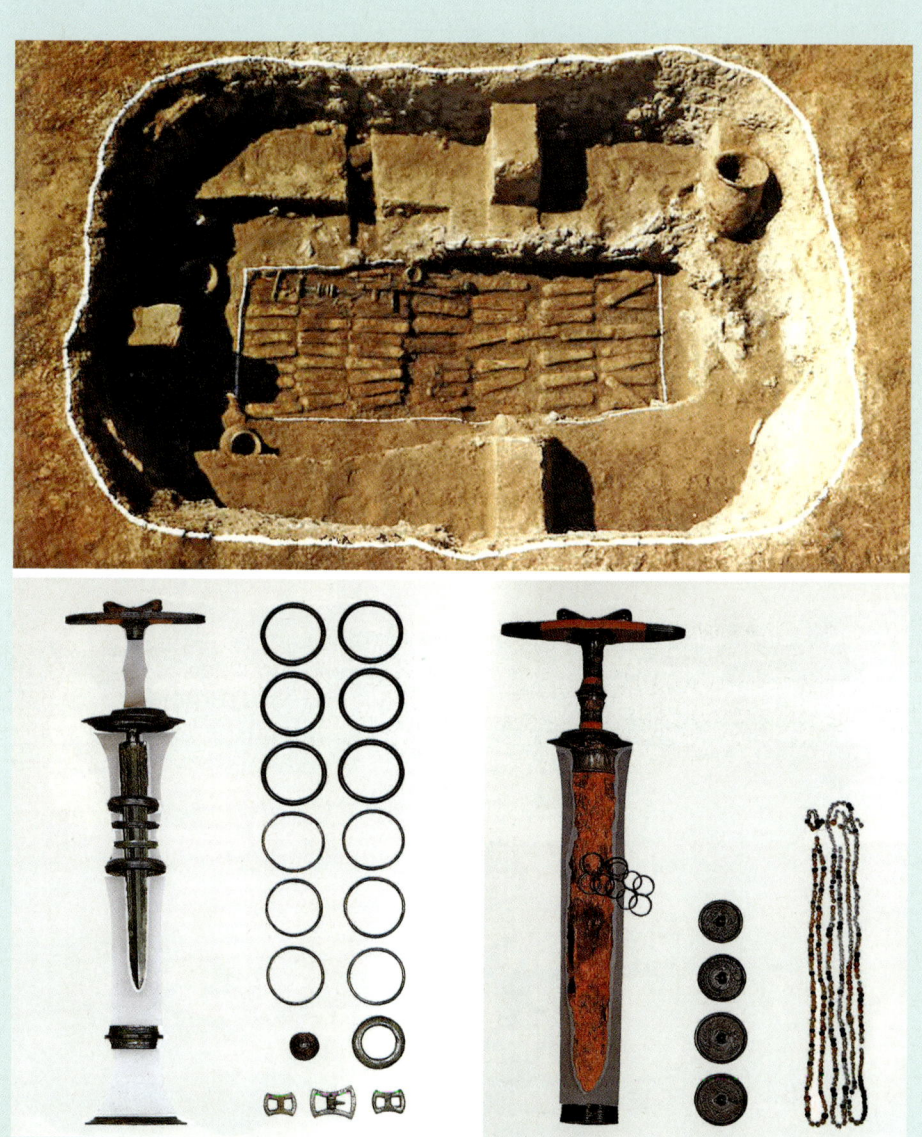

영남문화재연구원, 2014, 『영남문화재연구원 20년 發掘 100選』 인용

테글 12
원삼국시대 후기이후 군사조직이 장창병 중심으로 운용

· 경주 덕천리고분 등 주요 유적에서 철모의 다수부장 현상

이 유적에서는 원삼국시대의 목관묘, 목곽묘가 다수 조사되었다. 경주 덕천리고분군은 신라 중앙인 경주지역에서 남쪽에 위치하며, 부산 및 양산 방향으로 형산강 지구대의 평지로 이어지는 주요 군사적 요충지이다. 경주 덕천리120호 등 다수의 무덤에서 철창(관부돌출형철모)을 철도의 레일형태로 다수 부장한 사례가 다수 확인되었다. 원삼국시대 후기의 주력 무기가 창이며, 군사조직에 있어서도 장창병이 주력 군사조직임을 알 수 있다.

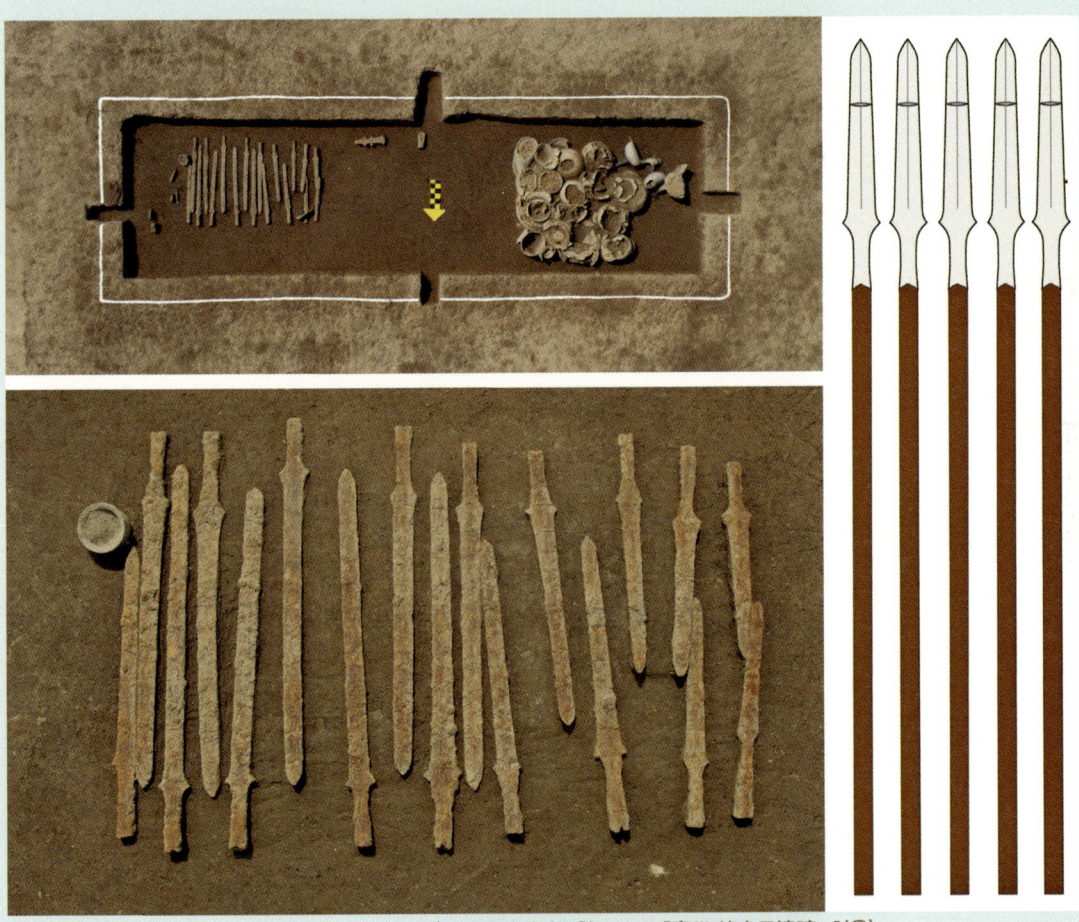

경주 덕천리120호 전경 및 철모(장창)의 다수부장(영남문화재연구원, 2009, 『慶州 德泉里遺蹟』 인용)

테글 13
원삼국시대 신라의 동해안 북쪽 주요 군사적 거점지역

· 포항 옥성리유적의 대형 목곽묘와 철모(장창)의 다수부장, 갑주

포항 옥성리고분군에서는 원삼국시대부터 삼국시대까지 목관묘, 목곽묘, 적석목곽묘, 석곽묘, 옹관묘 등 수백기의 분묘가 조사되었고, 원삼국시대 후기의 목곽묘단계가 옥성리고분군의 최성기이었다. 포항 옥성리고분군은 신라 중앙인 경주지역의 동해안 북쪽에 위치한 주요 무덤군 중에서는 철제 칼, 창, 화살, 갑옷 등이 다수 확인되어 신라의 주요 군사적 요충지이었음을 알 수 있다. 포항 옥성리78호에서는 한 무덤 내에 철창(관부돌출형철모)을 108점을 부장하고 있어, 원삼국시대 후기의 주력 무기가 창이며, 군사조직에 있어서도 장창병이 주력 군사부대임을 알 수 있다.

포항 옥성리78호 전경 및 철모(108점) 다수 부장

포항 옥성리17호 전경 및 출토유물(투구)

영남문화재연구원, 1998, 『浦項玉城里古墳群Ⅰ』 인용

3. 삼국시대 한반도 동남부지역 신라와 가야의 무기체계

1) 신라 및 가야 무기체계의 유사성

삼국시대에 이르러 영남지방의 주요지역에서는 국가로 이행되는 과정에서 전문화된 무기체계 및 군사조직이 출현한다. 그리고 삼국시대 영남지방에 자리잡고 있던 신라와 가야에는 실전용으로 사용된 무기체계가 큰 틀에서 볼 때 거의 동일하다고 생각될 만큼 유사한 특징이 확인된다.

이러한 현상은 앞 장에서 언급하였듯이 신라와 가야는 유사한 자연환경에서 유사한 생업기술을 갖고 적응하면 비슷한 문화가 조성된다는 문화생태학적 관점에서 설명할 수 있다. 즉 신라와 가야는 한반도 동남부지역에서 태백산맥과 소백산맥으로 둘러싸인 최적의 자연 방어지역 내에 속해 있다는 공통점이 있다. 또 영남지방 각지에 흩어져 있는 크고 작은 분지로 구성된 소국을 병합하면서 국가 단계로 이행되는 유사한 과정을 거쳤다. 이 때문에 초기철기시대부터 원삼국시대까지 신라와 가야에 속한 각 지역 소국의 물질문화는 공통적이라 여겨질 만큼 유사성이 강하며, 이러한 유사성은 오랜 기간 이어지고 있다.

원삼국시대의 각 소국(小國)은 상호 집단 간의 거리가 그리 멀지 않으면서 환경, 생업, 사회조직 등에서 유사성이 확인되고 있다. 이러한 유사성은 신라와 가야의 실전 무기체계에도 그대로 반영되었을 것으로 판단된다.

4세기대 전반에 해당하는 경주 월성로 가5호 등에서 출토된 무기 양상을 보면 철도, 철모, 철촉 등의 무기류가 한꺼번에 부장되고 있는데 그 중에서도 철모가 주류이다. 이러한 조합은 원삼국시대의 양상과 유사하지만 철모의 기능이 찌르기 전용으로 전문화된 것을 알 수 있다.

철모가 이처럼 기능이 변화된 배경에는 한반도 북부지역에 위치한 고구려 등 외부 세력의 영향이 있었던 것으로 생각된다. 그 연유는 다음과 같다. 한반도 북부지역에서 직기형철모와 연미형철모가 가장 먼저 유행하였고 영남지방에서는 원삼국시대에도 관부돌출형철모가 크게 유행하였다. 영남지방에서는 이후 관부돌출형철모의 형태와 기능이 이어지지 않고 오히려 한반도 북부지역과 동일한 형태의 철모가 출현하기 때문이다.

한반도 북부지역 무기체계의 영향 관계는 철모 뿐 아니라 갑주 등의 무구에서도 확인된다. 원삼국시대까지만 해도 영남지방의 무구는 유행하지 않았지만 삼국시대인 4세기대에 이르러 포항 마산리3호, 울산 하삼정26호 등에서 고구려의 영향을 받은 찰갑이 소수 확인된다.

하지만 신라와 가야는 이를 그대로 수용하지 않고 그들이 선호하는 종장판갑, 경갑과 요찰이 포함된 찰갑 등 나름의 갑주문화를 탄생시켰다. 그런데 신라는 4세기 후반의 경주 월성로가13호, 경주 쪽샘지구C10호 등에서 고구려 무기체계를 적극적으로 도입한 정황이 보인다.

앞서 언급한 것처럼 원삼국시대 진한의 무기체계와 군사조직은 철검과 철도, 철모, 철촉을 주로 사용하는 보병 중심의 군사조직이었으며, 삼국시대 신라와 가야의 무기체계 역시 앞 시기의 전통에서 크게 벗어나지 않은 채 여전히 철모(창병) 중심의 보병이 중심이 된다.

신라에서는 연미형철모와 직기형철모가 유입되어 초기에는 사용되지만 얼마 지나지 않아 직기형철모는 사라지고 연미형철모가 주된 실전 전투용 무기로 자리 잡는다. 반면 가야는 각 지역의 중심세력마다 연미형철모와 직기형철모를 혼재하여 사용하거나 대가야와 같이 직기형의 공부다각형철모를 주로 사용하기도 한다. 신라와

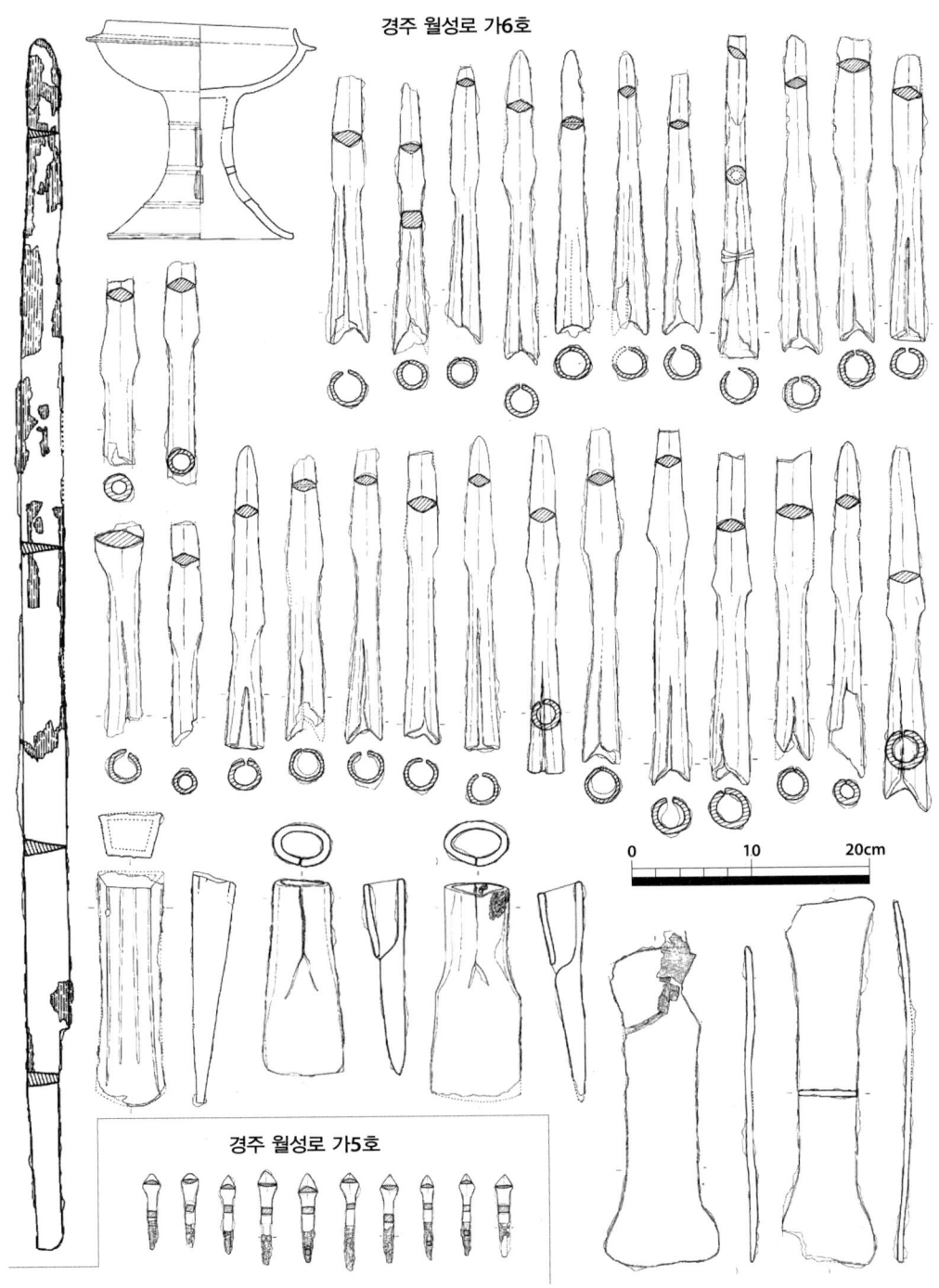

도면 33 4세기 신라의 장창무기(철모) 집중화 현상

제3장 한반도 신라 및 가야의 무기체계 그리고 고구려, 백제 무기의 특성

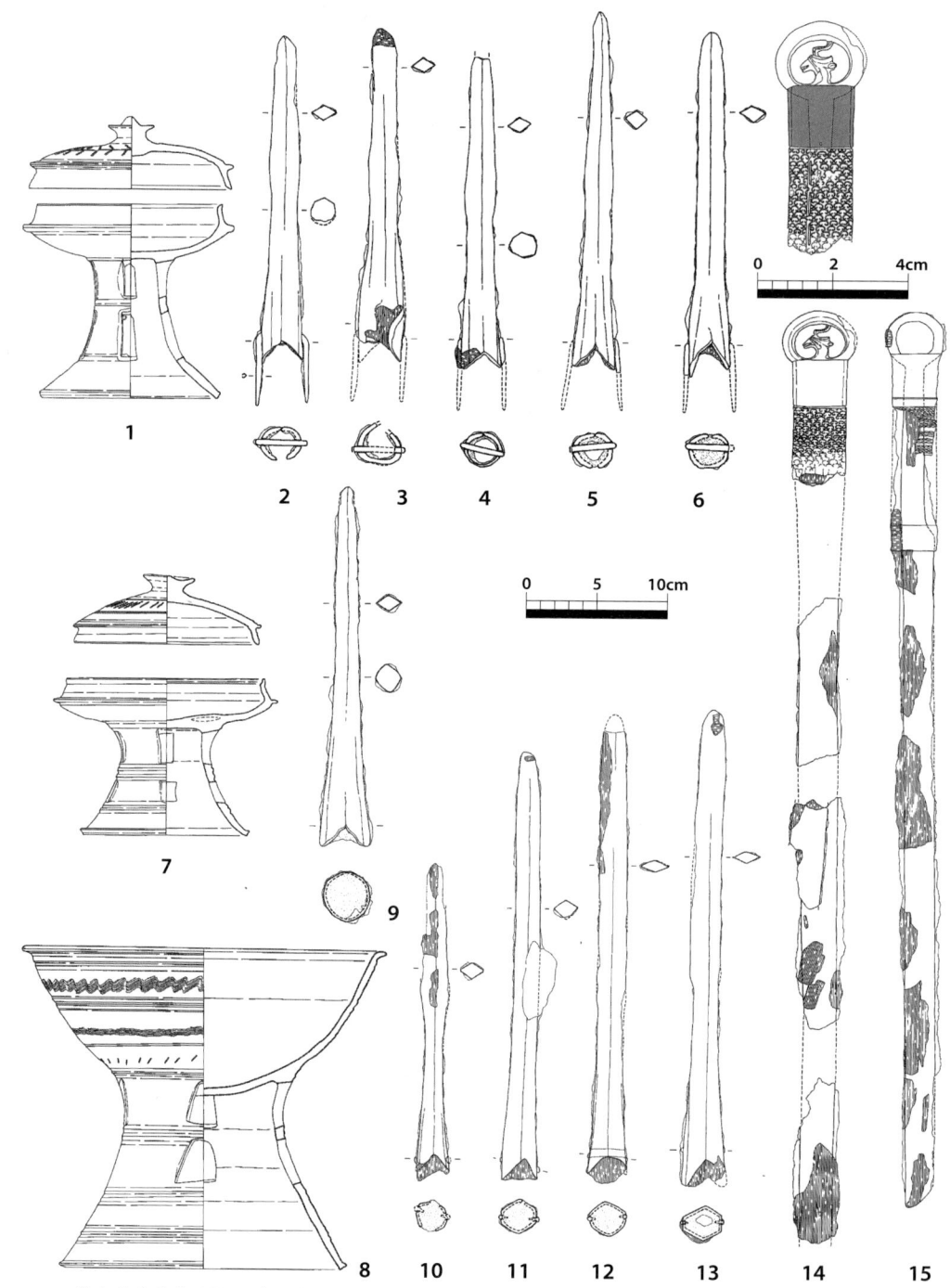

도면 34 5세기 대가야의 장창무기(철모) 집중화 현상
1~6, 14. 고령 지산동73호분 | 7~9. 고령 지산동74호분 | 10~13, 15. 고령 지산동75호분

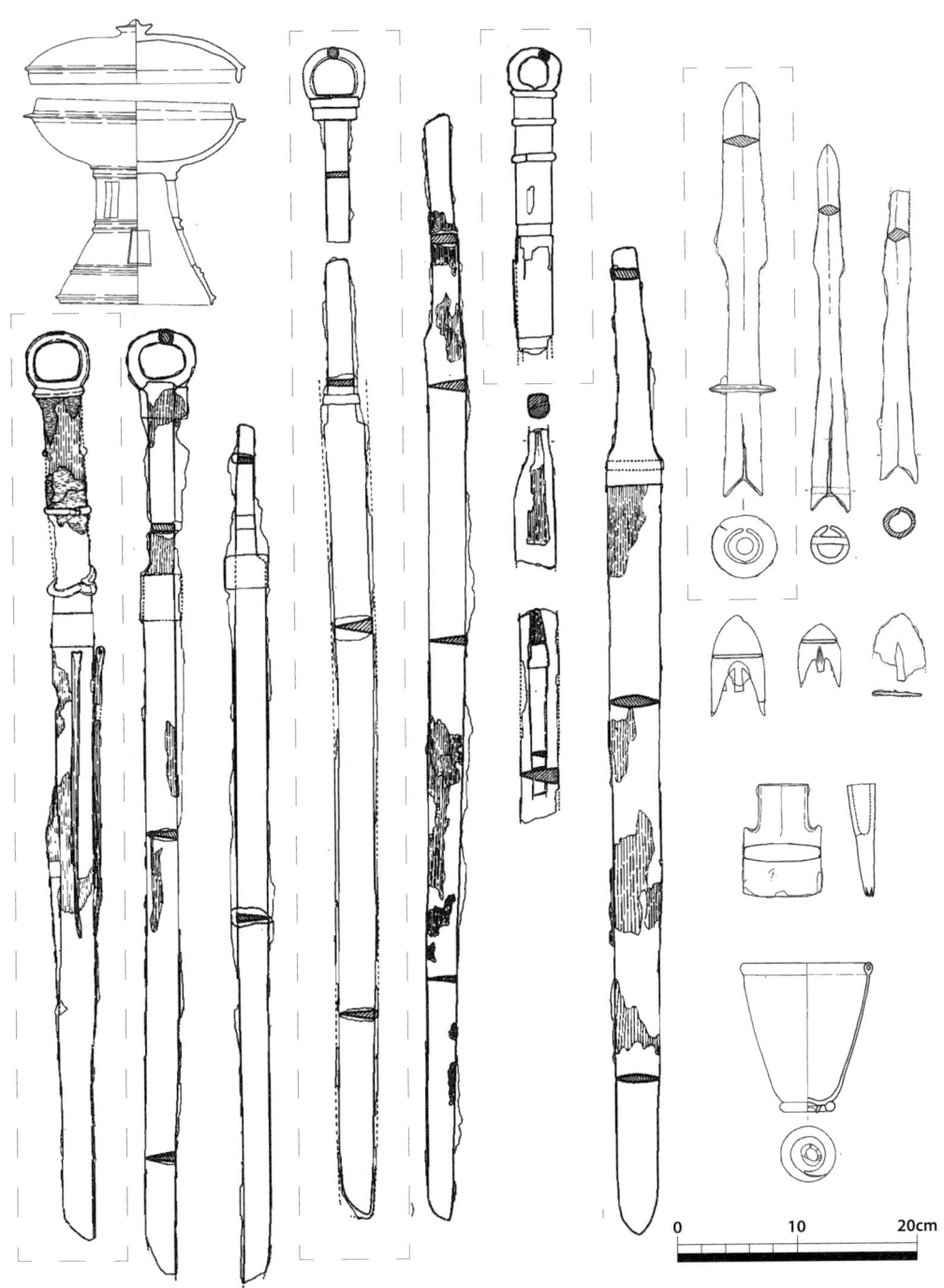

도면 35 신라의 무기체계(4세기 후엽 - 경주 월성로가13호)

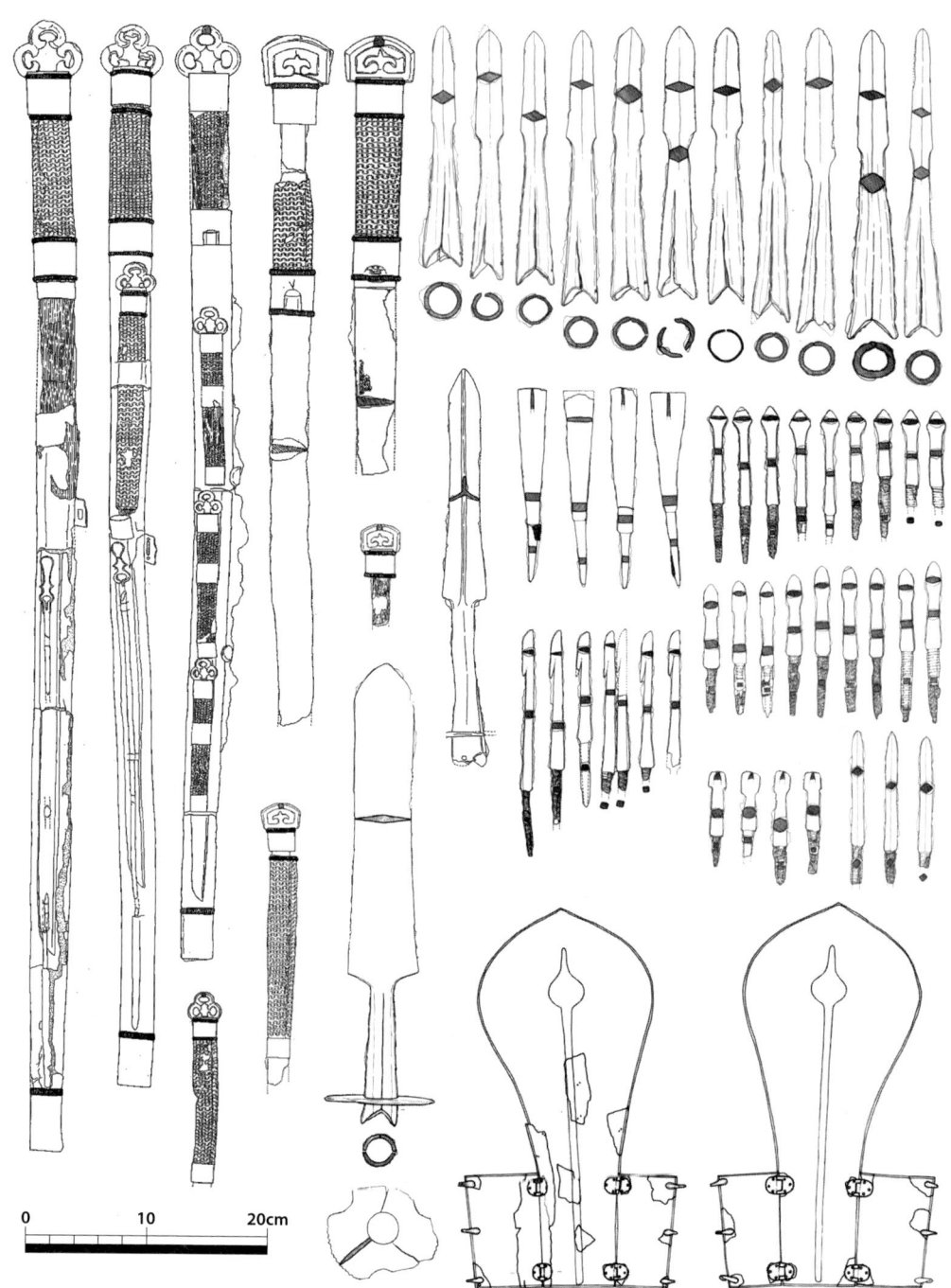

도면 36 신라의 무기체계(5세기 - 경주 황남대총남분)

가야의 기술적 차별성이 일부 확인되나 큰 틀에서 볼 때 두 나라 모두 형태적으로 거의 유사한 철모를 사용했다고 할 수 있다.

　　신라와 가야의 무기체계 흐름으로 보아 두 나라는 기본적으로 장창병(철모)의 보병을 중심으로 한 군사조직이 오랜 기간 지속되고 있다. 그러나 각 세력의 규모가 점차 커지면서 영남지방 내, 나아가 고구려와 백제에 대응하기 위해 무기체계는 변화하였다. 이에 장창병 중심으로 도병, 장창병, 궁병 등의 전문화된 보병이 갖추어 지고 기병이 증가하는 추세로 군사조직이 편재되어 갔다고 할 수 있겠다.

테글 14
경주 황남대총남분 무기로 본 신라의 주요 무기

신라의 왕릉급 무덤인 황남대총 남분에서는 신라의 무기체계를 알 수 있는 많은 무기류가 출토되었다. 황남대총의 남분의 주곽에서는 장식대도 10점, 철모(창) 20점, 화살촉 28점, 부곽에서는 철제대도 30여점, 철모(창) 50여점, 철촉 1,000여점이 출토되었다.

무기의 부장품 중에서 철모(철창)의 비율이 가장 높은 것으로 보아 당시 신라는 장창병 중심의 군사조직이 활성화되었음을 추정할 수 있다.

국립중앙박물관, "경주 황남대총 남분" 특별전 철제 무기류

· 경주 황남대총남분의 장식대도

경주 황남대총 남분에서는 신라 최고 성행기의 기술로 제작되었던, 최상의 의장 무기인 금은제 삼루환두대도(모자도), 삼엽환두대도(모자도) 등이 출토되었다.

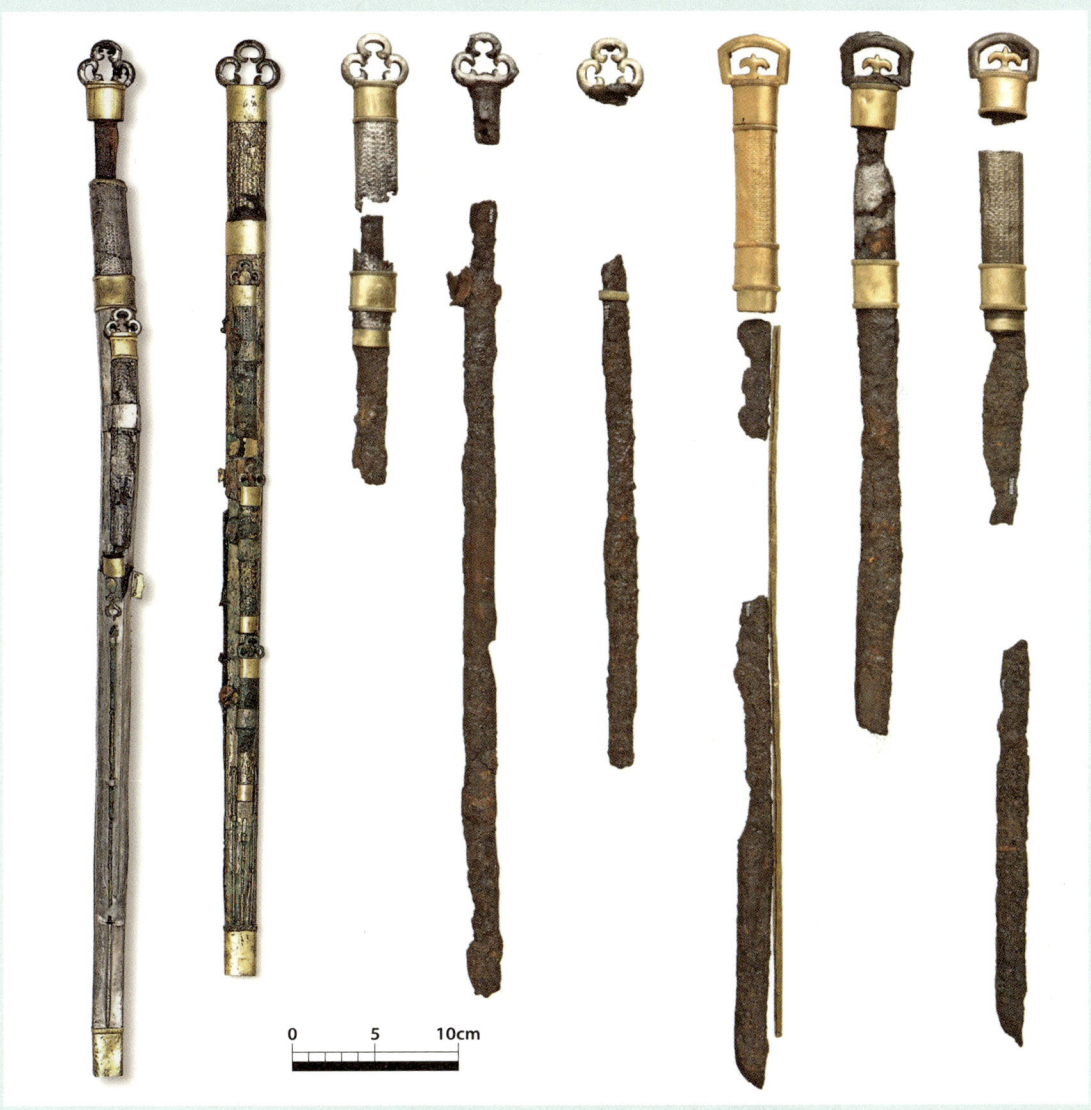

국립중앙박물관, 2010, 『황금의 나라 신라의 왕릉 황남대총』 인용

테글 15
경주 계림로14호분 무기로 본 신라의 주요 무기

· 경주 계림로14호의 보검 및 의장용 무기류

경주 계림로14호에서는 국외에서 수입한 보검이 출토되었다. 이 보검은 다채색기법으로 훈족의 아틸라제국에서 크게 유행하여 독일에서 서시베리아까지 널리 분포한다. 당시 실크로드를 통한 동서문화교류의 한 면을 보여준다(『한국의 칼』, 2007, 국립대구박물관).

계림로14호에서는 보검 외에도 장식대도(모자도), 화살촉(삼익형, 착두형, 투공능형) 등 신라 전형의 의장용 무기류가 다수 출토되었다.

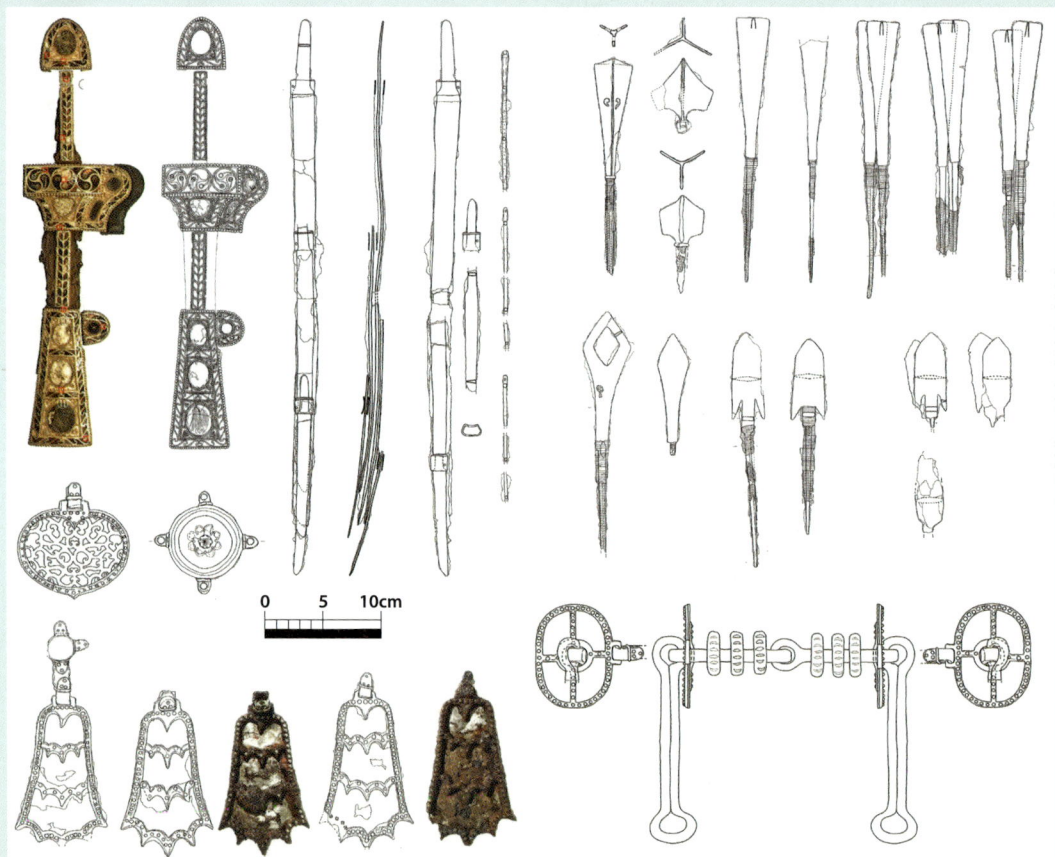

국립경주박물관, 2010년, 『慶州 鷄林路 14號墓』 인용

· 경주 계림로14호의 화살통(성시구)

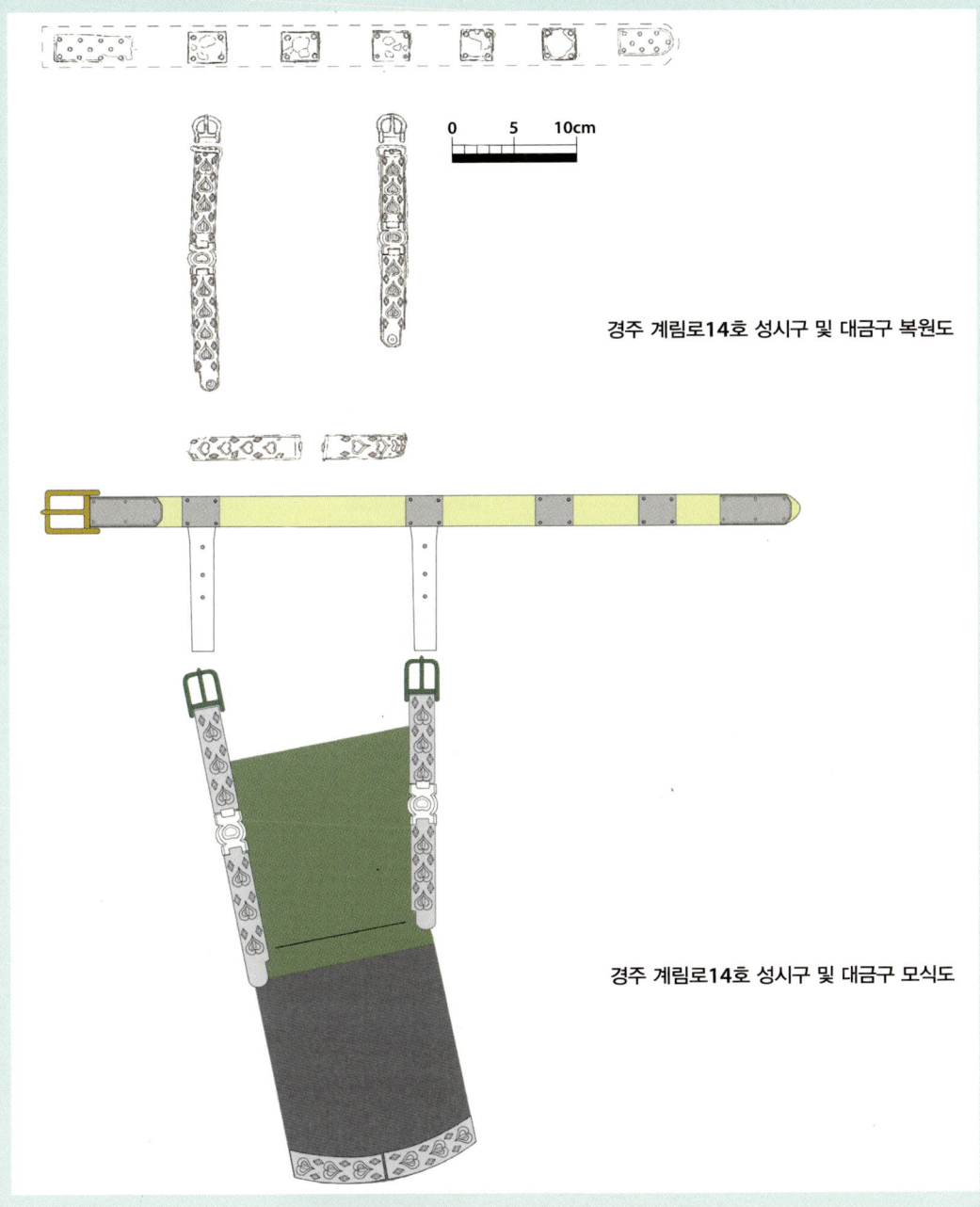

경주 계림로14호 성시구 및 대금구 복원도

경주 계림로14호 성시구 및 대금구 모식도

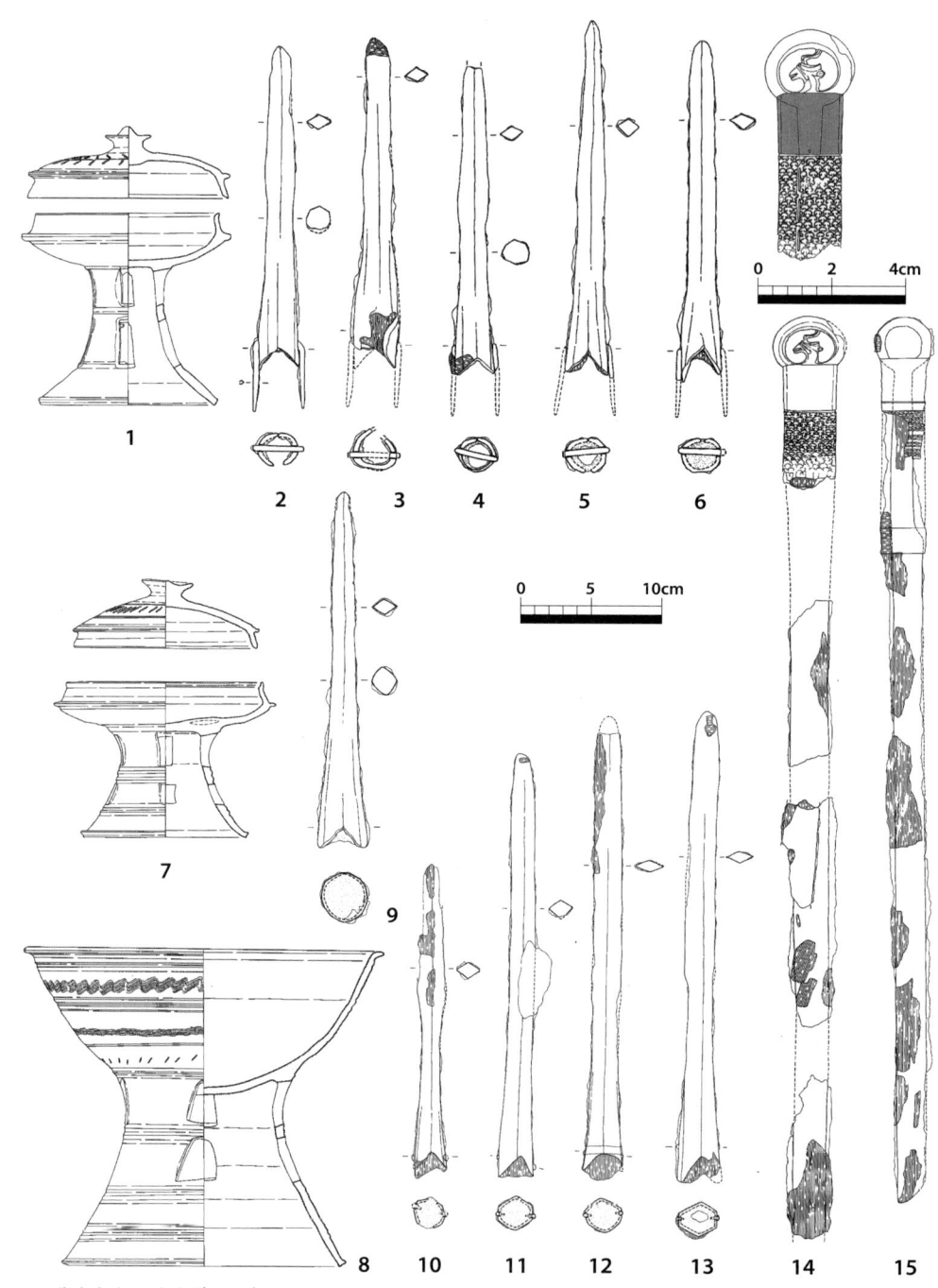

도면 37 대가야의 무기체계(5세기)

1~6, 14. 고령 지산동73호분 | 7~9. 고령 지산동74호분 | 10~13, 15. 고령 지산동75호분

2) 금관가야 무기체계의 지역성

금관가야는 전기가야를 대표하며, 4세기대에 가장 융성하였다. 영남지방에 위치한 신라와 가야는 초기철기시대부터 장기간 유사한 무기체계로 전개되지만, 양 국가의 차이를 나누려고 한다면, 4세기대 김해지역을 중심으로 한 금관가야가 가장 이질성이 강하다.

금관가야의 중심 집단인 김해 대성동고분군에서 확인되는 무기류 조합관계를 보면 칼(刀) + 철모(槍) + 활(弓)의 조합으로 영남지방 전체와 크게 다르지 않다. 하지만 구체적으로 살펴보면 타 지역은 창이 중심으로 이루는 반면, 김해지역은 칼(刀)+ 활(弓)이 중심을 이루고 있다.

한반도 남부지역에서 김해지역을 중심으로 한 금관가야의 무기 구성에서 가장 큰 특징은 창(鐵鉾, 鐵槍)의 비율에서 고구려, 백제, 신라, 대가야의 경우 철모와 철창 중 철모를 압도적으로 많이 사용하는 것에 비해, 금관가야의 경우 철창의 비율이 높은 것이 특징적이다.

한편 금관가야에서 4세기 전반에 일시적으로 유행하는 철창은 일본열도의 철창과 형태적으로 매우 유사하다. 금관가야에서 철창은 100여점 미만으로 확인되지만, 일본열도의 왜에서는 메스리야마고분(メスリ山古墳)에서만 212점 이상의 철창이 출토되고, 일본열도에서도 60여기 이상의 고분에서 확인되고 있다. 이러한 분포 및 수량의 밀도에 따라 금관가야지역보다 일본의 왜에서 더 유행한 무기로 보는 것이 합리적이다.[25]

그리고 금관가야에서는 중국 삼연, 한반도 고구려, 신라에서 유행했던 이지형 및 삼지형 철모와 삼지형 철창이 있다. 가지형 철모는 신라의 경우 신부가 직선에 가까우나 금관가야의 경우 신부가 S자형으로 벌어지거나 미늘이 형성되어 형태적으로 차이가 있다.[26] 금관가야의 이지형 철모는 중국 삼연(三燕), 고구려, 신라와 같이 기

[25] 細川晉太郎, 2012, 「한반도출토 筒形銅器의 제작지와 부장배경」, 『韓國考古學報』 85, 韓國考古學會.
신동조, 2021, 「4~5세기 김해·부산지역 장병무기 비교 검토」, 『가야 전사의 무기』, 2021년 국립김해박물관 가야학술제전.

[26] 신동조, 앞의 논문.

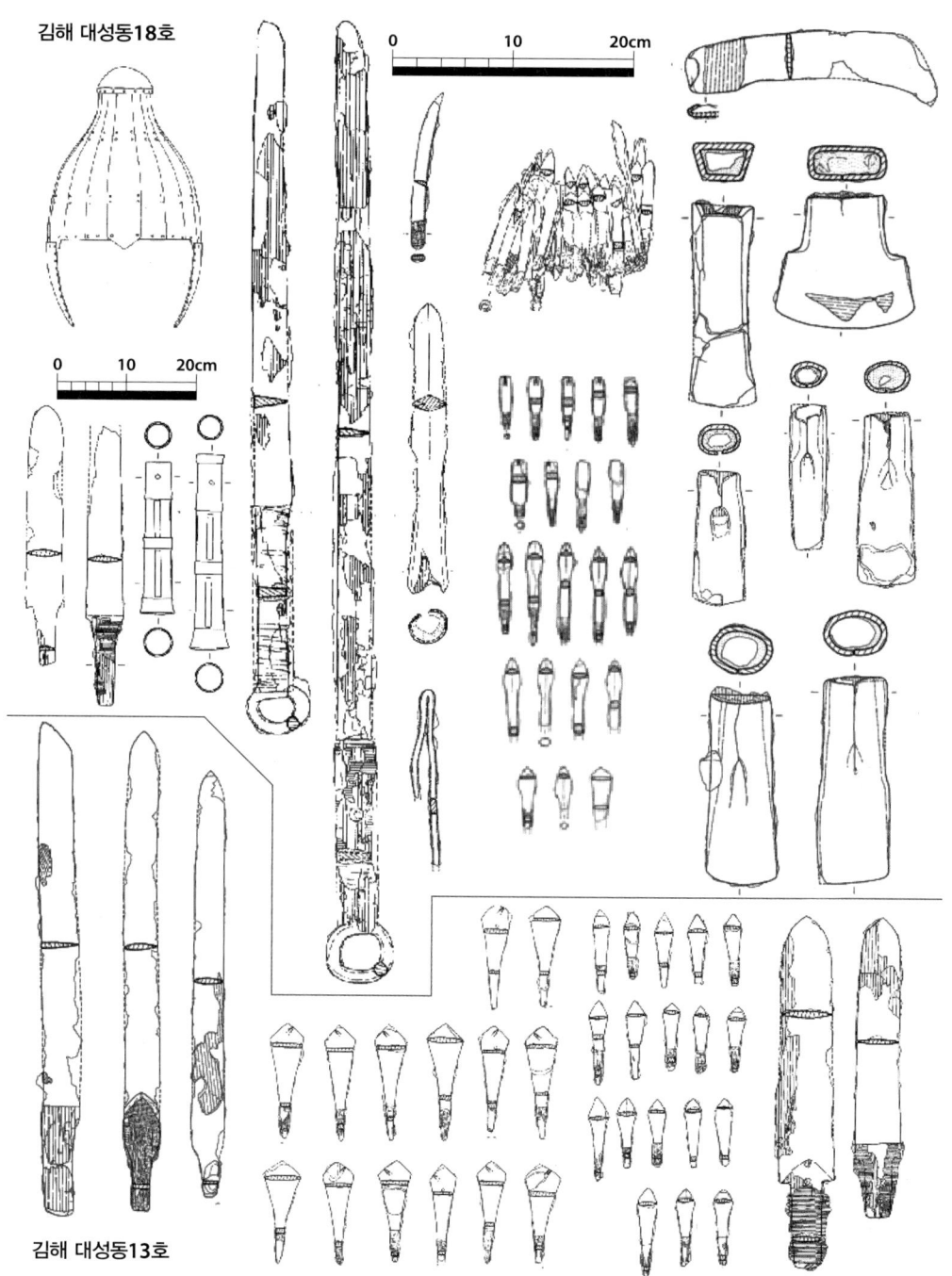

도면 38 금관가야의 무기체계(김해 대성동13호, 18호 출토 무기류)

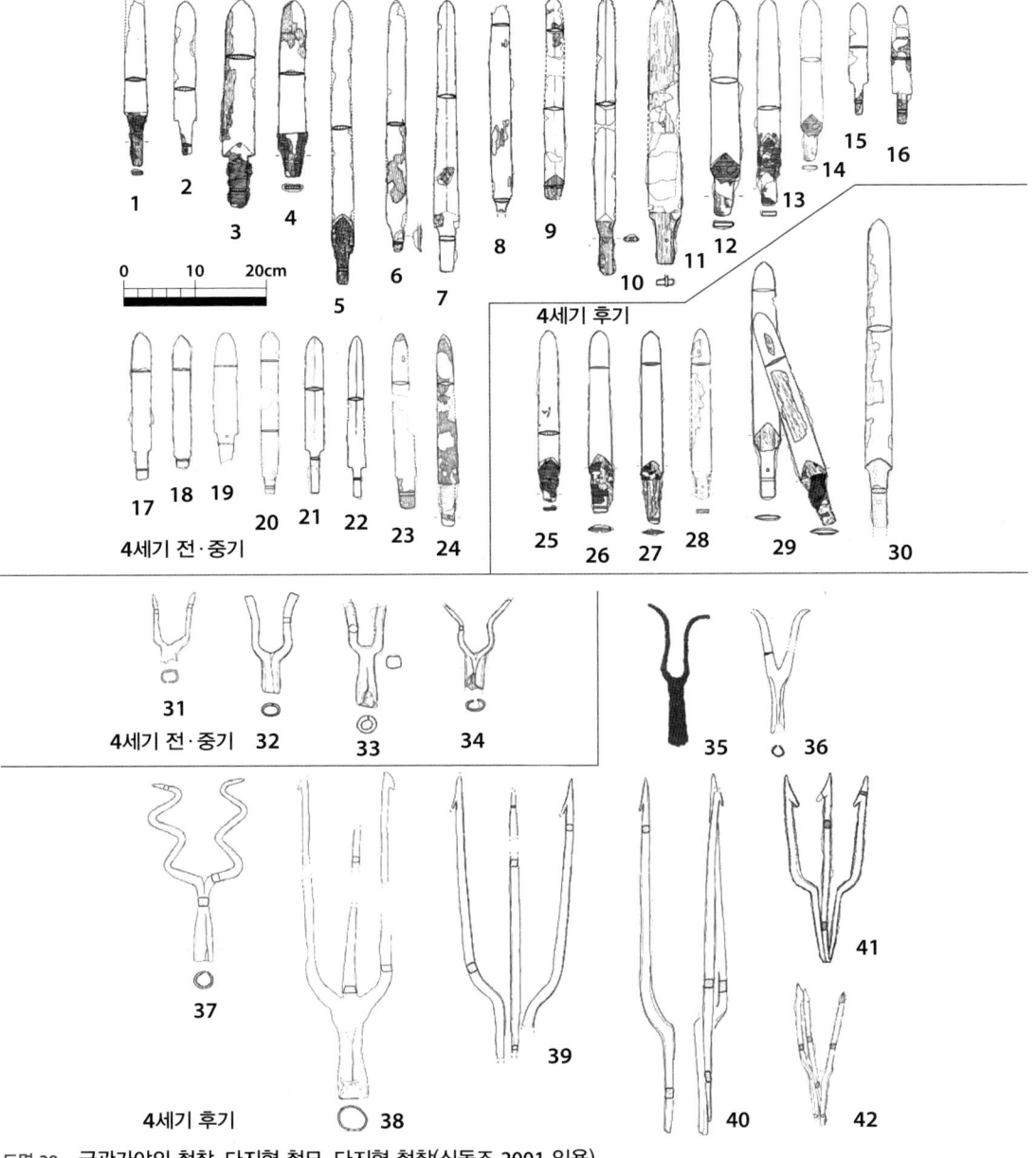

도면 39   금관가야의 철창, 다지형 철모, 다지형 철창(신동조 2001 인용)

1·2. 김해 대성동18호 | 3~6. 대성동13호 | 7. 대성동52호 | 8~11. 대성동70호 | 12~14. 대성동2호 | 15·16. 구지로9호 | 17·18. 양동리210호 | 19. 양동리254호 | 20. 양동리Ⅳ1호 | 21·22. 망덕리Ⅰ13호 | 23·24. 부산 복천동38호 | 25~29. 대성동1호 | 30. 두곡33호 | 31. 대성동95호 | 32. 대성동88호 | 33. 대성동94호 | 34. 구지로9호 | 35. 대성동14호 | 36. 망덕리Ⅱ93호 | 37. 두곡33호 | 38. 여래리37호 | 39. 여래리Ⅱ18호 | 40. 여래리Ⅱ37호 | 41. 여래리Ⅱ40호 | 42. 복천동10호

마병의 대응한 무기체계로, 삼지형 철창은 어로용 도구로 판단된다.

철제 갑옷이 출현하는 4세기대에 영남지방의 신라와 가야에서는 판갑이 유행하다가 5세기대 이후 신라권역에서는 점차 사라지며, 가야권역에서는 판갑과 찰갑이 함께 지속적으로 유행하고 있다.

4세기대 종장판갑은 경주 인근지역, 울산지역, 부산지역, 김해지역에 집중 분포하는데 이 지역들은 바다에 인접한 곳이라는 지리적 유사성이 있다. 또한 김해지역에서는 중국 삼연(前燕) 등 동북계 위세품인 동경, 금동대금구, 동복, 장식용 마구와 일본열도 왜계 위세품인 파형동기, 통형동기, 석제품 등 한반도지역에서 가장 많은 외래계(外來系) 문물이 확인되고 있다. 경제적 관점에서 볼 때, 지리적 위치의 특성으로 보아 해양을 무대로 국제 문물이 교역되는 해양 중심의 국제도시국가의 성격이 강하다고 판단된다.

이상을 종합하여 볼 때, 금관가야는 신라나 대가야와 무기의 형태가 유사한 것이 많지만 무기의 전반적인 조합양상에서 刀, 판갑의 수량이 상대적으로 많은 것이 특징이다. 따라서 금관가야의 군사조직은 앞의 무기체계의 특성으로 보아 해양을 중심으로 금관가야의 특성에 적합한 수군(水軍), 성을 방어하기 위한 친위군(親衛軍) 혹은 수호군(守護軍)이 중심된 군사조직이 활성화되었을 것으로 판단된다.

3) 6~7세기 신라의 무기체계와 군사조직

중고기 이후 불교가 본격적으로 확산되고 기왕의 샤머니즘 의례가 축소됨에 따라 신라권역의 무덤에서는 유물 부장이 급격히 줄어든다. 앞 시기 풍부하게 부장되던 무기류 또한 거의 부장되지 않는다. 따라서 중고기 이후에는 무덤에 부장되는 철제 무기류의 특성을 파악하기 어렵다. 하지만 문헌에 당시 군사체계를 엿 볼 수 있는 기록이 다수 확인되고 있어 문헌 기록을 중심으로 고고학적 검토를 병행할 필요성이 있다.

　중고기 이후는 고구려, 백제, 신라, 가야 등에서 삼국 통일 전쟁이 본격화되는 시기이기 때문에 진일보한 무기체계와 관련된 여러 가지 기사를 확인할 수 있다. 이를 잘 반영한 기사가 삼국사기 권40 잡지의「四設幢 一曰弩幢 二曰雲梯幢 三曰衝幢 四曰石投幢 無衿」이다.

　사설당은 특수한 무기를 다루는 4개의 특수부대인 노당(弩幢)·운제당(雲梯幢)·충당(衝幢)·석투당(石投幢)을 의미한다. 노당은 쇠뇌를 주로 이용하는 부대로 문헌에 차노(車弩), 포노(砲弩), 노포(弩砲) 등을 사용하였다는 기록이 보인다. 운제당은 성을 공격하기 위해 긴 사다리를 차에 탑재한 후 성벽에 올라 성 안으로 진입하는 데 사용되는 공성무기 부대이다. 충당은 충차(衝車)라는 대형의 망치와 같은 것을 달고 성에 접근하여 성문을 파괴하는 공성무기를 운용하는 부대이다.

　신라에서 사설당과 관련된 첨단무기를 사용한 기록은 여러 기사에서 확인할 수 있다. 먼저 쇠뇌와 관련된 기록은 삼국사기 신라본기 진흥왕(眞興王) 19년조(558년)에「春二月 徙貴戚子弟及六部豪民 以實國原 奈麻身得作砲弩上之 置之城上」[27]이다. 이를 토대로 성에 쇠뇌가 설치되고 있음을 알 수 있다.

　쇠뇌(노포)는 중국의 당나라도 인정하는 신라의 첨단 무기였다. 삼국사기 신라본기 문무왕(文武王) 9년(669년)조에는「冬 唐使到傳詔 與弩師仇珍川沙湌 命造木弩 放箭三十步 帝問曰 "聞在爾國造弩射一千步 今三十步 何也"對曰 "材不良也 若取材本國 則可以作之"天子降使求之 卽遣福漢大奈麻獻木 乃命改造 射至六十步 問其故 答曰 "臣亦不能知其所以然 殆木過海 爲濕氣所侵者歟" 天子疑其故 不爲劫之以重罪 而終不盡呈其能」이라는 기록이 있다. 이 기록을 살펴보면 669년, 당나라 사신이 당 태종의 조칙을 전달하고 쇠뇌 장인 구

27 봄 2월에 귀족 자제와 6부의 부유한 백성을 국원소경으로 옮겨 그곳을 채웠다. 나마 신득(身得)이 포노(砲弩)를 만들어 바치니 그것을 성 위에 설치하였다.

진천(仇珍川)을 데리고 가는 사건이다. 당나라에서는 구진천으로 하여금 신라가 개발한 최신 무기인 쇠뇌를 만들도록 하여 당나라 군인들에게 보급할 목적으로 이 일을 기획하였다. 그러나 구진천이 끝내 당나라에서 쇠뇌를 만들지 않으므로 당나라에서는 신라 쇠뇌 도입 작전이 실패로 끝난 것이다.

이 외에도 쇠뇌에 대한 기록은 자주 확인되는데, 삼국사기 신라본기 진흥왕 19년(558)조에 나마(奈麻) 신득(身得)이 포노(砲弩)를 만들어 성 위에 설치한 기사, 같은 책 권5 신라본기 태종 무열왕 8년(661)조에 북한산성에 砲弩를 설치한 기사, 『三國史記』新羅本紀 聖德王 30년(731)조에 백관들에게 車弩 쏘는 것을 관람시킨 기사, 『三國史記』新羅本紀 孝成王 5년(741)조에 弩兵을 검열하였다는 기사, 『新唐書』열전 신라전에 노사(弩士) 수천명이 관문(關門)을 지켰다는 기사 등을 들 수 있다.

다음으로 공성 및 수성무기인 투석기의 등장과 활용과 관련된 기록이다. 신라본기 무열왕 8년(661년)조에는 「고구려 장군 뇌음신(惱音信)이 말갈 장군 생해(生偕)와 함께 군사를 합하여 술천성(述川城)을 공격해 왔다. 이기지 못하자 북한산성으로 옮겨가 공격하는데, 포차(抛車)를 벌여놓고 돌을 날리니 그것에 맞는 성곽이나 건물은 그대로 부서졌다」라고 전한다. 이 기록으로 볼 때 공성전 및 수성전에 필요한 포차가 당시의 전쟁에 일반적으로 사용되었음을 알 수 있다.

한편, 포차를 이용하였던 증거가 유적 발굴조사를 통해 확인된 바 있다. 대표적으로 문경 고모산성, 충주 장미산성 등에서는 석환무지가 확인되었는데, 이것은 포차에 쓰이는 투석을 모아 두었던 것으로 추정되었다.

마지막으로 포차와 쇠뇌 외에도, 기마부대를 방어하기 위한 용도로 사용되는 마름쇠와 관련된 기록도 확인된다. 신라본기 무열왕 8년(661년)조의 「城主大舍冬川 使人攔鐵藜扵城外 人馬不能行」기록

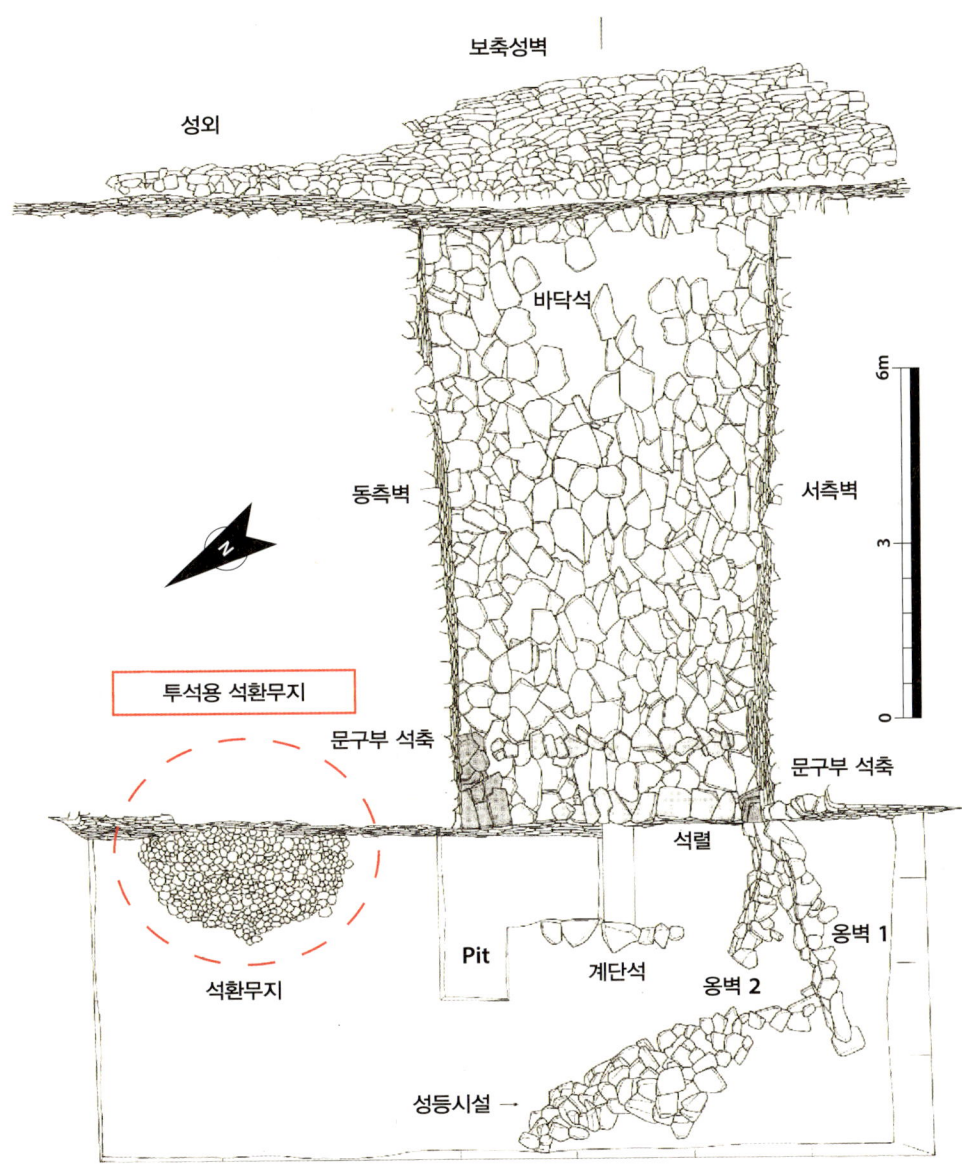

도면 40 문경 고모산성 출토 투석용 석환

제3장 한반도 신라 및 가야의 무기체계 그리고 고구려, 백제 무기의 특성 129

은 마름쇠를 성 밖으로 던져서 사람이나 말이 다닐 수 없도록 했음을 알 수 있다. 마름쇠는 고고학적 조사에서도 자주 확인되는 무기류이다.

4. 한반도 북부지역 고구려의 무기체계

한반도 북부지역에 위치한 삼국시대 고구려의 무기체계는 서쪽으로 연접하면서 중국 중원(中原)의 동북지역에 위치한 삼연(三燕)의 무기체계와 매우 유사한 양상이다. 이러한 현상은 고구려와 삼연이 지형적으로는 북방의 기마민족과 중국 중원의 사이에 위치하여 이를 대응하여 공격 및 방어를 수행해야하는 유사한 상황이며, 또한 고구려와 삼연은 상호간에 오랜 기간 전쟁과 우호관계를 맺으면서 서로 많은 영향을 주었기 때문일 것이다.

1) 고구려 무기체계의 특성

고구려의 매장의례는 신라·가야와는 달리 유물을 다수 부장하지 않고 벽화의 묘사를 통해 피장자의 사후세계에 대한 안녕과 염원을 기르는 특징이 있다. 따라서 철제 무기 및 무구의 자료는 제한적으로 확인되어 구체적인 실물의 검토가 불가능하다. 그럼에도 불구하고 중국 집안(集安)지역의 고구려 왕릉에서 일부 무기와 무구가 출토된 바 있으며, 벽화에 묘사되어 있는 무기 및 무구는 실제의 자료에 가까워 전반적인 무기체계의 양상을 파악할 수 있다.

(1) 개별 무기의 특성
① 철도 및 장식대도
고구려는 근거리 무기로 철도가 주로 확인되며, 집안(集安) 우산하

(禹山下) 3296호, 하활룡(下活龍)M8호 등 철도 중에도 소환두대도를 주로 사용한다. 또한 삼실총 등 벽화고분에 묘사된 소환두대도 등으로 보아 의장무기 용도로 소환두대도가 사용되었다.

고구려의 의장무기는 3세기부터 주로 출현하는데 대표적으로 집안(集安) 마선구(麻線溝)1호분, 우산하(禹山下)3560호분 등에서 확인되는 삼엽환두대도가 있다. 이 삼엽환두대도는 고구려가 5세기이후 신라에 영향을 주어 신라의 대표적인 의장무기로 자리 잡는다.

② 철모

철모는 무기체계에서 고구려 주력 군사조직인 장창병과 중장기병이 사용하는 무기이다. 인접한 중국 요서지역 위치한 중국 삼연(三燕)의 철모와 매우 유사하다. 고구려의 철모는 실전용 주력 무기로 직기형철모, 연미형철모와 의장무기 성격이 강한 가지형철모, 반부철모로 나누어진다. 실전용 무기 중에서 직기형철모와 연미형철모는 직기형철모가 먼저 출현하며, 이후에 연미형철모가 출현하여 양 철모가 함께 유행하였다. 의장무기로 판단되는 가지형철모는 환인(桓人) 오녀산성(五女山城) 4기문화층에서, 반부철모는 집안(集安) 우산하(禹山下)3296호, 집안(集安) 국내성(國內城) 등에서 출토된 바 있다.

③ 철촉

고구려에서는 실전용으로 사용되는 촉신 형태가 좁은 세형계 추형철촉, 능형철촉, 착두형철촉과 의장용 또는 특수용도의 광형계 착두형, 삼익형, 능형철촉이 유행한다. 실전용의 세형계 철촉은 이른 시기에 경부가 상대적으로 짧은 단경식의 추형철촉, 능형철촉, 착두형철촉이 유행하며, 이후 경부가 세장화 된 장경식의 능형철촉이 주력 철촉으로 사용된다.

의장용 또는 특수용도의 광형계 착두형, 삼익형, 능형철촉은 주요 수장급 무덤에서 확인되는데 기마부대의 말에게 상처를 입히기 위한 용도로 보인다. 이러한 광형계 철촉 중 삼익형철촉, 착두형철촉 등은 흉노 등 초원지대에서 주로 확인되는 철촉이다. 한편 이러한 의장용 철촉은 중국 삼연(三燕) 광형계 철촉과도 그 형태가 유사하다.

④ 철부와 마름쇠

고구려에서는 도끼를 사용하는 근거리 보병인 부월수(부병 - 도끼병)가 안악3호분 벽화분에 묘사된 사례가 많다. 하지만 무덤이나 성지에서 출토된 사례의 경우 이것이 공구류 혹은 무기류로 사용했는지는 판단하기 어렵다. 철부는 집안(集安) 산성하(山城下)M356호분, 서울 아차산 4보루 등에서 출토 사례가 있다.

　　마름쇠는 적군 말의 발에 상처를 입히기 위한 무기이다. 한반도 남부지역의 연천 호로고루에서 출토된 사례가 있다.

(2) 무구의 특성

① 찰갑

고구려의 갑옷을 대표하는 찰갑은 작은 철판에 구멍을 횡방향으로 뚫은 후, 이 철판들을 가죽끈을 이용하여 종으로 연결하여 제작한다. 이것은 4~5세기 한반도 동남부의 해안지역과 일본열도에서 유행하는 판갑에 비해 유동성을 극대화한 장점이 있다. 고구려의 찰갑은 대부분 장방형의 얇은 철판을 이어 제작하며, 배자갑 외 전신 찰갑의 허리부분은 단면 'S'자형의 세장방형철판으로 제작하여 착용성을 높이는 특성이 있다. 또한 세부적으로 장방형 철판, 상방하원형철판, 단면 'S'자형의 세장방형철판 등 착용 부위에 따라 다양한 철판을 이용하여 갑옷을 제작하였다.

(3) 무덤의 벽화와 출토 유물로 본 고구려의 무기체계

고구려의 무기는 단거리 무기인 大刀와 더불어 장창병 및 중장기병이 사용하는 연미형, 직기형의 철모, 반부철모, 가지형철모(삼지형), 궁병이 사용하는 광형계 삼익형, 착두형철촉, 세형계 추형, 능형철촉 등의 무기류가 유행한다.

고구려에서는 3~4세기부터 의장 무기가 출현하는데 집안(集安) 마선구(麻線溝)1호, 우산하(禹山下)3560호 출토 삼엽환두대도, 환인(桓人) 오녀산성(五女山城) 4기문화층 출토 가지형철모(삼지형철모), 집안(集安) 우산하(禹山下)3296호, 집안(集安) 국내성(國內城) 출토 반부철모, 집안(集安) 우산하(禹山下)1041호, 우산하(禹山下)2110호, 집안(集安) 태왕릉(太王陵), 집안(集安) 산성하산(山城下山)(城下)145호 출토 삼익형철촉, 오녀산성(五女山城) 4기문화층, 집안(集安) 국내성(國內城), 마선구(麻線溝)2100호, 산성하산(山城下山)(城下)145호, 우산하(禹山下)3560호 출토 착두형철촉이 표지적인 무기이라 할 수 있다.

한편 고구려의 무기체계와 군사조직은 안악3호분의 행렬도 등 벽화고분을 통해 잘 알 수 있다. 안악3호분에 묘사된 행렬도 주인공의 주변으로는 단기병의 도병과 부병(부월수) 등이 근거리 전투에 적합한 군사가 배치된다. 또한 단기병의 인근에는 원거리 무기를 사용하는 궁병이 위치한다. 양 가장자리에는 중장기병이, 가장자리 중장기병 앞에는 철제 갑옷을 착용한 중보병의 장창병이 위치하고 있다.

고구려의 군사조직은 중보병인 도병, 부병, 궁병, 장창병과 중장기병이 운용되었고 그 중에서 창을 사용하는 장창병을 중심으로 한 중보병과 중장기병이 고구려의 주요 군사조직임을 알 수 있다.

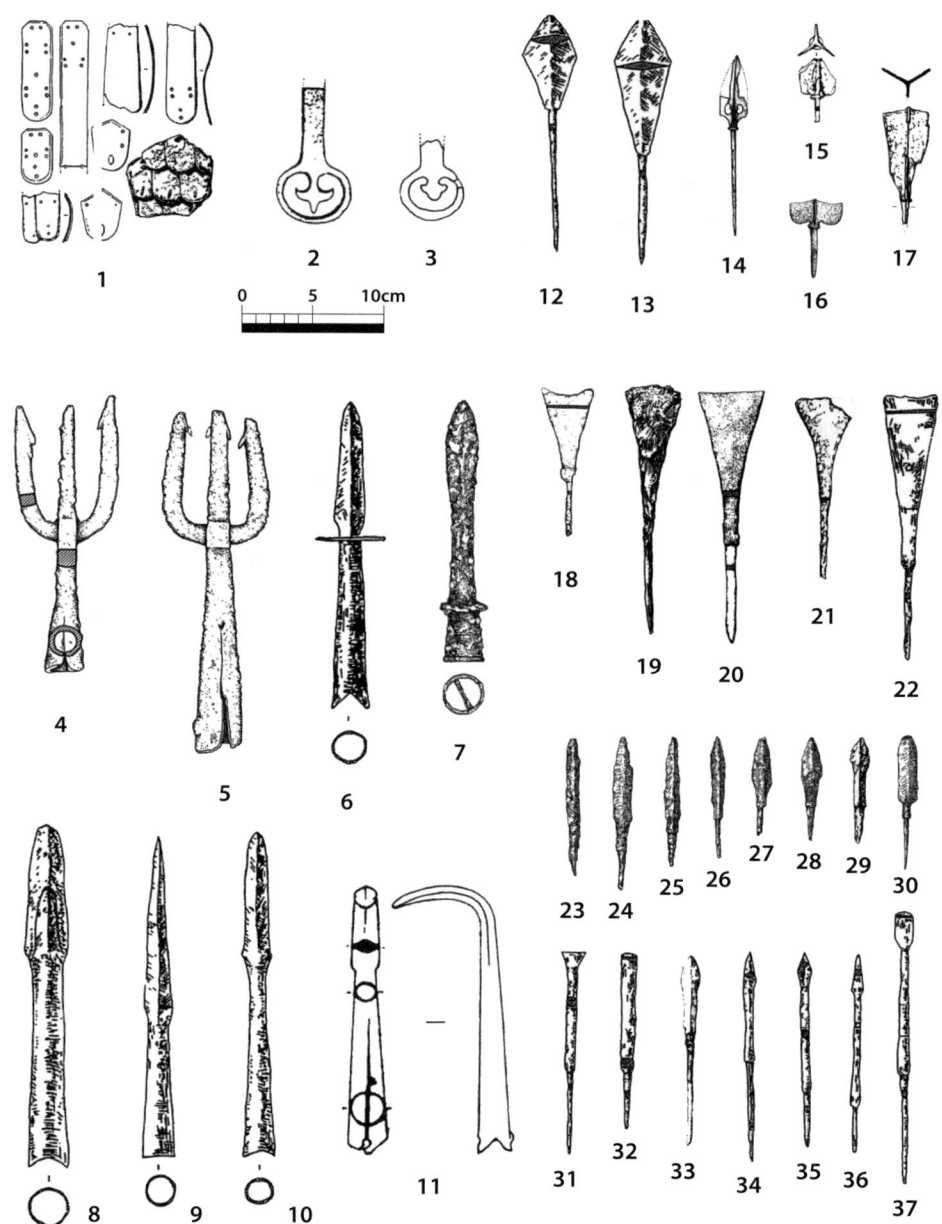

도면 41 고구려권역 출토 각종 무기류

1·11·15. 禹山下1041호 | 2. 集安 麻線溝1호 | 3·8·9·12·22. 禹山下3560호 | 4·5·18. 桓人 五女山城4期文化層 | 6·31. 禹山下3296호 | 7·19·23~30. 集安 國內城 | 10. 禹山下3598호 | 13. 禹山下3305호 | 14. 禹山下2110호 | 16. 集安 太王陵 | 17·21·33. 集安山城下145호 | 20. 麻線溝2100호 | 32. 禹山下3103호 | 34·35. 禹山下3162호 | 36·37. 禹山下3105호

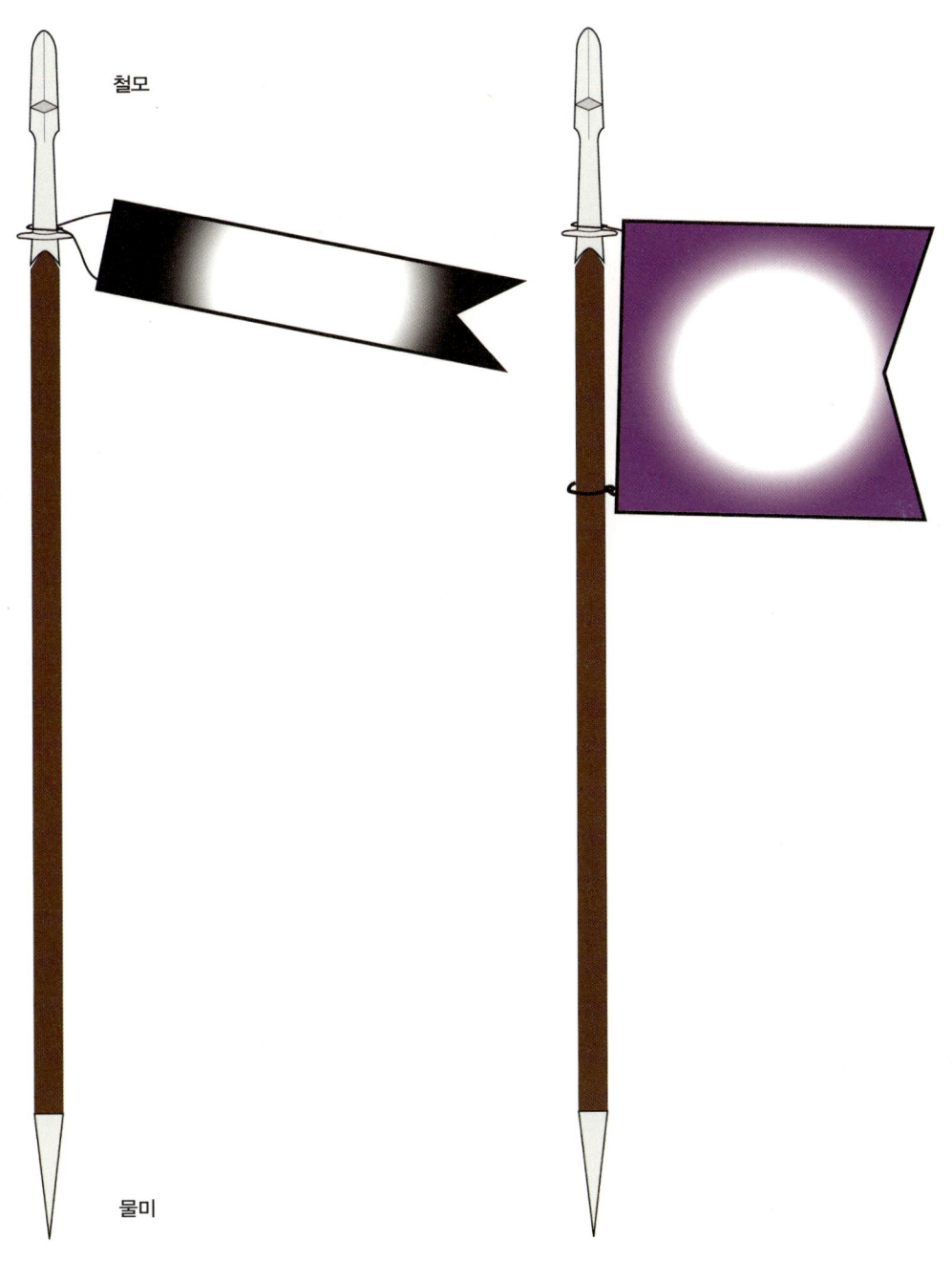

도면 42 고구려에서 유행한 반부철모의 복원도

안악3호분 벽화 행렬도

중장기병

보병(궁수)

환도수(칼-환두대도)　　　부월수(도끼)

보병
(환도수)
(부월수)

장창병(창수)

도면 43　안악3호분 고구려벽화 디지털복원도(동북아역사재단 인용)

테글 16
고분벽화로 본 고구려의 무기체계 및 군사조직

안악3호분 벽화의 행렬도

정동민, 2008 인용

고구려의 매장의례 특성은 유물을 다수 부장하지 않고, 벽화를 통해 피장자 사후세계의 안녕과 염원을 기원한다. 안악3호분 벽화의 행렬도를 통해 당시 친위군사의 조직 및 무기체계를 엿볼 수 있다.

테글 17
고분벽화로 본 고구려의 전사

· 집안 퉁구12호분 벽화도

고구려 개마무사의 특징(중장기병)
무기류: 대도(큰 칼), 창(장창)
무구류: 투구 – 종장판주, 갑옷 – 찰갑(전신의 비늘갑옷)
마구류: 마주, 마갑

· 주요 벽화고분으로 본 고구려의 무사

집안 삼실총 벽화도

고구려 개마무사의 특징(중장기병)
무기류: 환두대도(고리 큰 칼), 창(장창)
무구류: 투구 – 찰주, 갑옷 – 찰갑(전신의 비늘갑옷)

남포 쌍영총 벽화도

테글 18
유적으로 본 고구려의 방어체계

· 평지의 국내성과 산지의 환도산성을 운용한 방어체계

고구려 수도의 평지에 위치하였던 국내성

국내성 인접지역에 위치한 환도산성과 그 아래에 위치한 산성하고분군

· 고구려 환도산성

수도성인 국내성의 방어가 불리할 때 인접지역에 위치한 환도산성을 이용하여 강력한 방어체계를 구축 → 신라의 중앙과 지방의 주요 세력도 고구려의 방어체계를 수용

· 고구려 환도산성 아래의 산성하고분군

고구려 국내성 인근의 집안 우산하고분군(集安禹山下古墳群) - 태왕릉 -

· 고구려 국내성 인근의 집안 우산하고분군(集安禹山下古墳群) - 장군총 -

장군총의 호석

테글 19
고구려 우산하고분군(集安禹山下古墳群) 태왕릉 출토 무기류

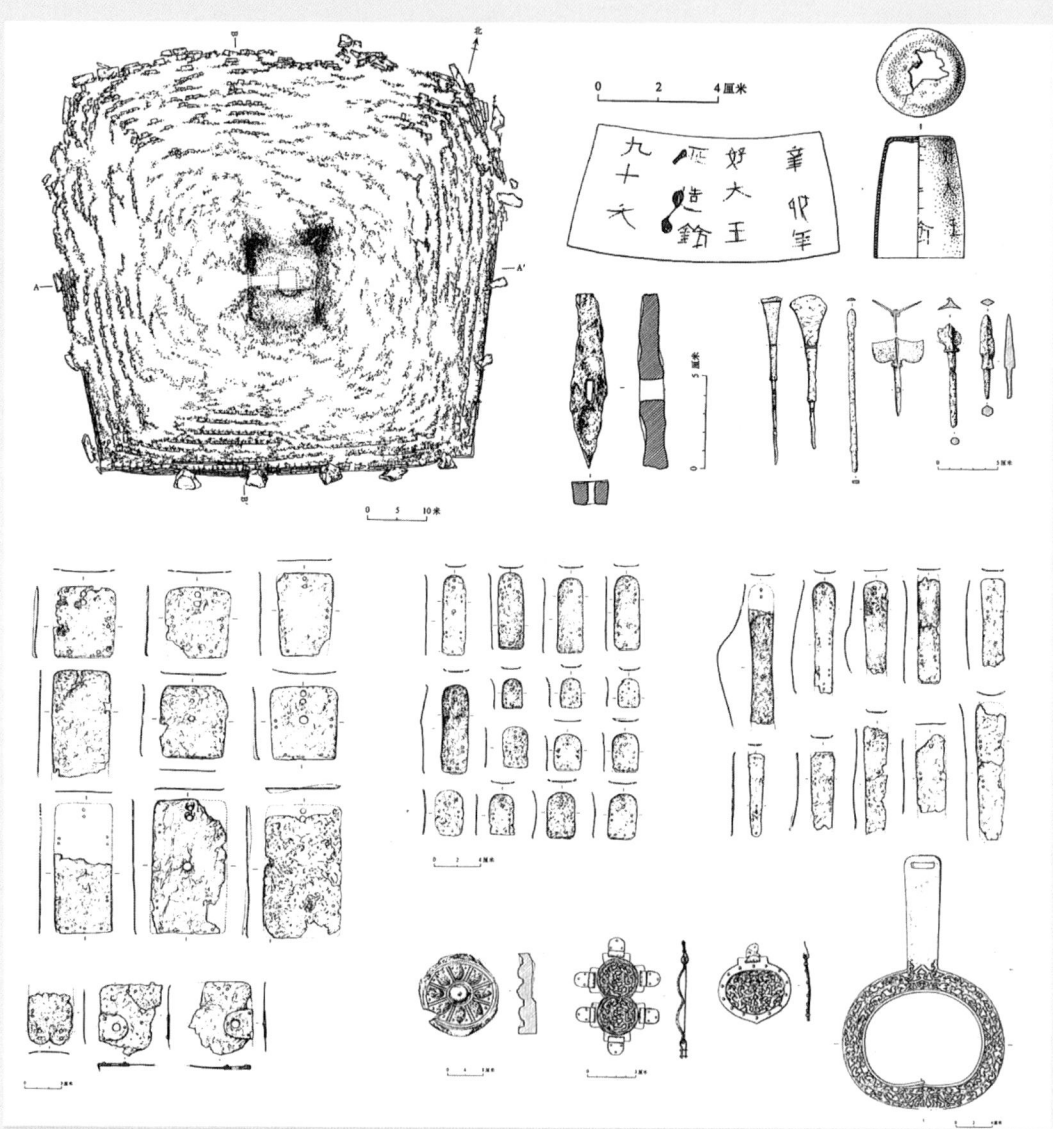

고구려 태왕릉에서 5세기대의 무기(화살촉, 도끼) 및 무구(찰갑), 마구(장식 마구류) 출토

5. 한반도 서남부지역 마한·백제의 무기체계

한반도 서남부지역의 철기문화는 지리적 위치, 주변 국가의 상황 등 지정학적 위치가 철기의 출현과 전개에 많은 영향을 받는다. 서남부지역의 지정학적 특성은 중국대륙의 동부지역 및 한반도 북부지역과는 평지대 및 해안으로 이어져 있어, 이들 주변 국가의 상황에 민감하게 영향을 받게 된다.

한반도 서남부지역과 동남부지역의 철기문화 전개양상은 양 지역의 지정학적 위치 및 당시의 국제적 상황과 맥락상 일치되는 부분이 있다. 결론적으로 말해, 중국 전국시대의 燕식 철기문화의 확산으로 인해 기원전 3세기~2세기에 서남부지역에 다양한 주조 철기문화가 확인된다. 이 시기 험준한 소백산맥으로 둘러싸여 있는 동남부지역에서는 이러한 주조철기가 극소수만 확인된다.

이후 기원전 2세기 후엽경 중국 한(漢)나라에서 국가에서 유통을 관리하는 염철전매제를 시행하는데 한반도 북부지역뿐만 아니라 서남부지역도 이에 강한 영향을 받는다. 이 시기부터 한반도 서남부지역은 철기가 극소수만 확인되고, 동남부지역은 오히려 이 시기부터 중국 한식 철기와는 다른 철기문화가 출현하고 지속적으로 유행한다.

또한 한나라의 환령지말(桓靈之末) 시기인 2세기 중후엽~3세기 전엽에 이르면, 서남부지역에서는 앞 시기에 비해 한반도 동남부지역에서 유행하였던 단조기술 중심의 철기류가 폭발적으로 늘어, 이후 마한 및 백제 나름의 철기문화가 지속된다.

1) 한반도 서남부지역 철기문화의 출현과 전개
서남부지역의 초기 철기문화는 동남부지역에 비해 이른 시기부터 철기문화가 유행한다. 이 지역에서는 기원전 3세기~2세기에 중국

초기철기시대 한반도 서남부지역 철기문화(BC3~2C): 주조철기문화 중심

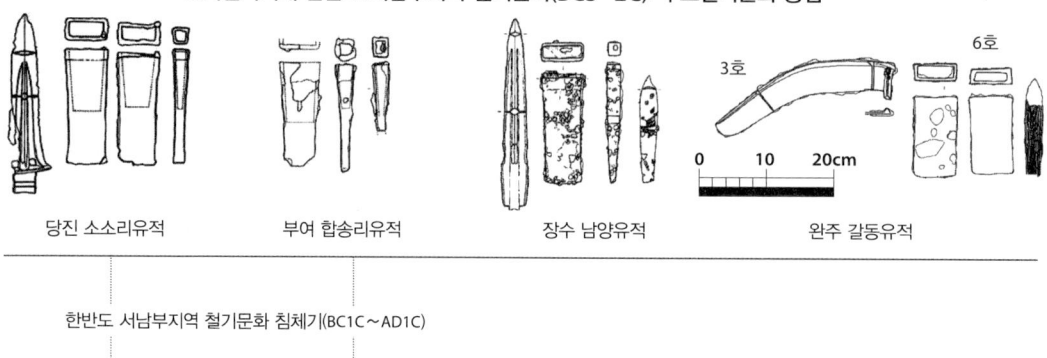

당진 소소리유적 　　부여 합송리유적 　　장수 남양유적 　　완주 갈동유적

한반도 서남부지역 철기문화 침체기(BC1C~AD1C)

원삼국시대 한반도지역 철기문화의 비교1(BC3~2C): 단조철기문화 중심

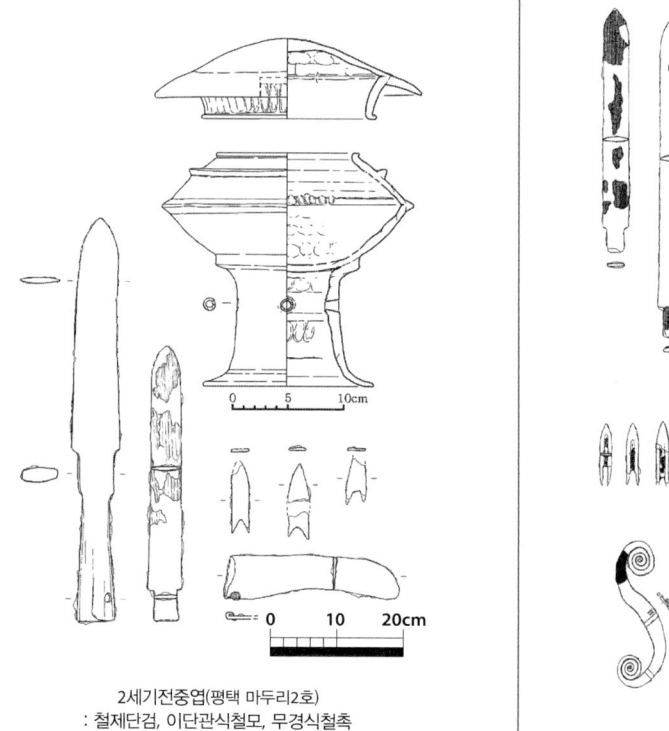

2세기전중엽(평택 마두리2호)
: 철제단검, 이단관식철모, 무경식철촉

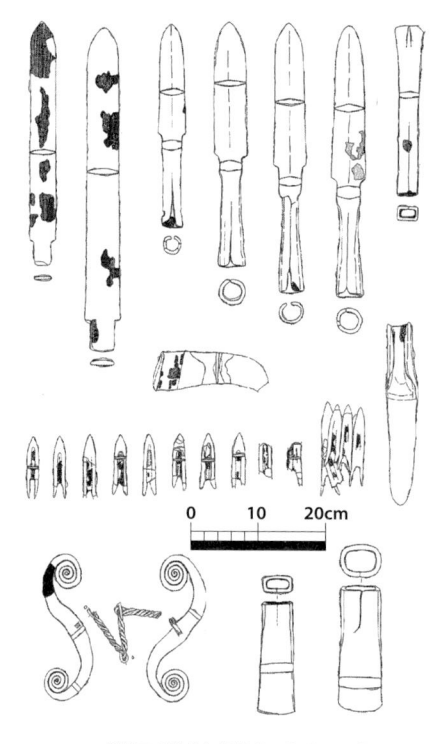

한반도 동남부지역(경주 황성동46호)

도면 44　한반도 서남부지역 초기철기시대~원삼국시대 철기문화의 전개

연식 철기문화(주조철기 중심 문화)인 세죽리 – 연화보유형 철기 유통권에 있어 광범위하게 이 철기문화가 확인된다. 구체적으로 보면 한반도 서쪽을 중심으로 임진강 이남부터 서남해안까진 광범위하게 확인할 수 있는데 주요 유적으로 가평 대성리유적, 달전리유적, 인천 운북동유적, 안성 만정리유적, 당진 소소리유적, 서산 동문동유적, 공주 수촌리유적, 부여 합송리유적, 논산 원북리유적, 완주 갈동유적, 신풍유적, 장수 남양리유적, 해남 군곡리유적 등이 있다.

이 철기문화는 주조기술로 제작한 주조철기가 중심을 이루며, 중국의 전국시대 연나라에서 유행하였던 화살촉인 철경동촉(촉은 동으로, 촉의 아래는 철로 제작한 화살촉)도 인천 운북동유적 등에서 다수 확인되고 있다. 험준한 소백산맥의 서쪽에 위치한 동남부지역에서는 경산 임당유적 등 소수의 유적에서 주조철기가 있고, 철경동촉도 거의 확인되지 않는 것과는 크게 비교가 된다.

기원전 2세기후엽~1세기전엽에 이르면, 이 시기부터 앞 시기에 서남부지역 전역에서 확인되고 유행하던 철기들이 기원후 2세기 전엽까지 거의 공백기라 할 정도로 극소수만 확인된다.

기원전 2세기후엽부터 한반도 동남부지역에서는 대구 팔달동유적, 월성동유적, 경산 양지리유적, 경주 하구리유적, 북토리유적, 창원 다호리유적 등에서 단조기술 중심으로 제작한 다양한 철기류가 출현하고 이후 창원 다호리유적, 경주 조양동유적, 경산 임당유적, 울산 교동유적 등 동남부지역 주요 지역에서 지속적으로 유행한다.

2세기 전중엽에 이르면, 서남부지역의 평택 마무리유적 등에서 동남부지역에서 유행하던 철제단검, 이단관식철모, 무경식철촉 등이 출현하는데, 이는 기원전 3~2세기에 유행하던 주조기술 중심의 철기문화와는 계통적으로 차이가 있다.

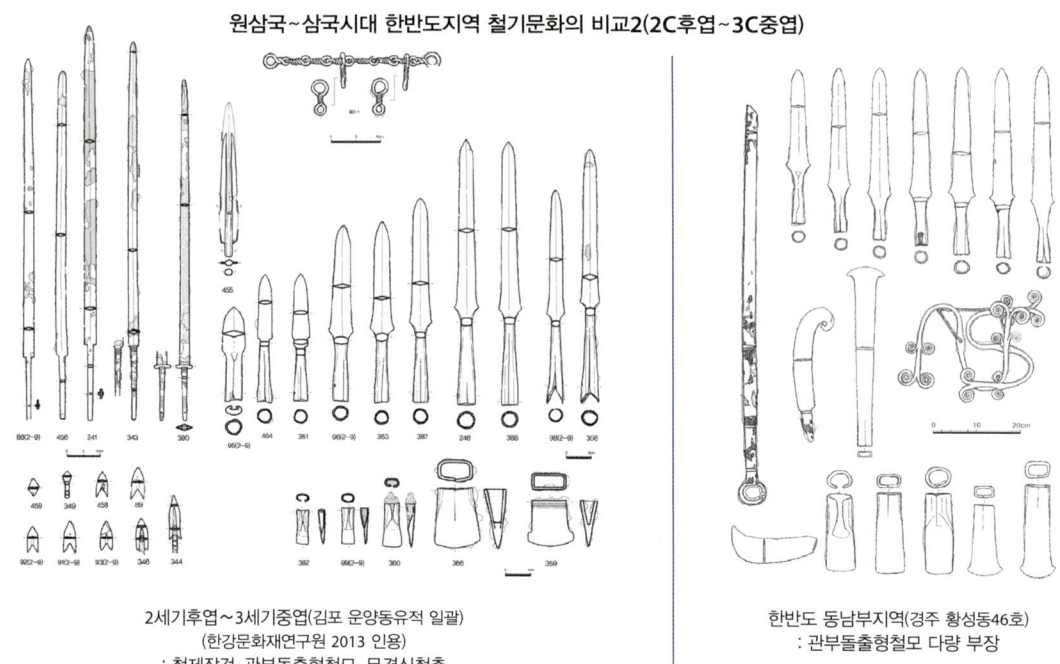

원삼국~삼국시대 한반도지역 철기문화의 비교2(2C후엽~3C중엽)

2세기후엽~3세기중엽(김포 운양동유적 일괄)
(한강문화재연구원 2013 인용)
: 철제장검, 관부돌출형철모, 무경식철촉

한반도 동남부지역(경주 황성동46호)
: 관부돌출형철모 다량 부장

도면 45 한반도 서남부지역 원삼국시대 마한의 철기문화

2) 한반도 서남부지역 마한의 철기문화

원삼국시대 마한지역은 기원전 1세기부터 기원후 2세기 중엽까지 2~3백년 동안 철기문화의 침체기에 있다가, 한나라의 환령지말(桓靈之末) 시기인 2세기 중후엽 이후에는 중국의 영향이 약해지면서 기원전 3~2세기에 유행하였던 중국 연식철기와는 계통이 다른 한반도식 철기문화가 폭발적으로 증가한다.

김포 운양동유적을 비롯한 다수의 유적에서는 한반도 북부지역 부여 등의 영향으로 철제 장검류가 출현하며, 이 철제 장검류는 충청내륙지역에 한강하류역을 통해 파급되었다.[28] 또한 유사기술로 제작된 고사리문양(궐수형)이 부착된 철제 장검의 경우 중부지역의 연기 용호리유적과 동남부지역의 김해 양동리유적에서도 확인되어 당시 교류의 흔적을 엿 볼 수 있다.[29] 이외에도 토기류 원저단

28 김길식, 2013, 「김포 운양동유적 철제무기의 성격과 무기 집중화의 배경」, 『김포 운양동유적I』, (재)한강문화재연구원.

29 朴章鎬, 2020, 『중서부지역 출토 진변한계 물질문화의 고고학적 연구』, 영남대학교대학원 박사학위논문.

148

경호, 유개대부호, 원저옹, 철기류인 관부돌출형철모 등에서 한반도 동남부지역과 서남부지역의 적극적인 교류 현황을 확인할 수 있다.[30] 이 뿐만 아니라 동남부지역에서 영향을 받은 관부돌출형 철모(철창), 무경식 화살촉, 단조철부 등이 다수 확인되고 있다.

시공간적으로 보면, 2세기 후엽~3세기 이후에는 서울·경기·인천지역과 충청내륙지역을 중심으로, 마한의 小國이라 추정할 수 있는 주요 지역에서 철기문화가 급속히 성장하고 있다. 구체적으로 충청내륙지역의 청주 오송유적, 송절동유적, 봉명동유적, 충주 금릉동유적, 천안 청당동유적, 상평리유적, 운전리유적, 아산 명암리유적, 공수리유적, 용두리유적, 연기 응암리유적, 진천 송두리유적, 보

[30] 김새봄, 2011, 「原三國後期 嶺南地域과 京畿·忠淸地域 鐵矛의 交流樣相」, 『한국고고학보』제81집, 한국고고학회.
김새봄, 2012, 「原三國後期 鐵矛와 鐵鏃의 生産과 流通」, 『생산과 유통』, 영남고고학회·구주고고학회 제10회 합동고고학대회 발표요지.
朴章鎬, 2020, 『중서부지역 출토 진변한계 물질문화의 고고학적 연구』, 영남대학교대학원 박사학위논문.

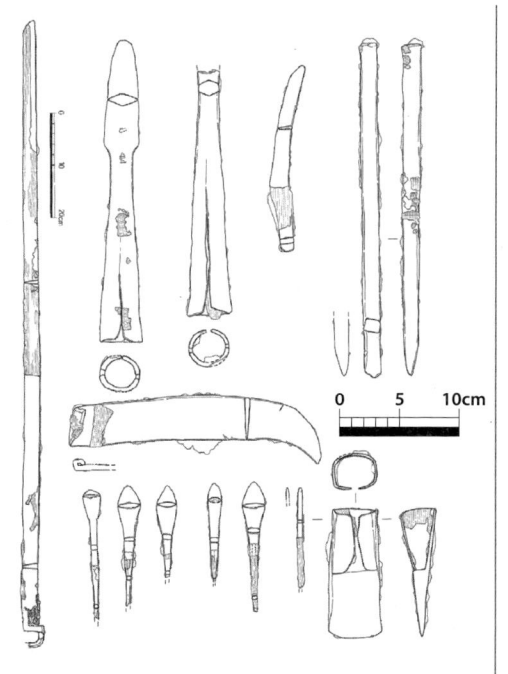

원삼국~삼국시대 한반도지역 철기문화의 비교3(3C후엽~4C중엽)

3세기후엽~4세기중엽(오산 수청동2호)
: 일체식 소환두대도, 직기형철모, 사두식철촉

3세기후엽~4세기중엽(경주 황성동22호)
: 일체식 소환두대도, 직기 및 연미형철모, 사두식철촉

도면 46 한반도 서남부지역 초기철기시대~원삼국시대 한성백제기 철기문화

령 관창리유적 등과 서울·경기·인천지역의 김포 운양동유적, 오산 궐동유적, 평택 가곡리유적, 인천 검단지구유적 등에서 급속한 철기문화의 성장을 엿 볼 수 있다.

원삼국시대 마한의 무기체계는 2세기 후엽~3세기 전엽부터 한반도 북부지역과 동남부지역에서 영향을 받은 철제 장검, 이단관식철모, 관부돌출형철모, 무경식화살촉이 본격적으로 유행한다. 군사조직으로 보면, 지휘용이거나 장검병, 찌르는 기능과 베는 기능을 겸비한 관부돌출형철모 등을 사용하는 장창병과 무경식철촉을 주로 사용하는 궁병 등 보병(장검병, 장창병, 궁병) 중심의 군사조직이 주류를 이루었다. 1~2세기에는 초보적인 보병으로서 군사조직을 유지하다가 2세기 후엽에 이르면 소국(小國) 수준의 체계화된 군사조직이 확립되었다.

3) 삼국시대 백제 전기의 철기문화

삼국시대에 이르러 한반도 서남부지역은 동아시아의 중국내륙 및 한반도 북부지역에서 여러 국가가 성장하는 정세에 대응하고 국가로 이행되는 과정에서 전문화된 무기체계 및 군사조직이 출현한다. 이 시기 한반도 남부지역(서남부지역과 동남부지역)은 한반도 북부지역에 위치한 고구려의 영향을 받아 실전용으로 사용된 무기체계가 큰 틀에서 볼 때 거의 동일하다고 생각될 만큼 유사한 특징이 확인된다. 특히 삼국시대 한반도 남부지역에서는 원삼국시대의 무기체계와 큰 차이로 국가를 상대로 전투에 사용되는 전문적인 무기류들이 출현한다. 그 중에서도 장창병이 사용하던 철모가 베기 및 찌르기 겸용의 관부돌출형철모에서 신부의 단면이 두꺼워진 찌르기 전용의 직기형 및 연미형철모로 대체된다. 이 직기형 및 연미형철모는 한반도 북부지역의 고구려에서 먼저 유행하는 것으로, 백제는 당시 동아시아에서 유행하던 장창병, 궁병 등 보병 중심의 무기체계 및 군사조직으로 재편되고 있다.

　　한반도 북부지역 무기체계의 영향 관계는 철모뿐만 아니라 갑주, 재갈 등의 무구와 마구에서도 확인된다. 원삼국시대까지만 해도 영남지방의 무구는 유행하지 않았지만 4세기대 이후 고구려의 영향을 받은 찰갑이 확인되며, 마구류도 급속히 증가하는 양상이다.

　　이상과 같이 원삼국시대 마한의 무기체계와 군사조직은 철제 장검과 철철모, 철촉을 주로 사용하는 보병 중심의 군사조직이었으며, 삼국시대 백제의 무기체계 역시 앞 시기의 전통에서 크게 벗어나지 않은 채 여전히 철모(창병) 중심의 보병이 중심이 된다. 다만 주변 국가의 세력이 점차 커지면서 주변 국가인 고구려와 신라에 대응하기 위해 무기체계는 변화하였다. 이에 도병, 장창병, 궁병 등의 전문화된 보병이 갖추어 지고 기병이 증가하는 추세로 군사조직이 편재되어 갔다고 할 수 있겠다.

4) 한반도 서남부지역 백제 후기의 철기문화

웅진 및 사비기의 백제는 실전의 무기체계는 한성기의 백제와 같이 장창병이 중심이 된 도병, 창병, 궁병 등의 보병의 군사조직을 운용한다. 앞 시기와의 차이는 주로 지휘관급이 사용하거나 일부 병사가 사용하는 칼의 경우 앞 시기까지 철제장검이 사용되지만 이 시기부터는 철제대도를 주로 사용하며, 이는 한반도 전지역에서 나타나는 현상이다.

　　철제대도는 초기에 신부와 병부(손잡이)를 한 번에 제작하는 일체식 대도 제작기술이 유행하다가 병부(손잡이)에 장식을 부가하면서 병부를 별도로 제작하여 부착하는 결합식 대도 제작기술로 이어진다.

　　장창병이 사용하는 철모는 직기형 및 연미형철모가 지속적으로 유행하며, 여전히 무기체계 및 군사조직의 중심을 이루고 있다.

궁병은 실전용 화살촉으로 촉신부가 마름모 형태인 능형 철촉이 주류를 이루고 있으며, 갑옷이 발달하면서 무게와 길이가 커진 장경식 철촉이 주류를 이루고 있다. 또한 의장용 및 수렵용으로 추정되는 광형계의 역자형철촉이 주요 수장급묘에서 확인되고 원주 법천리유적 출토와 같이 고구려에서 유행하였던 광형계 착두형철촉도 일부 확인된다.

5세기 중후엽이후, 한반도 전역의 고구려, 백제, 신라, 대가야 등은 소국(小國)을 통합하여 국가체제로 성장하면서 그 정체성을 나타내는 의장용 무기류가 출현하며, 그 중심에는 철제대도에 나름의 장식을 부여하는 장식대도가 유행한다. 백제는 용봉의 문양을 장식한 용봉환두대도가 장식대도의 중심을 이루며, 이는 삼루 및 삼엽환두대도를 주로 사용하는 고구려와 신라와는 큰 차이를 보인다.

한편 백제권역에서 영산강유역을 중심으로 지방에서 제작되는 장식대도도 출현한다. 이 장식대도는 화려하게 제작되는 백제의 용봉환두대도와 차이가 있는데, 백제, 신라, 대가야의 제작기술이 혼합된 나름의 제작기술로 제작하는 특성을 보인다.

삼국시대 한반도지역 철기문화의 비교4(4C후엽~5C중엽)

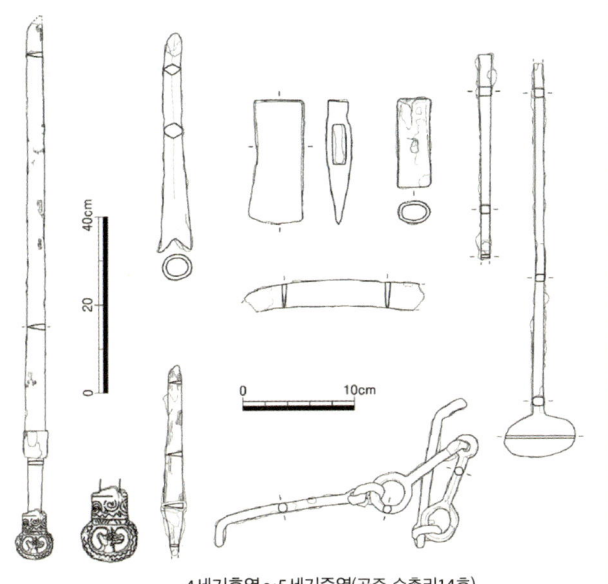
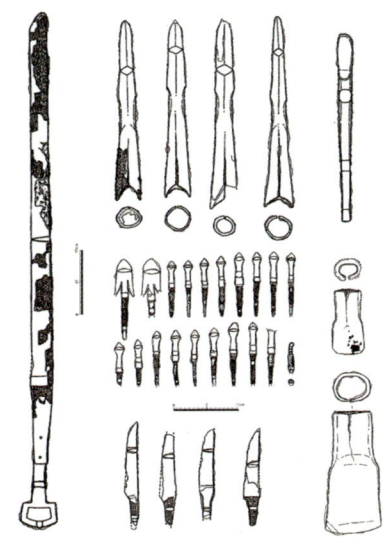

4세기후엽~5세기중엽(공주 수촌리14호)
: 결합식 장식대도, 연미형철모, 광형계 철촉, 사두식철촉

4세기후엽~5세기중엽(경주 황성동33호)
: 결합식 장식대도, 연미형철모, 광형계 철촉, 사두식철촉

백제의 철기문화(6세기)

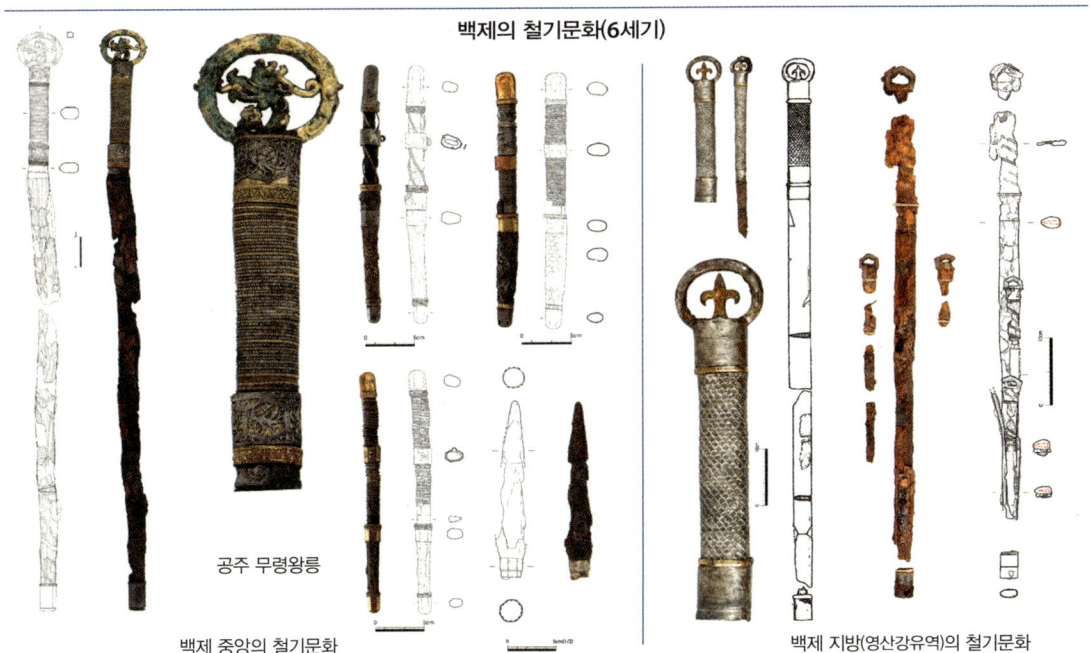

공주 무령왕릉

백제 중앙의 철기문화

백제 지방(영산강유역)의 철기문화

도면 47 한반도 서남부지역 사비·웅진백제기 철기문화와 의장 무기의 특성

1. 머리말

2. 중국 삼연(前燕)의 무기체계
   1) 중국 삼연 무기체계의 특성

3. 일본열도 왜의 무기체계
   1) 일본열도 왜 무기체계의 특성
   2) 한반도 신라·가야와 일본열도 왜의 무기체계 비교
      (1) 3세기 중엽~후엽의 진·변한과 왜의 철제 무기
      (2) 4세기 전엽~중엽의 신라·가야와 왜의 철제 무기
      (3) 4세기 후엽~5세기 전엽의 신라와 왜의 철제 무기
      (4) 5세기 중엽~후엽의 신라와 왜의 철제 무기
      (5) 한반도 신라·가야와 일본열도 왜의 무기체계 비교
   3) 한반도 남부지역 출토 왜계 무기 및 무구의 인식
      (1) 왜계 무기 및 무구가 단발적으로 부장되는 양상
      (2) 왜의 무기체계를 반영하여 부장되는 양상

4. 동아시아 무기체계의 특성

동아시아 한반도 주변 국가의 무기체계

04 -중국대륙 삼연과 일본열도 왜의 무기-

고대 동아시아의 무기(武器)와 전사(戰士)

1. 머리말

고대 동아시아에 위치한 한국, 중국, 일본의 무기체계 및 군사조직은 각 국가의 지리적 환경 등을 고려한 내적 요소와 전투의 상대인 주변 국가의 무기체계 등을 고려한 외적 요소를 고려하여 각 국가 나름의 체제로 운용한다.

중국 5호16국시대 중국내륙의 북서쪽에 위치한 삼연(前燕, 北燕, 後燕)은 고구려와 국경을 맞대고 있어, 오랜 기간 동안 고구려와 전투 및 전쟁을 하였다. 삼연은 고구려와 유사한 지리적 및 지정학적 위치에 있고 상호 전투도 많이 이행하여 무기체계 및 군사조직이 매우 유사한 특성이 있다. 특히 북방의 기동력이 우수한 기마민족에 대응하여 맞선 장창병 중심의 군사조직 운용이 이른 시기부터 발달한다.

반면 일본열도의 왜는 바다의 섬에 위치하여 기마민족에 대응한 장창병보다는 해양 전술에 적합한 도병 및 궁병 중심의 군사조직이 유행한다. 한반도 남부지역의 금관가야도 해양을 중심으로 한 활동이 주력을 이루고 있어 왜의 무기체계와 유사한 양상이 일부 확인된다.

2. 중국 삼연(前燕)의 무기체계

삼연(三燕)은 304년 중국 오호십육국시대에 선비의 모용부(慕容鮮卑)가 건국했던 전연(前燕), 후연(後燕), 그리고, 馮跋(풍발)이 세웠던 북연(北燕)을 말한다.

한반도 북부지역에 위치한 삼국시대 고구려는 서쪽으로 연접하면서 중국 중원(中原)의 동북지역에 위치한 三燕의 무기체계와 매우 유사한 양상이다. 이러한 현상은 고구려와 삼연이 지형적으로는 북방의 기마민족과 중국 중원의 사이에 위치하여 이를 대응하여 공격 및 방어를 수행해야하는 유사한 상황이며, 또한 고구려와 삼연은 상호간에 오랜 기간 전쟁과 우호관계를 맺으면서 서로 많은 영향을 주었기 때문일 것이다.

1) 중국 삼연 무기체계의 특성

중국 삼연(三燕)의 무기체계는 고구려와 마찬가지로 장식대도와 더불어 연미형, 직기형의 철모, 가지형철모(삼지형), 삼익형철촉, 착두형철촉 등 형태적으로 유사한 무기류를 사용하고 있다.

또한 주력 실전용 무기인 철창(철모)와 화살촉의 구성도 유사하다. 특히 삼익형철촉은 흉노에서 실전용 주력 철촉으로 주로 사용되는 무기인데, 착두형철촉과 함께 말에 상처를 입혀 적의 전력 손실을 주는 무기이다.

다만 중국 전연(前燕)과 고구려 무기체계의 차이점이라고 한다면, 전연(前燕)은 병부(손잡이)를 얇게 제작한 철검이 유행하는 점[31], 고구려는 전연에서 잘 확인되지 않는 반부철모를 사용하는 점이다.

중국 전연(前燕)과 고구려의 무기체계가 유사한 것은 이들 국가가 중국 중원의 동북부지역에 위치하는 지리적 환경과 주변 국가의 상황이 많은 영향을 주었을 것으로 판단된다. 이들 국가는 북부지역에 흉노 등 기마전술체계를 주력으로 하는 국가가 위치하고 있고, 남서쪽으로는 중국 중원의 여러 국가가 위치하고 있다. 즉 중국 중원의 다수 국가와 마찬가지로 보병중심의 군사조직을 기본으로 하되 북쪽지역과의 전쟁을 위해 기마병 군사조직이 활성화되거나 흉노 등의 기마전술체계에 대응한 여러 무기류가 발달하였다.

---

31 豊島直博, 2006,「三燕および日本出土鉄製刀剣の比較研究」,『東アジア考古学論叢 – 日中共同研究論文集 – 』日本奈良文化財研究所·中国遼寧省文物考古研究所.

테글 20
북방 기마민족 흉노의 화살

· 흉노 호드긴 톨고이1호 출토 삼익형철촉

대한민국 국립중앙박물관 · 몽골국립역사박물관 · 몽골과학아카데미 고고학연구소, 2003년 인용

  흉노 민족이 주로 있었던 몽골지역에서는 촉의 형태가 삼익형인 철촉이 기원전후부터 유행하였다. 몽골지역의 남쪽에 위치한 중국의 삼연(前燕 등)과 한반도 북부의 고구려에서도 이러한 화살촉이 위세적 성격으로 다수 확인되고 있다.

  삼익형 화살촉의 용도에 대해서는 정확히 밝혀지지 않았지만, 화살촉의 주요 기능이 적의 몸에 상처를 주기 위한 투과력임을 고려하면, 삼익형 화살촉은 사람보다는 말을 주요 대상으로 한 무기류일 가능성이 크다. 북방의 기마민족에서 주로 사용되는 것도 이를 방증한다고 할 수 있다.

  동아시아에서는 중국의 삼연, 한반도의 고구려, 신라권역에서 의장 무기로 주요 수장급묘에서 확인되고 있다.

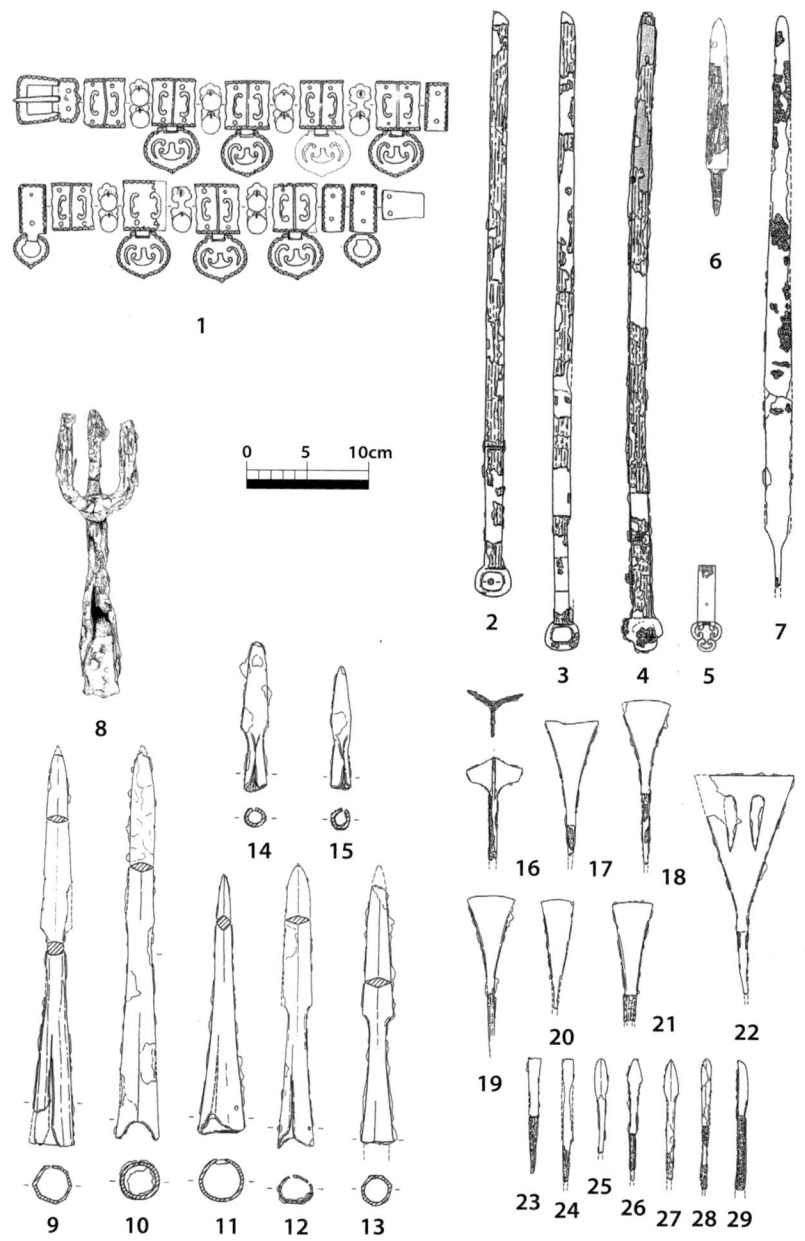

도면 48 중국 三燕(前燕)권역 출토 각종 무기류

1·8. 北票喇麻洞M196墓 | 2·12. 喇麻洞ⅡM3墓 | 3. 喇麻洞ⅠM10墓 | 4. 十二台88M1墓 | 5·11. 喇麻洞ⅠM5墓 | 6·23·24. 喇麻洞ⅠM202墓 | 7. 喇麻洞ⅡM266墓, 9·10. 喇麻洞ⅠM13墓 | 13. 喇麻洞ⅠM14墓 | 14·21. 喇麻洞ⅠM108墓 | 15. 喇麻洞ⅠM328墓 | 16. 喇麻洞ⅠM209墓 | 17·18. 喇麻洞ⅠM202墓 | 19·20·27. 喇麻洞ⅠM379墓 | 22. 喇麻洞ⅠM60墓 | 25. 喇麻洞ⅠM229墓 | 26. 喇麻洞ⅠM324墓 | 28·29. 喇麻洞ⅠM3墓

테글 21
중국 삼연(前燕) 문화의 특성

· 중국 요령성 북표시 라마동고분군

중국 북표 라마동고분군의 무기류(日本奈良文化財研究所 · 飛鳥資料館, 2007년 인용)

    중국 북표 라마동고분군은 중국 요령성문물고고연구소에서 1993년부터 1998년까지 삼연문화의 최대 무덤군을 조사였다. 약 1만㎡ 넓은 범위에서 420기의 삼연시대의 무덤을 발견하였고, 많은 양의 다양한 유물을 발견하였다.
    중국 삼연의 문화뿐만 아니라 한반도 고구려의 무기체계와 유사한 점이 많아, 동아시아의 무기체계를 이해하는데 유효한 자료이다.

테글 22
중국 삼연(前燕) 무기체계의 특성

중국 북표 라마동고분군의 무기류(日本奈良文化財研究所·飛鳥資料館, 2007년 인용)

· 삼연의 마구류(북표 라마동고분군 출토)

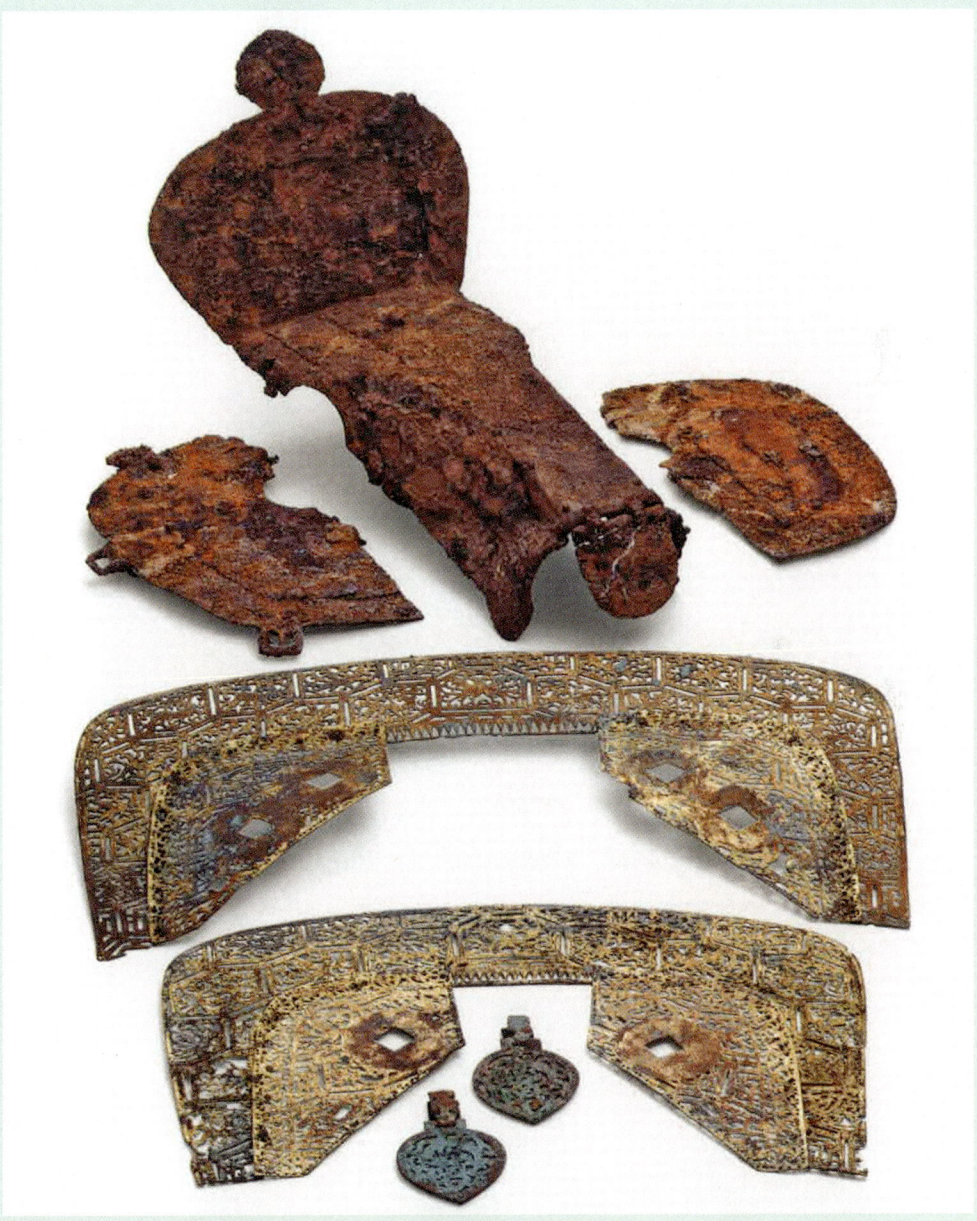

중국 북표 라마동고분군의 무기류(日本奈良文化財研究所·飛鳥資料館, 2007년 인용)

3. 일본열도 왜의 무기체계

1) 일본열도 왜 무기체계의 특성

한반도의 영남지방과 일본열도의 왜는 보병 중심의 군사조직이라는 공통점이 있지만 무기의 조합관계에서는 차이가 있다. 그것은 영남지방에서는 창, 일본열도는 도검에 주력했다는 점이다. 신라와 가야의 무기체계는 기본적으로 칼(도, 검), 창(철모, 철창), 화살 등으로 구성된 창 중심의 무기체계를 갖추고 있다. 창은 원거리의 보병을 공격하기에 유리할 뿐만 아니라 기마부대의 접근을 효율적으로 방어할 수 있는 특성을 지니고 있다. 반면 일본열도는 기본적으로 칼과 화살 등으로 구성된 무기체계를 갖추고 있으며 칼이 중심이 되는 무기체계의 특성이 확인된다.

일본열도 고분시대 3~4세기의 무기양상은 교토(京都) 츠바이오오츠카고분(椿井大塚山古墳), 시가(滋賀) 유키노야마고분(雪野山古墳), 오사카(大阪) 신키잔고분紫金山古墳, 교토(京都) 카와라다니고분(瓦谷古墳), 후쿠오카(福岡) 로지3호분(老司3號墳) 등의 주요 무덤에서 보듯이 단검(短劍), 야리(鐵槍-ヤリ), 활과 화살촉(弓矢)을 중심으로 한 도(刀) + 검(劍) + 창(槍-ヤリ) + 활(弓, 鏃)의 무기류와 갑옷(판갑-횡장판, 방형판혁철판갑)의 무구류가 주류를 이루고 있다. 한반도 동남부지역의 신라와 대가야와 비교하면, 도(刀), 검(劍) 등 무기의 비율이 높고 찰갑보다는 판갑을 선호하는 특성이 있다. 그리고 일본열도 왜와 한반도 동남부지역 해안에 위치한 금관가야는 조합 양상에 일부의 차이는 있지만 전반적으로 유사성이 강하다.

5세기대 왜의 무기는 대륙의 타 국가와 비교하면 더욱 독자성이 강하게 나타난다. 5세기대 오사카(大阪) 하카야마고분(墓山古墳)의 배총(陪冢)인 노나카고분(野中古墳)에서는 철도 153점, 철검 16점, 철모 3점, 철촉 740점(조설식철촉, 독립편역자형철촉 등) 등의 무기와 대금식판갑 11점(삼각판혁철판갑 3점, 삼각판병유판갑 4점, 횡장판병유판갑 4점)과 투구 11점(충각부주 3점, 차양주 8점)의 무구가 출토되었다.

신라의 경우, 경주 황남대총남분 부곽에서 철도 30점(삼루 및 삼엽환두대도 등), 철모 318여점, 철촉 1,000여점(착두형, 삼익형, 추형 철촉 등) 등의 무기와 찰갑 등의 무구가 출토되었다. 양 지역의 대표 무덤의 무기 조합상을 비교해 보면, 일본열도 왜는 철도와 철검, 철촉, 대금식판갑을, 신라는 철모와 철촉, 찰갑을 주요 무기 및 무구로 사용하였던 것으로 추정할 수 있다.

이처럼 한반도와 일본열도는 지리적으로 가까이에 위치하고 있음에도 불구하고 군사조직에서는 큰 차이가 있다. 이는 4~5세기, 동북아시아의 혼란한 국제 정세 속에서 신라와 대가야가 기마부대를 중심으로 한 고구려의 무기체계를 적극적으로 수용한 반면, 일본열도에서는 해협을 끼고 있는 관계로 기마부대와 관련된 무기체계는 그다지 요구되지 않았기 때문에 일본열도의 상황에 적합한 칼과 화살 중심의 무기체계가 활성화되었던 것으로 보인다.

2) 한반도 신라·가야와 일본열도 왜의 무기체계 비교

한반도의 신라와 가야, 그리고 일본열도의 왜에서는 각각 나름의 독자적인 무기가 제작되기도 하지만 큰 틀에서 보면 무기의 기종과 제작기술이 유사하다고 할 수 있다. 그리고 이 국가들에서 출토되는 무기들은 시기별로 유사한 기종의 무기류가 상호 이입되는 점 등에서 한반도 영남지방과 일본열도는 서로 밀접하게 연관되었음을 알 수 있다.

특히 한반도 영남지방과 일본열도 간에 무기 제작 기술의 정보 교류가 잘 이루어지고 있었음을 반영하는 대표적인 유물로는 철촉을 들 수 있다.[32] 한반도 영남지방에서 출토된 철촉의 변천 양상은 다음과 같다. 무경식 철촉 → 유경식 철촉(촉신 형태 다변화로 능이

32 도와 검은 지속적으로 사용되고 있지만 3세기대 장도와 장검의 출현 후 시기별로 큰 변화가 관찰되지 않는다.

형성되지 않은 무능식능형(無稜式菱形), 골촉형(骨鏃形), 역자형(逆刺形) 철촉 등 출현)) → 경부(頸部)가 형성된 단경식(短頸式) 철촉(대표적으로 사두식능형(蛇頭式菱形철촉)) → 경부(頸部)가 조금 세장한 중경식(中頸式) 철촉(대표적으로 사두식능형 및 유엽형철촉) 및 의장 성격의 철촉(광형계 착두형 및 삼익형철촉) → 경부(頸部)가 세장한 장경식(長頸式) 철촉(유엽형과 도자형철촉) 등이 차례로 출현하여 유행하면서 기술적·형태적 변천을 보이고 있다.

한편 일본열도에서의 철촉 변천 양상은 다음과 같다. 동촉(銅鏃) → 동촉(銅鏃)과 유경식(有莖式)철촉 → 단경식(短頸式)철촉 및 중경식철촉, 의장 성격의 철촉(조설식(鳥舌式), 이단역자형(二段逆刺形)) → 장경식 철촉 및 의장 성격의 철촉(독립편역자형철촉, 촉신부 비대칭 역자형철촉)이 차례로 유행한다. 일본열도 왜의 철촉은 3세기대의 동촉(銅鏃), 4~5세기에 출토되는 의장 성격의 철촉을 제외하면 한반도 영남지방과 일본열도의 실전용 철촉은 기종과 제작기술의 속성이 유사했음을 인지할 수 있다.

(1) 3세기 중엽~후엽의 진·변한과 왜의 철제 무기

① 왜의 철제 무기

왜의 분묘에서 출토되는 무기를 통해 본격적으로 무기 체계가 갖추어졌다고 볼 수 있는 시기는 고분시대 전기의 3세기 중엽이후라고 할 수 있다. 철제 무기는 장도, 단검, 철촉으로 구성되어 있으며 그 중에서도 철제 단검과 장도가 중심이다. 3세기 중엽경의 철제 무기를 구체적으로 살펴 보면 칼은 주로 장도와 장검, 단검이 사용된다. 도의 종류로는 병부 끝에 환두부를 장식한 환두대도와 길이가 긴 장도가 있으며 이 중 장도가 더욱 유행한다. 검은 장검과 단검이 함께 유행하며 수적으로는 단검이 많다. 화살촉은 처음에는 동촉과 철촉이 함께 사용되고 있다가 시간이 흐를수록 철촉의 비중이 높아진다. 철촉은 동촉을 모방한 형태의 것과 함께 일본열도 특유의 정각식 철촉이 대표적인 철촉으로 자리매김한다. 철촉 대부분은 슴베(銎部)가 형성된 유경식(有莖式)철촉이다. 출토 사례가 적긴 하지만 세형계 착두형철촉(나라(奈良) 쿠로즈카(黑塚)·나카야마오오츠카(中山大塚) 등))과 유엽형, 역자형철촉도 확인되고 있다.

　　3세기 후엽의 무기 양상은 앞 시기와 유사하다. 철제 장검과 단검이 주류를 이루며, 장검과 단검의 병부에는 목제 병을 부착하기 위한 못 구멍이 뚫려 있는 것이 유행한다. 촉은 동촉과 철촉이 함께 출토되고 있다. 특히 시가현(滋賀縣) 유키노야마고분(雪野山古墳)에서는 수 백점의 동촉이 출토되고 있어서 동촉이 주류를 이루는 가운데 철촉이 등장하고 있음을 알 수 있다. 이 시기 철촉은 정각식(定角式) 철촉이 주류를 이룬다.

② 진·변한과 왜의 철제 무기 비교

3세기 중엽이후에 나타나는 영남지방의 철제 무기는 주로 도, 검, 철모, 철촉 등으로 구성되어 있다. 칼은 철제 장검, 단검, 소환두도, 환두대도가 중심을 이루는데 그 중에서도 환두대도가 으뜸이다. 철모는 관부돌출형 철모가 주된 기종이며 시간이 흐름에 따라 신부가 점점 세장화되는 특징을 가지고 있다. 포항 옥성리 나78호에서는 108점의 관부돌출형 철모가 출토되었는데 각 지역의 주요 목곽묘에서는 이 철모가 다량 부장되는 양상을 보이고 있다. 철촉은 BC1세기 후엽부터 유행하던 무경식(無莖式)철촉이 여전히 사용되는 가운데, 슴베가 형성된 무능식능형(無陵式菱形), 골촉형(骨鏃形)의 유경식(有莖式)철촉이 등장한다.

　　3세기 중·후엽, 일본열도와의 철제 무기 교류에 있어서 영남지방의 교류 중심지는 김해지역인 듯하다. 일본열도에서 고분시대 전기부터 유행하는 철제 단검은 한반도에서는 이미 초기철기시대부터 원삼국시대까지 지속적으로 유행하던 무기이다. 영남지방에서는 길이가 긴 철제 장검과 환두대도가 유행하면서 앞서 유행하던 철제 단검은 점차 소멸해 간다. 하지만 일본열도에서는 장검과 더불어 단검 또한 지속적으로 사용되고 있다. 일본열도에서 장검과 단검이 조합되어 출토되는 양상은 당시 교류의 중심인 금관가야의 영향을 받았을 가능성이 크다. 철모는 한반도의 대표적 무기로서 유행[33]하지만 일본열도에서는 그다지 사용하지 않는다. 철촉은 앞 시기에 유행하던 무경식 철촉이 일본열도에 일부 이입되긴 하지만 중심 철촉으로 사용되지는 않는다. 그러나 3세기 이후 영남지방에서 有莖式 철촉이 크게 유행하면서 일본열도에서도 마찬가지 양상이 나타나고 있다. 그러나 유경식 철촉 중에서도 영남지방에서는 무능식능형(無陵式菱形), 골촉형(骨鏃形)의 유경식(有莖式) 철촉이 중심을 이루는 데 반해 일본열도에서는 定角式의 유경식철촉이 중심이 되는 등 양 지역 나름의 철촉 문화를 형성하고 있다.

한편 3세기 중·후엽의 김해 대성동 29호를 비롯한 양동리 58호 등에서는 일본열도의 정각식(定角式)철촉이 확인되고 있다. 더욱이 유공식유엽형(有孔式柳葉形)철촉은 김해 구지로 18호, 부산 노포동 31호에서 출토되었는데 일본 시가현(滋賀縣) 유키노야마고분(雪野山古墳) 출토품과 그 형태가 유사하다. 영남지방과 일본열도에서 출토되는 전반적인 무기 양상으로 보아 당시 김해·부산지역과 일본열도는 적극적으로 교류하면서 한반도의 무기 체계가 일본열도에 많은 영향을 주었던 것으로 추정된다.

---

[33] 일본열도와의 가장 큰 차이점은 3세기 중엽이전부터 영남지방에서는 철모를 중심으로 한 군사조직이 유행한다는 점이다.

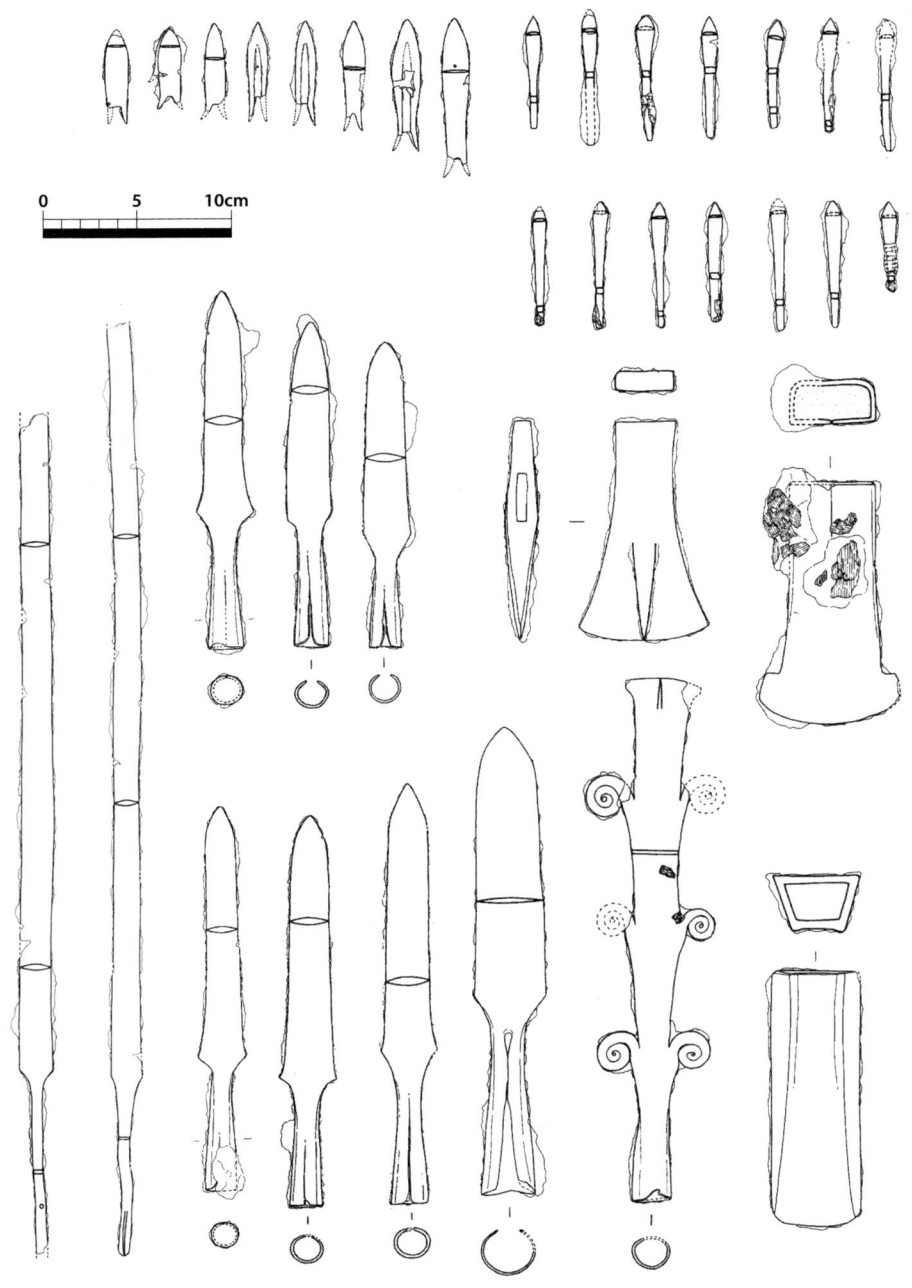

도면 49 3세기 전·중엽 한반도 영남지방 철제 무기(포항 옥성리 나78호)

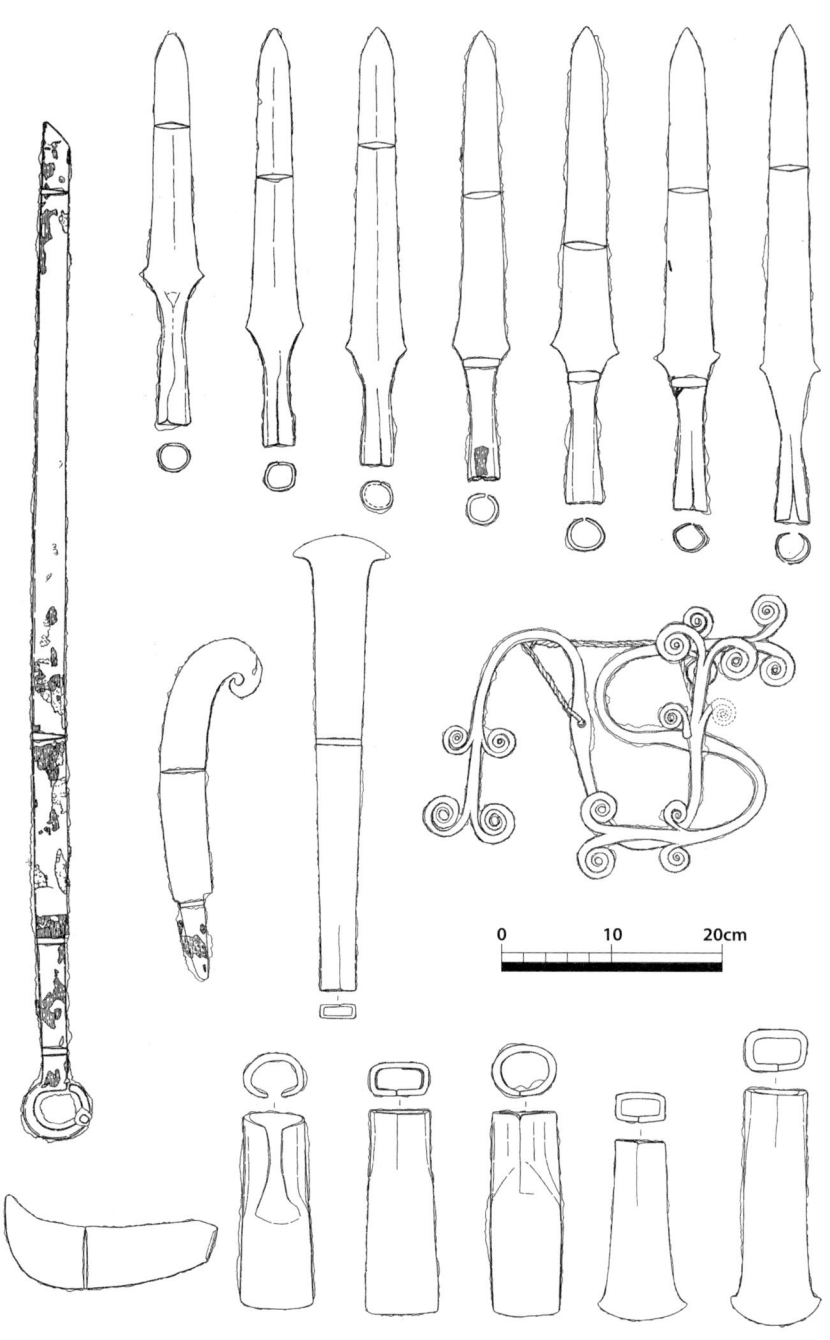

도면 50 3세기 전·중엽 한반도 영남지방 철제 무기(경주 황성동 강변로 1호)

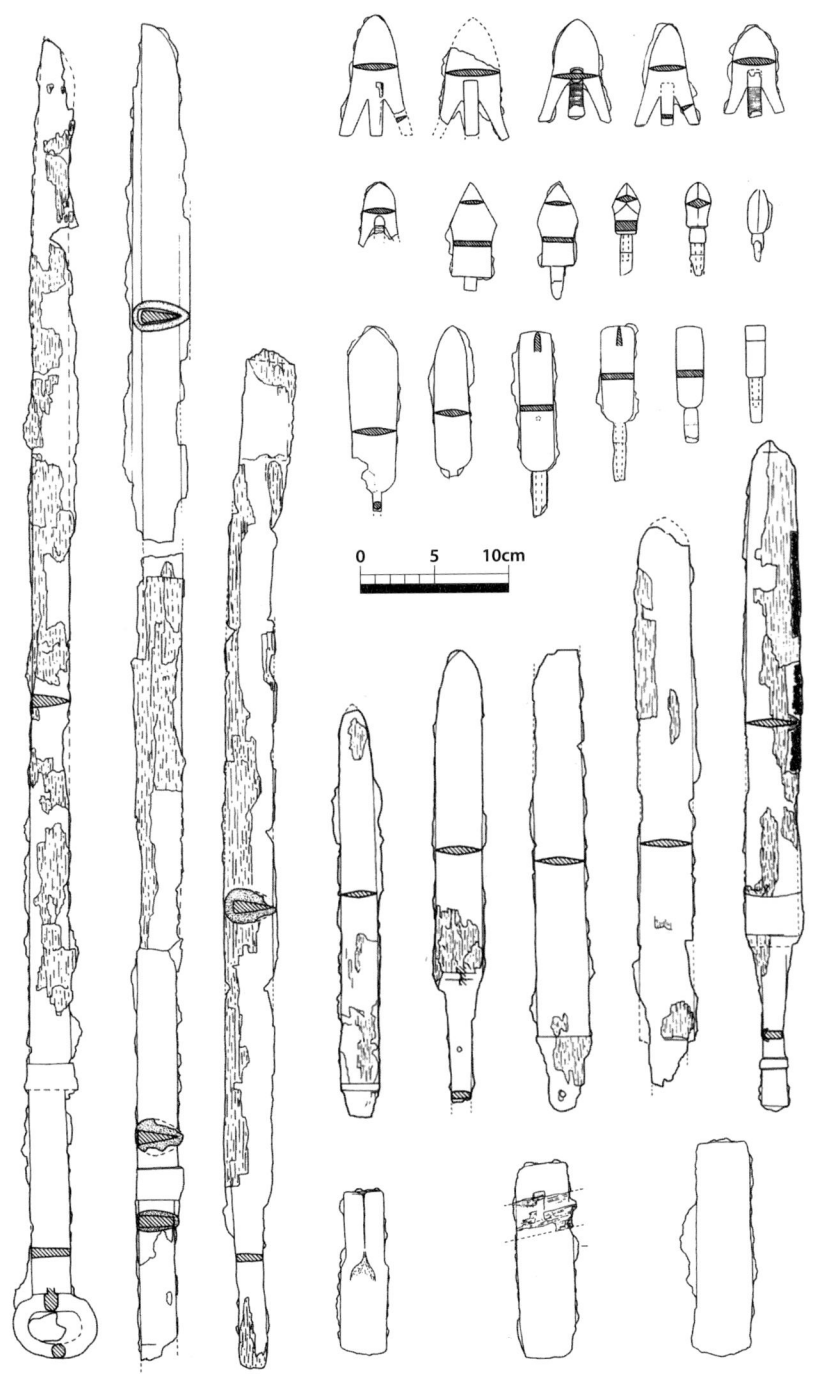

도면 51 3세기 중엽 일본열도 철제무기(京都府 椿井大塚山古墳)

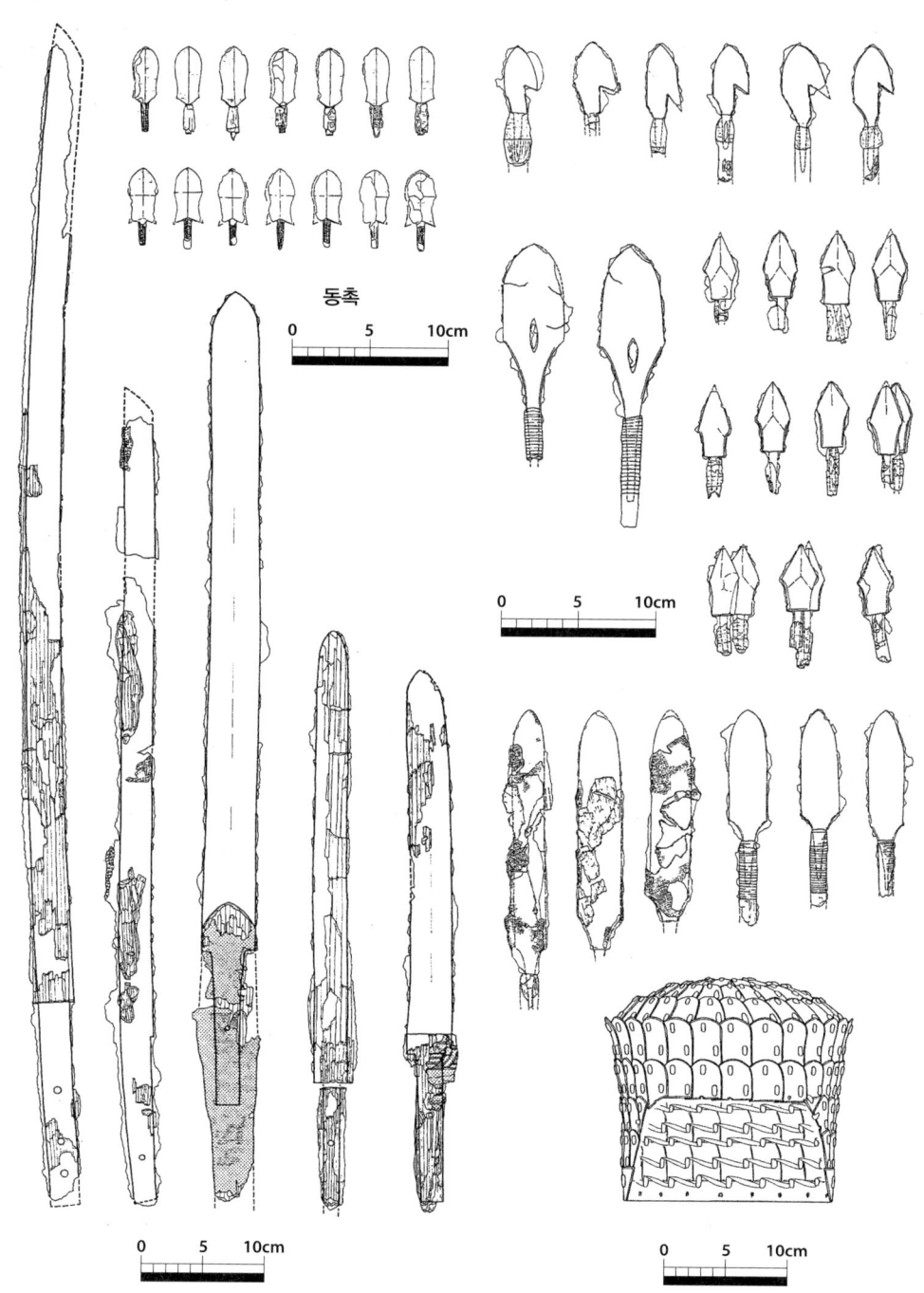

도면 52　3세기 후엽 일본열도 무기류(滋賀縣 雪野山古墳)

(2) 4세기 전엽~중엽의 신라 · 가야와 왜의 철제 무기

① 왜의 철제 무기

3세기 중·후엽의 철제 무기와 대체로 유사한 양상을 보이고 있다. 칼은 앞 시기와 마찬가지로 장도와 장검, 단검이 다수 부장되어, 이것들이 여전히 주된 무기임을 알 수 있다. 철촉은 앞 시기에 유행하던 정각식(定角式)이 점차 조설식(鳥舌式)으로 전환되는데 조설식철촉이 다수 부장되는 양상은 피장자의 위세적 성격을 나타내기도 한다. 이 외에도 세형계 능형철촉, 역자형철촉 등이 일부 지역에서 유행한다.

한편 이 단계의 금관가야인 김해지역에서는 낙랑(樂浪)의 영향을 받은 광형계 능형철촉이 다수 부장되는 양상이 나타난다. 동 시기 일본열도의 오사카(大阪) 유키노야마고분(紫金山古墳), 교토(京都) 카와라다니고분(瓦谷古墳)(1호, 2호) 등 여러 고분에서도 광형계 능형철촉이 다수 부장되고 있다. 그러나 이 시기 일본열도 철제 무기의 가장 특징은 앞 시기에 출현한 소찰혁결 갑옷과 함께 한반도에서 영향을 받은 종장판혁결 단갑이 새로이 등장한다는 점이다.

② 신라 · 가야와 왜의 철제 무기 비교

4세기 이후 김해 대성동유적에서 출토되는 왜계 동모, 파형동기, 통형동기를 비롯한 다수의 청동제품은 금관가야와 왜의 교류가 활발히 전개되었음을 알 수 있는 중요한 유물이다. 더욱이 철제 무기류 중에도 금관가야와 왜의 교류 양상을 추정할 수 있는 유물이 있다. 김해지역에서는 대성동 13호 등에서 출토된 바 있는 김해 특유의 광형계 능형철촉을 수장급묘에 부장하고 있다. 광형계 능형철촉은 한반도에서도 지역성을 나타내는 독특한 유물이다.

특히 4세기 이후의 광형계 능형철촉은 앞 시기와 차이점이 있다. 그것은 이 시기부터 대성동29호 출토품처럼 촉신 최대폭이 중위에 위치하던 것에서 최대폭이 상위에 위치하는 것으로 바뀐다는 점이다. 한편 금관가야를 비롯한 신라 등의 지역에서는 중심이 되는 철촉으로서 경부(頸部)가 형성된 단경식(短頸式)의 능형(菱形) 철촉이 유행한다.

이 시기 한반도와 일본열도의 무기 비교는 교차 편년 자료가 출토된 김해 대성동13호와 교토(京都) 카와라다니고분(瓦谷古墳)1호 출토 일괄 무기를 통해 이루어졌다. 교차편년이 가능했던 것은 양 유적 모두 한반도계의 광형계 능형철촉의 다수 부장, 일본계의 촉형 석제품과 파형동기 등이 일괄 유물로서 출토되었기 때문이다. 그러나 이 유물들이 출토된 두 유적이 완전히 동시기인가에 대한 문제는 앞으로 더 논의되어야 할 사항이나[34] 당시 금관가야와 왜 간에 교류가 활발하였음을 알 수 있는 중요한 자료임에는 틀림없다. 또한 김해 대성동 59호에서는 왜의 조설식(鳥舌式) 철촉이 출토된 바 있다.

한편 앞장에서 살펴본 바와 같이 신라에서는 4세기 중엽이후 고구려 무기체계의 영향으로 신라 나름의 무기체계가 성립된다. 3세기 중·후엽부터 유행하던 환두대도에는 이제 금제 장식이 부가되고, 철모도 고구려에서 유행하는 반부철모가 도입된다. 철촉 역시 고구려에서 유행하는 광형계 착두형철촉과 삼익형철촉이 도입되어 주요 수장급묘에 부장되고 있다.

그런데 신라와 왜 간에는 무기의 유사성이 잘 확인되지 않는다. 일본열도에서는 나라현(奈良縣) 쿠니타치1호(タニグチ1號)에서 광형계 착두형철촉이 출토될 뿐, 신라와 비교할 만한 자료가 극히 적어서 신라와 왜의 무기 교류 관계를 언급하기에는 한계가 있다. 역시 지금까지의 자료로 본다면 이 시기는 금관가야와 왜 사이에 적극적인 교류가 있었던 것으로 추정할 수 있겠다.

---

34 유물의 조합상 유사하여 같은 시기로 편년되고 있지만, 광형계 능형철촉의 경우 京都府 瓦谷古墳1호 출토품이 신부가 좀더 두터운 형태를 띠는 등 더욱 발달된 형태를 띠고 있어 김해 대성동 13호가 이른 시기로 판단된다.

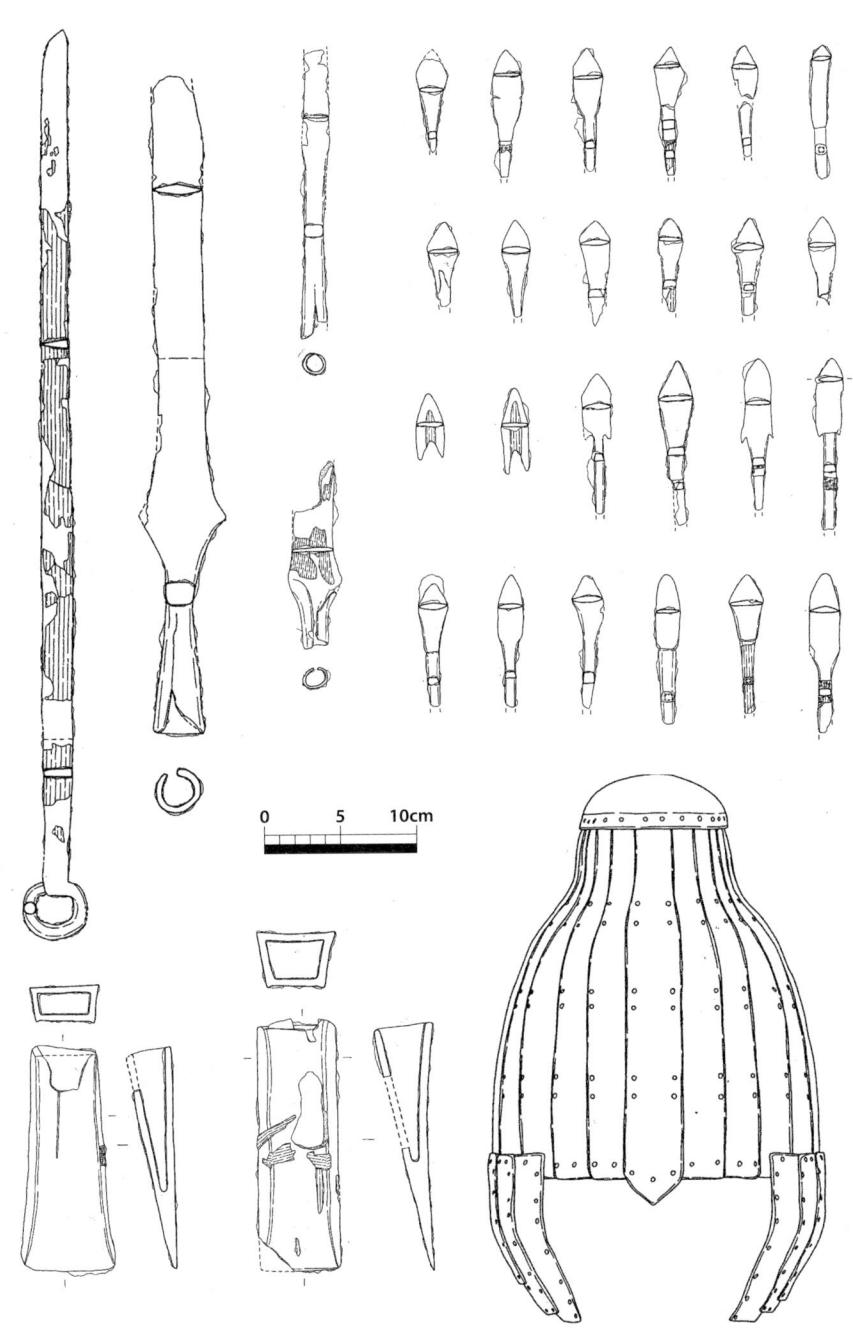

도면 53 3세기 후엽~4세기 전엽 신라의 철제 무기(울산 중산리 ⅠA-100호)

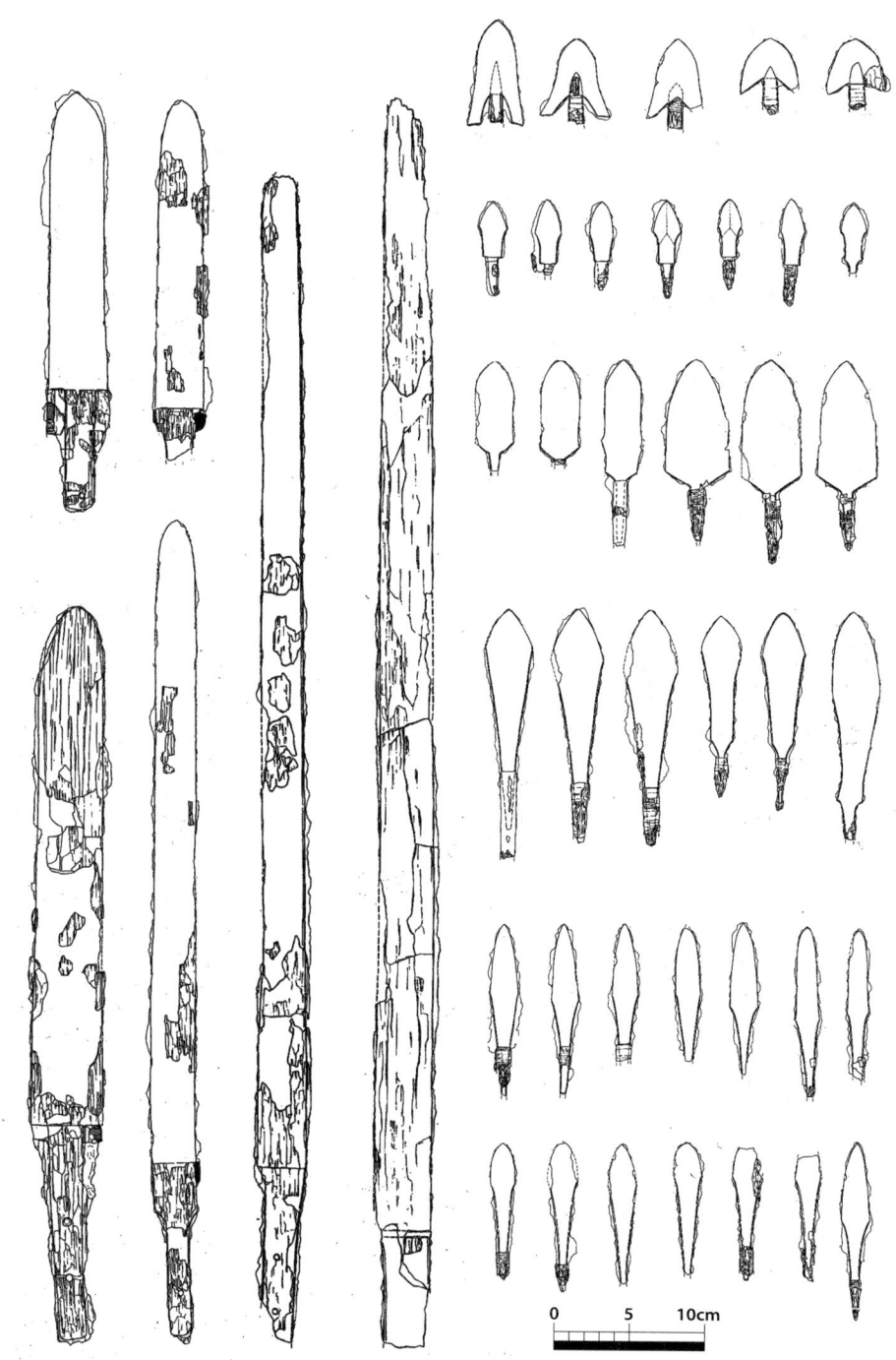

도면 54 4세기 전엽 倭의 무기류(大阪府 紫金山古墳)

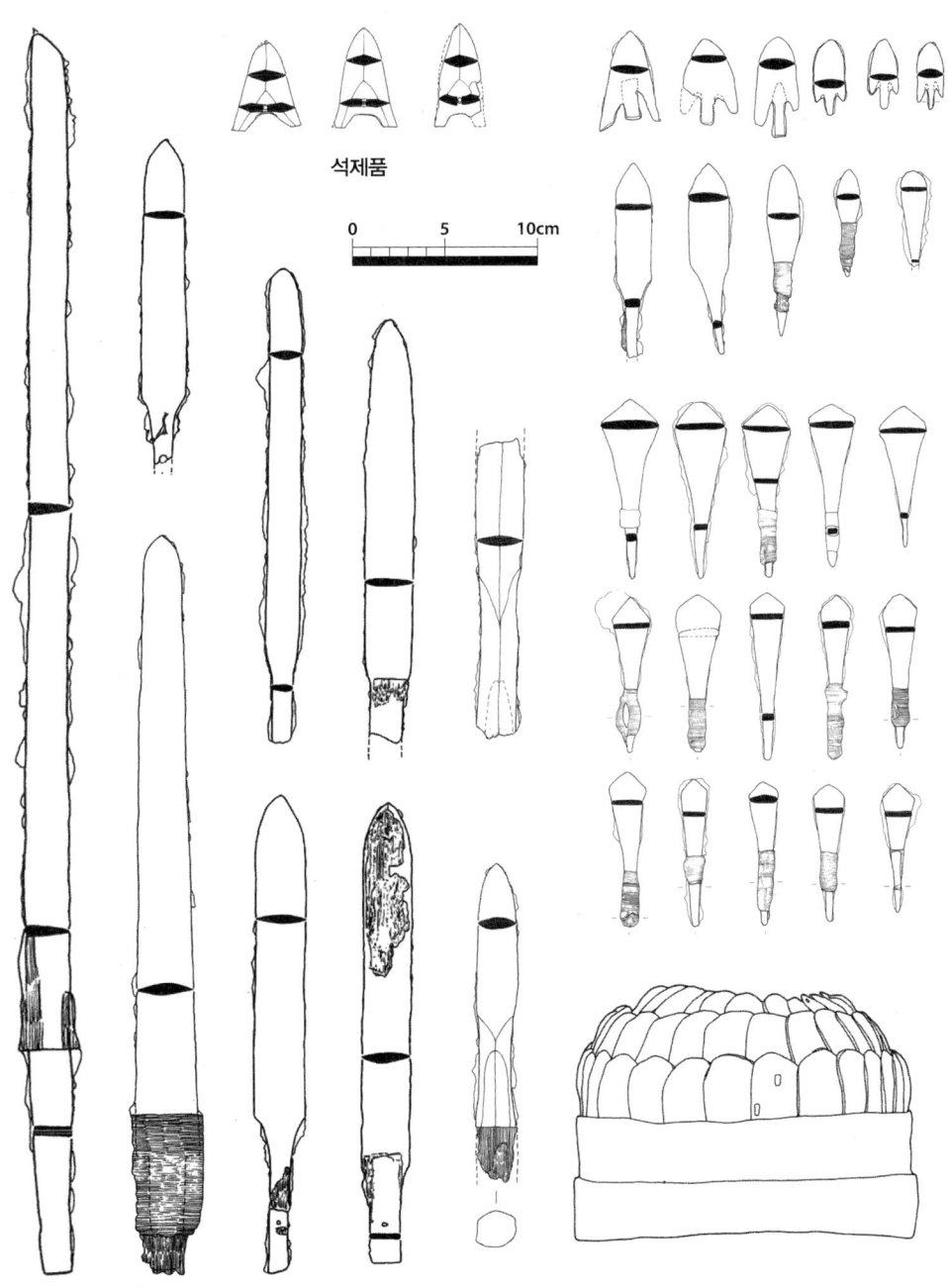

도면 55 **4세기 중엽 倭의 무기류**(京都府 瓦谷古墳)

(3) 4세기 후엽~5세기 전엽의 신라와 왜의 철제 무기

① 왜의 철제 무기

장도, 장검, 단검, 화살촉, 갑주 등 기본적인 무기체계의 구성은 앞 시기와 대체로 유사한 양상을 보이고 있다. 한편 한반도의 영남지방에서는 신라를 중심으로 한 강력한 정치세력이 대두되면서 위세적 성격의 무기류가 수장급묘에 부장되기 시작한다. 이러한 양상은 일본열도에서도 다음과 같이 유사한 양상으로 확인된다.

먼저 장도와 장검은 앞 시기와 마찬가지로 그 위상이 존속되는 모습을 보인다. 일본의 오사카(大阪) 아리야마고분(アリ山古墳), 시치칸고분(七觀古墳) 등 긴키(近畿)지역을 중심으로 한 수장급묘에서는 장도, 장검이 100여 점 이상 부장되고 있어서 칼이 전투 시에 주 무기로 사용되었음을 알 수 있다. 다음으로 철촉과 갑주에서는 위세적 성격이 두드러지는 양식이 출현한다. 이 시기 일본열도 수장급묘에서 확인되는 위세적 성격의 철촉은 조설식철촉과 특수 역자형 계열의 이단역자형철촉과 이중역자형철촉이다.

조설식철촉은 4세기 전·중엽부터 수장급묘를 중심으로 다수 부장되는 특성을 띠고 있었다. 그런데 4세기 후엽 이후에는 이와 더불어 이단역자형 철촉이 새로이 출현하면서 위세적 성격이 더욱 부가된다. 이단역자형 철촉은 세련되고 발전된 무기이지만 대량생산이 어렵기 때문에 실전용이라기 보다 상대적으로 위세적 성격이 더욱 강하다고 할 수 있겠다.

갑주 역시 4세기 전·중엽의 것과는 확연히 구별된다. 앞 시기에는 종장판혁결단갑이 유행하였지만 이 시기부터는 다양한 형태의 갑주가 등장하고 있다. 특히 4세기 후엽에는 장방판혁결단갑, 삼각판혁결단갑이 출현하고 5세기 전엽 이후에는 삼각판병유단갑, 횡장판병유단갑, 소찰병유충각부주, 소찰병유미비부주 등이 나타난다. 제작기법은 4세기 후엽의 혁결에서 5세기 전엽의 병유로 변화하는 특징을 보이고 있다.

테글 23
일본열도 왜(倭) 古墳時代前期(4세기후엽~5세기전엽)의 무기체계

· 金比羅山古墳(콘피라야마고분) 출토 무기류

日本 京都府教育委員会, 2021, 『金比羅山古墳発掘調査報告書』 인용

　　日本 京都府(교토부)의 京都市(쿄토시)에 위치한 金比羅山古墳(콘피라야마고분)에서는 한반도 문물이 급증하는 시기에 철제 단검, 짧은 창(야리) 등 금관가야에서 유행하는 무기류가 다수 출토되었다.

② 4세기 후엽~5세기 전엽 신라, 가야, 왜의 무기체계

신라·가야와 왜는 4세기 이후 국가체계가 더욱 확고해지면서 나름의 의장용 무기가 출현한다. 신라에서는 고구려 무기체계를 적극적으로 수용하여 고구려와 유사하면서 신라 나름의 무기체계를 갖추게 되었다. 또한 상위 계층만이 소유할 수 있는 의장 무기가 크게 두드러진다. 반면에 왜(倭)는 상대적으로 한반도에 비해 중국 혹은 동북아지방의 영향이 크지 않고 나름대로 독자적 성격이 강한 무기류를 제작 및 사용하고 있다.

한편 일본열도에 신라계 무기가 이입되는 현상이 이 시기에 확인된다. 먼저 신라의 의장무기인 삼엽환두대도가 후쿠오카현(福岡縣) 로지3호분(老司3號墳) 등에서 출토되었다. 다음으로 철모는 후쿠오카현(福岡縣) 로지3호분(老司3號墳), 교토부(京都府) 나구오카키타1호분(奈具岡北1號墳) 등의 수장급묘에서 출토되고 있는데 주로 전투 시 칼과 화살이 사용되는 일본열도에서는 보기 드문 문물이라 할 수 있다. 이 무기들이 한반도에서 직접 이입된 것인지, 자체 제작한 것인지에 대해서는 향후 논의해야 할 문제이다. 마지막으로 철촉은 김해지역과 관련성이 높은 광형계 능형철촉의 부장이 점차 소멸하고 4세기 이후부터 신라에서 유행하는 광형계 착두형 철촉이 출현하기 시작한다. 그리하여 오사카부(大阪府) 이즈미코가네츠카고분(黃金塚古墳), 야마구치현(山口縣) 텐진야마(天神山)1·7호 등의 일본열도 고분에서 착두형철촉이 출토되고 있으며 5세기 이후에는 일본열도의 일부 수장급묘를 중심으로 부장되는 양상을 나타낸다.

일본 내에서 출토되는 이러한 신라 무기를 통해 당시 신라 문물이 부산지역을 통해서 일본으로 이입되거나 일본 문물에 영향을 끼쳤을 가능성이 높다. 실전용 철촉에서도 비슷한 양상을 엿볼 수 있다. 4세기 후엽에서 5세기 전엽까지 신라에서 주로 사용한 철촉은 세형계 능형(사두식능형)철촉과 유엽형철촉이다. 이 철촉들은 앞

시기의 경부가 짧은 단경식에서 경부 길이가 약간 길어진 형태로 변한 중경식 철촉이다. 후쿠오카현(福岡縣) 로지3호분(老司3號墳)에서 출토된 능형(사두식)철촉, 교토부(京都府) 나구오카키타1호분(奈具岡北1號墳)·키사이치야마고분(私市圓山古墳)에서 출토된 유엽형철촉은 공반된 신라계 삼엽환두대도, 철모 등으로 볼 때 이 또한 신라에서 이입되었을 가능성이 크다.

왜의 무기류 역시 신라 권역에서 일부 확인되고 있다. 그 중 대표적인 것이 일본열도 특유의 조설식철촉이다. 조설식철촉은 동촉에서 계보를 찾을 수 있는 돌출된 관부가 특성이며 일본열도에서 주로 수장급묘에 다수 부장되고 있다. 이러한 조설식철촉은 경산 임당동G6호, 부산 복천동21·22호에서 출토되고 있다. 특히 경산 임당동G6호에서는 18점의 조설식철촉이 출토되었는데, 한반도의 다른 지역에서 출토된 조설식철촉이 1~2점인 것과 그 수량에서 차이가 크다. 부산지역뿐만 아니라 신라 내륙지역에서도 왜계 철촉이 확인되는 것은 주목할 만하다.

(4) 5세기 중엽~후엽의 신라와 왜의 철제 무기

① 왜의 철제 무기

이 시기의 무기체계는 앞 시기와 마찬가지로 공격용 무기인 장도, 장검, 단검, 화살촉, 방어용 무기인 갑주 등으로 구성되어 있다. 장도는 병부 끝부분의 형태가 직선적이었던 것에서 뾰족한 것으로 변화하는 등 왜(倭) 나름의 장도(長刀) 문화를 형성한다. 철촉은 경부(頸部)가 세장한 장경식 철촉이 한반도의 영향을 받아 출현하면서 신부가 세장한 조설식철촉과 이단역자형 철촉은 점차 퇴색하게 된다. 더욱이 이 시기부터는 신부가 비교적 짧은 역자형철촉과 함께 유엽형철촉의 경부에 별도로 이(刺)가 형성된 독립편역자형 철촉이 위세적 성격의 무기로 대두된다. 역자형 철촉의 촉신 좌우에 있는

刺의 크기나 형태가 비대칭을 이루는 비대칭역자형철촉도 역시 위세적 성격을 가지고 출현한다. 갑주는 형태적 변화가 거의 없이 앞 시기의 것이 그대로 유행한다.

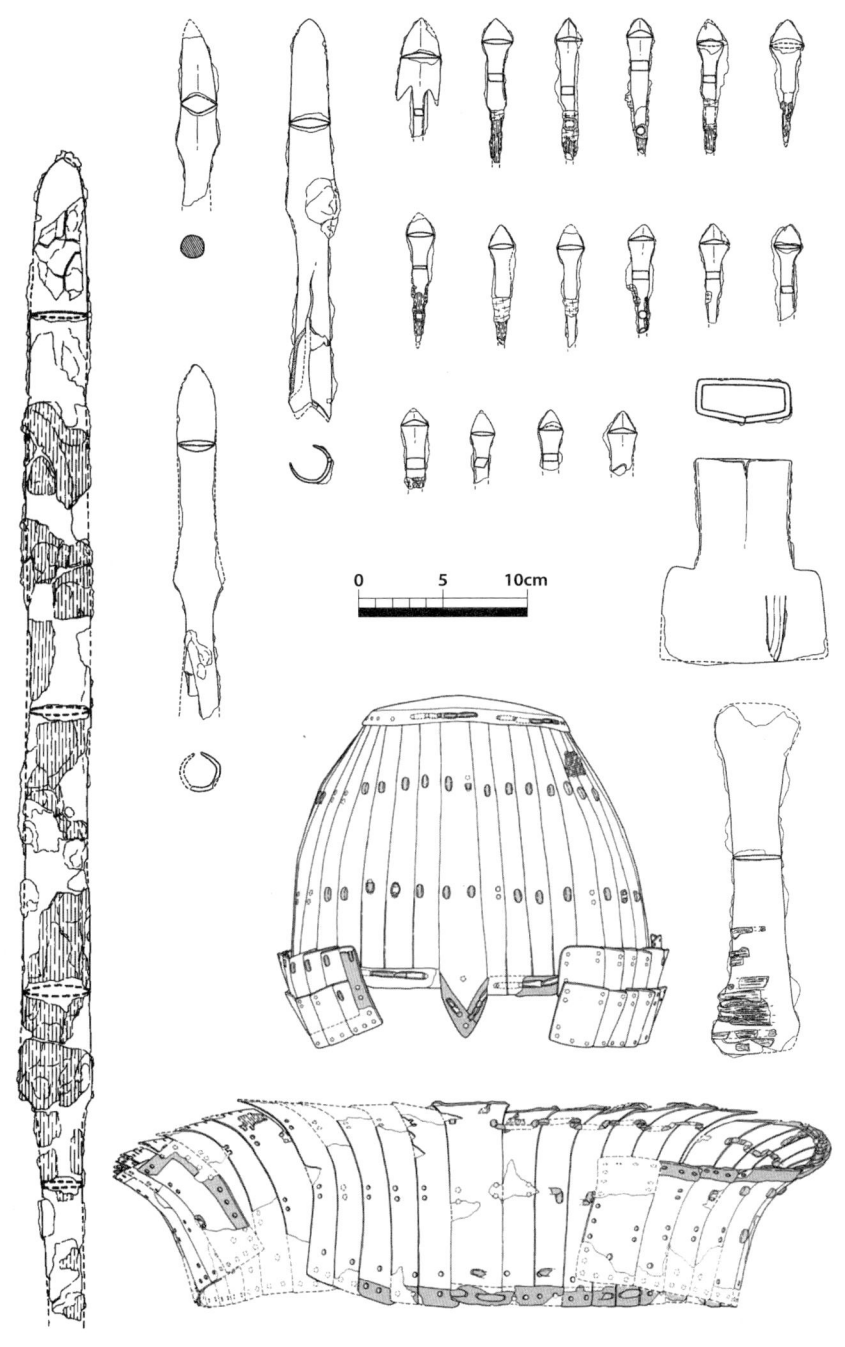

도면 56　4세기 중후엽 신라의 철제 무기류(경산 임당동 G5호)

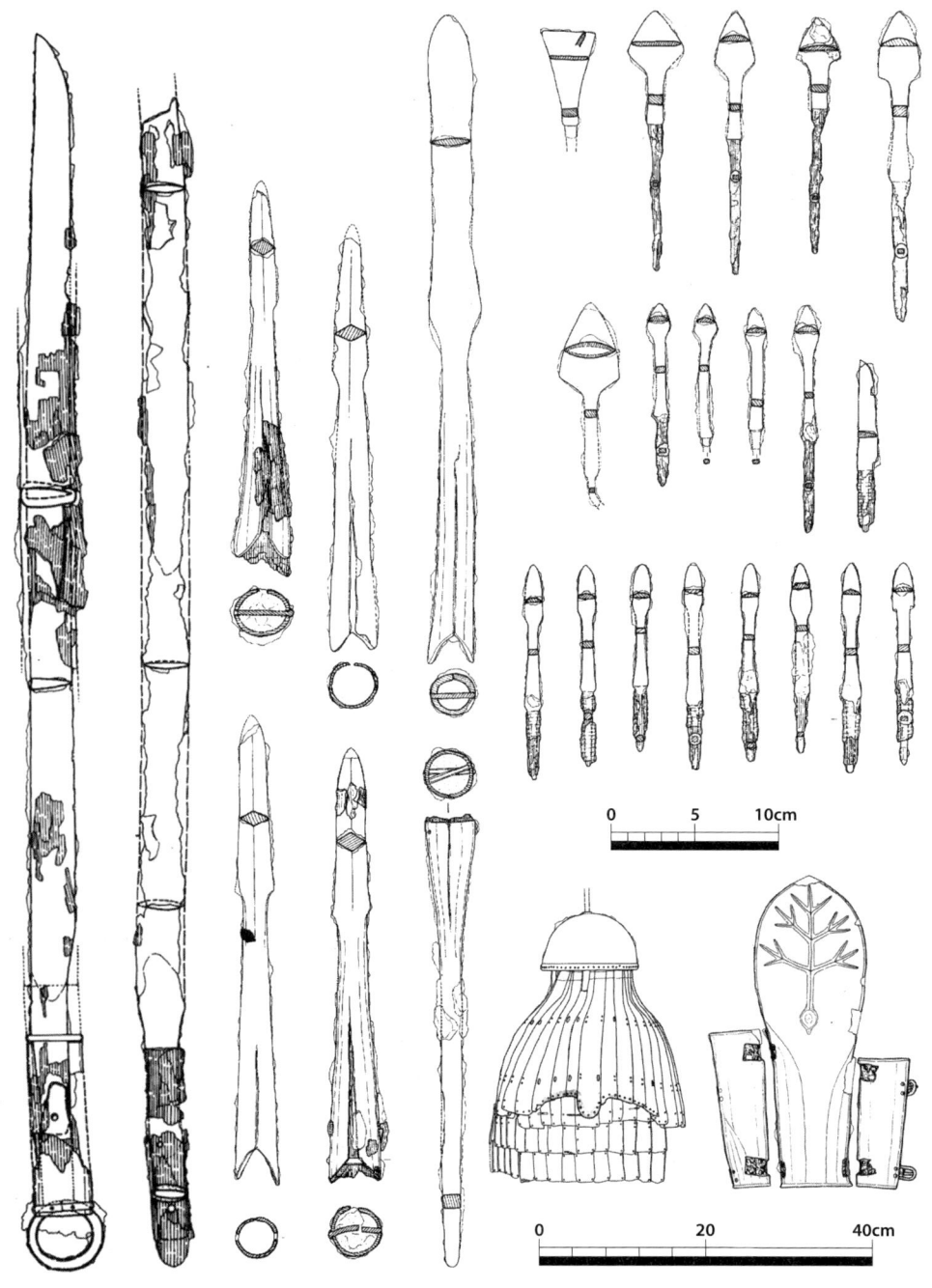

도면 57 5세기 전엽 신라의 철제 무기(부산 복천동 10·11호)

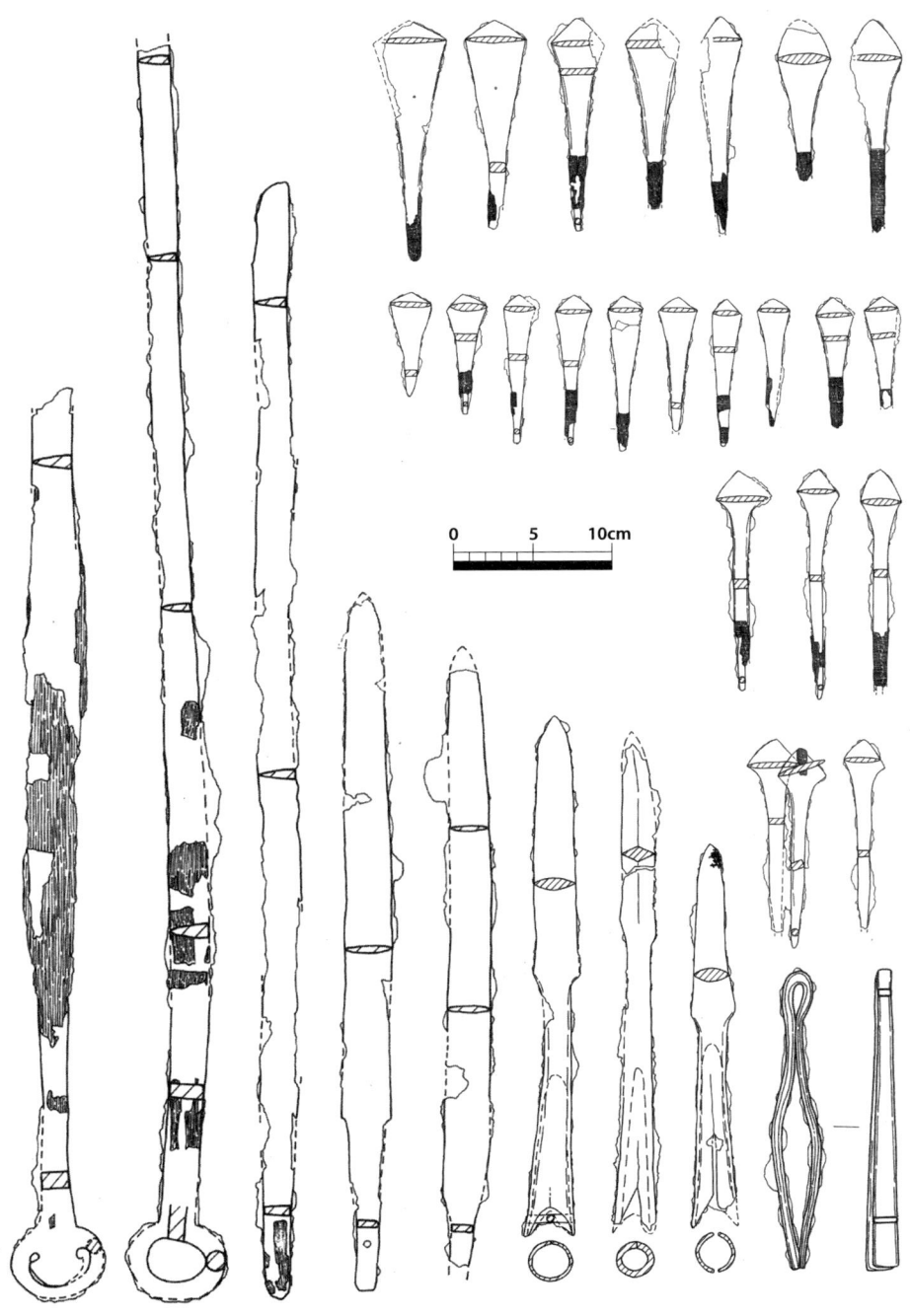

도면 58 4세기 후엽 倭의 철제 무기류(福岡縣 老司3號墳)

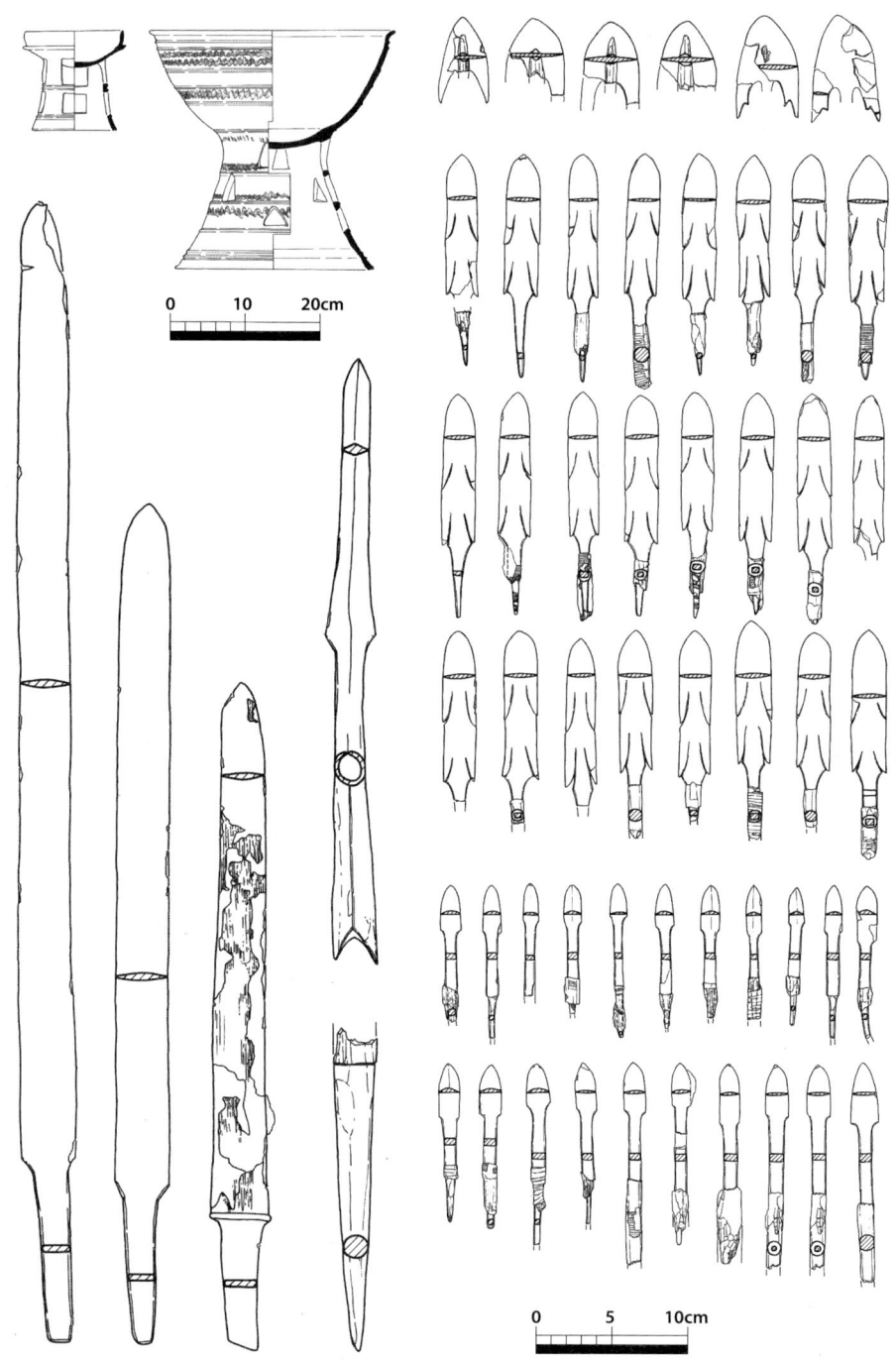

도면 59 5세기 전엽 倭의 철제 무기류(京都府 奈具岡北 1號墳)

테글 24

일본열도 왜(倭) 古墳時代中期(5세기)의 무기체계

· 惠解山古墳(이게노야마고분)고분의 무기 부장

남쪽부분 　　　　　　　　　　　북쪽부분

日本 長岡京良市教育委員会, 1990, 『惠解山古墳』 인용

日本 京都府(교토부)의 長岡京市(나가오카쿄시)에 위치한 惠解山(이게노야마)고분에서는 5세기대 다수의 무기를 부장하여 당시 일본열도 왜에서 선호하였던 무기체계를 엿볼 수 있다.

제4장 동아시아 한반도 주변 국가의 무기체계　187

· 惠解山古墳(이게노야마고분)의 무기 부장 양상

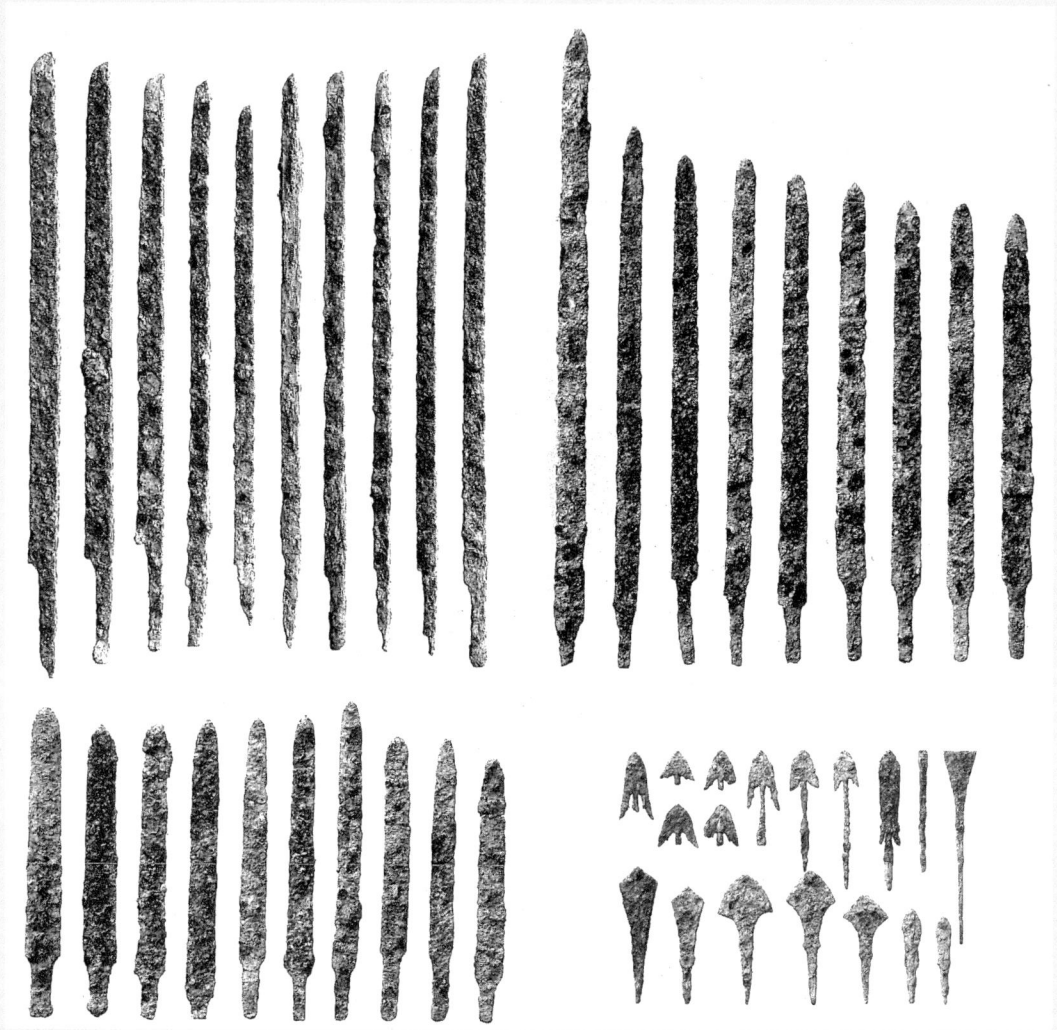

日本 長岡京市教育委員会, 1990, 「惠解山古墳」 인용

惠解山(이게노야마)고분에서는 철도 146점, 단도 1점, 철검 11점, 단검 52점, 철촉 472점, 궐수형도자 10점, 철착 5점 등 700여점에 가깝게 철기류가 출토되었다. 무기 구성 비율로 볼 때 도검병과 궁병이 주축을 이루며, 장창병과 궁병이 주류를 이루는 한반도와는 차이가 있다.

· 西墓山古墳(니시하카야마고분)의 무기 부장 양상

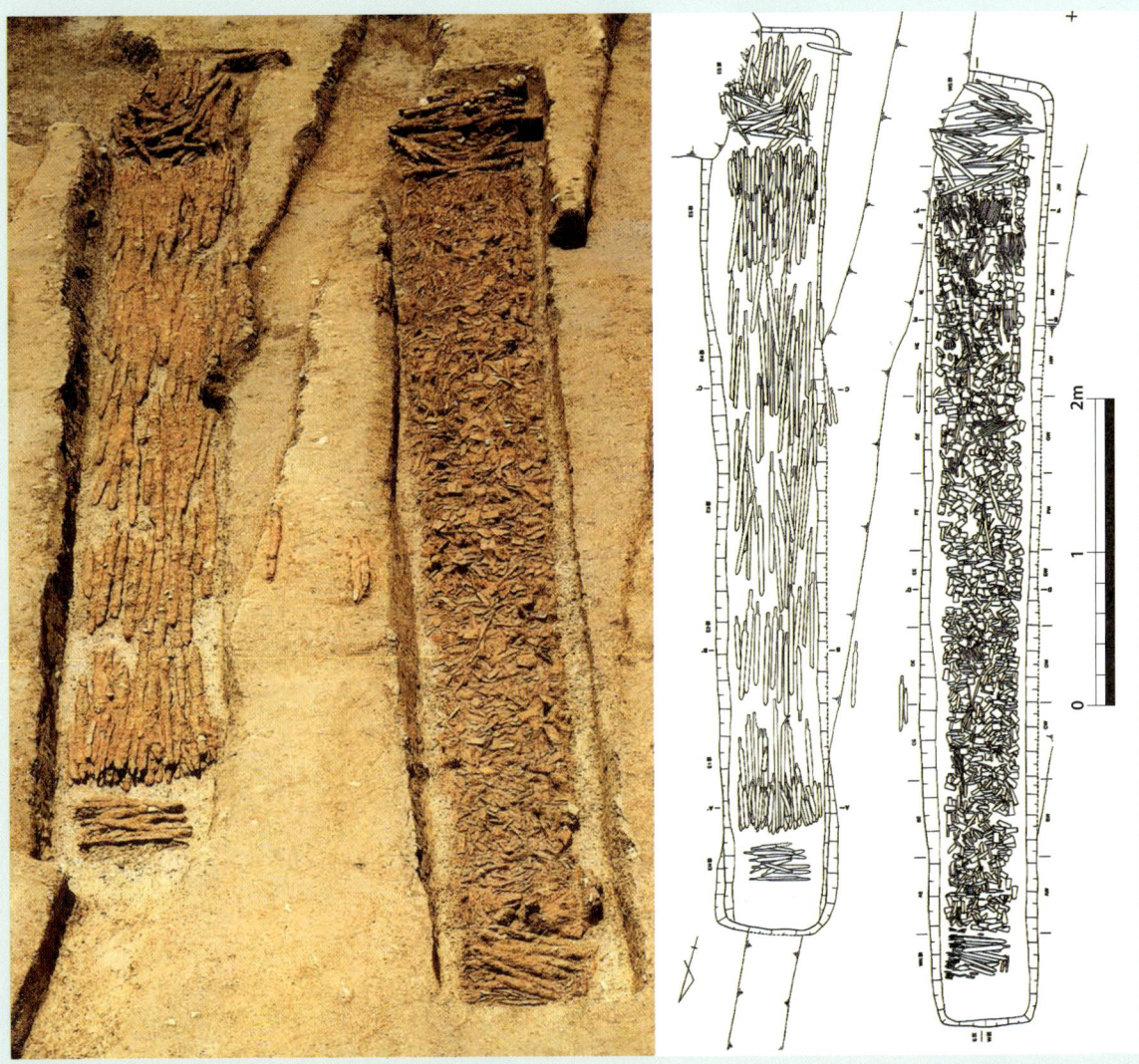

日本 藤井長寺岡市教育委員会, 1997, 『西墓山古墳』 인용

西墓山(니시하카야마)고분은 大阪府 古市(후루이치)고분군 내에 거대분구의 전방후원분인 墓山(하카야마)고분의 부장용 배총(陪冢)으로 알려져 있다.

• 西墓山古墳(니시하카야마고분)의 무기(철검 중심) 부장 양상

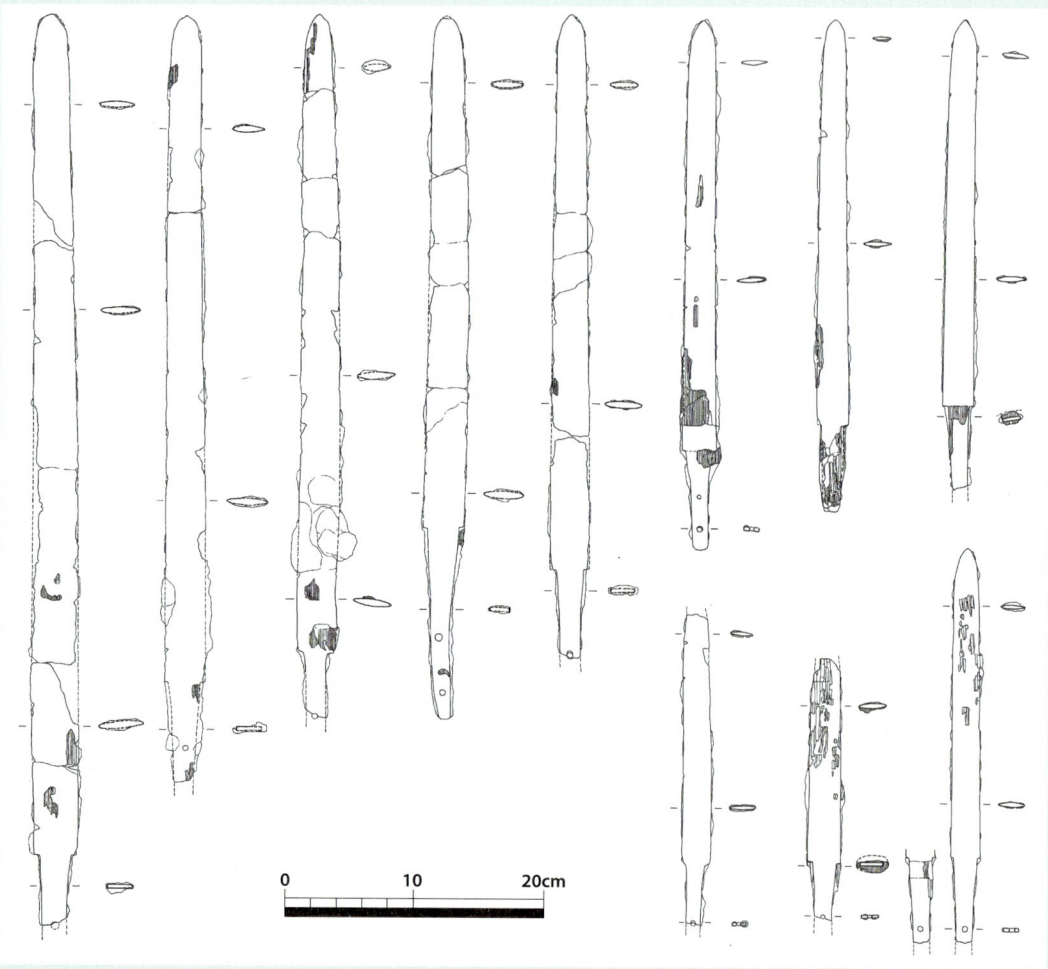

日本 藤井長寺岡市文教育委員会, 1997, 「西墓山古墳」 인용

西墓山(니시하카야마)고분에서는 다량의 철검, 단검, 검 형태의 창(야리)이 출토되었다. 도검병의 보병이 군사조직의 핵심을 이루고 있음을 알 수 있다.

· 古市古墳群(후루이치고분군) 野中古墳(노나카고분)의 무기 부장

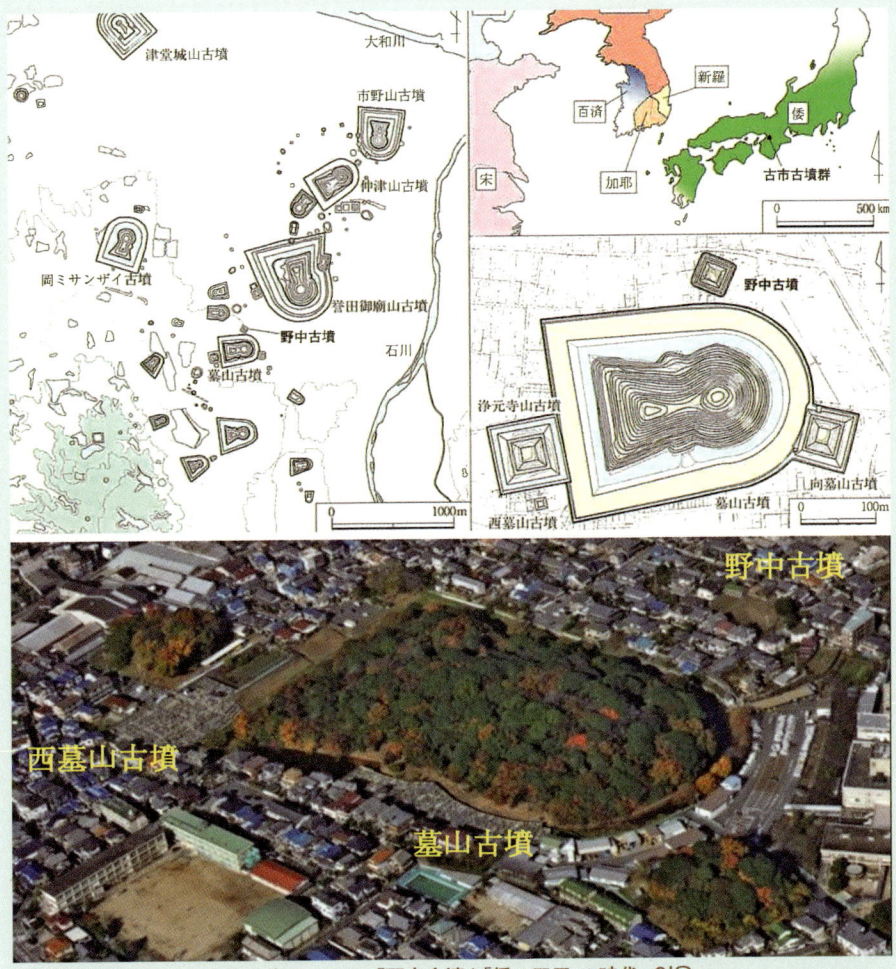

日本 大阪大学大学院文学研究科, 2014, 『野中古墳と「倭の五王」の時代』 인용

野中古墳(노나카고분)은 西墓山(니시하카야마)고분과 같이 古市(후루이치)고분군 전방후원분인 墓山(하카야마)고분의 부장용 배총(陪冢)이다.

제4장 동아시아 한반도 주변 국가의 무기체계 191

• 古市古墳群(후루이치고분군) 野中古墳(노나카고분)의 무기(무기 및 무구류) 부장

日本 大阪大学大学院文学研究科, 2014, 『野中古墳と「倭の五王」の時代』 인용

野中古墳(노나카고분)에서는 철도 153점, 철검 16점, 철모 3점, 판갑 11점, 차양주, 충각부주 등 일본 왜 5세기대의 무기체계를 알 수 있는 다수의 무기류가 출토되었다. 특히 왜에서 유행하는 대금식 판갑이 한 무덤에서 11점이 출토되어 왜의 상위 계급의 갑주문화를 엿볼 수 있다.

· 野中古墳(노나카고분)의 갑옷 및 투구(차양주)

日本 大阪大学大学院文学研究科, 2014, 『野中古墳と「倭の五王」の時代』 인용

왜의 상위 군사신분의 갑옷은 투구(차양주, 충각부주), 대급식 판갑, 견갑 등 방어력이 상대적으로 우수한 것을 사용하였다. 반면 한반도와 중국대륙에서는 유동성이 우수한 찰갑(비늘갑옷)이 유행한다.

· 野中古墳(노나카고분)의 갑옷 및 투구(충각부주)

日本 大阪大学大学院文学研究科, 2014, 『野中古墳と「倭の五王」の時代』 인용

・野中古墳(노나카고분)의 투구(차양주와 충각부주)

日本 大阪大学大学院文学研究科, 2014, 『野中古墳と「倭の五王」の時代』 인용

② 5세기 중·후엽 일본열도 출토 신라계 철제 무기

5세기 중·후엽은 신라와 왜 간에 전쟁이 빈번했던 시기로 일본열도에서 백제와 대가야계 유물이 활발하게 이입된다. 일시적인 교류인지는 알 수 없으나 신라계 유물도 소량 이입된다. 기왕의 연구에서는 위세품적 성격을 가진 백제 혹은 대가야계 유물을 중심으로 하여 한반도와 일본열도 간의 교류를 중점적으로 논의하였다. 이 절에서는 그동안 연구가 미미했던 일본열도 내 신라계 무기에 주목하여 서술하고자 한다.

반부철모, 가지형철모, 광형계 착두형철촉과 삼익형철촉은 한반도에서 고구려와 신라의 독특한 무기이다. 앞 장에서 언급한 바와 같이 신라에서는 4세기 중엽경에 고구려의 무기체계를 적극적으로 수용하기 때문에 고구려와 신라는 위세적 성격의 무기를 비롯하여 서로 간에 형태적으로 유사한 무기가 많다. 하지만 실전 전투에 사용되는 주된 무기는 고구려와 신라 간에 차이가 있다. 고구려에서는 직기유관형 철모와 추형 철촉을 실전 무기로 주력하는 데 비해 신라에서는 연미유관형 철모, 사두식 능형 철촉과 유엽형 철촉에 주력한다.

이상과 같은 특성을 지닌 신라계 무기류가 일본열도에서 출토되는 경우는 적은 편이다. 먼저 위세적 성격의 무기인 반부철모가 야마나시현(山梨縣) 히가시야츠시로군(東八代郡)에서 출토되었고 가지형철모는 나라현(奈良縣) 고조네코츠카고분(五條猫塚古墳)[35] 등에서 출토된 바 있다. 신라의 주된 실전용 무기인 연미유관형 철모는 효고현(兵庫縣) 차스리야마고분(茶すり山古墳)을 비롯한 다수의 고분에서 출토되었다.

철모는 왜에서는 주력하지 않은 무기이다. 그러므로 일본열도의 고분에서 신라계 철모가 출토된다는 것은 피장자가 신라와 관련 혹은 교류한 인물이거나 위세품으로서 부장되었을 가능성이 크다.

[35] 고구려와 신라의 가지형 철모는 대개 삼지형과 이지형이다. 奈良縣 五條猫塚古墳에서 출토된 가지형 철모는 사지형의 형태로 신라의 것을 모방 및 제작하면서 가지형 철모의 특성을 더욱 극대화한 것으로 추정된다.

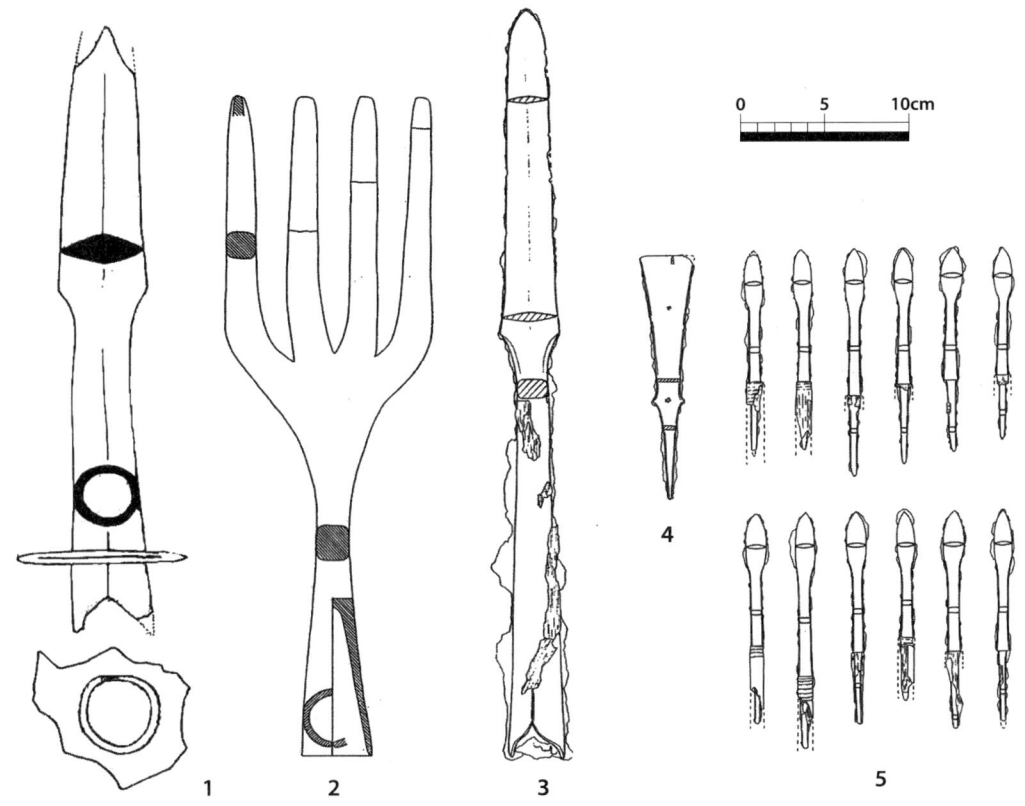

도면 60　5세기 이후 日本列島 출토 고구려 및 신라계 무기류
1. 山梨縣 東八代郡　│　2. 奈良縣 五條猫塚古墳　│　3·4. 兵庫縣 茶すり山古墳　│　5. 福岡縣 古寺古墳 7호

(5) 한반도 신라 · 가야와 일본열도 왜의 무기체계 비교

한반도 영남지방에 위치한 신라, 가야와 일본열도의 왜는 각 정치체의 대내외적 환경에 따라 나름의 무기체계를 갖추게 된다. 4~5세기, 한반도 북부지역에 위치한 고구려에서는 중국 중원세력과 북쪽의 선비, 흉노, 말갈 등의 기마세력에 대응하여 보병과 기마병 중심의 군사체계가 확립되었다. 이러한 대외적 환경은 한반도 동남부지역에 위치한 신라, 가야에 많은 영향을 끼치게 된다. 반면 일본열도의 왜는 현해탄이 천연의 방어 역할을 함으로써 당시 강력했던 동북아시아 기마전술의 영향을 상대적으로 덜 받았다.

한반도의 영남지방과 일본열도의 왜는 보병 중심의 군사조직이라는 공통점이 있지만 무기체계에 있어서는 차이가 있다. 그것은 영남지방에서는 창, 일본열도는 도검에 주력했다는 점이다. 신라와 가야의 무기체계는 기본적으로 칼(도, 검), 창(철모, 철창), 화살 등으로 구성된 창 중심의 보병 군사조직이다. 창은 원거리의 보병을 공격하기에 유리할 뿐만 아니라 기마부대의 접근을 효율적으로 방어할 수 있는 특성을 지니고 있다. 반면 일본열도는 기본적으로 칼과 화살 등으로 구성된 무기체계를 갖추고 있으며 칼이 중심이 되는 보병 군사조직이다.

이처럼 한반도와 일본열도는 지리적으로 가까이에 위치하고 있음에도 불구하고 군사조직에서는 큰 차이가 있다. 이는 4~5세기, 동북아시아의 혼란한 국제 정세 속에서 신라가 기마부대를 중심으로 한 고구려의 무기체계를 급진적으로 수용한 데 있다. 반면에 일본열도에서는 해협을 끼고 있는 관계로 기마부대와 관련된 무기체계는 그다지 요구되지 않았기 때문에 칼과 화살 중심의 보병 군사조직이 활발했던 것으로 추정된다.

한반도 남부지역과 일본열도의 무기체계는 이러한 차이점이 있는 한편, 개별 무기들은 오히려 서로 밀접하게 연관되어 있다. 먼저 한반도 영남지방의 원삼국시대에 유행하던 철제 단검 및 장검류가 일본열도의 고분시대에 지속적으로 유행하고 있다. 다음으로 철촉은 유경식(有莖式)철촉 → 경부(頸部)가 형성되고 조금 세장화되는 단경식철촉 및 중경식철촉 → 경부(頸部)가 세장화된 장경식(長頸式)철촉이 차례로 출현하여 유행하고 있다. 이와 같은 철촉의 변화 양상은 한반도 영남지방과 일본열도 간에 매우 흡사하다. 특히 4세기 이후에는 의장용 무기들이 양 지역에 서로 이입되는 현상이 나타나기도 한다.

한편 3세기부터 4세기 중엽, 영남지방에서 왜와 교류한 주체는 김해 대성동집단을 중심으로 한 금관가야 세력으로 추정된다. 4세기 후엽이후 5세기 전엽까지는 일시적으로 교류의 중심지가 신라에 복속된 부산지역이었음을 알 수 있다.

그런데 이 시기의 교류 내용에 관해서는 다음과 같은 논란이 있다. 첫째, 경주지역의 신라 중앙 정치세력과 긴키(近畿)지역의 왜(倭)의 중앙 정치세력 간의 교섭인지, 둘째, 신라의 간접지배로 어느 정도 자치권을 부여받은 부산지역의 정치세력이 독자적으로 왜와 교류한 것인지, 셋째, 왜에서 독자적으로 군사 정보를 습득한 것인지 등이다. 현재로서는 어느 하나로 확정하기 어렵지만 적어도 첫 번째 의견인 신라와 왜의 중앙 정치세력 간의 교섭일 가능성은 희박하다 하겠다. 당시 고구려 남정 등의 역사적 사건으로 볼 때 신라와 倭의 관계가 친교적이지는 않았을 것으로 생각되기 때문이다.

5세기 중엽이후가 되면 백제, 대가야와 倭 간의 교류가 활발하면서 일본열도에 일시적으로 신라계 무기류가 이입되기도 한다.

『三國史記』기록에는 신라와 왜 간의 전쟁 기사가 수십 차례 확인된다. 신라와 왜는 이처럼 잦은 전쟁으로 서로 적대적 관계에 있었음에도 불구하고 일본열도에 신라의 무기 혹은 무기 제작기술이 이입되는 현상이 보이고 있다. 이는 무엇보다 한반도 영남지방과 일본열도는 지리적으로 가깝다는 점 때문이었을 것이다. 그로써 일본열도는 동북아지방에서 막강한 군사력을 보유했던 고구려의 무기체계를 적극적으로 수용했던 신라 무기체계의 영향을 직·간접적으로 받았던 것으로 추정된다.

3) 한반도 남부지역 출토 왜계 무기 및 무구의 인식

한반도와 일본열도의 국가는 지속적으로 경제·정치 등의 측면에서 교류를 이어왔기 때문에 무기 및 무구의 계통을 설정함에 있어서는 다양한 상황을 고려해야 하며, 특히 수량의 밀도 등 정량적인 수

치로 계통을 설정할 경우 많은 문제점에 봉착하게 된다. 예를 들어 일본열도 왜의 특수 철촉이나 대금식 갑주가 수량적으로 일본열도에 월등하다는 전제만으로 왜계 무기로 설정한다면, 역으로 동아시아 전체에 유행하는 능형철촉, 유엽형철촉은 모두 신라 및 가야계로 설정해야 된다. 따라서 각 국가의 무기에 대해서 시공간적, 상대국 무기체계의 특성, 지형에 맞는 전술 및 무기체계의 이해 등 종합적인 분석이 함께 검토되어야 하겠다.

앞의 절에서 언급한 왜계 무기류는 4세기대에 금관가야에서, 5~6세기에 백제와 대가야권역에서 집중적으로 확인되며, 정치·경제적 측면에서 볼 때 금관가야는 경제적 교류, 백제 및 대가야는 정치적 측면의 성격으로 출현하는 것으로 추정된다. 이러한 한반도 남부지역 출토 왜계 무기 및 무구에 대해 크게 두 개의 유형으로 구분해 보고자 한다.

(1) 왜계 무기 및 무구가 단발적으로 부장되는 양상

한반도 남부지역의 일부 무덤에서는 묘의 축조 방식, 부장된 대다수의 부장품이 재지계 성격이면서 1~2 종류의 단발적으로 왜계 무기 및 무구가 확인되는 경우가 있으며, 표지적 예로 대가야의 고령 지산동 석곽묘3호를 들 수 있다. 지산동 3호는 묘의 축조형태, 고배, 장경호 등의 토기류, 철모, 철촉 등의 실전용 무기류는 대가야의 양식이다. 그런데 장식대도는 백제계 일주식 용봉환두대도가, 투구는 왜계 차양주가 출토되는 등 의장용 성격이 강한 일부 무기류만 소수 확인된다.

· 나주 복암리 정촌고분 출토 왜계 무기

정촌고분 1호석실묘에서는 백제계 식리 등의 장신구류를 비롯하여 무기로는 환두부가 오각형인 장식대도, 철모, 철촉 등의 무기류가 출토되고 있다. 장식대도의 경우, 환두부는 대가야에서 유행하는 은제 오각형의 환의 형태이며, 병연금구는 톱니모양을 새긴 은제 금속선을 병부에 사선으로 감는 제작기법은 대가야에서 유행하는 형식이며, 톱니모양을 새긴 금제 환을 이용하여 추가 고정시키는 환을 제작하는 것은 신라에서 유행하는 제작기술이다. 또한 모자가 부착하는 형태도 신라에서 유행하는 제작기술이다. 백제 중앙의 화려한 용봉환두대도라는 장식대도가 있음에도 불구하고 지방의 영산강유역에서는 정촌고분의 장식대도와 같이 타 국가의 제작방식을 혼용한 영산강유역 나름의 장식대도가 유행한다. 유사한 예로 나주 신촌리9호, 나주 복암리3호 등의 장식대도가 있다(우병철 2017).

철모는 함평 신덕고분(咸平 新德古墳) 출토 철모와 같이 신부 단면이 삼각형인 왜계 유물 1점이 출토되었다. 한반도 남부지역에서 출토된 수 만점의 철모 중 나주 복암리 정촌고분, 서울 풍납토성, 함평 신덕고분 등에서 3점 출토된 바 있어 왜계 무기일 가능성이 크다.

· 남원 두락리32호분 출토 왜계 무기

두락리32호분은 5세기 후엽경에 조성된 대가야의 무덤이다. 고령 지산동3호와 같이 묘제 축조 방식, 유물 가운데 토기류 등 대부분이 대가야양식이 주류를 이루고 있다. 이외에 백제계 금동제 식리의 장신구가 출토되었다. 32호 부곽에서는 철모와 철촉이 출토되었는데 전반적인 무기 조합상 대가야의 무기체계로 볼 수 있다.

한편 32호분 부곽에서는 왜에서 유행하는 신부 비대칭역자형 철촉이 33점이 출토되었는데, 한반도 남부지역에서는 유례가 없을 정도로 다수 부장되었다.

(2) 왜의 무기체계를 반영하여 부장되는 양상
한반도 서남부지역의 일부 무덤의 피장자 성격에 대해서는 왜인,

재지세력의 수장, 백제 중앙에서 파견한 관리 등 연구자마다 오랜 기간 인식의 차이를 보여 왔다. 묘의 축조 방식, 부장품의 해석 등 다양한 의견이 있어 왔지만, 부장된 무기체계의 전반적 양상을 고려할 때 왜 전사가 적극적으로 개입되어 있다고 판단된다. 그 이유는 정체성이 강한 군대에서 사용하는 무기 및 무구를 다수 부장하기 때문이다. 즉 백제, 대가야의 상위계급의 피장자가 제집단이 선호하는 무기체계 및 의장용 무기를 갖추고 있음에도 불구하고 타 국가의 무장을 중심으로 부장하는 사례가 드물기 때문이다.

백제권역에서 예로 연기 송원리고분군의 양상을 살펴보겠다. 송원리16호, 92호 등 전반적인 무기체계는 철모 중심의 대도 + 연미형철모 + 능형 및 유엽형철촉 등이 조합상이 확인되면 이는 신라, 대가야 등 한반도 남부지역의 전반적 무기체계와 유사한 양상이다. 그런데 송원리94호에서는 일본열도 왜에서 유행하는 무기인 철제장검, 독립편역자형철촉이, 무구는 충각부주가 조합되어 출토된다. 백제인의 피장자 무덤에 왜의 무기체계 조합이 부장되었다고 추정하기 어려우므로, 이 무덤의 피장자는 백제 중앙세력 또는 지방세력과 관련된 왜(倭)의 전사일 가능성이 있다고 추정된다. 더불어 주요 무덤에서 복잡한 양상이 확인되지만 함평 신덕고분, 고흥 인동고분과 같이 백제 중앙으로부터 관, 관식, 식리 등의 위세품을 받아 왜계 무기류와 함께 부장되는 경우와 신안 배널리3호, 고흥 야막고분과 같이 백제 중앙의 위세품을 부장하지 않고 왜계 무기 및 무구류가 집중 부장되는 경우로 구분할 수 있다.

· 신안 배널리3호분 출토 왜계 무기

배널리3호분은 5세기전엽에 조성된 것으로 보고 있다(동신대학교 문화박물관 2015). 배널리3호분에서는 무기인 대도 2점 + 철검 2점 + 철모 5점 + 철촉 63점과 무구인 충각부주와 삼각판혁철판갑이 출토되었다. 도검류에서 철검의 비율이 상대적으로 높은 것이 특징적이며, 무기 및 무구의 조합양상이 일본열도 왜의 무기체계와 유사하다. 세부적으로 철검 1점은 왜에서 주로 확인되는 사행검이며, 왜의 표지적 무구인 충각부주와 삼각판혁철판갑 등 다수의 왜계 무기 및 무구가 출토되었다.

· 함평 신덕고분 출토 왜계 무기

신덕고분의 1호와 2호는 5세기후엽~6세기전엽에 조성된 것으로 보고 있다.[36] 함평 신덕고분에서는 백제계의 관, 식리 등의 의장용 장신구류가 출토되었다.[37] 무기로는 왜계 철제대도[38], 화살통[39], 신부단면 삼각형 철모 등이 출토되었다. 신부단면 삼각형철모는 일본열도 왜에서 유행하는 형태로 한반도 남부지역에서는 나주 복암리 정촌고분 1호석실에서 1점이 출토된 바 있다. 왜계 장식대도, 왜계 철모, 비대칭철촉의 다수부장 현상 등 무기의 조합양상으로 보아 왜계 무기체계와 유사한 양상이다.

· 고흥 야막고분 출토 왜계 무기

야막고분은 5세기전엽에 조성된 것으로 보고 있다. 야막고분에서는 무기인 도검류로 철검 2점, 철제대도 1점, 소도 8점이, 철모 7점, 철촉 105점, 무구인 충각부주와 삼각판혁철판갑 등이 출토되었다(권택장 2014). 무기 및 무구의 조합상에서 도검류의 비율, 충각부주와 판갑 등으로 왜계 무기체계와 유사하다. 철촉은 조설식철촉이 20여점, 이중역자형철촉, 관부가 돌출된 착두형철촉 등 여러 종류의 왜계 철촉이 출토되었으며, 한반도 남부지역에서 유행하는 능형 및 유엽형철촉도 다수 확인된다.

[36] 한옥민, 2021, 「함평 신덕 1호분 출토 개배류 검토」, 『咸平 禮德里 新德古墳』, 國立光州博物館·全羅南道·咸平郡.

[37] 高田貫太, 2021, 「함평 신덕 1호분 출토 관, 식리에 대하여」, 『咸平 禮德里 新德古墳』, 國立光州博物館·全羅南道·咸平郡.

[38] 박경도, 2021, 「함평 신덕 1호분 출토 대도의 성격 검토」, 『咸平 禮德里 新德古墳』, 國立光州博物館·全羅南道·咸平郡.

[39] 土屋隆史, 2021, 「함평 신덕 1호분 출토 개배류 검토」, 『咸平 禮德里 新德古墳』, 國立光州博物館·全羅南道·咸平郡.

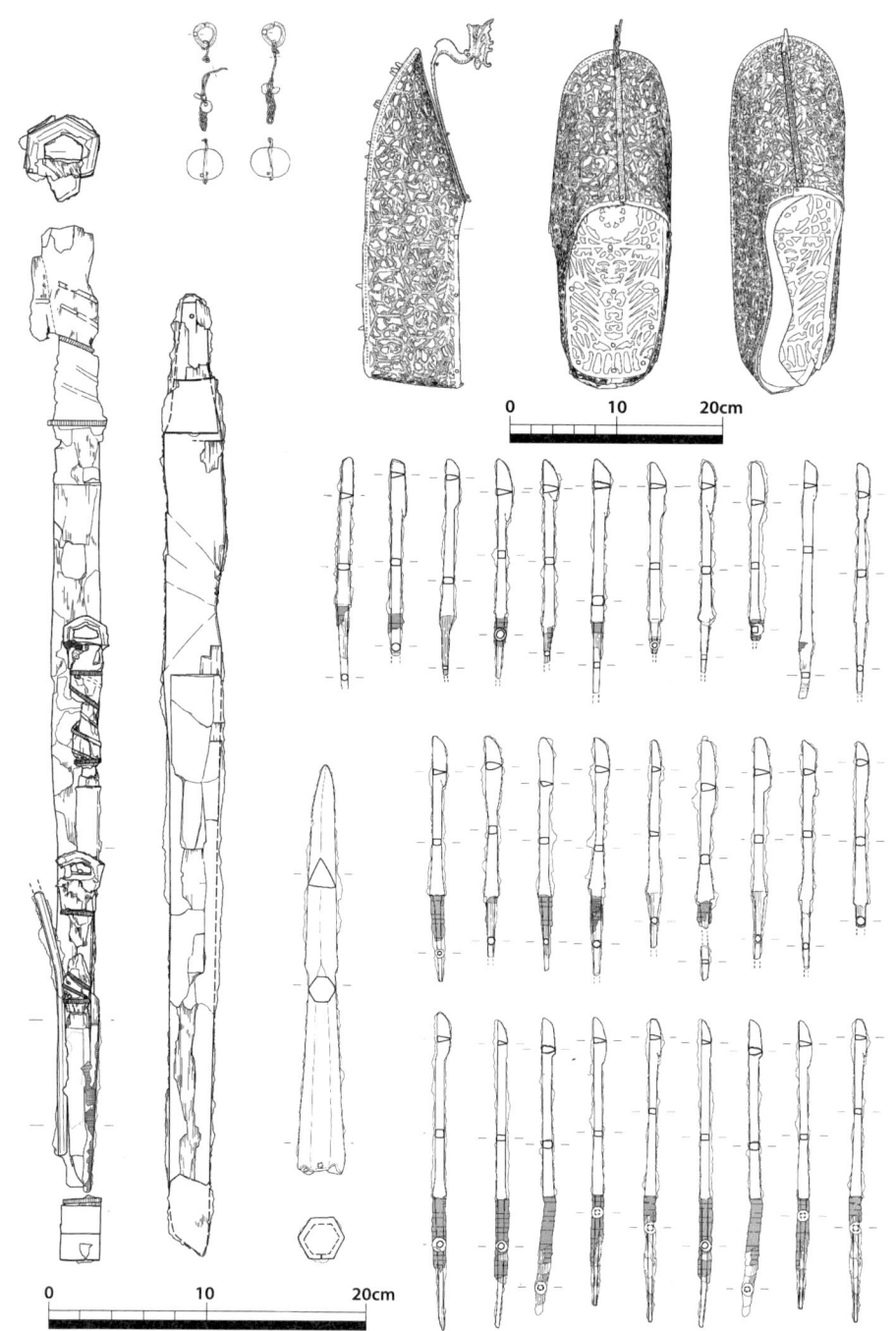

도면 61 나주 복암리 정촌고분 출토 장신구 및 무기류

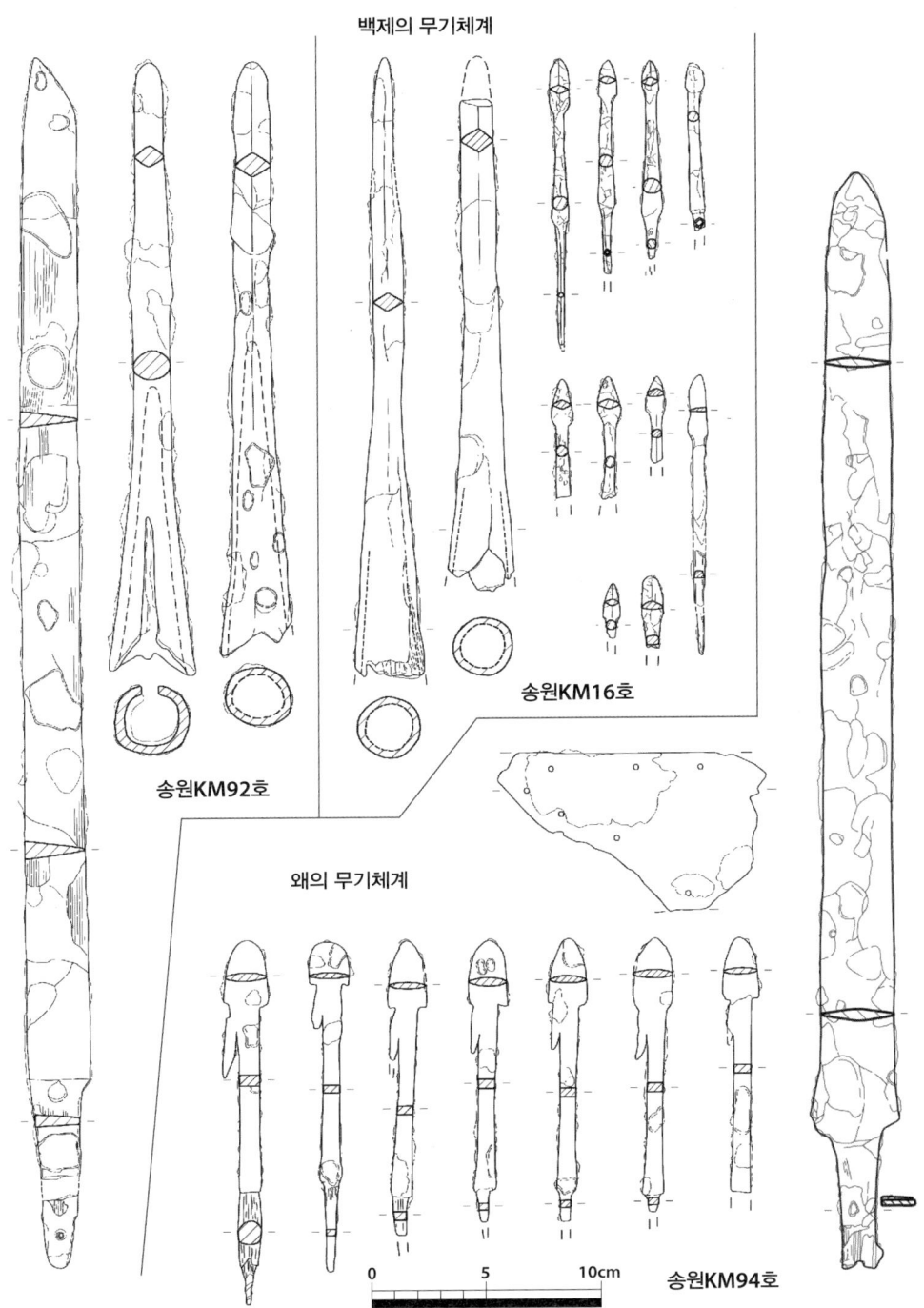

도면 62 연기 송원리고분 출토 무기로 본 백제 및 왜의 무기체계

제4장 동아시아 한반도 주변 국가의 무기체계 205

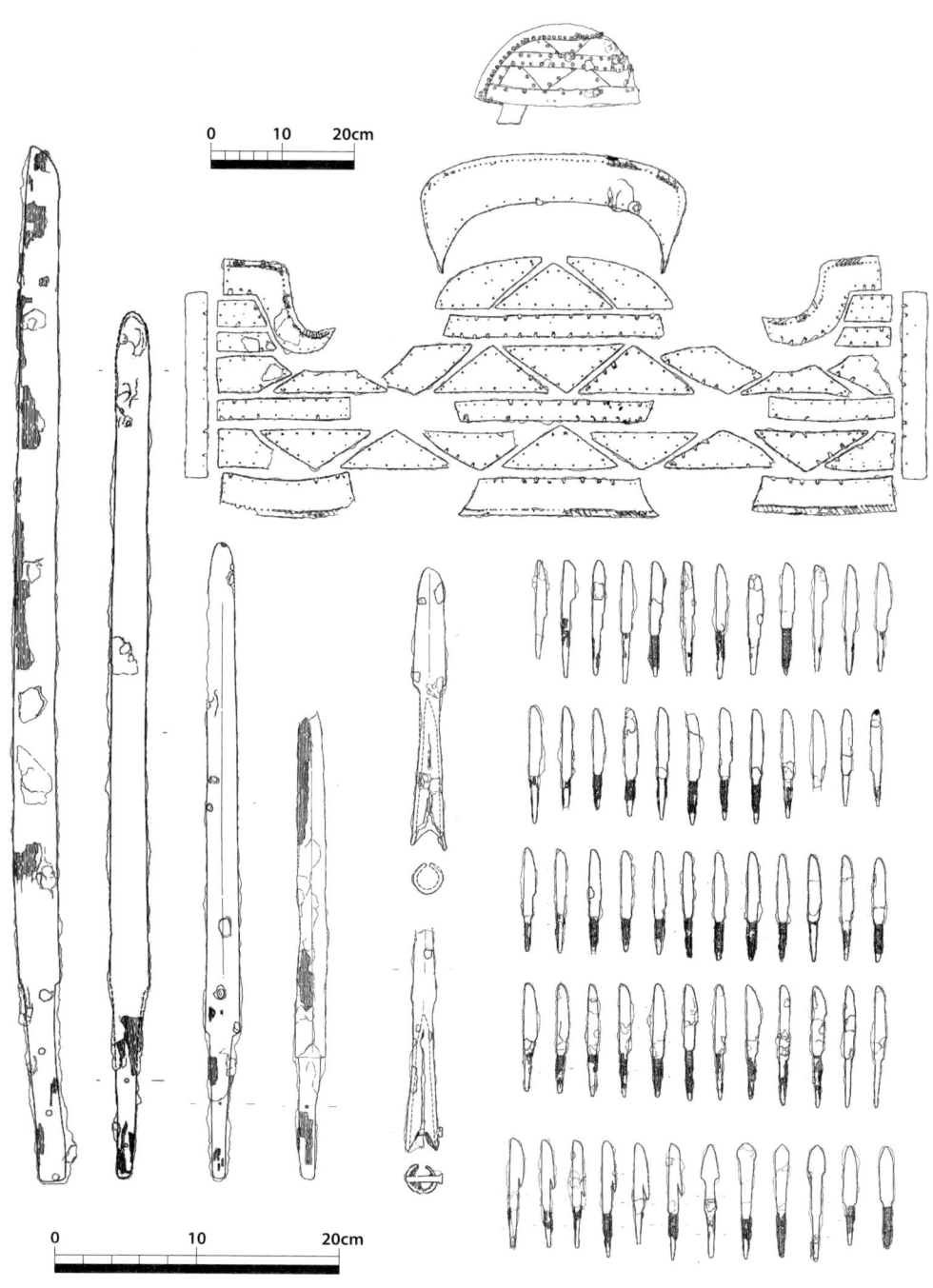

도면 63 신안 배널리3호 출토 무기 양상

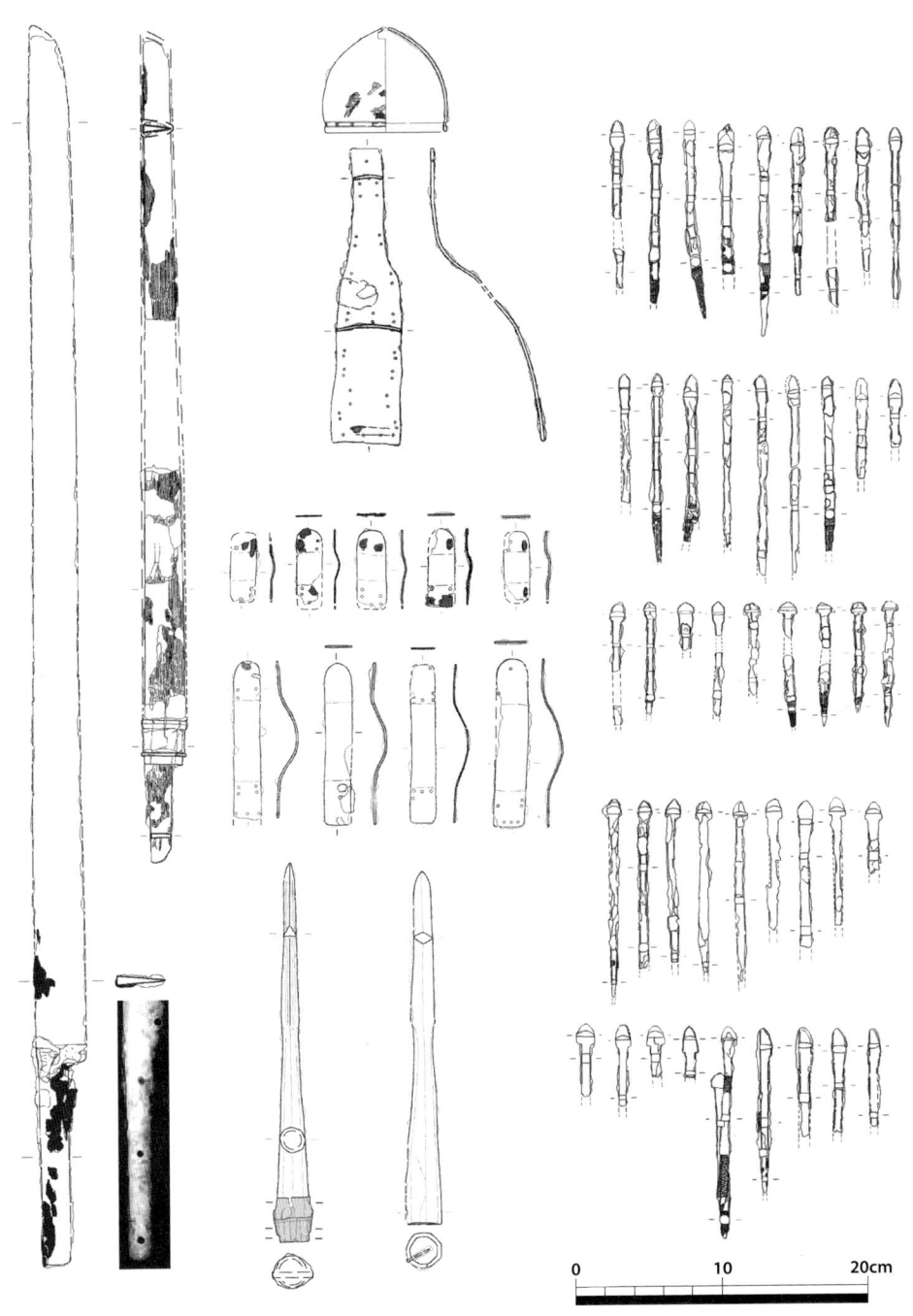

도면 64 함평 신덕고분 출토 무기 및 무구 양상

제4장 동아시아 한반도 주변 국가의 무기체계 207

4. 동아시아 무기체계의 특성

한 국가의 무기체계 및 군사조직은 맞서 대응해야할 국가의 영향을 강하게 받을 수밖에 없으며, 방어적 측면으로 볼 때도 국내적 지리 및 지형적 요건, 군사 수, 무기체계의 발달 등 복잡한 관계에서 그 체계가 확립되어 진다. 이러한 전반적인 상황을 고려하지 않고 개별 유물의 분석에만 치중하면, 최근의 한반도 남부지역 출토 왜계 무기에 대한 한일 연구자간의 인식차가 커질 수밖에 없을 것이다. 이러한 이유로, 고대 동아시아에 위치하였던 중국의 삼연, 일본열도 왜의 무기체계 양상을 살펴보았다.

앞의 중국의 삼연과 일본열도 왜의 무기체계 특성과 함께, 한반도의 특성을 종합하면 큰 틀에서의 동아시아 무기체계 특성은 다음과 같다.

3~6세기 동아시아의 국가에서 고구려, 백제는 매장의례 특성상 상대적으로 무덤에 부장품이 적다. 따라서 중국 삼연, 한반도 고구려, 백제, 신라, 가야, 일본열도 왜의 무기체계를 검토함에 있어 정량적으로 비교하는 것은 적절하지 않다. 그럼에도 불구하고 앞 장에서 검토하였듯이, 각 국가의 전반적인 무기체계 양상은 파악이 가능하다.

구체적으로 삼연과 고구려는 칼(刀劍) + 창(鐵矛) + 화살(鏃) + 찰갑이 조합된 무기체계가 주류를 이루며, 군사조직은 철모를 소지한 장창병이 중심을 이루고 있다. 타 국가에 비해 북방의 기마민족에 대응한 무기류가 있는데 기마를 대응하기 위한 화살촉 중 착두형철촉과 삼익형철촉이 실전용으로 사용되고 있다. 또한 중국의 여러 국가와 고구려는 상호의 무구(甲冑)에 대응한 추형철촉도 실전용으로 사용된다. 무구는 기동성을 높이고 방어력을 증대시킨 찰갑이 유행한다. 의장용 무기로는 삼루환두대도, 삼엽환두대도가 유행한다.

한반도 남부의 백제, 신라, 대가야는 한반도 북부 고구려의 무기체계 영향을 강하게 받으며 이 대응한 무기체계를 갖추게 된다. 역시 삼연과 고구려와 마찬가지로 칼(刀劍) + 창(철모) + 화살(촉) + 찰갑이 조합된 무기체계가 주류를 이루며, 군사조직은 철모를 소지한 장창병이 중심을 이루고 있다. 차이점은 산지가 많은 지형을 고려하고 북방의 기마민족과 직접 국경을 맞대고 있지 않은 특성 때문에 화살촉 중 착두형 및 삼익형철촉은 실전용이기 보다는 의장용 성격이 강하다. 찰갑 역시 위세적 성격으로 전사 중 수장급에서 주로 사용하고 일반병은 혁제 갑옷이 유행한다.

금관가야는 고구려, 백제, 신라 등의 무기체계와 유사한 양상이지만 타 국가에 비해 검과 철창(신부가 철검과 유사)의 비율이 크고, 무구로는 기동성이 떨어지나 방어력이 높은 판갑의 비율이 크다.

일본열도의 왜는 전형적인 해양 국가의 무기체계 양상을 보이며, 북방의 기마민족에 대응한 무기체계는 오랜 시간 유행하지 않는다. 타 국가에 비해 도검 중 검의 비율이 가장 크며, 창(철모, 철창)도 철모보다는 철창(야리-やり)이 오랜 기간 유행한다. 왜의 철모는 신부의 단면이 삼각형인 것이 특징적인데 5세기 중후반이후에 출현한다. 무구는 오랜 기간 삼각혁철판갑, 삼각정유판갑, 횡장판정유판갑 등 판갑이 오랜 기간 동안 유행하다가 6세기에 요찰의 단면이 'Ω'자형인 찰갑이 유행한다.

왜의 무기 및 무구는 동아시아 국가 중 화살촉과 판갑 등에서 무기 및 무구의 지역성이 강한 특성을 지니고 있다. 특히 화살촉의 경우, 비대칭역자형철촉, 이중역자형철촉, 이단역자형철촉, 독립역자형철촉 등의 위세적 성격이 강한 특수 철촉이 유행한다. 또한 갑주류에서 다양한 판갑의 유행하고 차양주, 충각부주 등 제 정체성을 반영하는 무기류가 많다.

이러한 배경에는 4~5세기 왜를 제외한 동아시아 타 국가에서는 금, 은, 청동으로 제작한 관, 관식, 이식, 지환, 장식대도 등이 의장용으로 제작하여 정체성을 반영하는 반면, 왜에서는 무기 및 무구류를 특수한 형태로 제작하는 의장용 성격이 강하기 때문이다.

그런데 한반도 남부지역에서 출토된 특수 형태의 왜계 무기류에 대하여 왜계로 보는 시각은 소수이며, 한국의 자체 계통으로 보려는 의지도 엿 보인다. 왜에서 의장용으로 유행하는 특수형태의 철촉은 대부분 신부가 비대칭이며, 이러한 비대칭의 철촉은 적을 공격함에 있어 정확성이 극히 떨어지기 때문에 전투의 효율성이 극히 저하되는 단점이 있다. 대륙의 삼연, 고구려, 백제, 신라, 금관가야, 대가야는 대부분 비대칭이 아닌 실전용 화살촉으로 능형철촉과 유엽형철촉이 유행하며, 출토량에 있어서도 압도적인 수량이 확인된다.

앞의 각 국가의 무기체계를 토대로 한반도 남부지역에서 출토한 왜계 무기에 대하여 다소 무리한 점도 있지만 크게 2개의 유형으로 분류하여 검토하였다. 먼저 왜계 무기 및 무구가 단발적으로 부장되는 양상으로 묘의 축조 방식이나 토기류 등 공반유물이 재지성격이 다수를 점하면서 1~2점의 왜계 무기가 보이는 양상이다. 대표적으로 고령 지산동3호, 나주 복암리 정촌고분, 남원 두락리32호분 등이 있다. 다른 유형으로 백제 중앙 및 지방세력과 관련한 왜 전사가 개입되어 왜의 무기체계를 반영하여 부장되는 양상이다. 이들 주요 무덤에서는 축조 방식에서 일부 왜의 요소가 확인되며, 무기 및 무구체계에서도 왜계 무기 및 무구의 조합 양상이 집중되고 있다. 또한 왜 전사와 관련한 주요 무덤은 백제 중앙의 위세품을 받아 왜계 무기류와 부장되는 경우와 왜계 무기류만 다수 부장되는 경우로 구분할 수 있다. 전자의 예로 고흥 인동고분, 함평 신덕고분이, 후자의 예로 연기 송원리 94호, 신안 배널리3호분, 고흥 야막고분 등을 들 수 있다.

1. 머리말

2. 궐수형철기로 본 원삼국시대 정치체의 상호작용
    1) 궐수형철기에 대한 해석과 PPI모델
    2) PPI 모델의 적용
    3) 궐수형철기의 특성과 변천
    4) 궐수형철기와 지역 정치체들의 상호작용

3. 삼국시대 장식대도의 특성과 지역성
    1) 삼국시대 장식대도의 용어 및 주요 속성
    2) 삼국시대 장식대도의 분류와 지역성 검토
    3) 제작 기술의 교류

4. 신라와 가야의 의장 무기의 특성
    1) 신라 의장용 무기의 종류
    2) 대가야의 의장 무기

05 의장 무기로 본 신라와 가야

고대 동아시아의 무기(武器)와 전사(戰士)

1. 머리말

영남지방 무기의 변천 과정으로 보아 신라와 가야의 실전용 무기체계는 유사성이 강하다. 이는 신라와 가야가 태백산맥과 소맥산맥으로 둘러싸인 지역 내에 위치하고 있다는 점, 원삼국시대 각 소국(小國) 간의 상호작용 속에서 주요 지역이 중심이 되어 국가로 성장하는 점 등 유사한 문화생태의 과정을 거쳤기 때문이라 판단된다.

하지만 이처럼 자연 환경과 문화생태가 유사하다고 하더라도, 영남지방의 각 세력 규모가 커질수록 세력들 간에는 각자의 정체성을 나타내려는 상징 표현 행위가 더욱더 확대되었을 것이다. 정치세력의 상징 표현 행위는 제한된 물품의 소유, 그 물품의 공유 혹은 분배 시스템, 우월 경쟁 등 다양한 형태로 표출된다. 이러한 제정치체 상징 표현의 행위는 수장급묘에서 확인되는 의장용 무기에서 그 양상을 엿 볼 수 있다.

이 장에서는 영남지방 의장 무기를 대상으로 하여 원삼국시대 각 소국(小國)이 삼국시대에 국가로 이행되는 과정을 살펴보고, 그 속에서 신라와 가야의 정체성을 나타내는 무기를 검토하고자 한다. 먼저 원삼국시대 무덤에서 공통적으로 등장하는 비실전용 무기인 궐수형철기를 검토하겠다. 원삼국시대 각 소국(小國) 간에 공통의 문화가 나타나는 현상에 대하여 '대등 정치체 상호작용(Peer Polity Interaction)'이라는 연구방법론에서 접근하고자 한다. 이후 신라와 가야가 국가로 이행되는 과정에서 앞 시기에 존재하던 공통의 문화가 점차 해체되면서 나타나는 지역성을 살펴보겠다.

삼국시대에는 신라와 가야라는 국가가 탄생하면서 제정치세력의 정체성을 반영하는 상징 표현의 행위가 더욱 활발해지는 양상을 띤다. 이에 마지막으로 신라와 가야의 정체성을 반영하는 의장 무기에는 어떠한 것이 있는지 언급하겠다.

2. 궐수형철기로 본 원삼국시대 정치체의 상호작용

원삼국시대, 특히 2~3세기대, 진·변한의 공통 양식으로 간주되어 오던 토기군이나 철기 등에서 나타나는 분포의 정형성을 부각시키고 공간적 변이양상을 지적하면서 그와 관련된 해석을 제시한 연구들이 있다.[40] 그런 와중에도 현재까지의 고고학적 물질자료를 보면 3세기 이전에는 영남지역 내에서 차이점보다는 유사성이 훨씬 강하다고 할 수 있다.[41]

원삼국시대 문화를 공통성 또는 지역성이라는 흑백 논리로만 언급할 수 없는 것은 당연하겠지만 앞의 연구 성과는 그 동안 막연히 공통양식으로 생각되어 온 영남지방 고분문화의 제 양상 속에서 공간적 변이를 인지해 내 새로운 논의를 활성화시켰다는 점에서 의의가 있다 하겠다. 그런데 문헌 기록이 영성(零星)한 상황에서 고고학적 자료로만 특히, 특정 유물군만을 바탕으로 하여 당대 사회의 제양상(諸樣相)에 대해 접근하려고 하다 보니 일정부분 한계점에 부딪힐 수밖에 없었다.

이 장에서 검토하고자 하는 궐수형철기에 대한 일련의 해석이 그 대표적 사례 중 하나라고 생각한다. 그간 유물을 통해 당대 사회를 어떻게 바라볼 것인가[42]하는 고민이나 적절한 인식의 틀 없이 단순히 고고자료 자체의 분석에 치중하다보니 몇 가지 문제점을 내포하는 해석에 이르는 경우가 종종 있었다고 본다.

본고에서 궐수형철기를 검토대상으로 주목한 것은 원삼국시대 영남지방 진·변한지역에서 주로 확인되는 궐수형이라는 독특한 형태가 대부분의 철기 유물에 채용되어 있기 때문이다. 기능적인 측면보다 장식성이 강한 궐수형 모티브가 진·변한 지역에서만 확인된다는 것은 진·변한의 諸정치체들이 그러한 특수한 모티브를 공유하게 된 배경이 있었을 가능성이 높다. 그것은 교역, 전쟁 등 어

---

[40] 김영민, 1996, 「영남지역 삼한 후기문화의 특징과 지역성」,부산대학교석사학위논문.
윤온식, 2001, 「3세기대 동해 남부 지역 토기 양식의 형성과 변천」, 경북대학교석사학위논문.
윤온식, 2002, 「영남지방 원삼국시대 토기〈樣式〉論의 제기」,『영남고고학』 31, 영남고고학회.

[41] 李在賢, 2003,『弁·辰韓社會의 考古學的 硏究』, 부산대학교대학원 박사학위논문.

[42] 이성주, 2005, 「영남지방 원삼국시대 토기」,『원삼국시대 문화의 지역성과 변동』, 제29회 한국고고학전국대회 발표요지, 한국고고학회.

떠한 형태로든지 간에 존재했던 양 지역 간 상호작용의 소산으로 생각된다.

　이상과 같은 인식하에 이 글에서는 먼저 원삼국시대의 여러 문화를 이해하는 데 보다 합리적이라고 생각되는 해석의 틀을 제시하고 분석의 대상으로 궐수형철기를 선택하여 검토하고자 한다. 그리고 그간 이루어진 궐수형철기에 대한 여러 연구 성과를 비판적으로 검토하여 문제점이 드러나는 해석의 전제가 되는 인식을 파악한다. 다음으로 다양한 궐수형철기의 종류와 특성, 변천 그리고 분포 정형에 대해 살펴보겠다. 이 과정에서 당대 사회를 적절하게 설명해 줄 수 있다고 생각되는 해석의 틀을 바탕으로 원삼국시대 영남지방 諸정치체들 사이에 있었던 역동적인 사회·문화적 변화를 적절하게 설명해 보고자 한다. 이는 기존의 궐수형철기 연구에서 거론되어 온 논의와는 다소 상이하다.

　검토의 공간적 범위는 궐수형철기가 다수 분포하는 영남지방을 중심으로 한다. 시간적으로는 궐수형철기가 등장하는 1세기 무렵부터 궐수형철기가 퇴화되면서 정형화 단계에 이르는 4세기까지로 한정한다.

1) 궐수형철기에 대한 해석과 PPI모델

(1) 궐수형철기에 대한 기존 해석의 문제점

궐수형철기는 넓은 의미로 철기에 궐수형(고사리문양)이 부착된 것을 의미한다. 궐수형철기 중 특정 기종에 대한 연구가 주로 논의되고 있지만 사실 궐수형은 판갑, 환두대도, 검, 철모, 철겸, 유자이기, 판상철부 등 원삼국시대 대부분의 철제 유물에 채용되어 있다. 궐수형 장식은 화려하면서 제작이 어려운데 주조가 아닌 단조 철기에서 이러한 장식이 확인되는 점, 출토 수가 극히 적은 점에서 다른 철기에 비해 많은 관심을 끌어왔다. 이러한 궐수형철기의 의미에 대해서는 원삼국시대 이후 의기성과 지역성을 나타내는 주요한 유물로 인식되어 왔다.

김영민은 궐수형 모티브가 채용된 유자이기 등의 유물을 석탈해 집단과 타 집단을 구별하는 배타적 상징성을 지닌 유물로 파악하였다. 그리고 그러한 궐수형 모티브를 채용하고 있는 유물들이 도래집단(渡來集團)인 탈해세력의 근거지로 보고 있는 하대유적을 위시한 울산지역을 중심에 두고 주변지역으로 파급되어 갔다고 보고 있다.[43]

서영남·이현주는 단조 철기에 장식할 수 있는 가장 장식적인 문양인 궐수형이 부착된 철모를 의기성이 가장 극대화된 유물로 판단하였다. 뿐만 아니라 궐수형 철모의 출토 분포권에 대해서도 김영민과 마찬가지로 경주를 중심으로 하여 낙동강 이동 지방에 국한되는 것으로 보았다. 궐수형의 계보에 대해서는 청동방울이나 거울에 주조된 원문(圓文)의 전통을 이어 받은 것으로 보았다.[44]

임효택은 궐수형 장식의 원류나 계보는 이전 시기의 각종 청동의기(儀器)에서 찾을 수 있다고 하였다. 특히 궐수형 장식은 김해 양동리유적에서 집중 출토되므로 가야를 상징하는 문양 또는 무적(巫的) 성격이 강한 제사장이나 왕자와 같은 특수 신분을 나타내는 것으로 추정하였다.[45]

고상혁과 김훈희는 기존에 용도를 명확히 추정하기 어려웠던 닻형철기와 궐수형 유자이기 등의 특정 기종을 대상으로 검토하였다. 먼저 닻형철기는 동북지방의 마구류에 기원을 둔 괘강구(고삐걸개)로서 재지화되는 과정에서 궐수형 문양이 장식으로 변화된 것으로 보았다.[46] 다음으로 궐수형 유자이기는 피장자의 경제 권력을 상징하는 살포라는 위세품에 제의적 의미를 가진 궐수형 장식이 더해진 것으로 보았다.[47]

위에서 언급한 연구들은 궐수형철기를 토대로 원삼국시대의

---

[43] 김영민, 1996, 「영남지역 삼한 후기문화의 특징과 지역성」,부산대학교석사학위논문.
김영민, 1997, 「울산하대수습철기의 검토」, 『가야고고학논총』2, 가야문화연구소.

[44] 서영남·이현주, 1997, 「三韓·三國時代 鐵器의 儀器的 性格에 대한 일고찰 - 鐵矛와 有刺利器를 中心으로 -」, 『가야고고학논총』2, 가락국사적개발연구원.

[45] 임효택, 2000, 「金海 良洞里 古墳群 調査와 그 成果」, 『金海良洞里古墳文化』, 동의대학교박물관.

[46] 고상혁·김훈희, 2014, 「영남지역 목관묘 출토 닻형철기 연구」, 『嶺南考古學』68號, 嶺南考古學會.

[47] 金訓熙, 2011, 「蕨手型 有刺利器의 變遷과 意味」, 『韓國考古學報』第81輯, 韓國考古學會.

지역성에 대해 접근하려는 경향이 짙으며 그것은 크게 두 가지 의견으로 구분된다. 첫째, 김영민·서영남과 같이 궐수형철기를 경주 중심의 낙동강 이동지역에서 나타나는 의기성이 강한 유물로 판단하는 것이다. 둘째, 임효택과 같이 낙동강 이동지역이 아닌 가야의 독특한 문화로 이해하고 있는 것이다. 의기성이 강한 유물이라는 점에서는 서로 공통적인 의견을 보이고 있지만 분포상에 나타나는 해석에 있어서는 진한(신라) 아니면 변한(가야)으로 해석하는 등 확연한 대립 양상을 보이고 있다.

　이와 같은 상이한 해석의 배경에는 논자들이 각각 발굴조사한 울산 하대유적이나 김해 양동리유적에서 궐수형철기가 집중적으로 출토된 점, 궐수형철기가 출토되는 시기와 공간에 대한 검토를 면밀히 진행하지 않았던 데 있다. 아래의 검토에서 자세히 살펴보겠으나 궐수형모티브는 적어도 목관묘를 거쳐 목곽묘가 등장하고 대형의 방형 목곽묘가 진·변한에서 공통적으로 축조되는 3세기 전엽까지는 남동해안 각지에서 공유되던 在地的 특성이 강한 장식이었다. 그렇기 때문에 동남해안지역의 특정 유적들을 철기 제작의 선진기술을 보유한 중심지역 혹은 주변지역으로 파악해 온 기존의 연구 성과들을 재검토할 필요성이 있다. 전반적으로 이와 같은 문제점을 내포하는 해석이 이루어진 배경에 대해 짐작해보면 당시 자료의 부재도 한 몫을 하였을 것이다. 그러나 무엇보다 중요한 것은 당대 사회·문화 변동을 설명함에 있어 전파론적인 입장에서 중심과 주변을 상정하여 해석했기 때문이다. 즉 외부적인 요소만을 중시했기 때문에 발생한 문제라 생각되며 이제는 새로운 틀 속에서 그 의미를 밝혀나가야 한다.

2) PPI 모델의 적용
'원삼국시대 후기 목곽묘 단계의 영남지방 사회상은 어떠했는가'라는 질문에 답을 찾고자 할 때 적극적인 해석의 틀로서 가설을 설정하여 논증하는 것이 당대 사회상에 접근하는 데 유용하다.**48** 특히 문헌사 연구에서 중시되는 역사상(歷史像)을 바탕으로 고고학적 이론 모델을 구성함이 바람직하다.**49** 이러한 관점에서 '대등 정치체 상호작용(Peer Polity Interaction)'이라는 구체적 모델은 해당 시기 여러 사회들의 내적 발전과 상호관계에 대한 설득력 있는 설명을 도출해내는데 도움이 되리라 생각된다.

1980년대에 이론적인 구조가 확립된 대등 정치체 상호작용의 개념은 특정 지역 내에 존재하고 있는 동등하고 자치적인 정치체들 사이의 사회적·정치적·문화적 변화 또는 전체적인 조직의 복합성을 설명하는 데 이용되었다. 이 대등 정치체 상호작용 개념을 적용하면 그동안 맹목적으로 전파의 결과로 인식되어 오던 모습들을 다른 시각에서 설명할 수 있다. 실상은 역동적인 상호작용을 거치면서 변화되어 온 사회라는 것이다.

이러한 접근은 상호작용 권역 내 정치단위 사이에서 일어날 수 있는 포괄적인 상호작용을 특히 강조하고 있는데 그 상호작용의 형태는 교환뿐만 아니라 정보나 아이디어, 또는 상징의 교류, 그리고 적대적인 전쟁도 포함된다. 이 모델이 적용될 수 있는 사회단위 또한 자치적인 마을수준에서 국가까지 어떠한 형태든 될 수 있다. 이 모델에서는 필적할 만한 규모와 구조를 지니는 이웃한 정치체들은 대개 동시에 유사한 변화들을 겪는 경향이 있다고 본다. 상호작용의 결과로는 유사한 형태의 기념비적인 건축물, 정보를 소통하는 방법들(문자나 도량형**50**), 높은 지위를 상징하는 특별한 유물 형식, 그리고 다양한 종교적인 실천들과 관습들(예컨대 매장관습)에 있어 동질성을 보이게 된다고 한다. 그리고 그 상호작용은 경쟁, 우월경쟁, 상징동승, 기술혁신의 전달, 전쟁 등의 형태로 나타난다고 설명하고 있다.**51**

---

48 이희준, 1998, 『4~5세기 新羅의 考古學的 硏究』, 서울대학교박사학위논문.

49 이희준, 2002, 「초기 진·변한에 대한 고고학적 논의」, 『진·변한사연구』경상북도, 계명대학교 한국학연구원.

50 현재 원삼국시대 도량형에 관한 고고학적 증거는 거의 없다. 馬車軌間의 통일은 도량형통일을 그 전제로 한다는 점에서 중요한 증거를 제공해 줄 수 있다. 諫早直人은 진·변한에서 중국의 마차문화를 본격적으로 수용하기 위해서는 말의 사육, 각종 차마구의 생산, 도로의 정비와 유지, 또 마차궤간의 통일 등 막대한 자본정비가 필요한데 당시 수장층들이 그만한 힘이나 그럴 필요성이 있었을까 하는 데는 부정적으로 보고 있다(諫早直人 2005). 그러나 낙랑의 故地에서 출토되는 것과 유사한 개궁모가 성주 예산리 목관묘에서 출토되는 사례 등으로 보아 원삼국시대 마차가 존재하지 않았다고 단정 지을 수만은 없을 것으로 보인다.

51 Renfrew, C. 1986. 「Introduction: peer polity interaction and socio-political change」, *Peer Polity Interaction and Socio-Political Change*. Cambridge: Cambridge University Press.
Renfrew, C. and Bahn, P. 2004, *ARCHAEOLOGY Theories, Methods and Practice*. London: Thames and Hudson.
Renfrew, C. and Bahn, P. (eds). 2005, *ARCHAEOLOGY - The Key Concepts -*. New York: Routledge.
Renfrew, C. and Bahn, P. 이희준譯, 2006, 『현대고고학의 이해 ARCHAEOLOGY Theories, Methods and Practice』, 사회평론.

사실 원삼국시대 사회변동과 문화적인 동질성을 설명하는 데 있어 대등 정치체 상호작용이라는 개념이 그간 전혀 거론되지 않았던 것은 아니다.[52] 그러나 기왕의 연구에서는 이러한 개념을 소개하는 수준에 그치거나 그 개념을 특정 사례에 적용함에 있어 몇 가지 문제점을 드러내고 있다.[53] 그래서 이미 몇 차례 적용된 모델이긴 하지만 새롭게 검토할 여지는 충분할 것으로 생각된다.

대등 정치체 상호작용 모델이 설명의 틀 또는 해석의 준거로 사용되기 위해서는 몇 가지 조건들이 필요하다. 특히 개념을 적용하는데 있어서 유의할 점이 있다. 그것은 단순히 특징적인 고고학적 유구나 유물의 분포존재를 설명하고자 할 때 순환논리의 오류에 봉착할 수도 있다는 점이다. 무엇보다 중요한 것은 시기적인 분포양상에 대한 설명, 즉 '변화' 자체를 설명해야 한다는 것이다.[54]

대등 정치체 상호작용의 개념이 적용되려면 하나의 상호작용권역(interaction sphere) 내에 존재하는 諸소국들은 상호 종속관계가 아닌 대등한(peer) 정치적 집단으로 구성되어야 한다. 이 글에서 논의의 대상이 되는 원삼국시대 영남지방의 고고학 자료의 특성을 위와 같은 입장에서 살펴보면 먼저, 상호작용권역의 설정에 있어서는 소백산맥이라는 자연지형이 하나의 큰 기준이 될 수 있을 것이다. 원삼국시대 영남지방은 지리적으로 소백산맥의 테두리 내에 동남해안지역, 낙동강유역을 중심으로 이른 시기부터 와질토기문화 등 동질성이 강한 문화를 공유하면서 성장하였다. 이 영남지역의 諸정치체들간의 상호작용은 한반도내 여타 지역인 마한지역이나 낙랑, 고구려지역의 그것에 비해 질과 양적인 측면에서 더욱 긴밀했으며 이러한 양상은 당시 영남지역 고분 자료의 유사성에서 잘 드러나고 있다.

영남지역 諸소국들 간의 정치적 위상에 관해서는 다소 가정하기 어려운 문제가 많다. 즉 정치체들 사이의 자치권이나 대등한 지

52 朴淳發, 1989, 「漢江流域 百濟土器의 變遷과 夢村土城의 性格에 對한 一考察: 夢村土城 出土品을 中心으로」서울대학교석사학위논문.
권학수, 1992, 「가야의 복합사회 출현」- 제8회 한국상고사학회학술발표회요지 - , 한국상고사학회.
이성주, 1993, 「1~3세기 가야 정치체의 성장」, 『한국고대사논총』5, 가락국사적개발연구원.
李在賢, 2003, 『弁·辰韓社會의 考古學的 硏究』, 부산대학교대학원 박사학위논문.

53 예컨대, 이성주는 경쟁의 상호작용 결과로 4세기대 중국 동북지방 분묘에 매장의례의 한 요소로 표현되는 騎馬儀仗이 거의 비슷한 시기에 한반도 동남부에 까지 경쟁적으로 수용되는 예를 들고 있다(이성주 1993 pp.168~171). 상호작용권역을 동북아시아로 확대하여 4세기대 한반도 동남부에 나타나는 그러한 특징적인 양상을 설명하는 것이 가능할 수도 있겠지만, 그렇게 설정된 상호작용권역 내의 정치체들이 상호 대등한 관계였다는 것과 중국 동북지방과 한반도 남부 사이의 지역에서도 그와 유사한 현상이 일어나는지에 대한 논증이 필요할 것으로 생각된다.

54 Renfrew, C. 1986. 「Introduction: peer polity interaction and socio-political change」, *Peer Polity Interaction and Socio-Political Change*. Cambridge: Cambridge University Press.

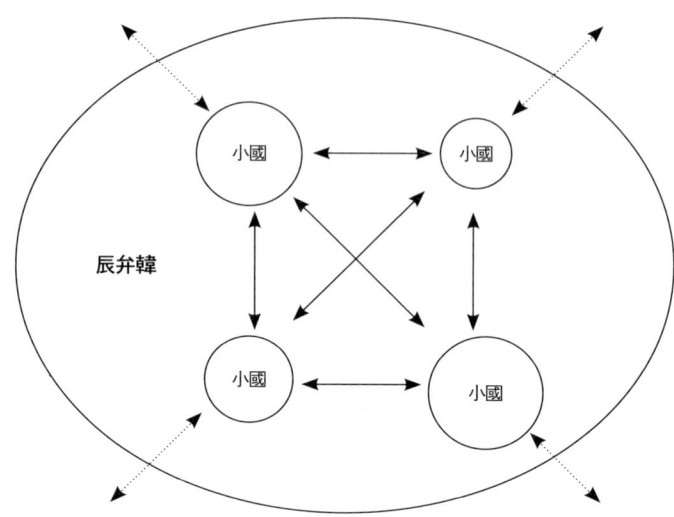

도면 65　상호작용(相互作用)의 모식도(Renfrew 1986 개변)

위를 고고학적으로 논증하기란 쉬운 일이 아니다. 더욱이 고분 자료를 살펴볼 때 특정지역을 우세한 중심지나 열세한 주변지역으로 상정하는 것은 쉽지 않다. 그러나 『三國志』 위서동이전에 따르면 진·변한 諸國들의 규모는 다양했지만 각국에 우두머리가 있다고 한다. 그러므로 諸정치체들 간에 규모에 따른 위계는 나타났지만 그것이 바로 상하관계를 의미한다고 단정할 수는 없다. 오히려 정치적으로 서로 대등한 위치에 있었다고 추론할 수 있는 바, 각 정치체들이 자치권을 보유하고 있었을 것으로 추정된다.

한편, 『三國志』 魏書 東夷傳에는 진·변한이 여러 소국들로 이루어져 있었다고 기록되어 있다. 이 소국들은 각기 크고 작은 邑·落으로 구성된 읍락국가였던 것으로 추정되고 있다. 그런데 이러한 진·변한 諸國들의 상호 관계를 豫察하고자 할 때 先決되어야 할 것이 있다. 그것은 각국의 영역적 범위를 설정하는 것이다.

기존의 연구에 비추어 볼 때 각 정치체의 영역적 범위를 추론하는 데 사용할 수 있는 자료는 상당히 부족하다. 영성(零星)하게나마 남아있는 문헌사료에서는 각국들의 영역을 추정할만한 적극적인 단서는 찾을 수 없을 듯 하다. 그렇다면 어떻게든 축적되고 있는 고고자료를 토대로 영역을 설정해야 할 것인데 당시 자료가 여타시기에 비해 비교적 많이 축척되어 있긴 하지만 지역적으로 편중되어 있어서 그 조차도 쉽지만은 않다.

　더욱이 또 한 가지 선결되어야 할 문제가 있다. 기존에 발굴·보고된 고분자료들을 토대로 각각의 소국(小國)의 수준, 즉 읍락의 위계를 인지를 어떻게 가늠할 것인가 하는 문제이다. 부연하자면 각각의 소국을 구성하고 있는 단위 정치체들 간의 자료를 비교할 때는 동일한 위계를 가진 취락의 배후로 생각되는 고분군끼리 비교하는 것이 타당하다.

　사실 이러한 문제는 원삼국시대 사회내부구조와 관련한 연구에서 그 동안 심도 있게 고려되지 않았던 듯하다. 예컨대 '울산지역의 철기문화가 김해 양동리유적 등과 비교해도 결코 뒤지지 않는 높은 수준이며, 경주지역의 그것과 비교해 볼 때 월등히 나은 양상을 보여 준다'라고 한 것[55]은 비교 대상의 위계가 동등하지 않은 것끼리 함으로써 야기된 오인(誤認)이라 할 수 있다. 하지만 전언한 바와 같이 최근 고고학적 자료가 많이 축적되고 있음에도 불구하고 여전히 지역적 편중이 있기 때문에 이와 같은 정치한 논의를 하기에는 어려움이 있다. 가령 경주 분지 중심부에는 A.D 1-3세기대의 자료가 없기 때문에 동시기, 동등한 위계의 고고학적 자료를 통한 정치한 논의는 말처럼 쉽지만은 않다. 이처럼 당시 각국의 영역과 내부구조의 일단면을 통해 소국들 간의 상호관계를 살피고자 할 때, 선결(先決)되어야 할 문제들이 이렇게 산적(散積)해 있는 것도 사실이다.

　한편 원삼국시대 제정치체들의 상호관계를 고고학 자료를 통

[55] 김영민, 1996, 「영남지역 삼한 후기문화의 특징과 지역성」, 부산대학교석사학위논문.

해 해석하는 데 있어 궐수형철기는 앞서 언급한 바와 같이 유효한 자료가 된다. 하지만 그간 이루어진 궐수형철기에 대한 연구는 중심 제작집단에서 주변 열세지역으로의 확산이라는 전파론적 해석에만 치중하다 보니 약간 무리한 결론으로 도달하는 경우가 많았다.

그간 원삼국시대 후기의 고분 자료에서 나타나는 동질성과 지역적인 변이를 설명하는 데 지배적인 관점은 이와 같은 전파, 중심(우세) – 주변(종속)의 틀이었다. 여기서는 기왕의 틀을 탈피하고 대등 정치체 상호작용의 개념을 적용함으로써 좀 더 설득력 있는 해석을 도출하고자 한다. 외부로부터의 영향이라는 틀을 반드시 배격되어야 하는 것은 아니지만 그 틀에 입각한 해석에서 문제점이 드러난다면 관점의 변화를 모색하는 것이 마땅할 것이다.

물론 궐수형철기라는 한정된 유물군을 통해 각 사회들 간의 관계를 예찰한다는 것은 무리일수도 있다. 그러나 본고는 기왕의 연구에서 문제점이 노출된 설명의 틀에 대해서 재고의 필요성을 지적하고 당대(當代) 지역 정치체들의 상호관계의 양태(樣態)를 새로운 관점에서 검토할 수 있는 모델을 적용해 보는 데 의미를 두고자 한다.

3) 궐수형철기의 특성과 변천

위와 같은 인식을 바탕으로 본고에서는 궐수형철기를 검토함에 있어 공간적으로는 영남지방, 시간적으로는 궐수형철기가 초현하는 기원후부터 퇴화되면서 정형화 단계에 이르는 4세기대로 한정하고자 한다.

한편 영남지방 이외의 백제권역에서도 궐수형철기가 출토되고 있다. 하지만 연기 용호리 1호 출토 철검은 신라 및 가야계로 이해되고 있고[56], 공주 수촌리, 금산 수당리 출토품은 여기에서 중심적으로 다루고자 하는 신라식(동혈주부곽식목곽묘) 및 가야식(이혈주부곽식목곽묘) 묘제가 등장하는 목관 – 목곽묘 단계(3세기 전·중엽 이전)와

---

56 成正鏞, 2007, 「漢江·錦江流域의 嶺南地域系統 文物과 그 意味」, 『百濟研究』제46집, 忠南大學校百濟研究所.

는 시기적으로 차이가 있으므로 논외로 하여도 무리가 없을 것으로 생각된다.

(1) 궐수형철기의 특성과 변천

원삼국시대 철기에 표현되는 궐수형 모티브는 유자이기, 표비, 판갑, 철모, 철검, 철도(환두대도, 곡도, 도), 철겸, 착두형 유자이기, 단조철부, 이형철기 등 다수의 철기에서 나타난다. 개별 철기마다 특유의 제작기술 및 세부적인 변화의 특징이 간취되지만 큰 틀에서는 궐수형 꼬임의 횟수라는 속성에 따라 시간성이 인정된다.

시기적으로는 경주 조양동 11호 단계에서 초현하여 2~3세기에 집중 출토되다가 4세기 이후가 되면 궐수형이 꼬인 횟수가 줄어들면서 유자로 변화하는 것이 보통이다. 하지만 궐수형철기 각 기종에 따라 형식 변화가 다르게 나타나므로 아래에서는 기종별로 검토하기로 한다.

표 1과 같이 궐수형철기 가운데 가장 먼저 유행하는 것이 S자형 표비와 이형철기이다. S자형 표비는 그 이전 시기 목관묘 단계에서 출토되는 표비들과는 사뭇 다른 양상을 띠고 있어 주목할 만하다. 이전의 목관묘에서는 재갈멈치가 프로펠러형에, 함도 3조 꼬임 기법이 대부분이다. 사라리130호 단계에서 궐수형 표비가 초현한 후부터는 재갈멈치가 S자형 궐수형 장식의 형태로 바뀌고 함의 제작 기술도 다양해진다.[57] 또한 이형철기는 창원 다호리19호, 경주 사라리130호에서 출토되었는데 아직까지 그 용도가 불분명한 상황이다.

이상과 같이 궐수형철기는 원삼국시대 전기에 S자형 표비와 이형철기를 중심으로 출현하며, 이것이 출토되는 유구는 목관묘와 초기 목곽묘가 있다. 이후 원삼국시대 후기가 되면 다양한 궐수형 철기가 등장한다. 유자이기가 주류를 이루는데 가장 이른 형태로

[57] 諫早直人, 2005,「原三國時代における鐵製轡製作技術の特質」,『朝鮮古代研究』第6號, 朝鮮古代研究刊行會.

표 1 궐수형철기 各種의 변천

	유자이기	표비	판갑	철모	도, 검	철겸	기타
원삼국시대 전기 (기원전1C중엽~기원후2C전엽)		I형식 II형식					이형철기 I형식
원삼국시대 후기 (2C중엽~3C중엽)	I형식	III형식 IV형식			I형식 II형식 III형식	I형식	착두형 유자이기 I형식
삼국시대 (3C중후엽~4C중엽)	II형식		I형식	I형식	IV형식	II형식 III형식	

판단되는 유물로는 포항 옥성리 나78호 출토품이 있다. 유자이기는 특히 가시가 말린 횟수가 감소하는 양상으로 형식 변화가 뚜렷하다. 이외에도 궐수형표비 III형식, IV형식, 궐수형철도 I형식~III형식, 궐수형철겸 I형식, 궐수형착두형 유자이기 I형식이 이 시기에 유행한다.

　　　삼국시대에는 대부분 궐수의 꼬임 횟수가 줄어들면서 궐수형이 퇴화되는 것이 대부분이나, 일부 기종에서는 오히려 궐수의 꼬임 횟수를 늘리거나 궐수를 오려서 제작한 것이 공존하기도 한다. 표비는 확인되지 않으며 궐수형유자이기 II형식, 궐수형판갑 I형식, 궐수형철모 I형식, 궐수형철겸 II형식, III형식 등이 유행한다.

　　　한편 궐수형철기에 대한 기왕의 연구에서는 궐수형철기의 분포와 그 의미에 대해서 앞서 언급한 것처럼 크게 두 가지 견해로 나뉨을 알 수 있다. 김해 양동리유적을 중심으로 한 변한계(弁韓系-加耶系) 유물로 이해하는 것과 울산 하대유적을 중심으로 한 궐수형유자이기나 철모가 낙동강 이동지역에 국한되어 출토되는 현상에 주목하여 진한계(辰韓系-新羅系) 유물로 인식하는 것이 바로 그것이다. 이처럼 기왕의 연구에서는 궐수형철기를 지역성을 규명하는 대상으로 간주해왔다. 그리하여 궐수형철기의 분포 양상이나 존부(存否)에 주목하였을 뿐 궐수형철기 전반에 대한 검토가 부족했기 때문

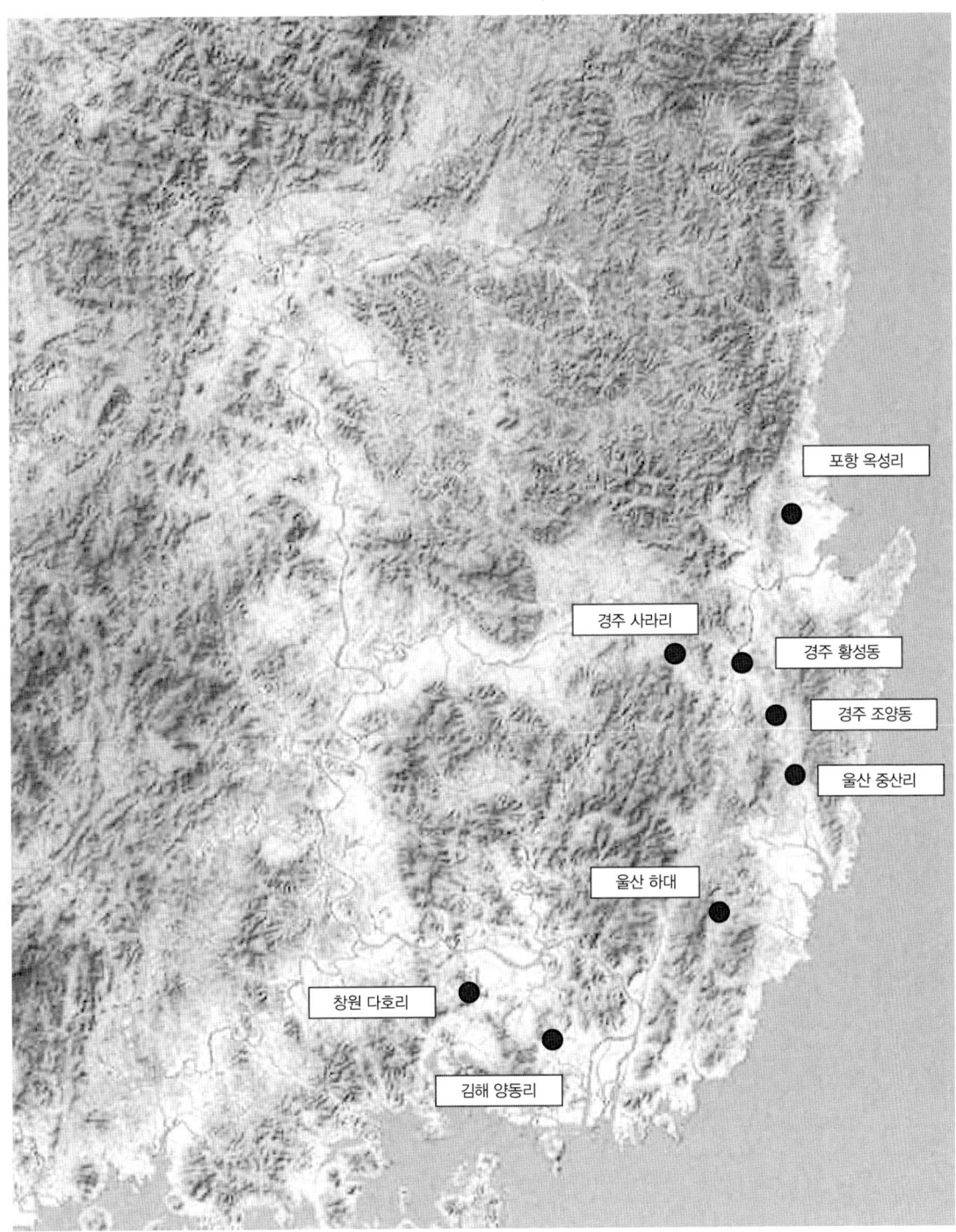

도면 66 원삼국시대 영남지방 주요지역 궐수형철기의 분포

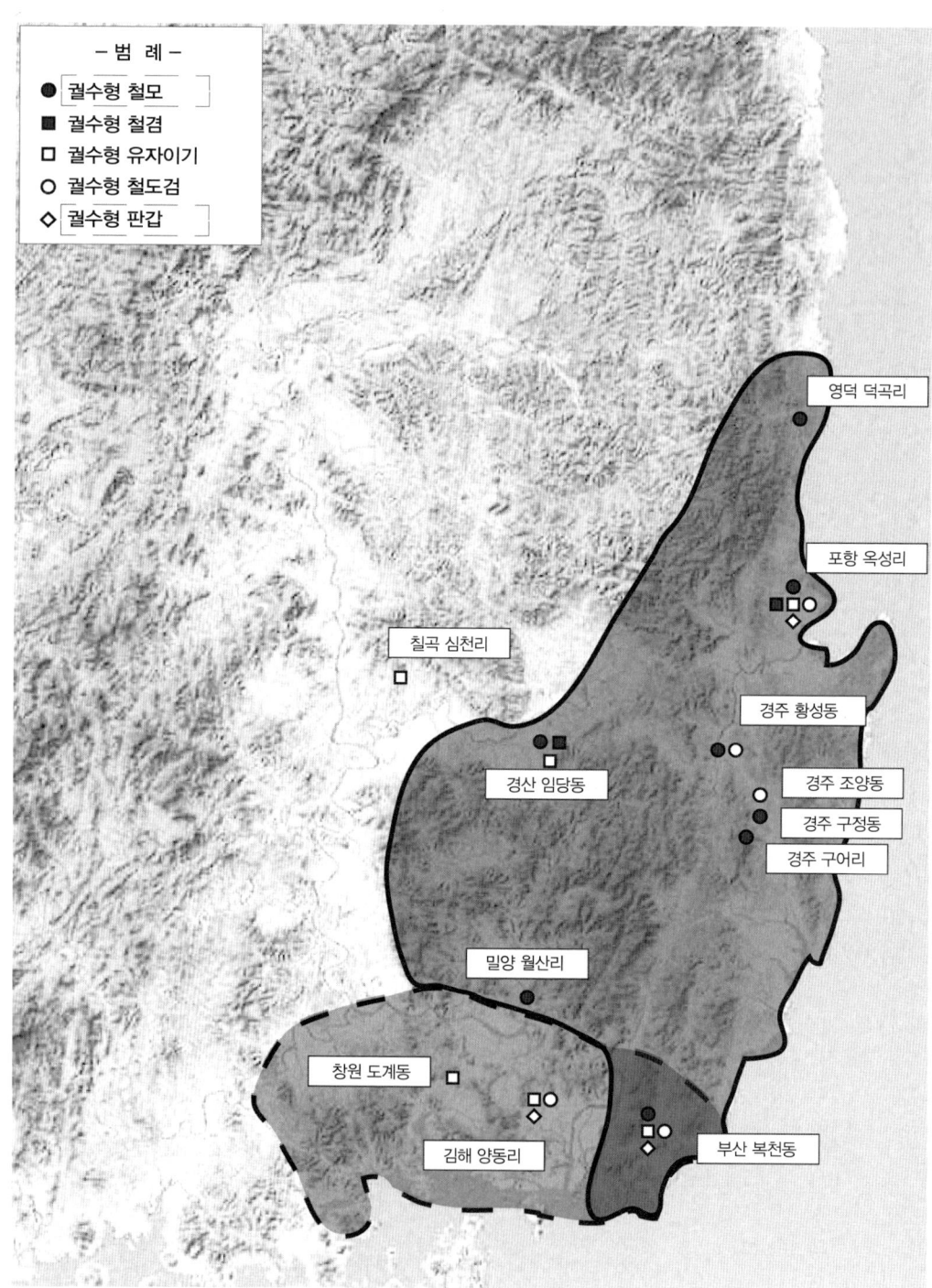

도면 67 삼국시대 궐수형철기의 분포정형과 지역성

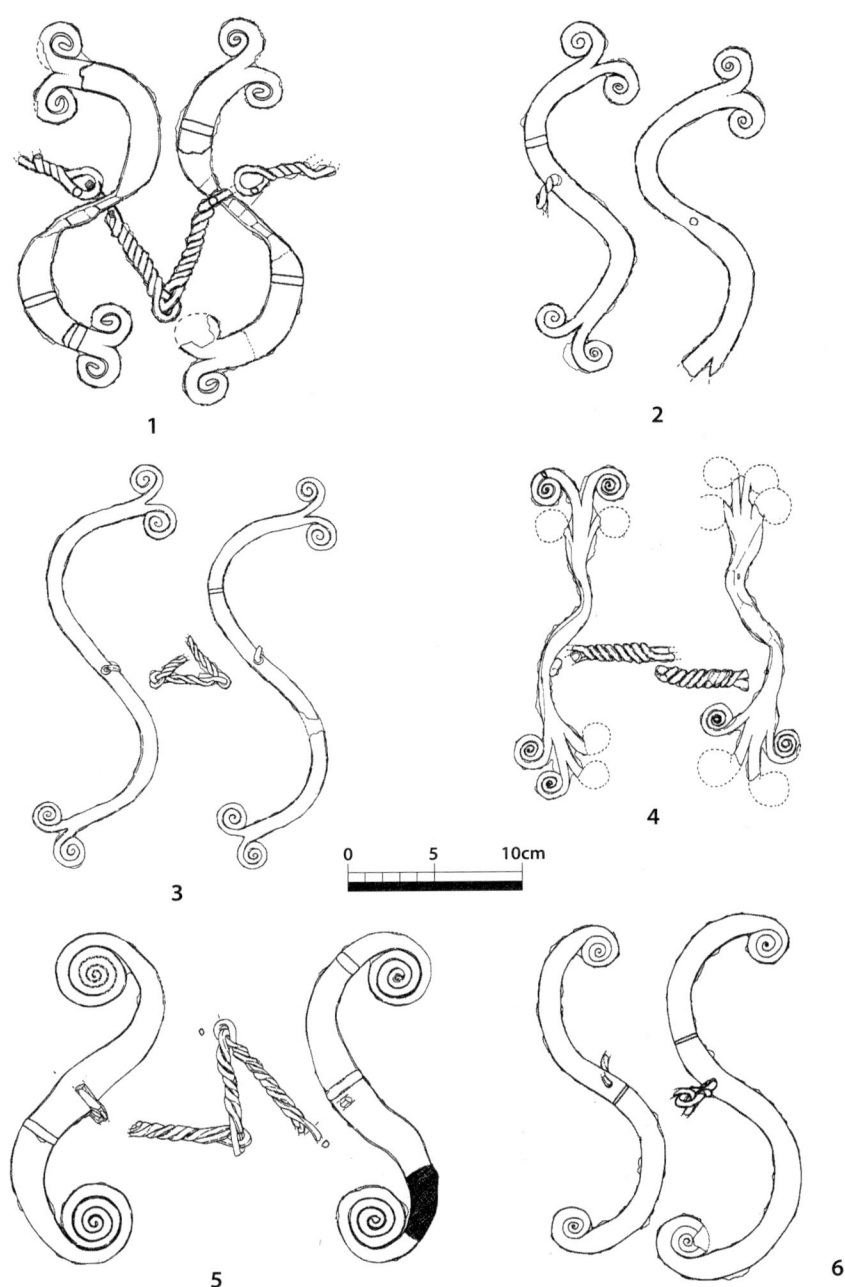

도면 68 원삼국시대 전기의 궐수형 표비
1. 경주 사라리130호 | 2. 경주 조양동68호 | 3. 울산 중산리Ⅷ-4호 | 4. 김해 양동리162호 | 5. 경주 황성동46호 | 6. 울산 하대1호

제5장 의장 무기로 본 신라와 가야

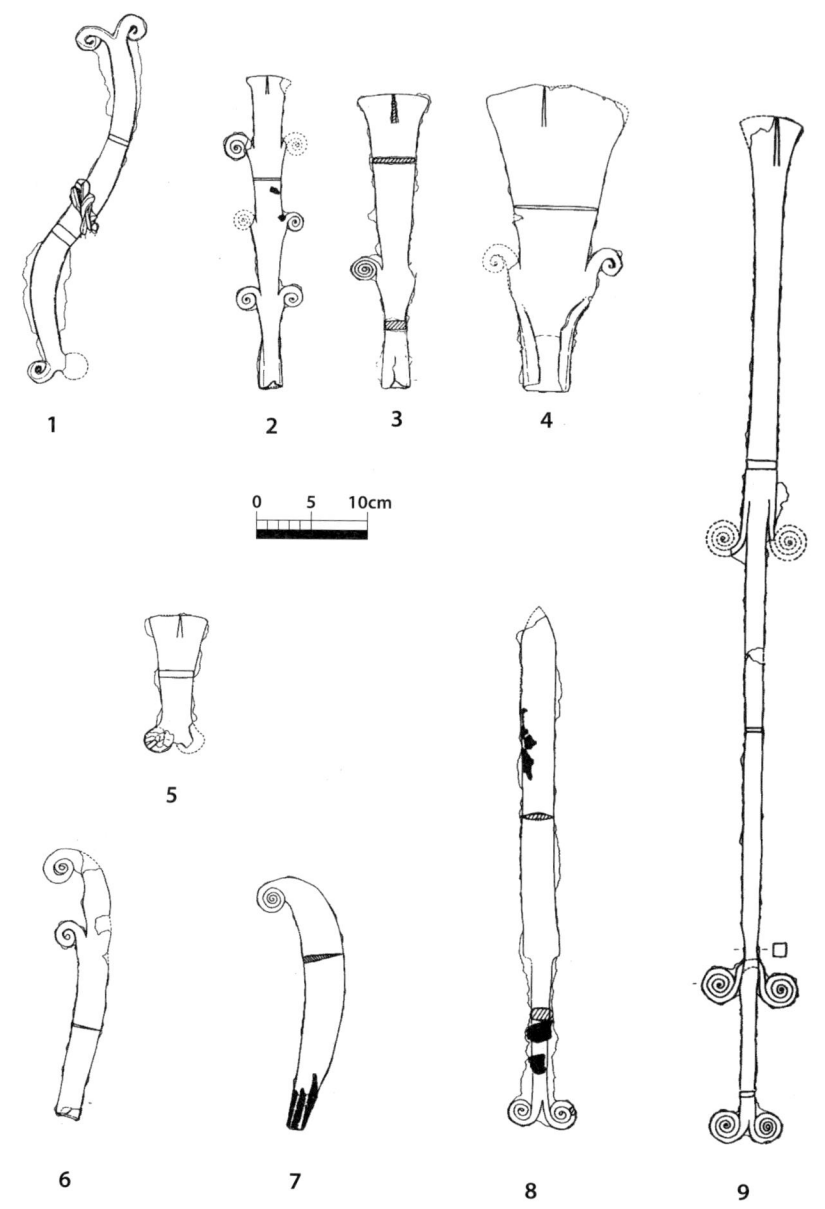

도면 69 원삼국시대 전기후반의 궐수형철기 각종

1. 경주 조양동1호 | 2. 포항 옥성리나78호 | 3. 옥성리가31호 | 4. 옥성리가31호 | 5. 옥성리나51호 | 6. 옥성리가31호 | 7. 경주 황성동634-19호 | 8. 김해 양동리212호 | 9. 울산 하대44호

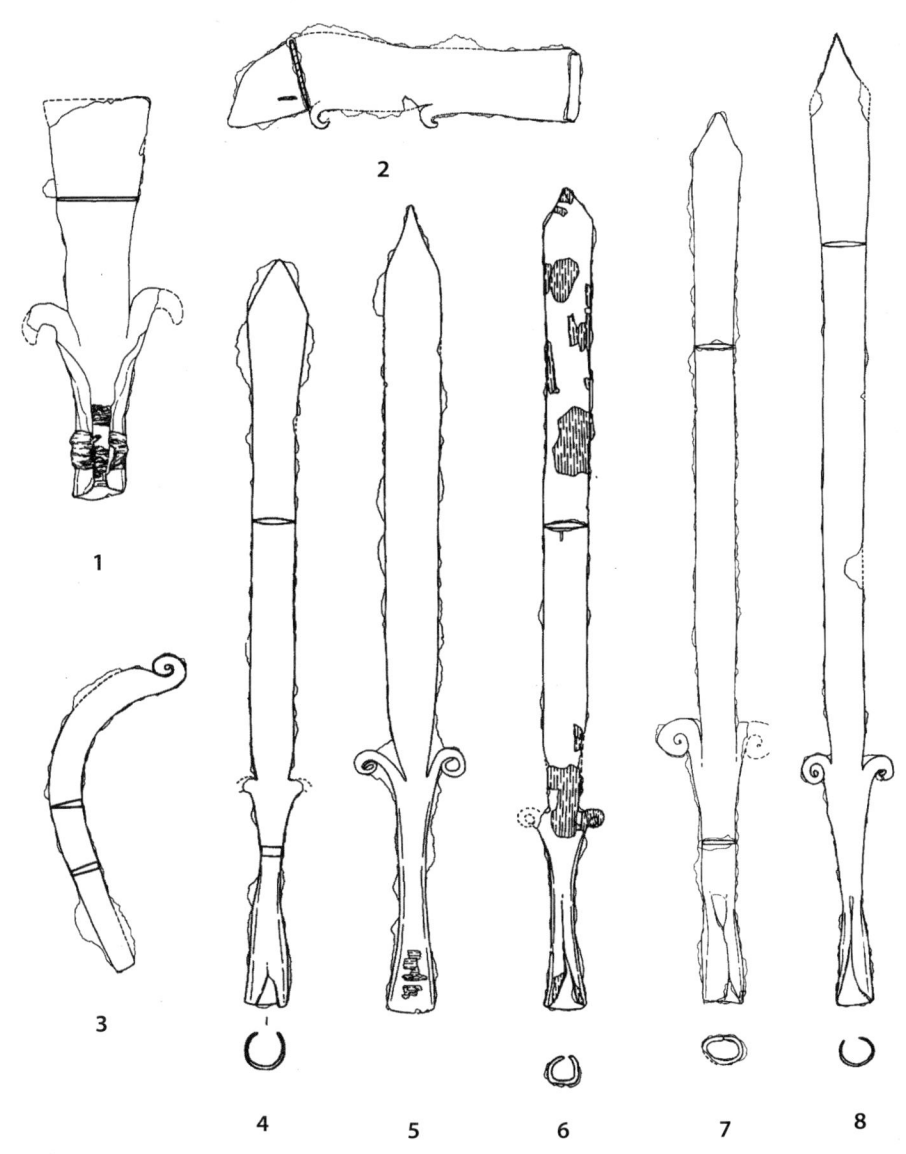

도면 70 삼국시대 초기 궐수형철기
1·2. 부산 복천동57호 | 3. 포항 옥성리가45호 | 4. 옥성리나56호 | 5. 옥성리나65호 | 6. 울산 중산리IA-23호
| 7. 중산리ID-15호 | 8. 옥성리나122호

제5장 의장 무기로 본 신라와 가야 229

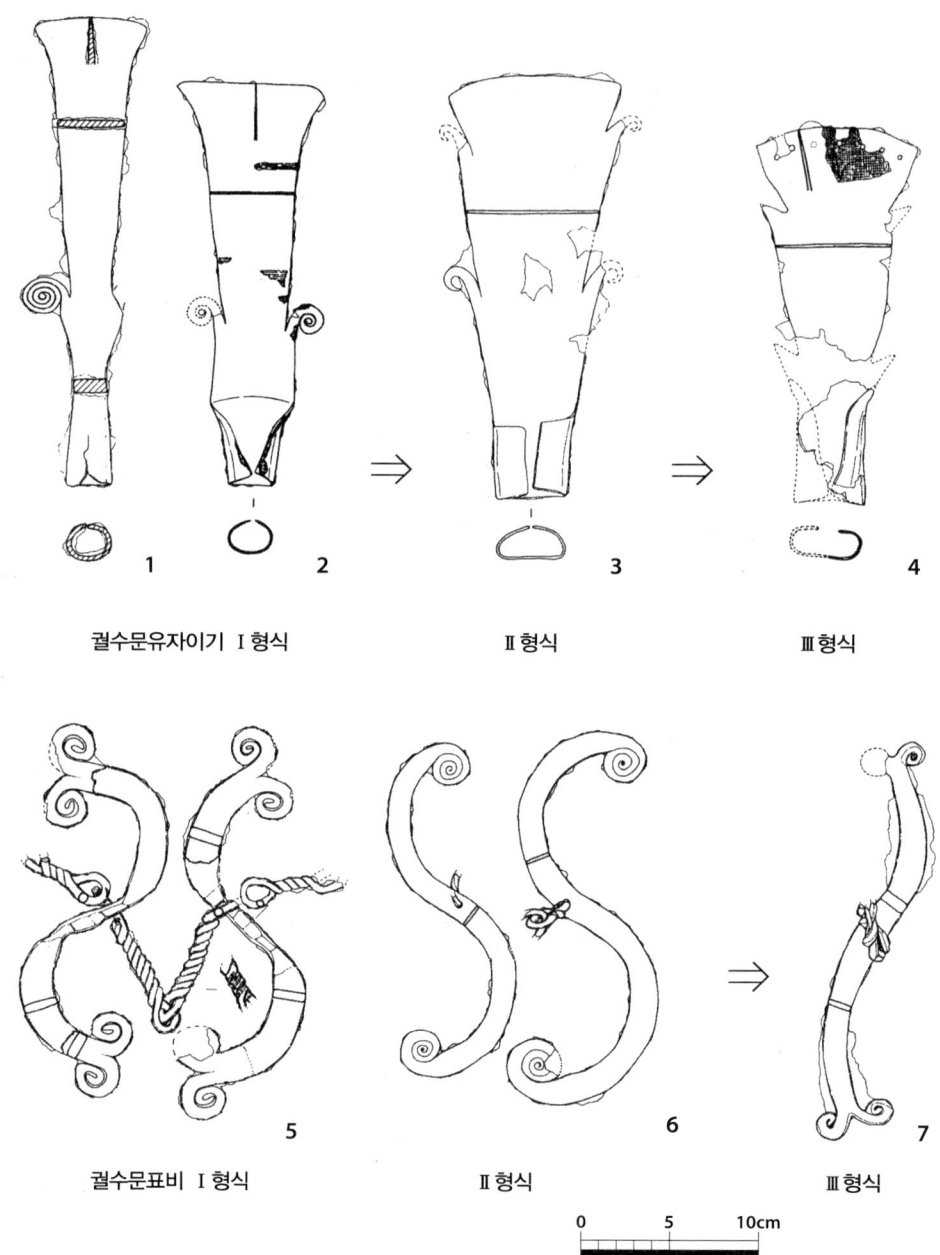

도면 71 궐수형철기의 변화 양상
1. 포항 옥성리가31호 | 2. 옥성리나122호 | 3. 옥성리나8호 | 4. 옥성리나17호 | 5. 경주 사라리130호 | 6. 울산 하대1호 | 7. 경주 조양동1호

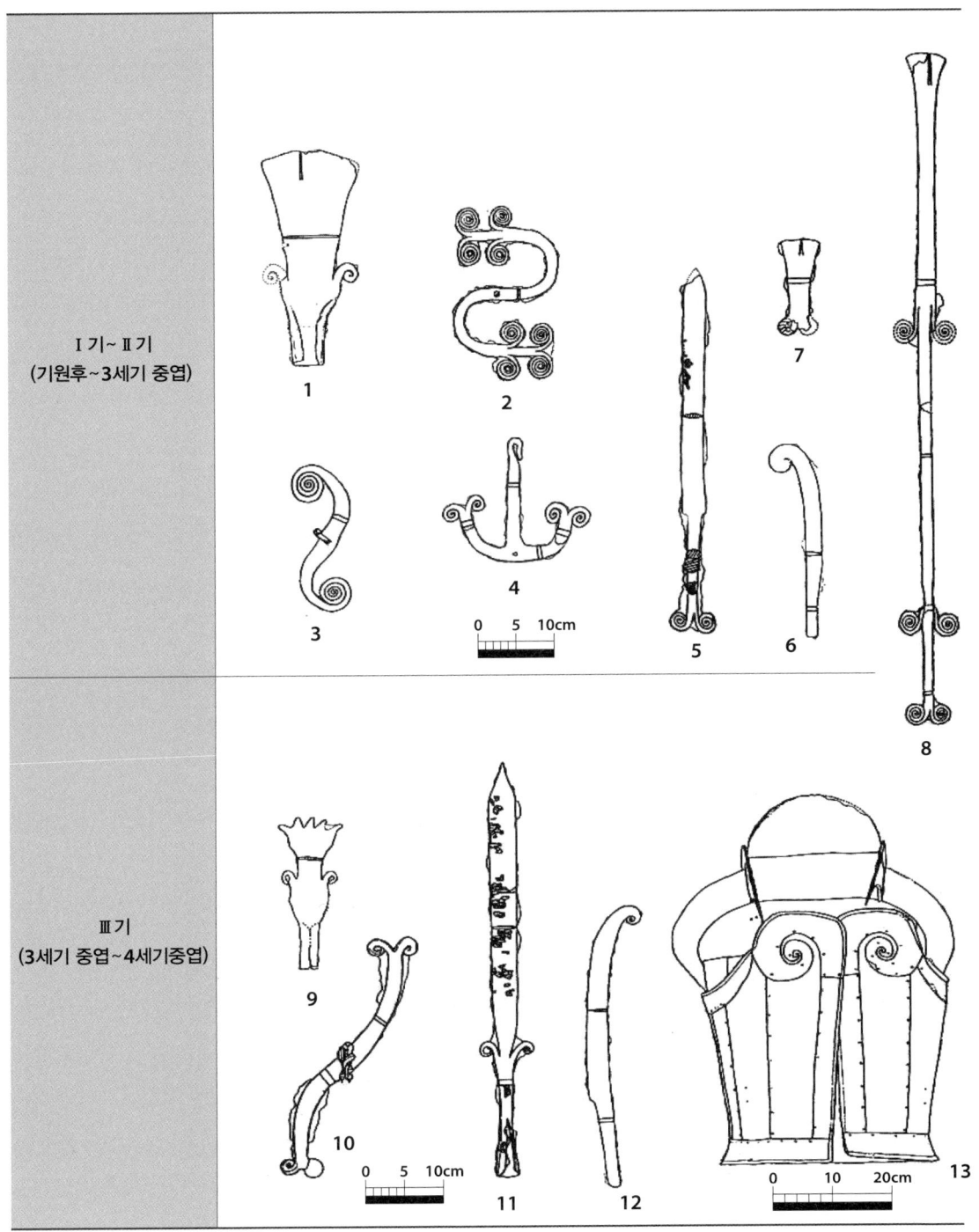

도면 72 궐수형철기의 단계별 변천

제5장 의장 무기로 본 신라와 가야 231

에 시간적 변이를 검토하지 않은 점을 문제점으로 지적할 수 있다. 궐수형철기 대부분이 영남지역에서 집중 출토되고 있고 시간적으로 보면 기원후부터 삼국시대까지 계속 이어지고 있다. 따라서 공간적으로는 영남지역 전체, 시간적으로는 '기원후부터 삼국시대'를 전후하는 시점으로 보다 통시적으로 검토하여야 한다.

궐수문 철기 자체의 변천과 여타 자료들과의 검토를 통해 시기를 설정한 원삼국시대 전기와 후기에는 궐수형철기들 상호 간에 공통성이 강하다. 궐수형의 표비, 유자이기, 도, 검, 철겸, 이형철기, 착두형유자이기 등이 경주나 김해지역의 주요 유구를 중심으로 출토되고 있다.

하지만 삼국시대에 들어서면 궐수형철모, 철겸은 경주지역을 중심으로, 궐수형판갑은 김해지역을 중심으로 부장된다. 이러한 현상은 삼국시대 초기가 일반적으로 신라, 가야형 묘제라 일컫는 동혈주부곽식목곽묘와 이혈주부곽식목곽묘가 발생하고 성행하는 시기라는 점을 감안할 때 지역성의 발생이라는 측면에서 주목할 만하다.

이에 다음 절에서는 크게 원삼국시대 전기와 후기, 삼국시대 전기로 시기를 구분하고 시기별로 궐수형철기가 발생·유행하고 부장되는 의미와 그를 바탕으로 추론할 수 있는 당시 지역 정치체들의 대외적 관계에 대해 추론하고자 한다.

4) 궐수형철기와 지역 정치체들의 상호작용

철기유물에 나타나는 궐수형 모티브는 일반적으로 볼 때 기왕의 논의와 같이 상징적인 성격이 매우 강한 것으로 파악할 수 있을 것이다. 하지만 '궐수형 모티브의 상징성이란 과연 무엇인가?'라는 질문에 접근하는 것은 과거 인간이 남긴 물질자료를 주된 분석의 대상으로 하는 고고학 연구에서 매우 어려운 문제이다. 최근 과거 집단이나 개인의 상징과 의례를 규명하기 위한 다양한 이론적 틀과 고고학적 접근이 시도되고 있어서 이러한 질문에 대한 답을 찾기 위한 고고학적 연구는 지금부터 시작이라 할 수 있다.[58]

여기에서는 일단 궐수형의 상징성이란 구체적으로 무엇인가 라는 문제는 차치하고자 한다. 무어라 단정할 수는 없지만 궐수형 철기가 출토되는 분묘와 공반유물들의 질적·양적인 측면을 고려할 때 궐수형이 독특한 상징성을 지니고 있음은 거의 확실하다고 할 수 있다. 이에 궐수형철기를 통해 당대 사회상에 대한 큰 그림을 그려보고자 하는 것이다. 궐수형 모티브가 적용된 철제이기들이 상징성을 지니고 있다고 볼 수 있는 고고학적 정황들은 다음 절에서 설명하도록 하겠다.

(1) 원삼국시대 소국(小國) 정치체간 상호작용

궐수형철기가 주로 부장되는 원삼국시대에는 경주 사라리 130호, 황성동 강변로 1호, 포항 옥성리 나-78호, 울산 하대 44호, 중산리 Ⅶ-4호, 김해 양동리 162호 등 각 고분군내 최고 위계의 수장급 무덤에서 확인되고 있다. 원삼국시대에는 대부분 대형의 방형 목(관)곽묘를 채택하고 있으며 삼국시대에 들어서도 지역적으로 차이는 있지만 경주와 김해지역을 중심으로 세장방형 목곽묘에서 출토되고 있다. 원삼국시대 유구에서는 공통적으로 양질의 토기류는 물론이거니와 다양한 철제 무기류와 마구류가 부장되고 있다. 특히 철부나 철모가 다량 부장되는 양상은 대부분의 유구에서도 확인된다. 삼국시대 이후에는 지역적 차이가 나타나는데 경주 구정동 3곽·4곽 등 경주를 중심으로 한 낙동강 이동지역에서는 궐수형 철모가 다량 부장되기도 한다.

이상과 같이 원삼국시대 전기와 후기에 확인되는 궐수형철기는 고분군내에서도 대형의 방형 유구, 우세한 유물과 함께 부장되는 점에서 최상급묘에서 한정적으로 출토된다고 볼 수 있다. 이러

[58] 김권구, 2007, 「청동기시대 상징과 사회발전」, 『天馬考古學論叢』石心鄭永和敎授 停年退任紀念論叢 刊行委員會.

한 양상은 궐수형철기 자체가 집단 내에서 특수 계층만 보유할 수 있었던 어느 정도 상징적 성격을 지닌 유물임을 알 수 있다.

한편 '궐수형이라는 모티브가 어떠한 영향으로 채택되었는가'라는 계보에 관한 문제가 대두된다. 이제까지 알려진 궐수형철기의 초현과 유행은 대부분 원삼국시대 영남지역이 그 중심이었음은 앞서 살펴본 바와 같다. 최근 호서지역에서 일부 궐수형철기가 보고되는 경우도 있으나 그것들은 시기적으로 늦은 유물들로서 영남지역의 계보문제를 논의하는데 제외해도 무리가 없다.

이처럼 기존에 보고된 궐수형철기들의 영남지방에서 초현하고 유행하였지만 궐수형이라는 모티브 자체가 영남지역에서 완전히 새로운 하나의 요소로서 고안되었다고 보기는 힘들다. 왜냐하면 궐수형이라는 나선상(螺線狀)의 모티브 자체가 완전히 동일하지는 않지만 이미 세형동검을 위시한 유물복합체 중 청동기뿐만 목제품 등에서도 나타나기 때문이다. 또한 궐수형의 모티브는 낙랑지역 및 중국 중원지역을 포함한 동아시아를 비롯하여 시공간적 괴리를 뛰어넘어 범세계적으로 나타나고 있기 때문이다. 여기서 주목해야 할 점은 그러한 모티브가 영남지역 고유의 특징을 지니며 철제이기(鐵製利器)의 장식효과로 채용되었다는 점이다.

그러면 이와 같이 영남지방의 원삼국시대 주요 목곽묘유적에 골고루 분포하는 궐수형철기는 어떤 맥락으로 이해할 수 있는가? 앞에서 살펴본 것처럼 '대등정치체상호작용(peer polity interation)'이라는 모델을 통해 상징성이 강한 궐수형 모티브를 수용한 철기가 시기별로 분포되는 정형이 각 소국들 간의 사회적 관계의 일단면을 표상한다고 가정한다면, 이와 같은 물음에 대해 개괄적이나마 접근할 수 있을 것이다.

궐수형철기의 분포정형 변화에 있어 가장 큰 획기는 목곽묘가 등장[59]하는 단계인 원삼국시대 후기이다. 특히 동남해안지역 각지

59 목곽묘 단계로의 전환은 최근 여러 연구자들이 영남지방 고분문화 흐름에 있어서 큰 사회적·물질적 획기로 간주하기도 한다.
李盛周·金昡希, 2000, 「蔚山 茶雲洞·中山里遺蹟의 木棺墓와 木槨墓」, 『三韓의 마을과 무덤』, 제9回 嶺南考古學會 學術發表會要旨, 嶺南考古學會,
李在賢, 2003, 『弁·辰韓社會의 考古學的 硏究』, 부산대학교대학원사학과 박사학위논문.
金榮珉, 2004, 「三韓後期 辰韓勢力의 成長過程硏究」, 『新羅文化』, 第23輯, 東國大學校新羅文化硏究所.

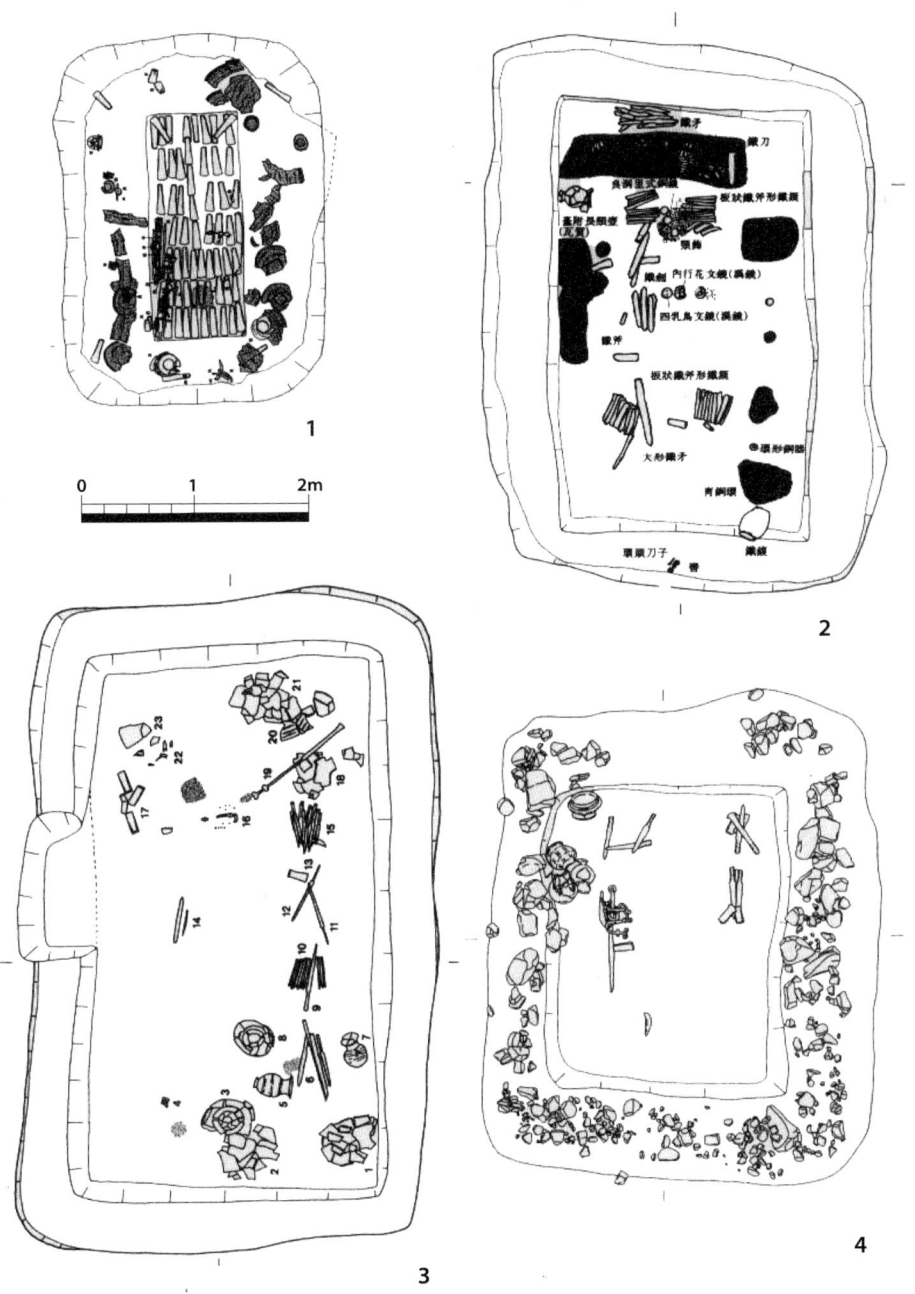

도면 73 궐수형철기가 부장된 주요 목관(곽)묘
1. 경주 사리리130호 | 2. 김해 양동리162호 | 3. 울산 하대44호 | 4. 경주 황성동 강변로1호

제5장 의장 무기로 본 신라와 가야 235

에서 확인되는 초기의 대형 목곽묘에서는 거의 예외없이 궐수형철기들이 확인된다. 궐수형 모티브가 장식된 표비, 철모, 도검, 겸 등 각종 철제이기들이 2세기 중엽 이후 각 지역의 대형 목곽묘에서 출토되고 있다.

　　초기 대형 목곽묘들은 출현기에 주로 경주와 김해를 포함한 포항, 울산 등지에서 확인된다. 이 단계에 해당하는 각 지역의 무덤들을 비교해 보면 유구와 유물의 질과 양에서 뚜렷한 위계차이를 보이지는 않는다. 마찬가지로 거기에서 출토되는 궐수형철기 역시 유구마다 다소간의 차이는 있을지 몰라도 현격한 차이는 인정되지 않는다. 이러한 특징은 굉장히 중요한 현상이라고 생각되는데, 경주와 김해지역의 일부 유구에서만 확인되던 원삼국시대 전기의 분포정형과는 극명한 차이를 보이는 것이다.

　　목곽묘에 부장된 이러한 철제이기들은 그 본연의 기능적인 측면이 약화되고 장식성이 강화되면서 형식화[60]되는 특징을 띤다. 이러한 성격을 지닌 궐수형철기들이 분묘에 부장되는 것은 당시 특수한 사회적 상황을 반영하고 있는 것으로 생각된다. 모티브의 상징성과 이기(利器)로서의 비실용적인 측면을 가장 큰 특징으로 본다면 기본적으로 '의례(儀禮)'와 관계된 것일 가능성이 크다.

　　이와 관련하여 최근 목곽묘 단계 후기와질토기의 문양에 대한 성격을 고찰한[61] 견해가 있어 참고가 된다. 이재현은 대부호나 노형토기 등에 시문되어 있는 문양의 분석을 통해 문양이 사회내부의 전반적인 변화를 반영하는 것으로 보았다.[62] 즉 2세기 중엽 목곽묘 등장과 궤를 같이 하여 나타나는 대각달린 후기 와질토기에서 나타나는 특징적인 문양은 새로운 상장의례의 채용과 관련된다고 하였다. 후기와질토기에 시문된 상징적인 문양들에 관한 해석을 궐수형 철기에 그대로 적용하기에는 무리일수도 있으나 궐수형모티브를 채용한 철제이기들이 그 본연의 기능보다는 장식성이 강한 유물이

---

[60] 서영남·이현주, 1997, 「三韓·三國時代 鐵器의 儀器的 性格에 대한 일고찰 - 鐵矛와 有刺利器를 中心으로 - 」, 『가야고고학논총』2, 가락국사적개발연구원.

[61] 李在賢, 2006, 「영남지역 후기 와질토기의 문양 성격」, 『石軒鄭澄元敎授停年退任紀念論叢』.

[62] 李在賢, 2006, 「영남지역 후기 와질토기의 문양 성격」, 『石軒鄭澄元敎授停年退任紀念論叢』.

라고 하면 '의례'와 관계 깊은 것으로 볼 수 있다. 그렇다면 초기 대형 목곽묘 단계에서 보이는 대량의 궐수형철기 부장양상은 새로운 예속의 변화라는 맥락[63]에서 추론해 봄 직하다.

물론 극소수이긴 하나 이전 단계에 이미 궐수형철기가 등장하고 있으므로 원삼국시대 후기에 완전히 새로운 예속으로 변화했다고 상정하기에는 무리가 있다. 하지만 후기와질토기의 경우 그러한 문양이 나타나게 된 계기는 외부적 요인에 의한 것일지는 모르겠으나 사실 시문된 거치문, 능형문, 집선문 등의 문양 자체는 이전시기의 청동의기 등에서 보이는 재지적인 것이다. 마찬가지로 궐수형철기의 경우에도 궐수형 모티브가 출현한 데 초점을 맞출 것이 아니라 그러한 모티브를 독특하게 철제이기에 채용한 철제품들이 원삼국시대 후기로 접어들면서 거의 동시에[64] 광범위하게 나타난다는 점에 주목해야 한다. 이는 궐수형철기의 출현배경을 단순히 우세한 중심지에서 종속적인 주변으로의 전파라는 해석의 틀로는 그 전모를 설득력 있게 설명하기 어려움을 시사하고 있다.

한편 각 지역 정치체 엘리트들의 대외적 위상을 엿 볼 수 있는 증거들은 바로 그들이 묻힌 당대 분묘자료에서 확연히 드러난다. 이미 여러 차례 언급한 것처럼 원삼국시대 후기 즉, 2세기 중엽의 목곽묘 등장기에 해당하는 분묘들에서는 상호간에 질적·양적 수준에서 현저한 낙차를 보여주지 않는다. 그런데 부장품을 포함한 분묘의 질적·양적 수준 전반에 대해서 객관화된 항목이나 수치의 엄밀한 잣대로 들여다보면 당시 각 지역의 자료들이 상호간 낙차가 전혀 없다고는 할 수 없다. 아직 발굴사례가 적어서 확인되지 않았을 가능성도 있겠지만 현재까지의 자료에 의하면 영남 각 지역 정치체들의 수장묘들 중에서 그 규모나 부장품 내용으로 보아 중핵(中核)으로 설정할 만한 위계를 지닌 곳을 꼽기는 어렵다고 본다.

원삼국시대 후기의 각 유구 상호간에 나타나는 특별한 유물의

[63] 후기와질토기문양을 목곽묘단계는 새로운 예속을 통해 사회적 차별을 더욱 강화하려고 했던 엘리트들의 전략으로 본다는 견해.

[64] 원삼국시대 후기의 여러 지역 자료를 검토해보면 포항 옥성리 유적 등지에서는 약간의 시차가 인지된다. 하지만 대량의 철제이기들을 생산하기 위해서는 정치체 내 사회·경제적 諸기반이 갖추어지지 않으면 대량으로 생산할 수 없음을 생각해볼 때 감지되는 그 미미한 시차는 당시 정보흐름에 있어서의 어떤 특수한 상황에 기인하는 것일 뿐이라고 생각된다. 목곽묘 登場期 諸정치체들이 이미 그만한 철제품들을 생산할 능력을 거의 대등하게 갖추고 있었다는 것은 궐수형철기를 논외로 하고도 대량의 철제이기들이 각 지역의 초현기 대형 목곽묘에서 출토되는 것에서 어렵지 않게 짐작할 수 있다.

존재나 혹은 빈도 차이는 그다지 뚜렷해 보이지는 않는다. 즉 원삼국시대 후기의 분묘들은 그 규모와 부장양상을 통해 볼 때 영남지방 전체적인 맥락에서 특출한 지역 정치체의 존재를 상정하기는 어렵다는 것이다. 유구 간의 차이는 이후 경주지역이 정치·경제적 중심지로 자리매김하는 시기의 상황과는 뚜렷하게 구별되는 것이다. 요컨대 원삼국시대 후기의 분묘들은 경주지역이라는 우월한 중심지를 中核으로 각 지역의 고고자료들이 질과 양적인 측면에서 분명한 낙차를 보이는 4~5세기의 자료 패턴[65]과는 대별(大別)된다.

이러한 고고자료의 상황은 『三國志』위서동이전에 보이는 진·변한 제국(諸國)들이 그 규모는 다양했지만 각국에 우두머리가 있다는 기록과 함께 당시 각 지역 정치체들의 관계가 정치적인 중심지역-종속지역이 아니었음을 추론하게 하는 또 하나의 증거가 될 수 있다. 그리고 이러한 추론은 이미 기존의 연구에서 진·변한의 성격이 정치적 연맹체라기보다는 대외적인 교류나 교역과 같은 경제적인 목적을 실현하기 위한 교환망이었다는 측면으로 이해하는[66] 맥락에 부합한다. 이와 같은 추론들이 궐수형철기의 부장 현상에 관한 타당한 해석의 전제가 될 수 있다면 원삼국시대 목관묘, 초기 목곽묘 단계 즉, 본고의 원삼국시대 전기와 후기 고분 자료에서 나타나는 특징들은 진·변한 각 지역 정치체의 엘리트들이 하나의 상호작용권역인 영남지역(진·변한지역)을 내집단으로 하는 동질적인 정체성을 유지하고자 노력했던 결과[67]라고 볼 수 있다.

동질적인 정체성을 유지하려던 노력은 정체체 상호간을 묶어주었던 경제적 목적과 연동하여 당시 사회·문화적으로 영남지역과 그 이외 지역을 양분하는 데[68] 크게 영향을 끼쳤을 것이다. 그리고 그러한 사회적 정황 속에서 진·변한 연맹체 내 다소나마 사회·경제·문화적으로 선진적인 면모를 갖춘 지역집단을 준거집단(準據集團(-interest group)으로 삼고자 하는 諸소국 엘리트들의 노력이 당

---

65 李熙濬, 1996, 「낙동강 以東지방 4·5세기 고분자료의 정형성과 그 해석」, 『4·5세기 한일고고학』, 제2회 영남·구주학회 합동고고학대회 발표요지.

66 李賢惠, 1984, 『三韓社會形成過程研究』, 一潮閣
權五榮, 1998, 「『三國志』弁·辰韓 기사와 고고자료의 비교검토」, 『弁·辰韓의 世界』, 제2회 부산광역시립박물관 복천분관 학술발표대회요지.
주보돈, 2002, 「辰·弁韓의 成立과 展開」, 『진·변한사 연구』, 경상북도·계명대학교 한국학연구원.

67 최근 김두철은 목관묘에서 목곽묘사회로 전환기의 고고학적 양상을 살피고 그 배경과 변화의 성격을 파악하고자 한 논고에서 목곽묘가 축조되면서 나타나는 토기 제작 기술의 변화 및 신기종의 출현 그리고 고사리문(궐수형)장식의 '銜連結用 中央1孔式'의 鑣를 가진 토착계 재갈의 출현과 같은 고고학적 현상을 새로이 到來한 목곽묘 사회가 새로운 사회통합 질서의 구축을 위하여 강한 정체성을 구현하고자 했던 결과로 해석한 바 있다(金斗喆, 2006, 「木槨墓社會로의 轉換」, 『石軒鄭澄元敎授停年退任紀念論叢』).

68 民族誌的인 성격을 띠고 있는 『三國志』에서도 진·변한이 서로 섞여 雜居한다거나 각 정체체들이 뚜렷하게 영토상 구별되지 않는다는 기록을 이와 같은 맥락에서 이해할 수 있을 것이다.

시 분묘자료에 그대로 반영되어 있다고 생각해 봄직하다.

　　부연하자면 진·변한 연맹체를 준거집단으로 하여 정체성을 공유하고자했던 각 지역 엘리트들의 적극적인 노력은 장식성이 강한 토기와 철제품들이 거의 동시에 경쟁하듯이 다량 부장되는 현상을 야기하였다고 추론된다. 특히 각 지역 정치체의 엘리트들이 토기류뿐만 아니라 궐수형이 채용된 비실용적인 철제이기들을 경쟁적으로 부장했던 것은 상호작용의 여러 행태 중 우월경쟁(Competitive emulation)과 상징동승(Symbolic entrainment)의 면모를 보여준다 하겠다. 각 지역의 매장습속에서 나타나는 이러한 특징들은 정치체 내부의 자체 성장을 전제로 한다. 하지만 단순히 각 소국의 내적 성장이라는 배경하나로 이제껏 살펴본 원삼국시대 후기의 독특한 양상을 효과적으로 설명하기에는 부족한 감이 있다. 거기에는 물론 외적인 요소, 예를 들면 일본열도의 정치체나 낙랑군을 포함한 영남 이외 지역과의 관계 등도 고려함이 마땅할 것이다. 하지만 무엇보다도 경제적 교환망 속에 존재했던 각 지역 소국의 엘리트들이 경쟁적으로 대외 과시에 참여한 결과로 이해하는 것이 조금 더 설득력 있을 것으로 본다.

(2) 대등 정치체의 해체와 주요 정치체의 등장

삼국시대에는 궐수형이 장식된 표비가 더 이상 확인되지 않으며 유자이기, 판갑, 철모, 철겸 제품에서만 퇴화된 형태의 궐수형이 나타난다. 3세기 후엽이후가 되면 궐수형철기 자체에 지역성이 나타나는데 신라권역에는 궐수형 철모, 금관가야권역에는 궐수형판갑이 유행한다. 이때부터는 궐수형철기뿐만 아니라 토기류에서도 지역성이 확인되고[69] 묘제 또한 경주식(동혈주부곽식)과 김해식(이혈주부곽식) 목곽묘가 등장한다.

　　구체적으로 경주 구정동유적이나 구어리유적 등 경주지역에

[69] 윤온식, 2002, 「영남지방 원삼국시대 토기〈樣式〉論의 제기」, 『영남고고학』31, 영남고고학회.

서는 궐수형철모의 다수부장이, 그 외 경산 임당동유적, 포항 옥성리유적, 마산리유적, 학천리유적, 영덕 덕곡리유적, 울산 중산리유적, 밀양 월산리유적, 부산 복천동유적 등에서는 궐수형철모 1~2점이 부장된다. 그리고 김해 대성동유적, 퇴래리유적, 부산 복천동유적 등 김해지역을 중심으로 한 무덤에서는 궐수형판갑이 유행한다.

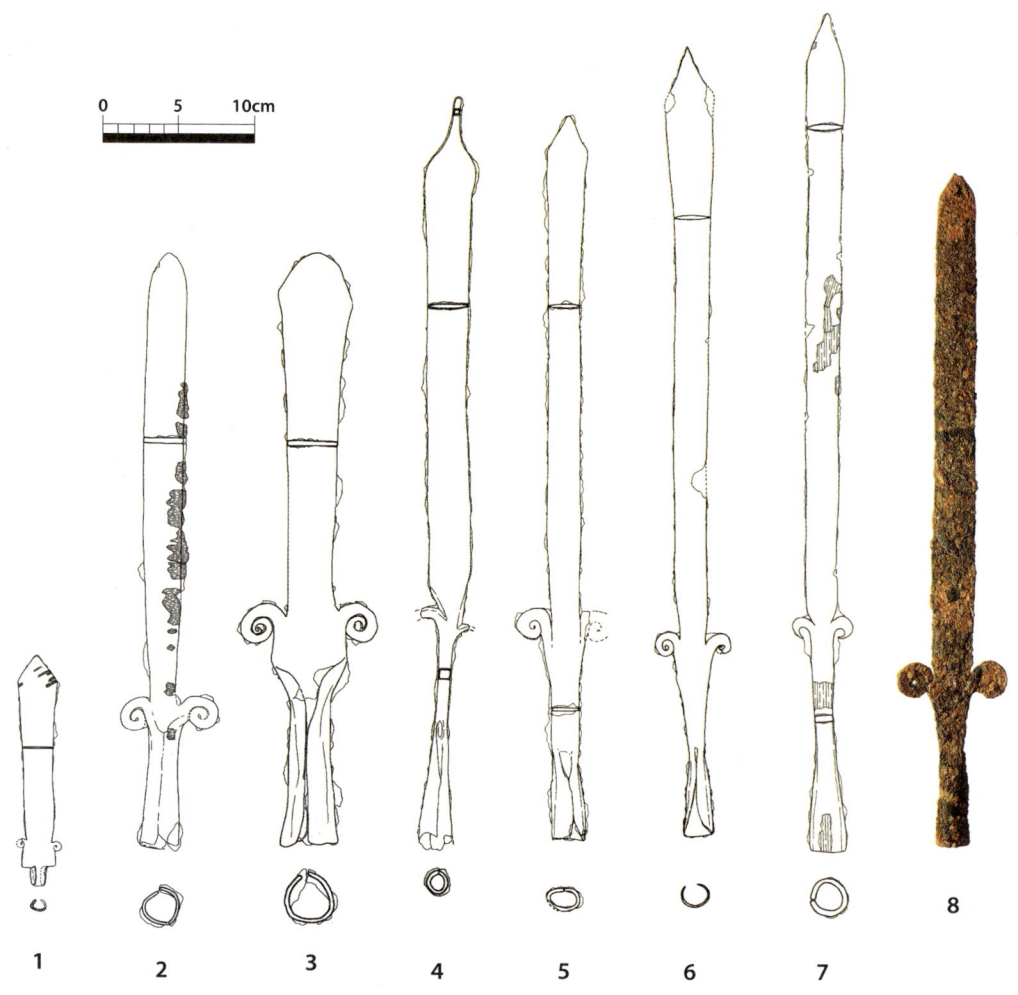

도면 74 진한 및 신라권역 출토 궐수형철모
1. 밀양 월산리1호 | 2. 포항 학천리53호 | 3. 울산 다운동 바지구8호 | 4. 영덕 덕곡리5호 | 5. 울산 중산리ID-15호 | 6. 포항 옥성리나122호 | 7. 경주 구정동2호 | 8. 경산 임당동CI-57호

즉 원삼국시대에 보이던 정체성 공유 현상이 사라지고 사로국과 구야국 등 주요 지역을 중심으로 특정 유물이 집중적으로 부장되거나 지역성이 출현하는 현상이 나타나는 것이다.

이러한 현상은 아마도 그것들을 경쟁적으로 제작·부장하던 각 지역 엘리트들 간에 있었던 어떠한 사회적 변화를 반영하고 있을 가능성이 있다. 즉 원삼국시대에는 각 지역 엘리트들이 대등한 관계 속에서 자신들의 입지를 공고히 하고 과시하고자 했다고 하면 삼국시대 이후에는 주요 거점 세력이 출현하면서 엘리트들간에 대등한 관계가 해체되고 주요 거점 세력을 중심으로 한 상하관계로 재편되었을 것으로 보인다. 당시 그러한 상황은 사로국이 성장하면서 점차 신라로 나아가는 과정에서 일어났을 변화와 관련될 가능성이 가장 크다.

테글 25
신라 초기의 의장무기 궐수형철모 다수부장

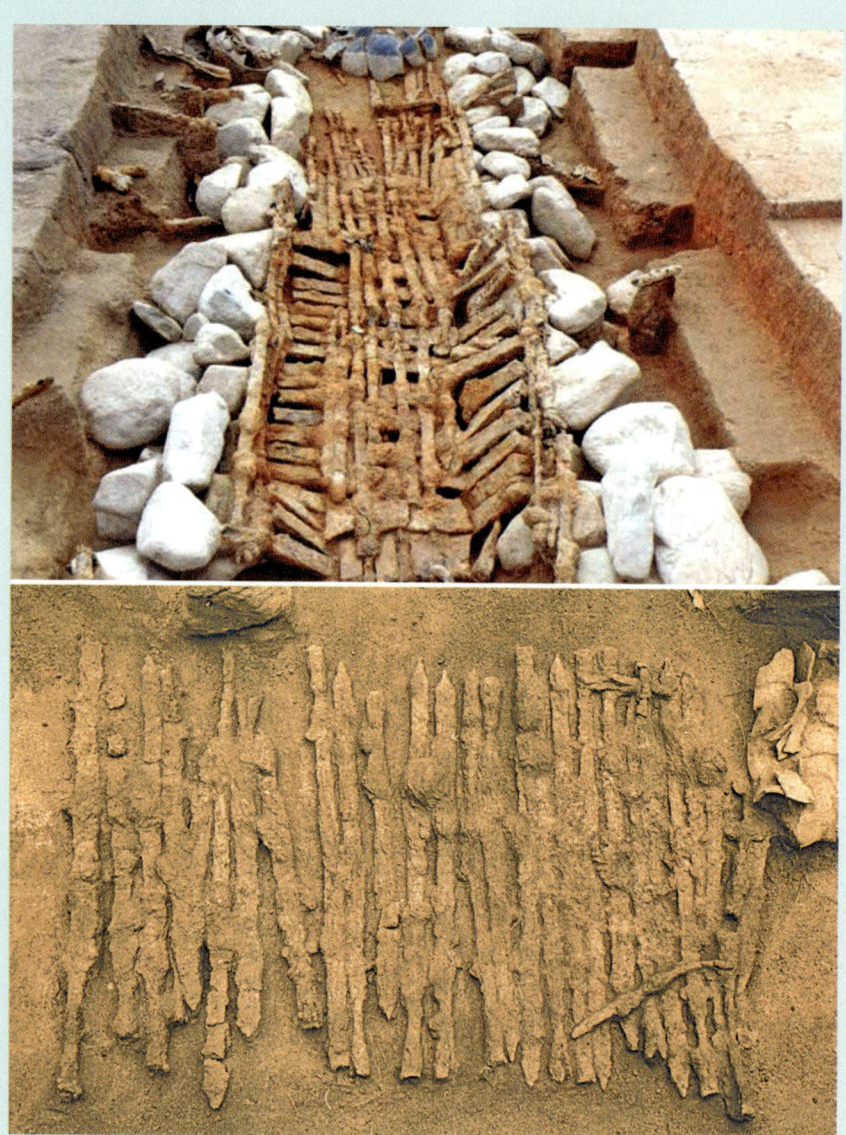

上 – 경주 구어리유적(영남문화재연구원), 下 – 경주 구정동유적(국립경주박물관)인용

3. 삼국시대 장식대도의 특성과 지역성

이 절에서는 한반도 남부지역에서 출토된 신라와 가야의 의장 무기를 대표하는 장식대도를 대상으로 검토한다. 장식대도는 단순히 구분할 경우 장식대도의 제작 주체에 대한 혼란이 가중되기 때문에, 구체적인 형태 및 제작기법 등을 검토하여 제작 주체 세력의 특징을 살펴 보고자 한다.

삼국시대의 장식대도는 금, 은, 청동 등의 귀금속으로 화려하게 장식되며, 그 종류로는 소환두대도(素環頭大刀), 이엽환두대도(二葉環頭大刀), 삼엽환두대도(三葉環頭大刀), 삼루환두대도(三累環頭大刀), 용봉환두대도(龍鳳環頭大刀), 규두대도(圭頭大刀) 등이 있다. 장식대도는 상위 신분을 나타내는 위세품인과 동시에 삼국시대 각국 나름의 정체성을 반영하기도 한다. 이러한 삼국시대의 장식대도는 연대를 추정할 수 있는 공주 무령왕릉에서 용봉환두대도가 출토되면서 연구가 본격적으로 진행되었다. 특히 용봉환두대도의 경우 세밀하고 고도화된 기술이 필요로 하기 때문에 한국과 일본의 여러 연구자에 의해 형태적 특성, 제작 기술, 계보 등 다양한 연구 성과가 이루어졌다.

다만 연구의 방향이 장식대도 중 용봉환두대도에 집중되는 경향이 컸다. 이는 용봉환두대도는 화려한 기술적 속성을 지니고 있을 뿐만 아니라 일본열도 고분시대 출토 장식대도와의 계보 관계를 밝히는 데 유용하기 때문이다. 이에 비해 형태적으로 속성이 빈약한 소환두대도, 삼엽환두대도, 삼루환두대도에 대한 관심은 상대적으로 부족하였다.

현재까지의 연구를 큰 틀에서 종합하면 용봉환두대도는 백제 및 가야에서 유행하였는데 가야는 백제의 영향을 받아 나름의 제작 기술을 가지고 유행하였다고 보고 있다. 그리고 신라에서는 환두대도의 장식이 용봉 – 삼루 – 삼엽의 순으로 장식대도 내 서열 혹은 위계가 존재하였을 것이라 추정하고 있다. 그런데 신라식 환두대도라 알려진 삼엽환두대도가 백제, 가야권역에서 출토되는 점, 다양한 장식이 부가된 소환두대도에 대한 검토가 부족한 점 등은 앞으로 해결해 나가야 할 과제이다.

이에 이 절에서는 용봉환두대도 단일 기종을 중심으로 검토된 기왕의 연구성과와 함께 소환두대도, 삼엽환두대도, 삼루환두대도를 종합하여 정리하고, 총체적인 시각에서 삼국시대 장식대도의 지역성에 접근하고자 한다.

1) 삼국시대 장식대도의 용어 및 주요 속성
(1) 삼국시대 장식대도의 용어 및 연구사 검토

최근 삼국시대 장식대도 용어에 대해서는 소환두대도(素環頭大刀), 삼엽환두대도(三葉環頭大刀), 삼환두대도(三環頭大刀), 용봉문환두대도(龍鳳紋環頭大刀), 원두대도(圓頭大刀), 규두대도(圭頭大刀), 귀면장식대도(鬼面裝飾大刀), 방두대도(方頭大刀) 등으로 사용되고 있다.[70]

이제까지의 장식대도 용어를 살펴보면, 이엽환두대도는 이엽문환두대도 혹은 삼엽환두대도의 한 계열로 사용되고 있다. 삼엽환두대도는 대개 삼엽문환두대도로 사용되어 왔으나 환 내부의 장식인 삼엽(三葉)이 문양이 아니라 형태임을 감안하여 최근 삼엽환두대도로 사용하는 경향이 많다.

삼루환두대도는 삼루문환두대도 혹은 삼환두대도(三環頭大刀)로 사용되고 있다. 역시 문양이 아니라 형태임을 염두에 두고 삼환두대도로 사용하려 한다. 그런데 3개의 환이 모여서 하나의 형태를 이루고 있으므로 삼환두대도보다는 3개를 감은 형태의 환이라는 삼루환두대도가 오히려 적합한 용어인 듯하다.

용봉환두대도는 역시 용봉문, 용봉문환두대도 등으로 불리

---

[70] 국립대구박물관, 2007, 『한국의 칼』, 통천문화사.

고 있다. 삼환두대도(三環頭大刀), 원두대도(圓頭大刀)가 형태라는 점을 감안하여 문양(文)문을 뺐으나 용봉환두대도는 환두부 외환 장식에도 용문양이 부착되거나 상감되어 용봉문환두대도로 명명하고 있다. 이는 일본에서 사용하는 용어의 영향과 우리나라가 용문양을 중요시하는 경향에서 비롯된 것이다. 그런데 전반적인 틀에서 볼 때 삼엽 및 삼루환두대도만 문양(文)을 빼는 것은 맞지 않다. 따라서 이 글에서는 삼국시대 장식대도의 명칭에 대하여 소환두대도, 이엽환두대도, 삼엽환두대도, 삼루환두대도, 용봉환두대도로 정리하고자 한다. 한편 규두대도(圭頭大刀), 귀면장식대도(鬼面裝飾大刀), 방두대도(方頭大刀)는 출토 빈도가 적어 아직까지 한반도에서 제작된 장식대도인지 여부를 판단할 수 없기 때문에 이번 논의에서 제외한다.

삼국시대 장식대도의 연구는 1970년대 공주 무령왕릉에서 제작연대 추정이 가능한 용봉환두대도가 출토된 이후 일본인 연구자들에 의해 본격적으로 논의되기 시작하였다. 町田章은 환두부(環頭部) 제작방법에 따라 일주식(一鑄式)과 별주식(別鑄式)으로 구분하였는데 이는 현재까지도 기본적인 분류가 되고 있다. 그는 공주 무령왕릉 출토 용봉환두대도에 대해 중국 남조(南朝)에서 수입한 것으로 보았다.[71] 穴澤咊光·馬目順一은 町田章 보다 더욱 구체적인 분류안을 제시하였고 일주식(一鑄式)을 고구려계로, 별주식(別鑄式)을 남조계로 파악하였으나 이후 별주식에 대해 백제에서 자체 제작된 것으로 보았다.[72] 新納泉 역시 세부적인 검토를 통해 분류 안을 제시하였으며, 일본 고분시대 후기에 유행하는 용봉환두대도의 계보가 공주 무령왕릉 출토 용봉환두대도에 있다고 보았다.[73]

이상의 일본인 연구자에 의해 연구가 활성화되었던 이유는 공주 무령왕릉 출토 용봉환두대도가 일본열도의 고분시대에 다수 출토되는 용봉환두대도와의 계보를 밝히는데 유용한 자료로 평가되

[71] 町田章, 1976, 「環頭の系譜」, 『研究論集Ⅲ』奈良国立文化財研究學報28, 奈良国立文化財研究所.
町田章, 1997, 「加耶의 環頭大刀와 王權」, 『加耶諸國의 王權』, 신서원.

[72] 穴澤咊光·馬目順一, 1984, 「三國時代の環頭大刀」, 『考古學ジャーナル』9, ニュー·サイエンス社
穴澤咊光·馬目順一, 1987, 「古新羅墳丘墓出土の環頭大刀」, 『朝鮮學報』122, 朝鮮學會.
穴澤咊光·馬目順一, 1993, 「陜川玉田出土の環頭大刀群の諸問題」, 『古文化談叢』30, 九州古文化研究會.
穴澤咊光·馬目順一, 2000, 「出羽出土の韓半島系環頭大刀」, 『淸溪史學』16·17, 한국정신문화연구원 청계사학회.

[73] 新納泉, 1982, 「単竜·単鳳環頭大刀の編年」, 『史林』第65第4號, 史學研究會.
新納泉, 1983, 「装飾付大刀と古墳時代後期の兵制」, 『考古學雜誌』第30第3號, 考古學研究會.
新納泉, 1987, 「戊辰年銘大刀と装飾付大刀の編年」, 『考古學研究』第34卷3號, 考古學研究會.

었기 때문이었다. 다른 장식대도에 대해서도 지속적으로 검토가 이루어져 형태적 특성, 제작기술, 계보, 지역성 등 다양한 연구 성과가 도출되었다.

이후 한국에서 장식대도에 대한 논의는 1990년대 들어서 합천 옥전고분군 등 주요 유적에서 다수의 장식대도가 출토됨에 따라 활성화되었다. 특히 합천 옥전고분군에서는 한반도지역에서 가장 많은 수의 용봉환두대도가 출토되어 학계의 관심을 끌었다. 조영제는 합천 옥전고분군에서 출토된 용봉환두대도를 검토하면서 백제식과 가야식으로 분리하고 삼루환두대도를 신라식으로 판단하였다.[74]

이한상은 장식대도의 형태적 특성, 제작기술 등의 종합적인 검토와 더불어 제한된 출토 빈도와 출토 정황을 감안하여 장식대도를 통해서 삼국시대 제정치체의 지배방식을 논의하기도 하였다. 최근에는 외환에 부착되는 주룡문에서 백제와 가야의 제작 기술의 차이를 밝힌 바 있다.[75] 구자봉은 용봉환두대도만을 집중적으로 연구하는 학계의 경향에서 벗어나 영남지방의 삼엽 및 삼루환두대도에 대해 분석하였으며 일본열도와의 계보를 논의하였다.[76]

최근에는 기왕에 개별적으로 연구된 장식대도를 종합적으로 검토하여 백제, 신라, 가야 장식대도의 특성 및 제작지, 제작공인 등에 이르기까지 다양한 연구가 진행되고 있다. 먼저 박경도는 삼국시대 장식대도를 종합적으로 검토하여 용봉환두대도의 경우 백제와 가야에서 유행하였으며 가야의 용봉환두대도는 백제에서 영향을 받은 것으로 파악하였다.[77] 그리고 최근의 연구성과 가운데 金宇大는 기왕의 장식대도 세부 속성을 면밀히 검토하여 유효한 속성을 도출함과 동시에 병부 장식을 주요 속성으로 다루어서 분류하였다.[78] 이로써 삼국시대 장식대도의 계보 추정이 보다 용이해졌다.

그리고 용봉환두대도를 대상으로 한 주요 제작기술 분석을 통해 백제와 가야 용봉환두대도의 차이성을 부각시킨 持田大輔[79], 이승신[80], 김도영[81](2014)의 연구도 장식대도에 대한 진일보한 연구였다고 할 수 있겠다.

(2) 장식대도의 주요 속성

삼국시대 장식대도로 대표되는 소환두대도, 이엽환두대도, 삼엽환두대도, 삼루환두대도, 용봉환두대도는 장식이 부가되는 만큼 속성 또한 다양하다. 더욱이 용봉환두대도는 고도의 기술로 세밀한 장식이 베풀어지기 때문에 그 자체만으로도 여러 속성이 도출된다. 다만 제작공인의 기술력, 성향, 그리고 지방에서의 자체 제작 등에서 제한적으로 확인되는 속성도 존재하기 때문에 삼국시대의 장식대도라는 전체적인 틀에서 주요 속성을 추출하고 그것을 기준으로 분류할 필요성이 있다.

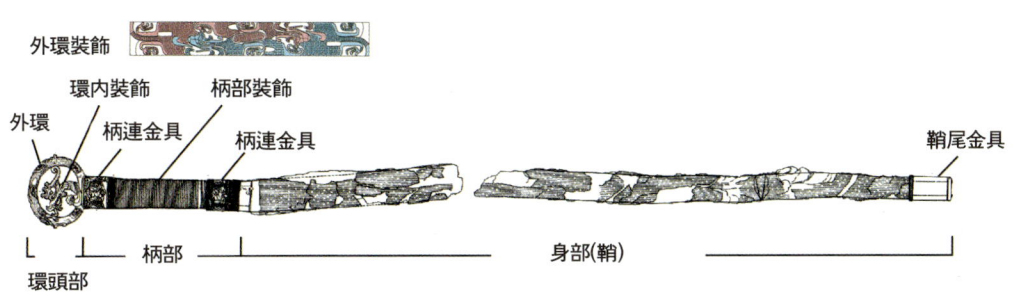

도면 75 환두대도 세부 명칭(김도영 2014 인용, 일부 수정)

① 환두대도 형태 및 제작기법에 따른 속성 검토

○ 환두부(環頭部) 形態 및 製作技法에 따른 구분

개별 환두대도의 용어로 명명되는 주요 속성이라 할 수 있다. 외면 형태에 따라 소환(素環), 이엽환(二葉環), 삼엽환(三葉環), 삼루환(三累環), 용봉환(龍鳳環) 등으로 구분할 수 있다. 이엽환의 경우 출토 수가 적어 삼엽환의 변형으로 보는 견해도 있으나 삼엽의 형태와 차이가 있기 때문에 계통이 다른 것으로 판단된다.

[80] 이승신, 2008, 「가야 환두대도 연구」, 홍익대학교대학원 석사학위논문.

[81] 김도영, 2014, 「三國時代 龍鳳文環頭大刀의 系譜와 技術傳播」, 『中央考古研究』第14號, 中央文化財研究院.

○ 개별 환두부 형태에 따른 분류

- 소환(素環) 형태에 따른 분류

소환은 환내에 별도의 장식이 없는 것으로 그 형태에 따라 크게 원형, 타원형, 상원하방형으로 구분된다. 그리고 타원형 계열에는 상감이 장식된 것과 용문 등의 별도로 외환장식을 제작하여 부착한 형태가 있다.

· 소환A류 - 환두부 형태가 원형에 가까우며 별도의 장식이 없는 것.
· 소환B류 - 환두부 형태가 타원형이며 별도의 장식이 없는 것.
· 소환C류 - 환두부 형태가 상원하방형 혹은 상삼각하방형인 것.
· 소환D류 - 환두부 형태가 타원형이며 외환에 상감으로 문양을 한 것.
· 소환E류 - 환두부 형태가 타원형이며 외환에 별도의 장식을 제작하여 부착한 것.

- 이엽환(二葉環) 형태에 따른 분류

이엽환은 환내에 이엽 형태로 중앙 장식이 있는 것으로 외환의 형태에 따라 원형(二葉A류), 타원형(二葉B류), 상원하방형(二葉C류)이 있다. 출토 수가 적어 분류하는 의미는 크게 없으나 전체적인 틀에서 분류하였다.

- 삼엽환(三葉環) 형태에 따른 분류

삼엽환은 환내에 삼엽 형태로 중앙 장식이 있는 것으로 외환의 형태에 원형(三葉A류), 타원형(三葉B류), 상원하방형(三葉C류) 등으로 구분된다.

- 용봉환(龍鳳環) 형태에 따른 분류

용봉환은 환내에 용봉 형태로 중앙 장식이 있는 것으로 외한의 형태로 크게 5개로 구분된다.

- 용봉A류 – 일주식이며, 환두부 형태가 타원형인 것.
- 용봉B류 – 일주식이며, 환두부 형태가 원형인 것.
- 용봉C류 – 일주식이며, 환두부 형태가 타원형이면서 외환 외면에 상감의 문양이 장식된 것.
- 용봉D류 – 일주식이며, 환두부 형태가 타원형인 것, 외환에 별도의 장식을 제작하여 부착한 것.
- 용봉E류 – 별주식이며, 환두부 형태가 원형 혹은 타원형인 것.

○ 병연금구(柄連金具) 형태에 따른 분류

병연금구의 속성 분류는 金宇大 안을 참고하였다.[82] 다만 金宇大는 한반도 동남부지역(영남지역) 출토 장식대도의 병연금구 특성을 검토하였기 때문에 전체를 설명하기에 한계가 있어, 백제권에서 확인되는 일부 속성을 추가하였다. 병연금구는 대개 상위와 하위에 1개씩 있는 것이 보통이다. 상위는 환두부와 병부, 하위는 병부와 신부를 구분함과 동시에 목제병부 혹은 장식의 고정 역할을 한다. 여러 형태가 있으며 백제와 신라, 가야의 속성 분류에 의미있는 기준을 제시한다.

- 병연1류 – 원형 혹은 타원형의 금, 은, 청동제 環
- 병연2류 – 원형 혹은 타원형으로 은제의 각목이 새겨진 環.
- 병연3류 – 비교적 좁은 너비의 금속판을 말아 고정한 형태, 금속판은 대개 금, 은제이며 원, 집선 등이 새겨짐.
- 병연4류 – 금속판을 말은 후 그 위에 다시 1개 혹은 2개의 환

[82] 金宇大, 2011, 「裝飾付環頭大刀の技術系譜と傳播 – 朝鮮半島東南部出土資料を中心に – 」, 『古文化談叢』 66, 九州古文化研究會.

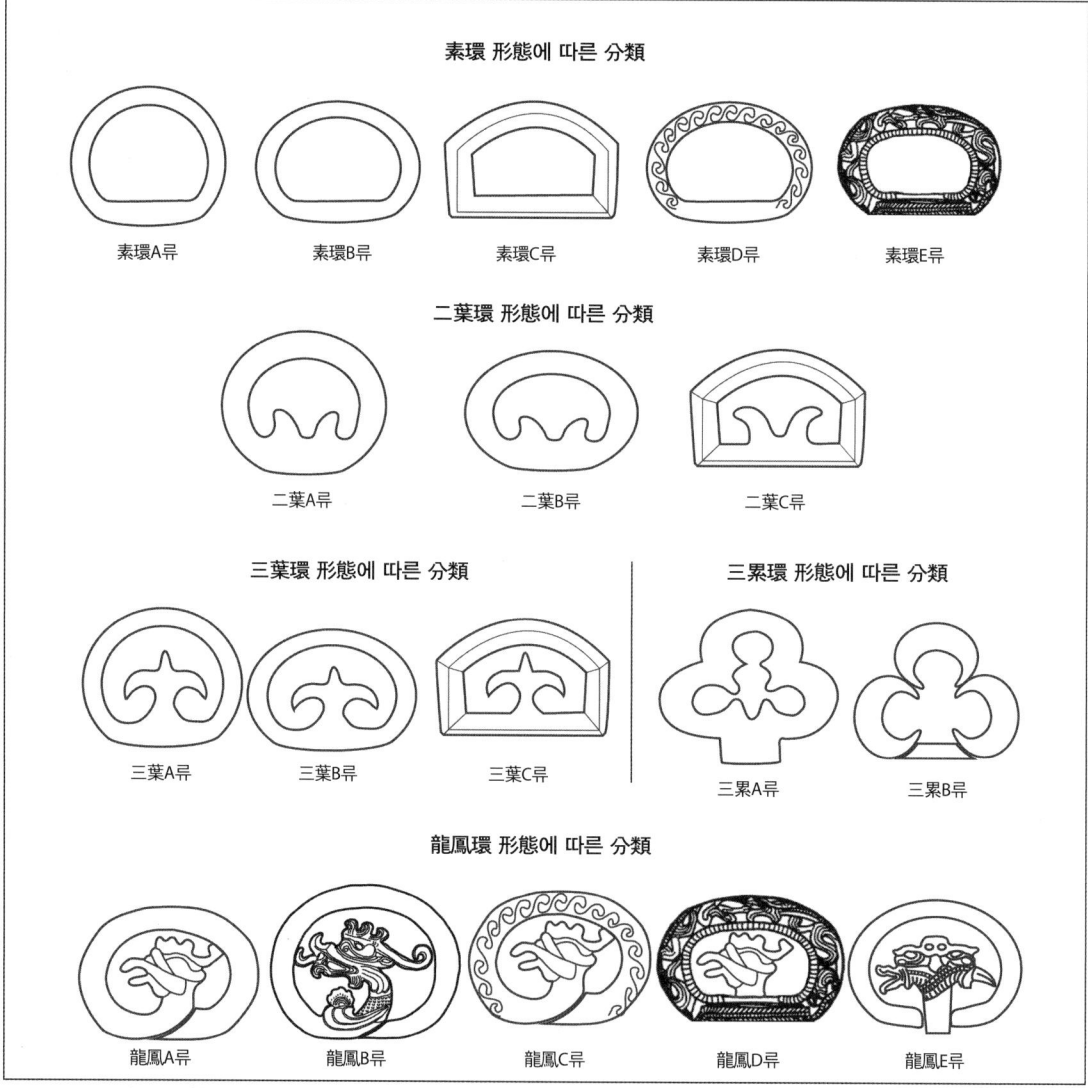

도면 76 環頭大刀 形態 및 製作技法에 따른 屬性 分類1

을 추가하여 고정한 것.
- 병연5류 – 금속판을 말아감은 후 1~2개의 각목이 새겨진 환을 추가하여 고정한 것.
- 병연6류 – 금속판을 말아 고정한 것. 금속판 금, 은, 철제가 있음.
- 병연7류 – 파상문이 새겨진 금속판을 말아 고정한 것. 대부분 은제.
- 병연8류 – 상감으로 문양을 장식한 금속판을 말아 고정한 것.
- 병연9류 – 용문을 타출하여 장식한 금속판(은제)을 말아 장식한 것.
- 병연10류 – 귀갑문을 타출하여 장식한 금속판(은제)을 말아 장식한 것.

○ 병부장식(柄部裝飾) 형태에 따른 분류

병부장식은 일반적으로 금은제의 환(環)이나 목제 병부 외면에 문양이 시문된 금속판을 감은 것이다. 금, 은, 청동제의 環은 목제 병부 고정이나 장식 기능을 한다. 병부장식의 재질로는 연성이 좋은 銀이 주로 사용된다. 금속판 병부 장식 외면에는 연호문, 어린문, 격자문 등의 문양이 새겨져 있다. 또한 별도의 금속판 없이 얇게 각목된 금속선을 돌리기도 한다.

- 병부장식a류 – 병부 중위에 1~2개의 금, 은, 청동제 環을 끼운 형태.
- 병부장식b류 – 병부 중위에 1~3개의 각목이 새겨진 금, 은제 環을 끼운 형태.
- 병부장식c류 – 연호문을 타출하여 문양을 제작한 금속판을 병부에 감싼 형태.

c1류 - 금속판에 개개의 연호문을 등간격으로 일렬로 시문한 것, 일부 180° 돌린 연호문을 등간격으로 시문한 것도 있음.

c2류 - 연호문을 정방향-역방향의 순으로 일렬로 배치한 것.

c3류 - 정방향과 역방향 연호문의 모서리를 교차하여 일렬로 배치한 것.

c4류 - 연호문이 퇴화된 형태로 개별로 연호문을 배치하지 않고 한 선으로 표현한 것.

· 병부장식 d류 - 어린문을 타출하여 문양을 제작한 금속판을 병부에 감싼 형태.

· 병부장식 e류 - 격자문을 타출하여 문양을 제작한 금속판을 병부에 감싼 형태.

· 병부장식 f류 - 목제병부에 각목이 새겨진 금속선을 넓은 간격으로 감은 형태, 사선방향.

· 병부장식 g류 - 목제병부에 각목이 새겨진 금속선을 빈 공간 없이 연속적으로 감은 형태.

· 병부장식 h류 - 별도의 장식이 없는 목제 병부.

○ 외환(外環) 용문장식(龍紋裝飾)에 따른 분류

용문환두대도와 일부 소환두대도의 외환에 베풀어진 용문장식에 따른 분류이다. 최근에 이한상은 외환 용문장식에 대해 백제와 대가야의 제작 기술에 차이가 있음을 지적하였다.[83] 대개 외환의 용문 장식은 두 개의 용이 대칭되는 형태로 장식하는 것이 일반적이다. 용 머리의 위치에 따라 근교형, 식합형으로 크게 구분된다.

· 외환장식 i류 - 근교형, 용 머리가 상하 교차하게 위치, 용 내

[83] 李漢祥, 2012, 「百濟 大刀의 環頭 走龍紋 檢討」, 『考古學探究』12, 考古學探究會.

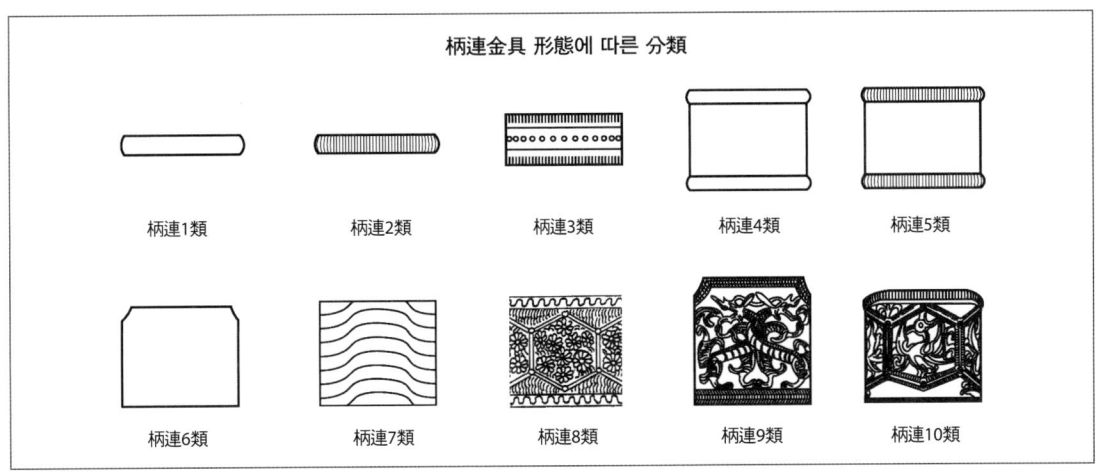

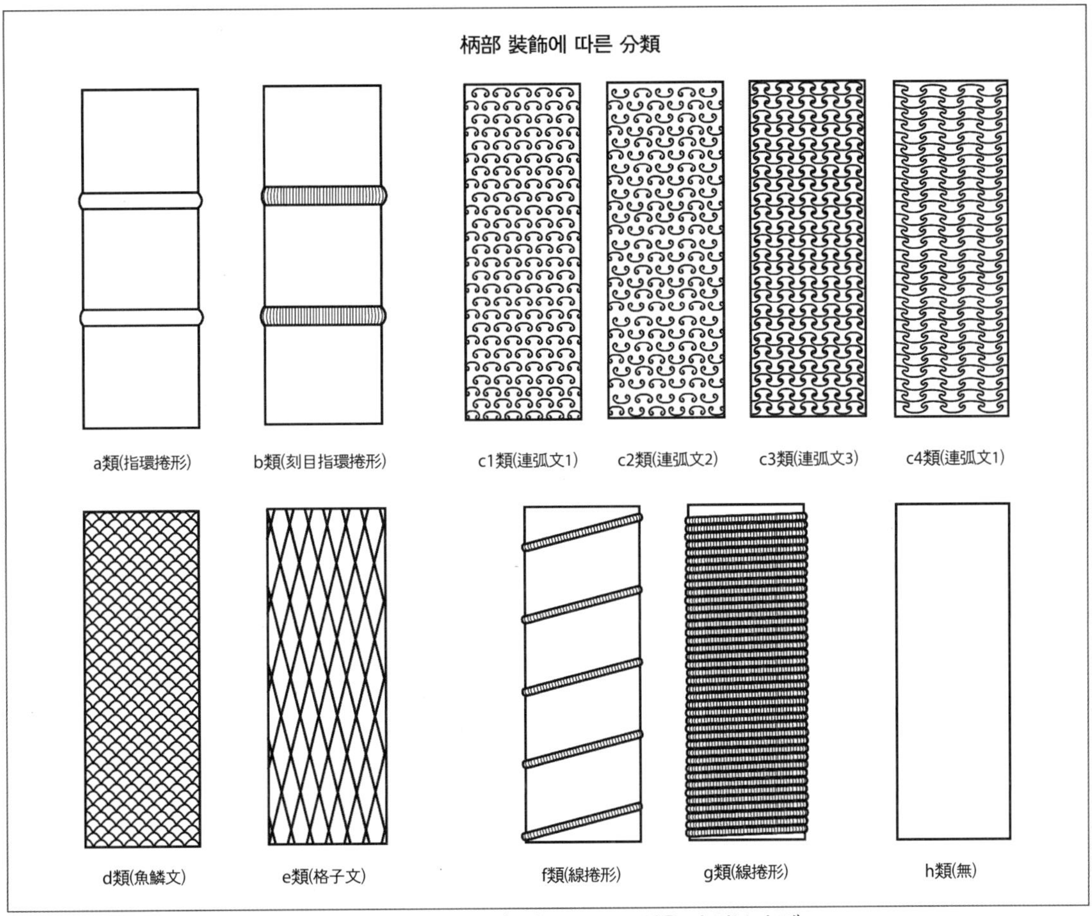

도면 77 環頭大刀 形態 및 製作技法에 따른 屬性 分類2(金宇大 2011a 인용 및 일부 수정)

外環裝飾 i 類   外環裝飾 ii 類

1   2

外環裝飾 iii 類   外環裝飾 iv 類

3   4

도면 78 外環 龍紋裝飾에 따른 속성 분류(이한상 2012 인용 및 일부 수정)

부의 표현을 선으로 장식.
· 외환장식 ii 류 – 근교형, 용 머리가 서로 교차하지 않거나 약
  간 교차, 용 내부 선으로 표현.
· 외환장식 iii 류 – 근교형, 용 머리가 상하 교차하게 위치, 용 내
  부를 소형 원과 선으로 표현.
· 외환장식 iv 류 – 식합형, 용 머리가 꼬리까지 이어져 교차함.

2) 삼국시대 장식대도의 분류와 지역성 검토

앞에서 검토한 삼국시대 장식대도의 주요 속성을 토대로 개별 환두대도의 속성을 조합하여 형식을 설정한다. 그리고 각 환두대도의 계열별 특성에 대해 검토하여 삼국시대 장식 환두대도의 지역성에 대해 살펴보고자 한다. 또한 제지역에서 출토하는 일부 환두대도의 제작기법의 특성에 대해서도 부가 설명하도록 하겠다.

(1) 삼국시대 장식대도의 계열별 특징

① 소환두대도(素環頭大刀)의 형식별 특성

○ A식 소환두대도

환두부가 원형에 가까운 형태이다. 목제 병부에 금은제 環으로 고정한 형태, 병연금구를 금제, 은제, 철제 등의 금속판을 사용한 것 등이 있다. 경주 월성로 가13호와 경주 교동 64호 출토 소환두대도는 신라에서 확인된 가장 이른 시기의 장식대도로, 금제의 외환과 병연금구가 장식되어 있다. 또한 금은제는 아니지만 원형의 환두부에 병연금구를 철제 금속판을 감은 형태도 있다.

○ B식 소환두대도
타원형 환두부를 가진 소환두대도이다.

· BⅠ식 소환두대도
타원형 환두부이며 환내 장식이 없다. 부산 복천동22호 출토품이 있으며 신라권에서는 대부분 연호문이 장식된 병부장식과 그 위에 각목이 시문된 환을 끼운 형태가 확인된다.

· BⅡ식 소환두대도
타원형 환두부이며, 병연금구로 금은제 금속판을 말아 고정한 형태이다. 별도의 병부장식은 없다. 고령 지산동32NW-1호, 합천 옥전 75호 출토품이 대표적이며, 소환CⅡ식과 같이 가야권역에서 주로 확인된다.

· BⅢ식 소환두대도
타원형 환두부이며, 파상문이 새겨진 은제의 병연금구를 부착한 소환두대도이다. 백제권역의 공주 수촌리1호목곽묘, 논산 모촌리 93-5호석곽묘, 대가야권역의 합천 옥전28호에서 출토된 바 있다.

· BⅣ식 소환두대도
타원형 환두부이며, 문양을 새기지 않은 금은제, 철제 금속판을 병연금구로 사용하며 병부장식은 어린문을 장식한 금속판을 감은 형태이다. 합천 옥전75호 등에서 확인된다.

○ C식 소환두대도
상원하방형 혹은 상삼각하방형의 환두부로 제작한 소환두대도이다.

·CⅠ식 소환두대도
상원하방형의 환두부이며, 병연금구, 병연장식구가 없는 형태이다. 경주 황성동33호, 경산 임당동7B호 등 주로 신라권역에서 확인된다.

·CⅡ식 소환두대도
상원하방형 혹은 상삼각하방형의 환두부로 제작하였으며, 문양을 새기지 않은 금은제, 철제 금속판을 병연금구로 사용하였다. 연기 송원리Km-096호, 고령 지산동3호, 합천 옥전M3호, 군산 산월리4호 등 대가야권역에서 주로 확인되며, 백제권역에도 소수 확인된다.

·CⅢ식 소환두대도
상원하방형 혹은 상삼각하방형의 환두부로 제작하였으며, 병부장식구는 어린문이 시문된 금속판을 감싼 소환두대도이다. 함양 백천리1-3호 출토품이 대표적이다.

○ D식 소환두대도
환두부를 타원형으로 제작하고 외환에 상감으로 장식한 소환두대도이다.

·DⅠ식 소환두대도
환두부 형태가 타원형이며 외환에 상감 장식되어 있다. 병연금구 역시 상감으로 용문, 귀갑문 등이 장식되어 있다. 남원 월산리M1-A호 등 백제, 가야권역에서 주로 확인되면 신라권역에서도 소수 확인된다.

·DⅡ식 소환두대도
환두부 형태가 상원하방형이며 외환에 상감으로 장식되어 있다. 병연금구는 환, 금속판을 감싼 형태 등 여러 종류가 있다. 함안 마갑총 출토품을 예로 들면 상원하방형 환두부의 외면에는 상감으로 장식했다. 병부는 목제병부에 연호문이 시문된 금속판을 감싼 후 각목이 시문된 환 5개를 추가하여 고정하였다.

○ E식 소환두대도
환두부 형태가 타원형이며 외환에는 별도로 용문 등의 장식을 제작하여 부착하였다. 이전까지 용문의 중요성을 감안하여 용봉환두대도로 분류된 바 있으나 전체적인 기준으로 볼 때 소환두대도로 명명하는 것이 합리적이라 판단된다.

·EⅠ식 소환두대도
외환에 용문 등의 외환장식을 별도로 제작하여 부착하였고 병연금구는 금은제, 철제 등의 금속판을 감싼 형태이다. 함안 도항리54호 출토품 등이 있다.

·EⅡ식 소환두대도
외환에 용문 등의 외환장식을 별도로 제작하여 부착하였고 병연금구 역시 용문, 귀갑문이 장식한 것을 사용한 형태이다. 병부는 별다른 장식이 없거나 합천 옥전M3호와 같이 금속선을 사선방향으로 감싼 형태이다.

② 이엽환두대도(二葉環頭大刀)의 형식별 특성

이엽환두대도는 삼국시대 한반도 남부지역에서 제한적으로 출토되고 있으며, 추후 앞 시기의 자료나 동북지방 등에서 계보를 검토할 필요가 있다.

○ A식 이엽환두대도
원형의 환두부에 환내 장식으로 이엽 문양이 있다.

○ B식 이엽환두대도
타원형의 환두부에 환내 장식으로 이엽 문양이 있다.

○ C식 이엽환두대도
상원하방형의 환두부에 환내 장식으로 이엽 문양이 있다.

③ 삼엽환두대도(三葉環頭大刀)의 형식별 특성

삼엽환두대도는 신라의 장식대도로 잘 알려져 있다. 하지만 신라식 삼엽환두대도는 상원하방형 환두부 형태를 가진 것이 전형적 예이며, 원형, 타원형 환두부의 삼엽환두대도는 신라와 더불어 백제, 가야권역에서도 소수 확인되고 있어 형식별 특성을 주지할 필요성이 있다.

○ A식 삼엽환두대도
환두부 형태가 원형 계열로서 병연금구, 병부장식이 다양한 형태가 있다.

·A1식 삼엽환두대도
환두부가 원형 계열이며, 병연금구와 병부장식을 금은제, 청동제,

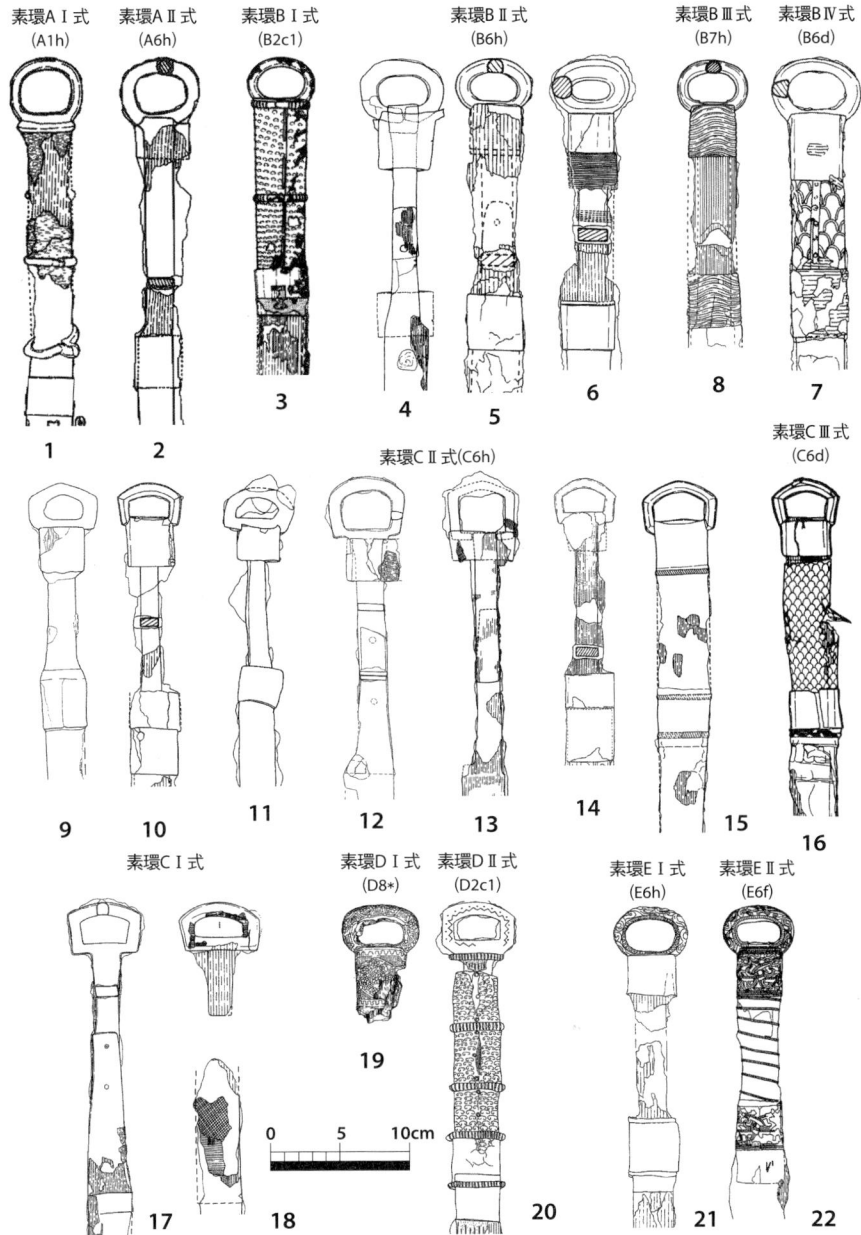

도면 79 삼국시대 소환두대도의 분류

1·2. 경주 월성로가13호 | 3. 부산 복천동22호 | 4. 고령 지산동32NW-1호, 5. 합천 옥전75호 | 6·10·22. 합천 옥전M3호 | 7. 합천 옥전75호 | 8. 합천 옥전28호 | 9. 연기 송원리Km-096호 | 11. 군산 산월리4호 | 12. 고령 지산동3호 | 13. 합천 옥전8호 | 14. 합천 옥전71호 | 15. 합천 반계제가A호 | 16. 함양 백천리I-3호 | 17. 경주 황성동33호 | 18. 경산 임당동7B호 | 19. 남원 월산리M1-A호 | 20. 함안 마갑총 | 21. 함안 도항리54호

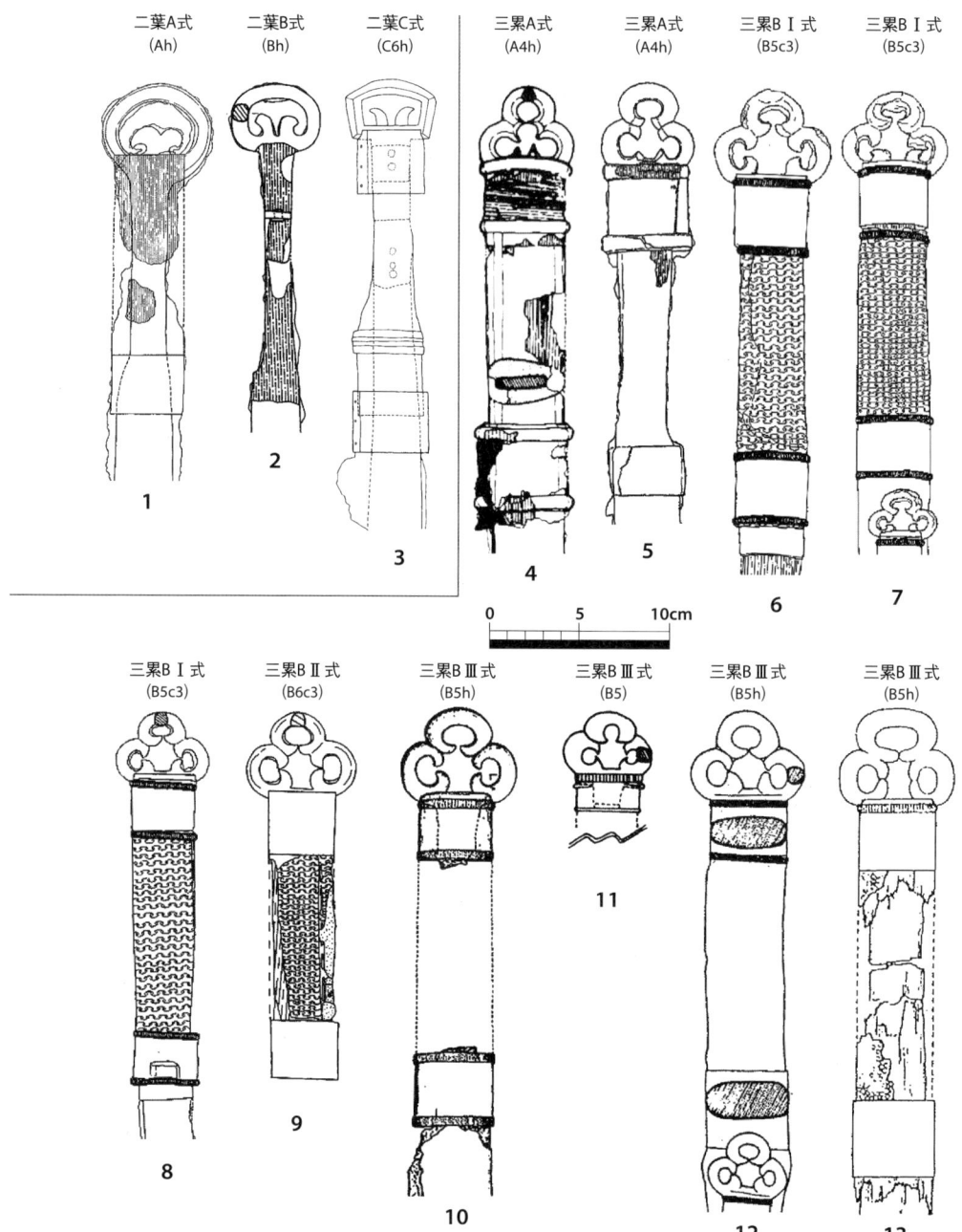

도면 80 삼국시대 이엽환두대도 및 삼루환두대도의 분류
1. 고령 지산동75호 | 2. 천안 용원리129호 | 3. 고성 연당리23호 | 4. 부산 복천동11호 | 5. 대구 문산리M1호 |
6~8. 경주 황남대총남분 | 9. 경주 덕천리1호 | 10. 경주 천마총 | 11. 경산 북사리1호 | 12. 경주 안계리43호 |
13. 양산 부부총

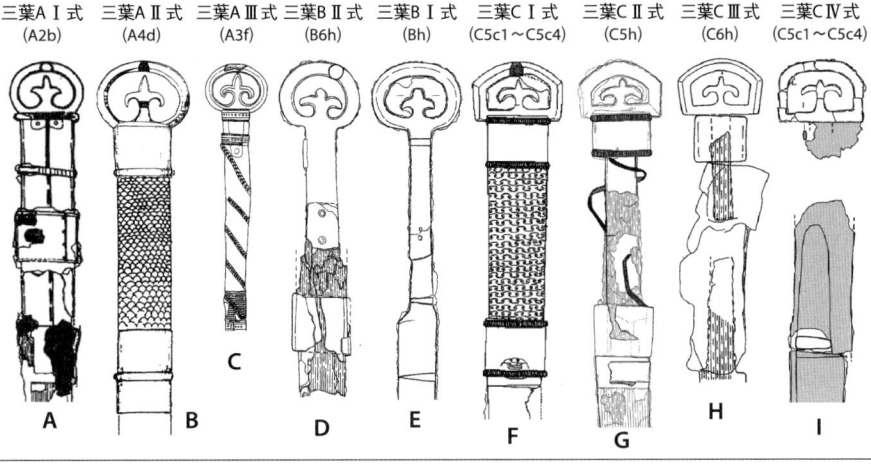
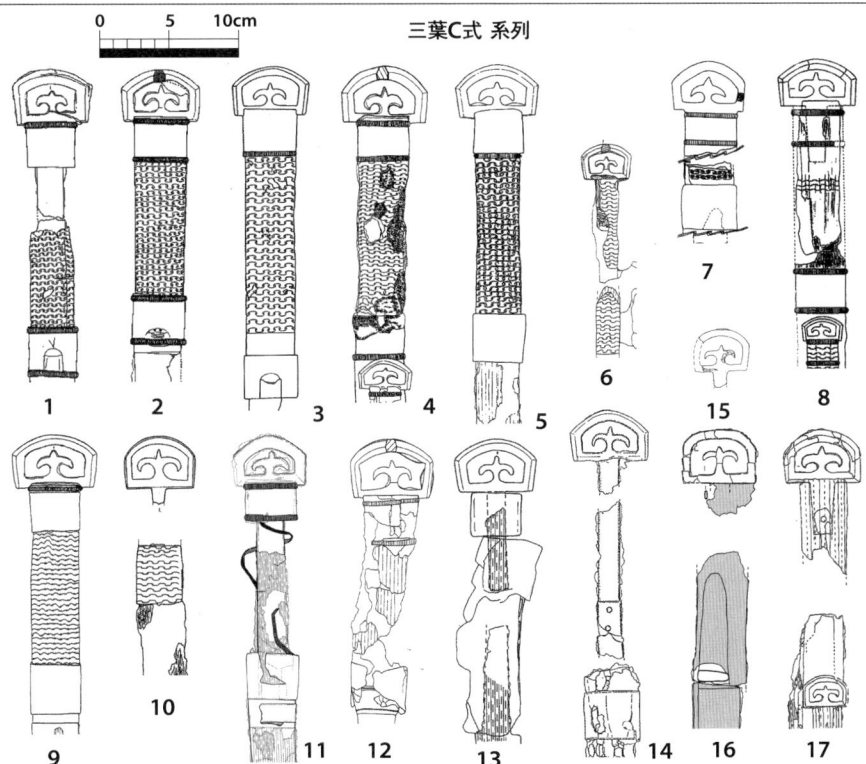

도면 81 삼국시대 삼엽환두대도의 분류 및 삼엽C식 계열

A. 부산 복천동 11호 | B. 나주 신촌리9호 | C. 나주복암리3호 | D. 경주 황성동40호 | E. 고령 지산동33호 | F. 경주 황남대총 남분 | G. 경주 쪽샘B1호 | H. 경산 조영동 E1-2호 | I. 포항 용흥동 신라묘
1·2. 경주 황남대총남분 | 3. 창녕 송현동7호 | 4. 경산 임당동6A호 | 5. 의성 학미리1호 | 6. 경주 덕천리4호子刀 | 7. 경산 북사리1호 | 8. 경주 황남대총북분 | 9. 경산 조영동C1-1호 | 10. 울산 조일리49-2호 | 11. 경주 쪽샘B1호 | 12. 경주 덕천리4호 | 13. 경산 조영동E1-2호 | 14. 안동 조탑동C호-1 | 15. 청원 미천리가8호 | 16. 포항 용흥동신라묘 | 17. 경주 보문리부부총

제5장 의장 무기로 본 신라와 가야   261

철제 등의 環, 각목이 새겨진 금은제 環으로 장식하고 병부를 고정시키는 형태이다. 부산 복천동11호 출토품의 경우 원형의 철제 외환에 금박을 장식했으며 병부와 환두부 경계에 각목이 새겨진 환(環)을 고정시켰다. 또한 병부 중위에도 각목이 새겨진 環 1개가 위치하고 있다. 하위 병연금구는 철제 금속판을 감쌌다.

·AⅡ식 삼엽환두대도
환두부는 원형에 가까우며 병연금구는 금속판을 돌린 후 원형의 環으로 고정하였다. 병부장식은 어린문이 시문된 금속판을 돌렸다. 제한된 지역에서 확인되며 나주 신촌리9호 출토품이 대표적이다.

·AⅢ식 삼엽환두대도
환두부는 원형에 가까우며 병연금구는 폭이 작고 원형과 집선문이 시문된 금속판을 돌렸다. 병부에는 각목이 새겨진 금속선을 넓게 등간격으로 돌렸다.

○ B식 삼엽환두대도

·BⅠ식 삼엽환두대도
환두부는 타원형이다. 병연금구와 병부장식이 없는 형이다.

·BⅡ식 삼엽환두대도
환두부는 타원형이며, 병연금구는 은제, 철제 금속판을 감싼 형태이다. 제한적으로 확인된다.

○ C식 삼엽환두대도

·CI식 삼엽환두대도
환두부는 상원하방형이다. 병연금구는 금은제의 금속판을 돌린 후 각목이 새겨진 環으로 고정하였다. 병부장식은 연호문 계열의 장식을 시문한 금은제 금속판을 감싼 형태이다.

·CⅡ식 삼엽환두대도
환두부는 상원하방형이다. 병연금구는 금은제의 금속판을 돌린 후 원형의 環이나 각목이 새겨진 환으로 고정하였다. 병부장식은 없다.

·CⅢ식 삼엽환두대도
환두부는 상원하방형이다. 병연금구는 금은제, 철제 금속판만 돌렸다. 병부장식은 없다.

·CⅣ식 삼엽환두대도
환두부는 상원하방형이며 외환은 청동제, 철제가 대다수이다. 병연금구, 병부장식은 없다.

④ 삼루환두대도(三累環頭大刀)의 형식별 특성
삼루환두대도는 삼엽환두대도와 같이 신라식 환두대도로 잘 알려져 있다. 환내 장식은 없으며, 3개의 철제 고리(環)를 접하여 만든 외환 형태와 청동제로서 주조하여 일주식으로 만든 형태로 크게 구분된다.

○ A식 삼루환두대도
외환이 청동제이며 일주식으로 제작하였다. 병연금구는 원형의 환만을 고정하거나 금속판을 돌린 후 원형의 環 혹은 각목이 새겨진 환을 부착하였다.

○ B식 삼루환두대도
철제 외환을 접합 후 금박 혹은 은박 처리하였다. 병연금구는 금속판을 돌린 후 각목이 새겨진 環으로 고정시킨 것이 대다수이다. 병부장식은 대부분 연호문 계열의 장식이 시문되어 있다.

· BⅠ식 삼루환두대도
가장 많이 확인되는 것으로 금은박 외환이며, 병연금구는 금속판을 돌린 후 각목이 새겨진 環으로 고정시켰다. 병부장식은 연호문 계열의 장식이 시문되어 있다.

· BⅡ식 삼루환두대도
금은박 외환이며, 병연금구는 금속판을 돌려 고정하였다. 병부장식은 연호문 계열의 장식이 시문되어 있다. 제한된 지역에서 확인된다.

· BⅢ식 삼루환두대도
금은박 외환이며, 병연금구는 금속판을 돌린 후 각목이 새겨진 環으로 고정시켰다. 별도의 병부장식은 없다. 제한된 지역에서 확인된다.

⑤ 용봉환두대도(龍鳳環頭大刀)의 형식별 특성
용봉환두대도는 장식 환두대도 중 가장 화려한 장식이 주요 부위에 배치되기 때문에 그 만큼 세분된 분류가 가능하다. 다만 용봉환두대도의 세부적 구분은 여러 연구에서 논의되었기 때문에 이 글에서는 큰 틀에서 분류하도록 한다. 주요 속성으로 환두부, 병연금구, 병

부장식의 형태를 두고 구분하겠다.

○ A식 용봉환두대도
환두부가 타원형이며 외환에 상감이나 별도의 장식을 부착하지 않은 형태이다.

·AⅠ식 용봉환두대도
환두부는 타원형이며 일주식으로 제작하였다. 병연금구는 금속판을 돌렸고 병부장식은 없다.

·AⅡ식 용봉환두대도
환두부는 타원형이며 일주식으로 제작하였다. 병연금구는 금속판을 돌려 고정하였고 병부장식은 연호문 계열의 장식을 시문하였다.

○ B식 용봉환두대도
환두부는 원형에 가까우며, 병연금구는 금속판을 돌려 고정하였다.

○ C식 용봉환두대도

·CⅠ식 용봉환두대도
환두부는 타원형에 가까우며 외환 외면에 상감으로 장식했다. 병연금구는 상감 장식된 금속판을 돌려 고정하였다.

·CⅡ식 용봉환두대도
환두부는 타원형에 가까우며 외환 외면에 상감으로 장식했다. 병연금구는 금속판을 돌려 고정하였다. 금속판 상하 양단에 각목을 새긴 것도 있다. 병부장식은 없다.

○ D식 용봉환두대도

·DⅠ식 용봉환두대도
환두부는 타원형이며, 일주식이다. 외환에 용문 혹은 귀갑문 등의 장식을 별도로 제작하여 부착하였다. 병연금구는 금속판을 돌려 고정하였다. 병부장식이 없는 형태이다.

·DⅡ식 용봉환두대도
환두부는 원형에 가까우며, 일주식이다. 외환에 용문 혹은 귀갑문 등의 장식을 별도로 제작하여 부착하였다. 병연금구는 용문, 귀갑문 등을 시문하여 장식한 금속판을 돌렸다. 병부는 어린문 등을 시문하여 목제병부를 감싼 형태와 각목된 금속선을 감은 형태 등이 있다.

○ E식 용봉환두대도

·EⅠ식 용봉환두대도
환두부는 타원형이며, 외환과 용봉의 환내 장식을 별도로 제작하여 부착한 별주식이다. 외환에는 용문 혹은 귀갑문 등의 장식을 별도로 제작하여 부착하였다. 병연금구는 용문, 귀갑문 등을 시문하여 장식한 금속판을 돌렸다. 병부장식은 없는 형태이다.

·EⅡ식 용봉환두대도
환두부는 타원형이며, 외환과 용봉의 환내 장식을 별도로 제작하여 부착한 별주식이다. 외환에는 용문 혹은 귀갑문 등의 장식을 별도로 제작하여 부착하였다. 병연금구는 용문, 귀갑문 등을 시문하여 장식한 금속판을 돌렸다. 병부는 어린문을 시문한 금속판을 돌렸다.

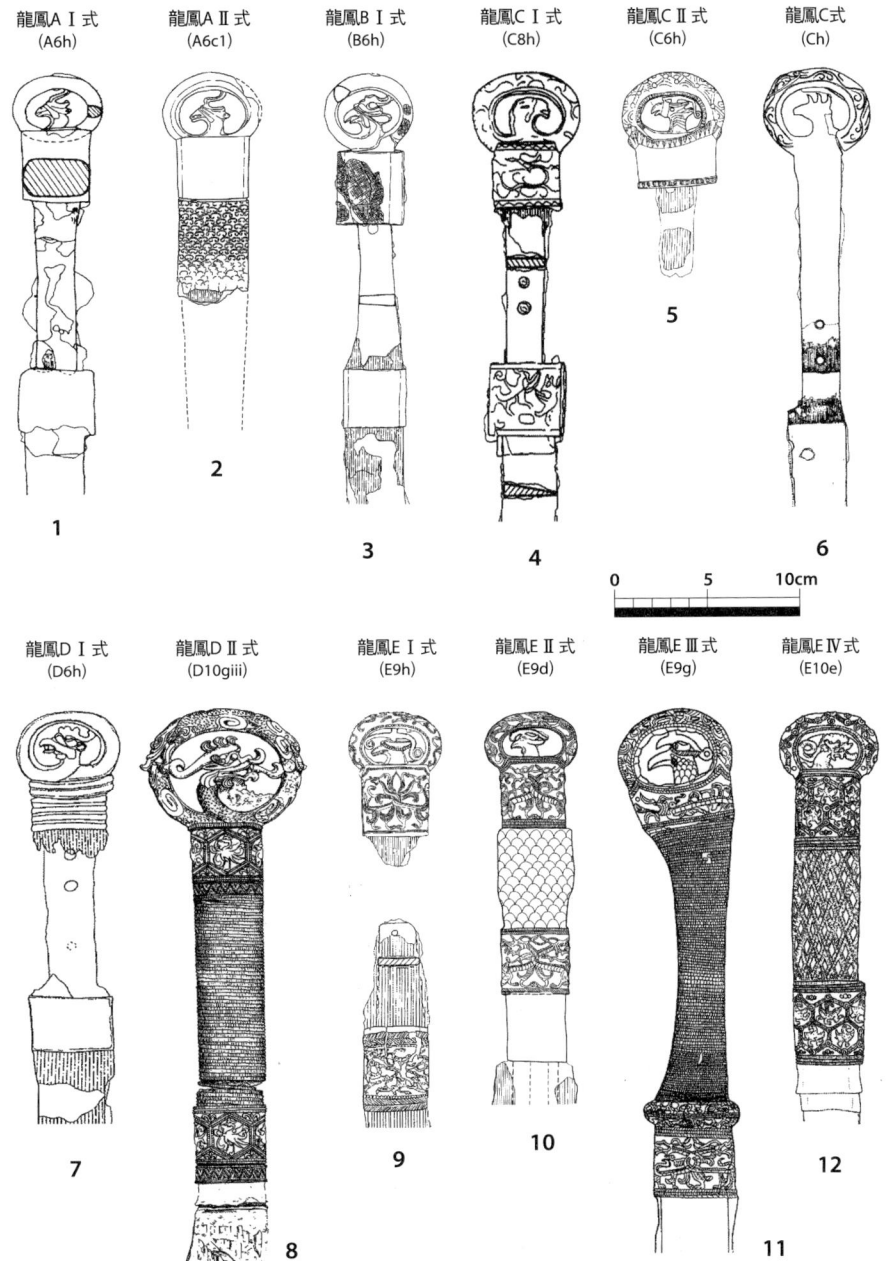

도면 82 삼국시대 용봉환두대도의 분류

1. 산청 중촌리3호 | 2. 고령 지산동73호 | 3. 고령 지산동3호 | 4. 합천 옥전35호 | 5. 합천 옥전M4호 | 6. 고령 지산동32NE-1호 | 7. 천안 용원리1호 | 8. 공주 무령왕릉 | 9. 산청 생초M13호 | 10. 합천 옥전M6호 | 11. 합천 옥전M3호 | 12. 고령 지산동39호

·EⅢ식 용봉환두대도

EⅡ식과 유사한 형이며, 병부장식의 경우 각목된 금속선을 조밀하게 감은 형태이다.

·EⅣ식 용봉환두대도

EⅡ식과 유사한 형이며, 병부장식의 경우 격자문이 시문된 금속판을 목제병부에 감은 형태이다.

(2) 장식대도의 지역성

백제의 장식대도로는 용봉환두대도가 잘 알려져 있지만 오히려 출토 수는 대가야지역이 더 많다. 최근 백제와 대가야에서 출토된 용봉환두대도의 제작기법과 형태적 차이를 구분한 연구가 다수 있다. 그 내용을 요약하면 다음과 같다.

　　백제권역의 용봉환두대도는 용봉D식 계열이 주류로서 환두부를 일주식으로 제작한 것이다. 외환은 용문 등의 장식을 별도로 제작하여 부착하였다. 소환BⅢ식 환두대도의 경우 파상문이 시문된 병연금구가 부착된 것이 특징적이다. 백제권역의 공주 수촌리1호, 논산 모촌리93-5호 등에서 출토된 바 있으며, 대가야권역의 합천 옥전28호에서도 출토되었다. 용봉D식 계열 외에도 백제 장식대도의 초현기로서 용봉A식 계열 환두대도가 있다. 용봉A식은 타원형 환두부를 일주식으로 제작하며 병연금구와 병부장식을 부착한 형태이다. 출토 빈도수는 백제보다 대가야권역에서 많지만 공주 수촌리1호 출토품이 이른 시기에 확인되는 점 등에서 백제에서 유행하고 제작 기술이 대가야로 전파된 것으로 보고 있다.

　　신라 장식대도로는 삼루환두대도, 삼엽환두대도가 잘 알려져 있다. 삼루A식, 삼루B식 모두 신라권역에서 주로 확인되며, 금속판을 돌린 후 그 위에 다시 環 혹은 각목이 새겨진 環을 추가적으로 고정하는 三累B式은 전형적인 신라의 삼루환두대도라 할 수 있겠다. 이러한 병연금구의 제작기술은 경주 월성로가13호 출토 소환두대도부터 확인되는 양상이다. 부산 복천동11호 출토 삼루환두대도는 청동제 환두부를 일주식으로 제작하였으며, 병연금구를 상하에 각각 2개씩 環으로 고정한 형태이다. 병연금구와 병부장식을 환 혹은 각목이 새겨진 환으로 장식 및 고정하는 형태는 신라권역에서 주로 확인되는 양상이다.

다수의 환두대도가 경주 황남대총 남분을 비롯한 경주지역 고분을 중심으로 집중적으로 출토된다. 지방에서 환두대도 출토되는 대표적인 유적으로는 부산 복천동10·11호, 21·22호, 울산 조일리35호, 49-2호, 하삼정4호, 양산 부부총, 경산 임당6A호, 조영CⅠ-1호, 북사리1호, 조영EⅠ-2호, 대구 비산동37-1호, 비산동55호, 문산리M1-1호, 죽곡리고분, 왜관 덕천리99호, 성주 성산동1호, 창녕 교동7호, 송현동7호, 의성 학미리1호, 탑리2곽, 대리리3호, 안동 조탑동C호, 포항 용흥동신라묘, 청원 미천리 가8호 등이 있다. 대부분 지방의 거점 고분군에서 확인되며, 출토 정황을 살펴보면 경주지역을 중심으로 한 낙동강 이동양식토기와 공반하여 출토되고 있는 점이 주목된다.

다음으로 삼엽환두대도는 고령 지산동33호, 합천 옥전M1호, 나주 신촌리9호, 나주 복암리3호, 청주 신봉동고분 등 신라권역 외에서도 확인되고 있어 형식별 분포 정형을 검토할 필요성이 있다. 전형적인 신라의 삼엽환두대도는 삼엽C식 계열로 상원하방형의 환두부 형태가 특징적이다. 그런데 신라권역 이외 지역에서 출토된 삼엽환두대도 역시 신라에서 유행하는 제작 기법을 사용하고 있다. 병연금구는 금속판을 돌린 후 環 또는 각목이 새겨진 環을 추가적으로 고정한 점, 병부장식으로 연호문 계열을 시문한 후 금속판을 돌린 점 등이 그러하다. 한편 환두부의 형태가 원형 혹은 타원형 계열의 삼엽환두대도는 신라권역 외에 고령, 청주, 나주 등에서 제한적으로 확인된다.

신라에서 출토된 용봉환두대도를 두고 최상위 계층의 위세품으로 보는 시각이 지배적이다. 즉 용봉환두대도가 신라에 도입되기 전까지 신라권역에서는 삼루환두대도가 최상위 위세품이었으나 이후 위세품의 종류가 바뀐다는 견해이다. 하지만 신라권역에서는 용봉환두대도가 극소수로서 제한적으로 출토된다는 점, 경주 식리총, 호우총 출토품은 별주식의 대가야 제작기술인 점 등에서 여전히 삼루환두대로가 최상위 위세품으로 사용되었을 것으로 판단된다. 오히려 신라에서는 용봉환두대도가 제한적으로 도입되었거나 모방하여 제작하였을 가능성이 크다.

대가야의 장식대도는 환두부 외환과 환내장식(용문)을 별도로 제작하여 부착한 별주식 용봉환두대도가 대표적이다. 용봉환두대도의 제작기술은 백제의 영향을 받은 것으로 추정하는 것이 일반적인 견해이며 이후 별도의 기술로 가야 나름의 용봉환두대도가 유행한다. 한반도 내 용봉환두대도의 출토 빈도는 가야권이 가장 많다. 외환 장식은 용머리 장식이 거의 겹치지 않게 대칭으로 배치한 점이 백제 장식과의 차이이다.

기왕에 주목하지 않은 소환CⅡ식, 소환CⅢ식 환두대도도 가야권역에서 주로 확인된다. 금은제, 철제의 상원하방형(上圓下方形) 혹은 상삼각하방형(上三角下方形)의 환두부에다가 병연금구는 금은제, 철제 금속판을 감싼 형태이다. 병부장식은 없거나 가야권에서 주로 확인되는 어린문이 시문된 금속판을 감싼 형태이다. 주요 출토품이 고령 지산동3호, 합천 옥전M3호, 8호, 20호, 71호, 75호, 합천 반계제가A호, 함양 백천리Ⅰ-3호, 군산 산월리4호, 남원 두락리4호 등에서 확인되었다. 병부 장식은 주로 어린문이 시문된 금속판을 사용한다. 또한 환두부가 타원형이고 병연금구를 금은제, 철제

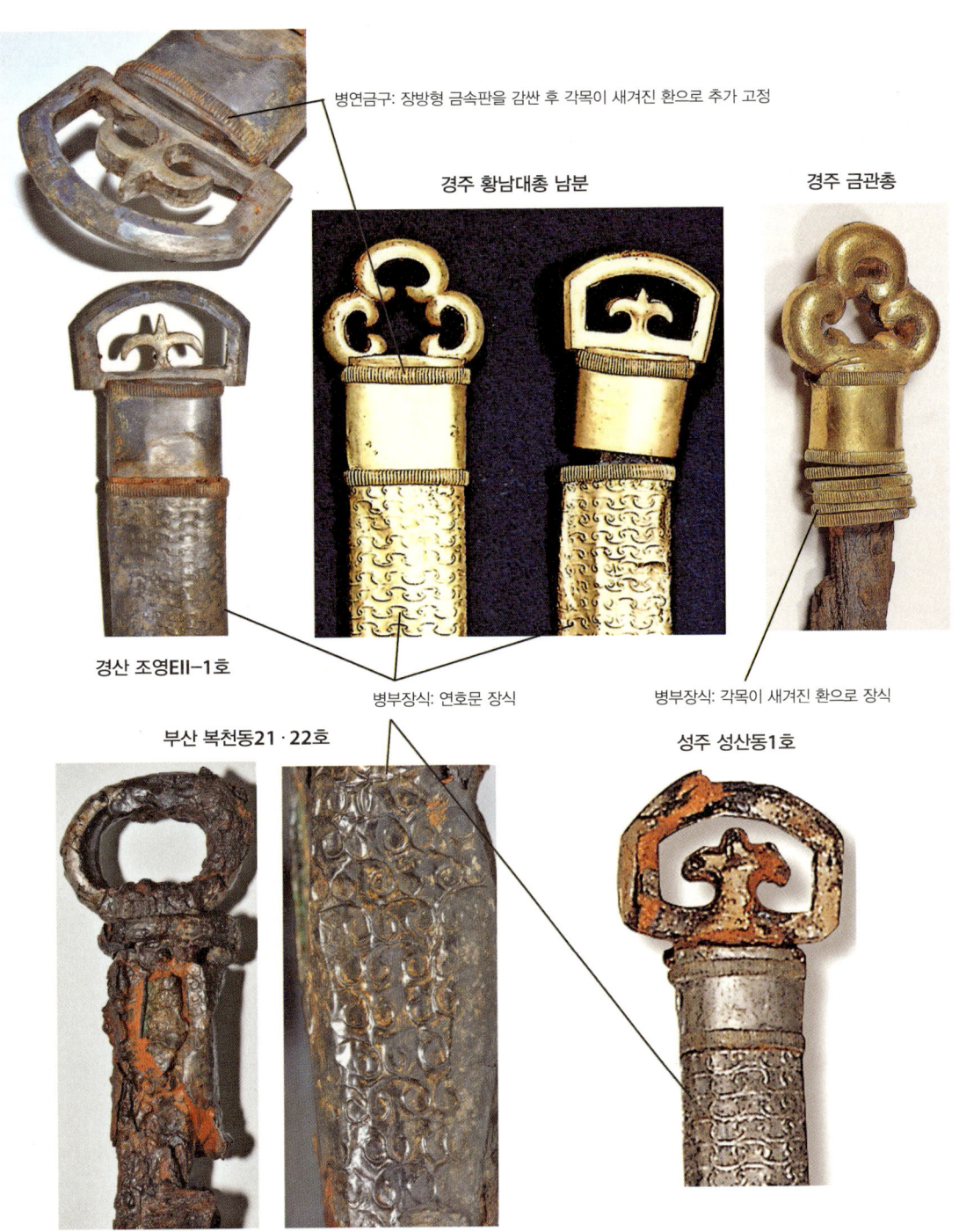

도면 83 　신라권역 출토 환두대도 제작기술의 지역성

제5장　의장 무기로 본 신라와 가야　271

테글 26
신라 장식대도의 출현과 변천

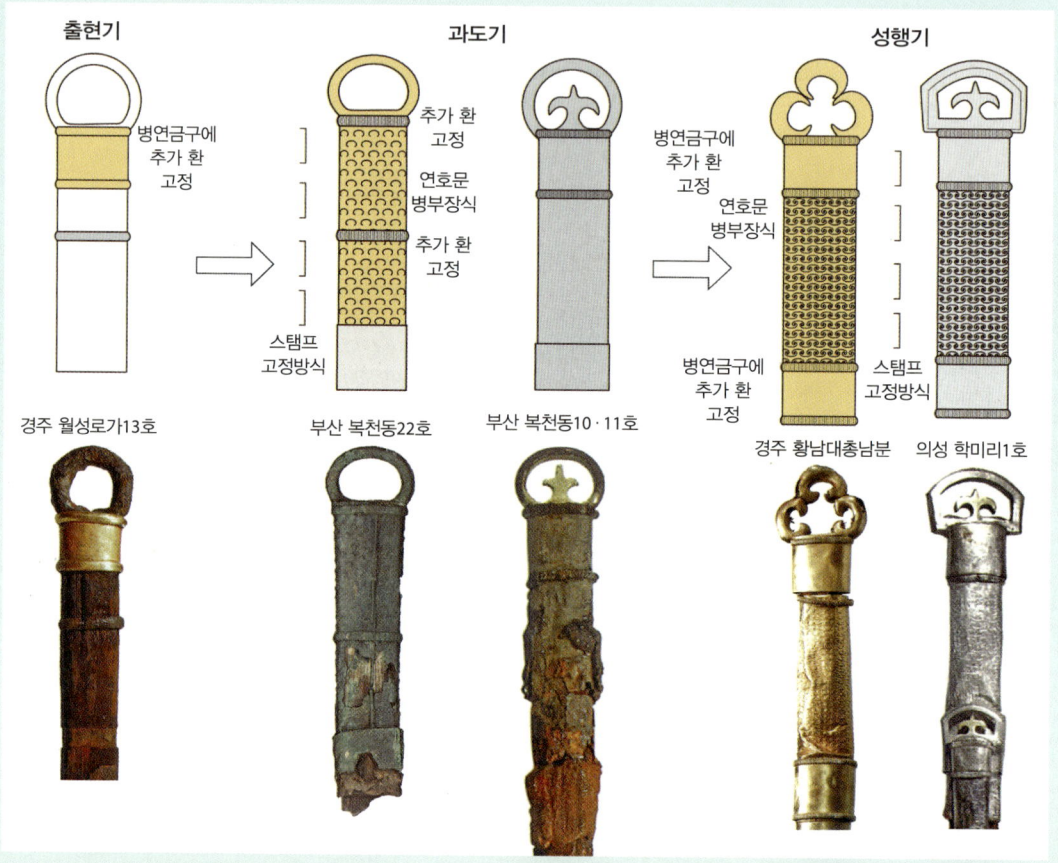

　신라의 장식대도는 초기 고구려의 영향을 강하게 받으며, 이후 신라 나름의 지역성을 갖춘 장식대도를 제작한다. 신라의 장식대도는 삼루환두대도, 삼루환두대도로 잘 알려져 있다. 세부 제작형태의 속성은 초기 병연금구에 환(고리)를 추가 고정하며, 병부장식은 연호문(호가 연속된 문양)장식이 유행한다. 그리고 연호문 병부장식의 결합은 스탬프 고정방식의 제작기술이 특징적이다.

테글 27
신라 장식대도의 특성과 성행

· 경주 황남대총남분의 장식대도

신라의 왕릉급 무덤인 황남대총 남분에서는 신라의 정형성을 갖춘 장식대도가 다수 출토되었다. 신라의 대표적 장식대도로 삼루환두대도와 삼엽환두대도가 있다.

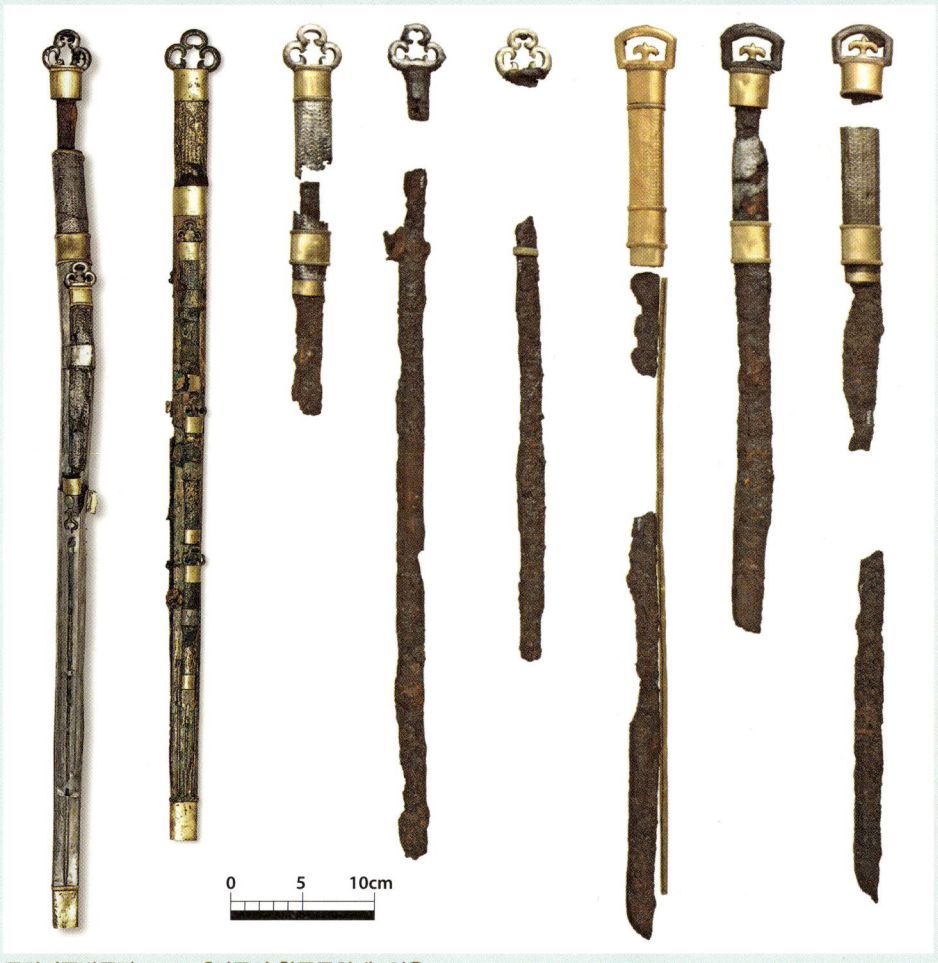

국립경주박물관, 2015, 『경주의 황금문화재』 인용

· **경주 황남대총남분의 장식대도와 장식소도(모자도, 소도)**

신라 장식대도의 특성으로 모자도(母子刀)가 있다. 백제의 경우 장식소도를 별도로 제작하여 사용하는 경우가 많지만, 신라의 장식소도는 장식대도에 부착하여 사용하는 경우가 많다.

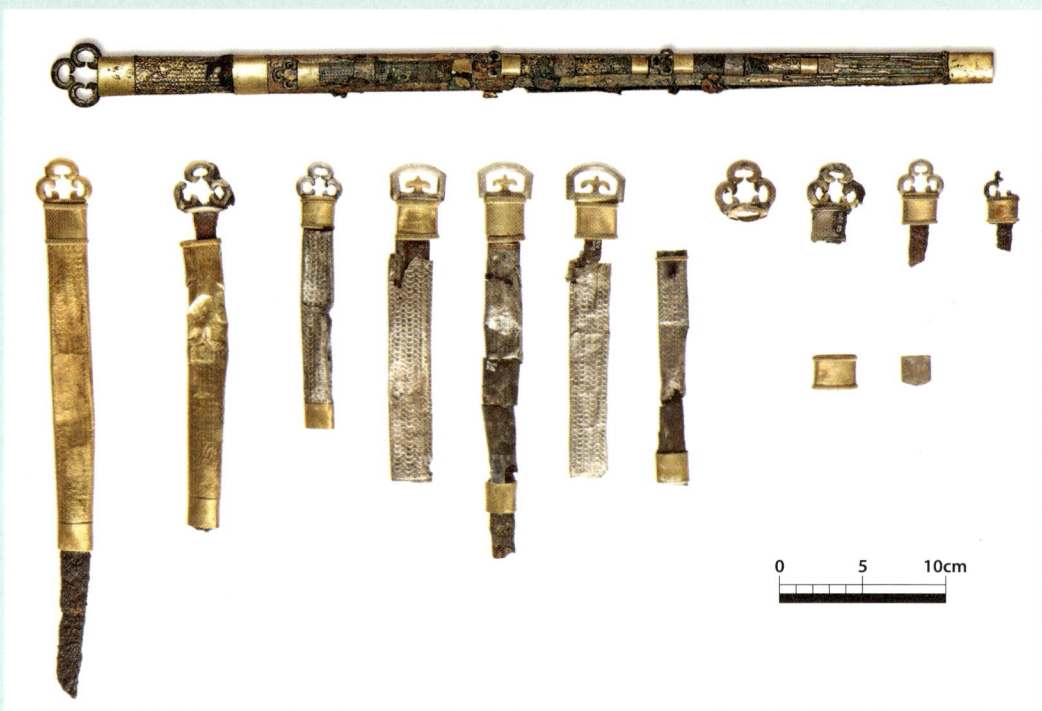

국립경주박물관, 2015, 「경주의 황금문화재」 인용

· 경주 금관총의 장식대도와 장식소도(모자도, 소도)

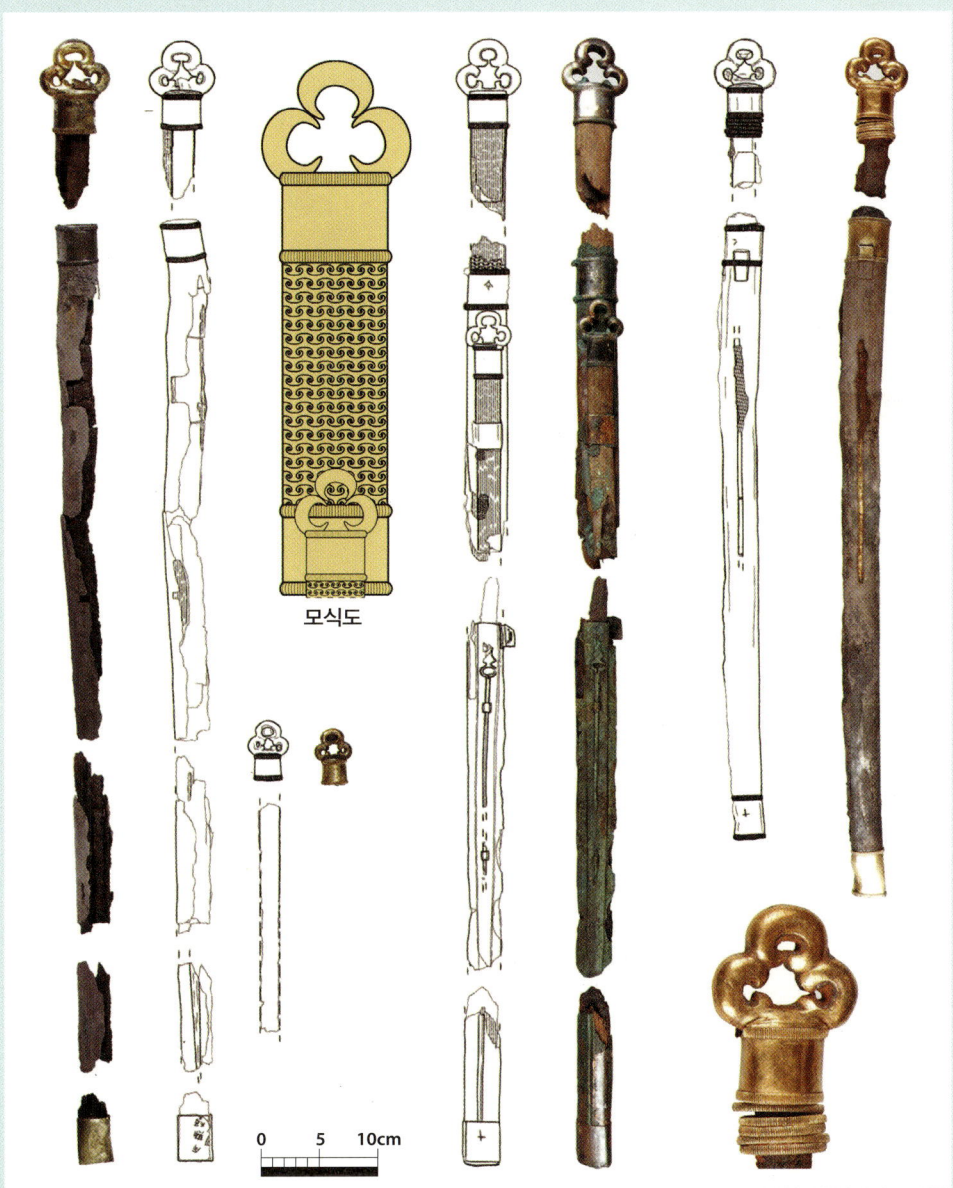

모식도

국립경주박물관, 2015, 『경주의 황금문화재』인용

· **경주 천마총의 장식대도와 장식소도**

천마총에서는 대가야에서 유행하던 별주식 용봉환두대도와 신라 전형의 삼루환두대도가 출토되었다. 환두장식 용봉의 형태로 별도로 제작하여 결합한 대가야에서 유행한 별주식이다. 이외에 병부장식, 모자도 및 침 부착 등은 전형적인 신라의 장식대도 제작기술이다.

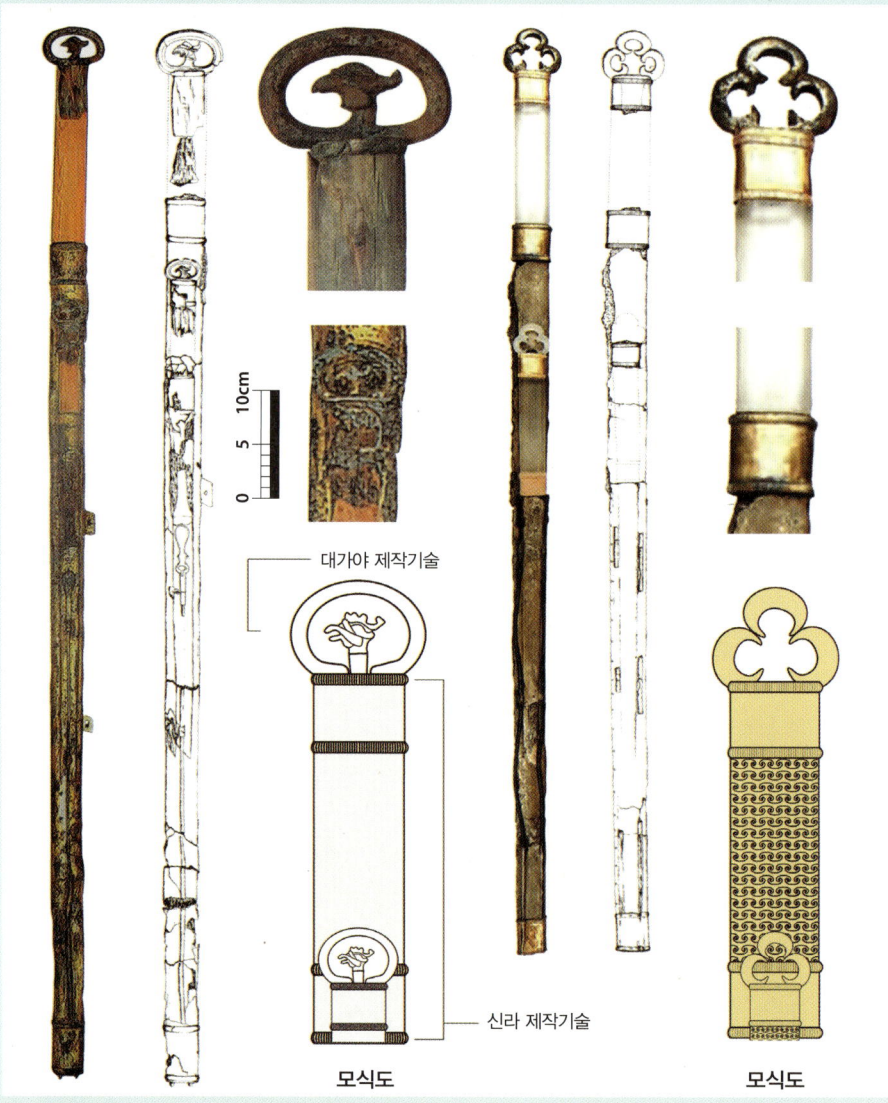

국립경주박물관, 2015, 『경주의 황금문화재』인용

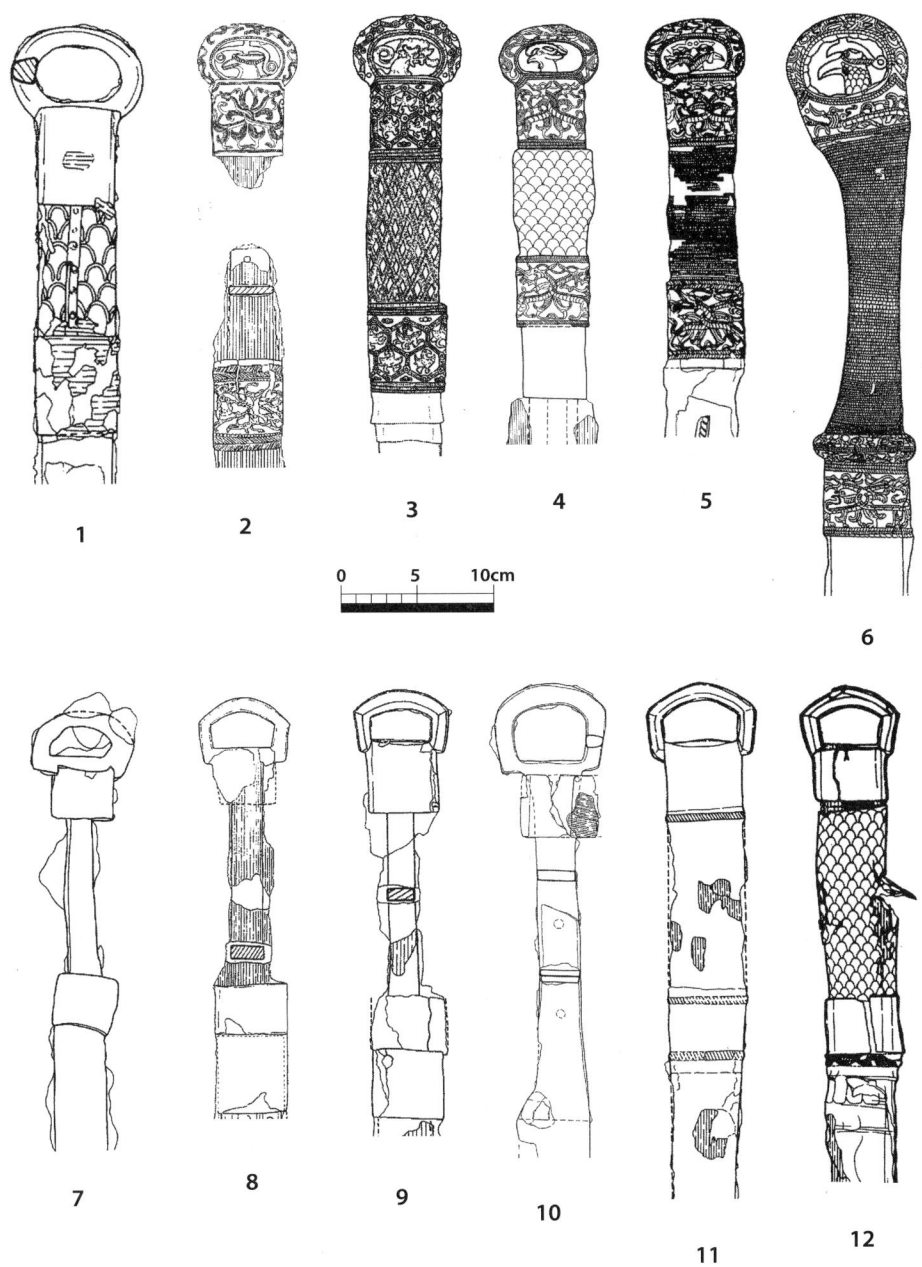

도면 84 삼국시대 대가야의 장식 환두대도
1. 합천 옥전75호 | 2. 산청 생초M13호 | 3. 고령 지산동39호 | 4. 합천 옥전M6호 | 5·6·9. 합천 옥전M3호 | 7. 군산 산월리4호 | 8. 합천 옥전71호 | 10. 고령 지산동3호 | 11. 합천 반계제가A호 | 12. 함양 백천리Ⅰ-3호

제5장 의장 무기로 본 신라와 가야

금속판으로 사용한 소환BⅡ식 환두대도도 오산 수청동5-2지점 20호, 고령 지산동32NW-1호, 합천 옥전75호, 합천 옥전M3호 등에서 확인되어 백제권역과 가야권역에서 유행했다 할 수 있겠다.

3) 제작 기술의 교류
(1) 백제와 신라 그리고 가야 장식대도의 제작기술

앞서 장식대도를 여러 형태로 분류하였지만 백제, 신라, 가야에서 주로 사용하는 장식대도는 나름의 제작 기술 및 세부 형태가 존재한다.

백제는 용봉환두대도의 환두부를 일주식으로 제작하는 것이 특징적이다. 또한 환두부 외환장식은 두 개의 용머리가 겹치게 위치하는 근교형과 공주 무령왕릉 용봉환두대도와 같이 식합형으로 장식한 것이 알려져 있다. 그리고 제한적으로 확인되지만 공주 수촌리1호, 논산 모촌리93-5호 출토품과 같이 파상문이 시문된 금은제 금속판을 사용한 병연금구 역시 백제의 제작기술로 이해되고 있다.

신라는 삼루환두대도와 상원하방형 환두부의 삼엽환두대도가 잘 알려져 있다. 또한 이 계열의 환두대도를 살펴보면 신라에서 선호하는 나름의 제작 기술이 있다. 그것은 병연금구를 환 혹은 각목이 새겨진 環만을 사용하거나 금은제의 금속판을 돌린 후 환 혹은 각목이 새겨진 環으로 추가 고정하는 것이다. 또한 병부장식의 경우 대개 연호문 계열의 장식을 시문한 금은제 금속판으로 목제병부를 감싼 형태이다.

가야 특히 대가야권역에서 확인되는 용봉환두대도는 초기에 백제 기술의 영향을 받지만 이후 독자적인 기술로 제작하게 된다. 그것은 다음과 같이 언급할 수 있다. 첫째, 용봉환두대도 환두부의 경우 외환과 환내장식을 별도로 제작하여 부착하는 형태이다. 둘째,

외환장식의 경우 두 개의 용머리가 거의 겹치지 않게 위치한 근교형으로 장식한다. 셋째, 병부장식은 대개 어린문으로 장식한 금속판을 사용한다. 예외적이지만 고령 지산동39호 출토품과 같이 격자문을 사용한 예도 있다.

테글 28
백제 장식대도의 특성과 성행

국립대구박물관, 2007, 「한국의 칼」 인용후 수정

테글 29
가야(대가야) 장식대도의 특성과 성행

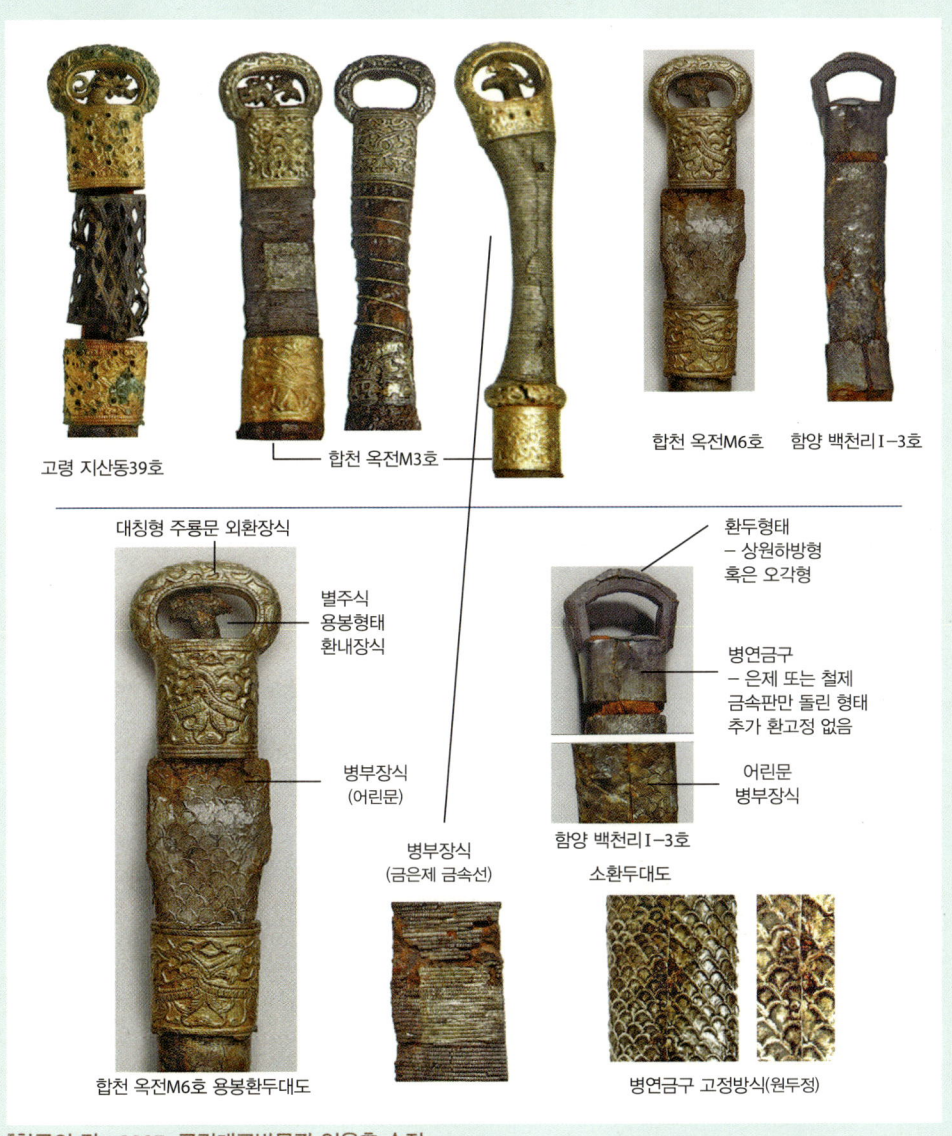

『한국의 칼』, 2007, 국립대구박물관 인용후 수정

(2) 삼국시대 장식대도 제작기술 교류에 대한 사례

· 나주 신촌리9호 출토 삼엽환두대도

환두부 환내장식은 신라에서 유행하는 삼엽문을 채택하였으나 기술적으로는 일주식이 아닌 외환과 환내장식을 별도로 제작하여 결합한 대가야권에서 유행하는 기술이다. 그런데 병연금구는 금은제 금속판을 돌려 環으로 추가 고정하는 형태로 신라의 제작기술이다. 병부장식은 대가야에서 유행하는 어린문이 새겨진 금속판을 사용하였다. 신라와 가야의 제작기술이 혼합된 양상으로 보아 영산강유역의 주요세력이 자체적으로 모방 제작하였을 가능성이 크며, 이는 백제 중앙세력과 다른 제지역의 정체성을 나타내었던 것으로 추정된다.

· 나주 복암리3호 출토 삼엽환두대도

환두부 환내장식은 신라에서 유행하는 삼엽문을 채택하였다. 병연금구는 폭이 비교적 좁은 금속판에 원문, 집선문이 시문된 금속판을 이용하여 제작한 형태이다. 이것은 백제 무령왕릉 출토 子刀의 병연금구와 유사한 제작 기술이다. 병부장식은 백제, 가야권역에서 유행하는 각목이 새겨진 금속선을 사선 방향으로 감은 형태이다. 나주 신촌리9호 출토 삼엽환두대도와 마찬가지로 제지역 집단의 특성으로 추정된다. 나주 복암리3호 출토 삼엽환두대도와 유사한 형태와 기술로 제작한 환두대도로는 일본열도 미야자키현(宮崎県) 모치다(持田)26호 출토품을 들 수 있다. 모치다(持田)26호 출토 삼엽환두대도를 두고 신라와의 관계설이 제기되고 있지만 전체적인 제작기술 양상으로 보아 영산강유역 집단과 교류했을 가능성이 크다 하겠다.

· 경주 천마총 출토 용봉환두대도

경주 식리총, 호우총의 경우 환두부가 대가야 제작기술로 인식되는 별주식 제작인 반면, 경주 천마총은 백제 기술의 영향으로 보는 일주식 환두부이다. 병연금구는 금속판을 돌린 후 금은제 環으로 추가 고정한 형태로서 신라의 전형적인 기술이다. 이로써 신라에서 모방 제작했을 가능성이 크다.

· 울산 조일리80호 출토 삼엽환두대도
환두부의 형태는 상원하방형의 전형적인 신라식 삼엽환두대도이다. 다만 병부장식의 경우 신라에서는 대부분이 연호문을 사용한 데 비해 이 출토품은 대가야에서 유행하는 어린문을 시문한 금속판을 사용하였다.

· 고령 지산동73호 출토 용봉환두대도
대가야권역에서 초기에 출현한 용봉환두대도이다. 백제의 용봉환두대도 제작기술로 인식하고 있는 환두부를 일주식으로 제작하였다. 병연장식은 신라에서 유행하는 연호문을 시문한 금속판을 사용하였다.

· 함안 마갑총 출토 소환두대도
환두부형태가 상원하방형이며, 외환장식으로 상감 처리되어 있다. 병연금구는 신라에서 유행하는 각목이 새겨진 환을 사용하여 고정하였다. 병부장식 역시 신라에서 유행하는 연호문을 시문한 금속판을 사용하였다.

· 고령 지산동33호 출토 삼엽환두대도
환두부의 환내장식은 신라에서 유행하는 삼엽문으로 제작하였다. 병연금구는 가야권역에서 유행하는 금속판만을 돌린 형태이다. 대가야에서 자체적으로 모방하여 제작하였을 가능성이 크다.

테글 30
백제권역 영산강유역 장식대도의 특성(종합양식)

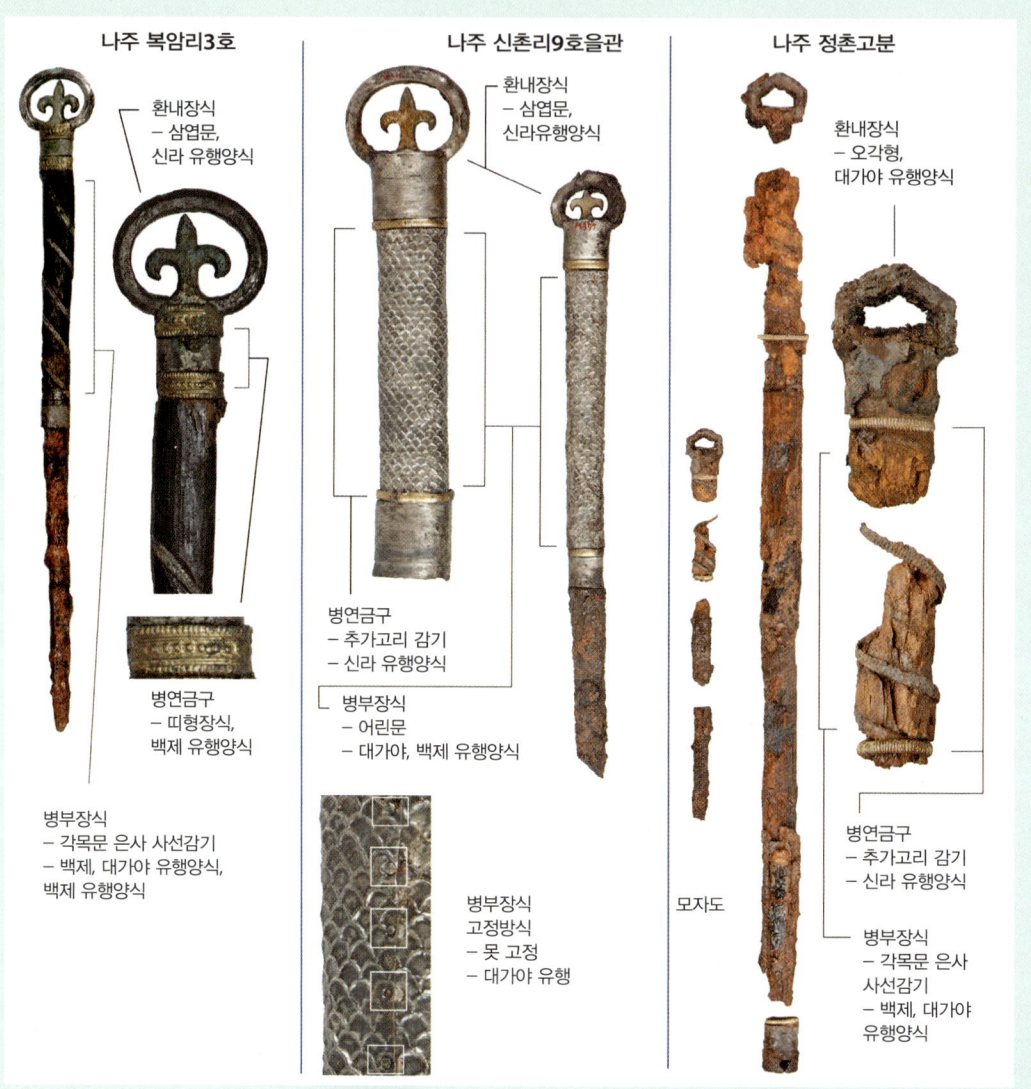

국립대구박물관, 2007, 『한국의 칼』; 국립나주문화재연구소, 2020, 『나주 정촌고분 출토 모자도 제작기술 복원』 인용후 수정

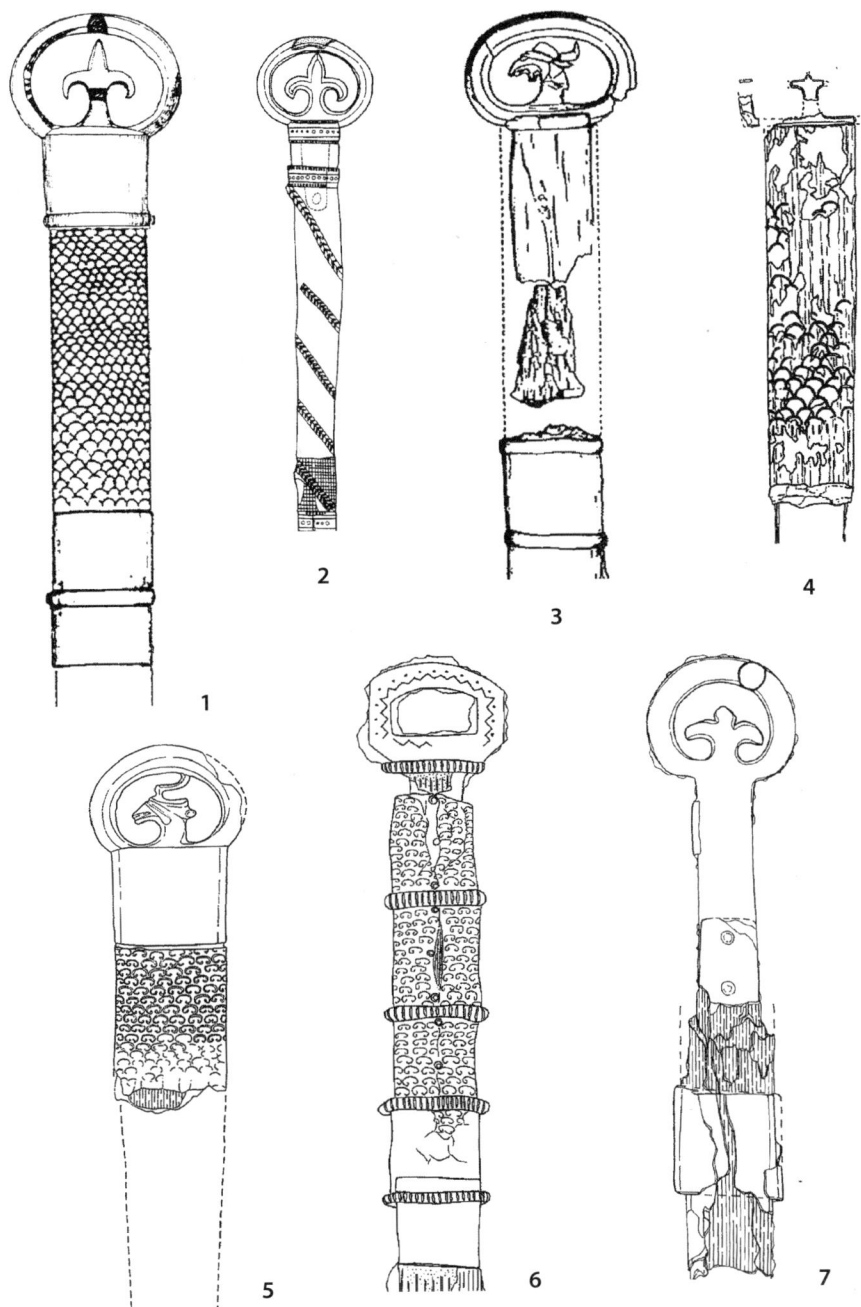

도면 85 삼국시대 장식 환두대도의 외래적 제작기술
1. 나주 신촌리9호 | 2. 나주 복암리3호 | 3. 경주 천마총 | 4. 울산 조일리80호 | 5. 고령 지산동73호 | 6. 함안 마갑총 | 7. 고령 지산동33호

이상의 내용을 요약하면 삼국시대 백제, 신라, 가야의 장식 환두대도는 각각 나름의 제작기술을 가지고 그 기술을 모방하는 등 상호 교류의 흔적을 살펴볼 수 있다. 구체적으로 삼루 및 삼엽환두대도로 대표되는 신라 장식대도, 용봉환두대도로 대표되는 백제, 가야 장식대도는 백제, 신라, 가야 나름의 병연금구, 병부장식 등의 제 기술적 요소로 제작하는 지역성이 확인된다. 또한 신라의 경우 기왕에는 용봉환두대도 – 삼루환두대도 – 삼엽환두대로 위계 서열을 설정한 바 있으나, 이번 연구를 통해 신라에서는 용봉환두대도가 제한적으로 확인되기 때문에 이것을 최고 서열로 두기에는 한계가 있음을 알 수 있었다. 한편 백제권역 내의 영산강유역에서 출토된 환두대도에서는 백제 중앙의 특성뿐만 아니라 신라 및 대가야의 특성이 함께 확인되고 있어서 대가야 및 백제 중앙 제작설보다는 영산강유역 집단 자체 제작설로 보는 것이 합리적일 것이다.

4. 신라와 가야의 의장 무기의 특성

삼국시대 신라와 가야의 무기체계는 전체의 틀로 볼 때 유사성이 강하지만 제정치체의 정체성을 반영하는 의장 무기는 나름의 지역성이 확인된다. 신라와 가야의 주요 의장 무기에는 상위 신분의 수장급 묘에서 출토되는 금, 은, 청동제의 장식대도가 대표적이다. 또한 실전용에서 흔하게 사용하지 않고 특수 사용의 목적 또는 특정 신분만 소유하는 무기류도 철창(철모), 화살촉(철촉) 등에서 확인되고 있다.

1) 신라 의장용 무기의 종류
삼국시대 한반도 남부지역의 백제, 신라, 가야 등에서 확인되는 실전 전투용 무기류(철도, 철모, 철촉)는 형태적으로 그 차이가 크지 않다. 이는 당시 남부지역의 지리 및 환경적 유사성 등 유사한 문화생태의 조건이 각 국가의 무기체계 형성에 영향을 준 것으로 볼 수 있다. 그러나 군사·정치적 성격을 반영하는 의장 일부 무기류는 각 국가의 정체성을 반영한다.

신라의 의장 무기류에는 상위 수장급묘에서 확인되는 장식대도, 철모, 철촉 등이 있다. 이러한 위세적 무기류는 신라가 4세기 중·후엽부터 고구려 무기체계를 적극적으로 수용하는 과정에서 신라 나름의 무기체계를 형성하면서 출현한 것으로 판단된다.

(1) 신라의 장식대도

삼국시대 초기에는 앞 시기에 유행하던 장검이 제한적으로 사용되고 환두대도가 주류를 이루게 된다. 환두대도는 일반적으로 소환두도에서 환두대도로 변화한다. 환두부와 신부의 제작기법 변천을 통해서도 단계를 설정할 수 있는데, 신부와 병부를 한 번에 일체로 제작한 일체형과 신부와 병부를 따로 제작하여 부착하는 방식의 결합형으로 구분된다. 또한 이는 시간적 속성을 잘 반영하며 일체형에서 결합형으로 변화한다. 한편 장식적 측면에서 살펴볼 때, 경주 월성로 가13호에 출토된 환두대도의 경우 환두부가 금으로 제작되면서 장식성이 더욱 화려해진다.

금제의 환두부 제작으로 장식성이 화려해진 신라의 환두대도는 4세기대 후엽이후 환두부에 삼엽문, 삼루문 등이 장식되는 등 위세품의 성격을 강하게 띠면서 신라 중앙과 지방의 주요 수장급묘에서 출토되고 있다. 대표적인 기종으로 환두가 C자형 고리 3개로 이루어진 삼루문환두대도, 환두 안에 삼엽문 장식이 있는 삼엽문환두대도, 환두 안에 아무런 장식없이 환두부를 금, 은, 금동제, 또는 철 자체로만 제작한 소환두대도가 있으며, 삼루문, 삼엽문환두대도는 대부분 환두부를 금, 은, 금동제로 제작하는 경우가 많다.

표 2 신라권역 출토 의장 무기

	도(장식대도)			철촉			철모	
	용봉문	삼루문	삼엽문	착두형	삼익형	투공능형	반부	가지형
경주지역	천마총 식리총 호우총	황남대총남분 황오리14호1곽 금령총 금관총 천마총 식리총 쪽샘131호 쪽샘132호	황남대총남분 황남대총북분 금관총 황남리파괴고분 황남동145-1호 황남동3호2곽 황오리1호 황오리4호 황오동33호 황오동34-1호 황오동37호 황오동100번지 인왕동149호 인왕동A-1호 인왕동C-1호 황성동40호 보문리부부총 쪽샘B1호	황남동109호4곽 황남대총남분 황남대총북분 금령총 천마총 노동리4호 황오리16호1곽 황오리4호 황오동14호 황오동34-2호 황오동37호 쪽샘B1호 쪽샘B2호 계림로14호 인왕동149호	황남동110호 천마총 계림로14호 황오동34-3호 황오동37호	황오동14호 계림로14호 천마총	월성로가10-1호 월성로가13호 황남동109호1곽 황남대총남분 황오동34-3호 천마총	황남대총북분 노동리4호
경주지역 (주변)		덕천리1호 안계리43호	덕천리4호 안계리2호 화곡리33호	사방리11호	봉길리54호		율동27호	
부산지역		복천동11호	복천동11호	복천동10·11호 복천동21·22호 연산동93호				
울산지역		하삼정4호	조일리35호 조일리49-2호	하삼정3호 하삼정1호			조일리67-1호	조일리49-2호
양산지역		부부총		부부총	부부총			
밀양지역				신안9호 신안16호			신안49호	
영천지역				화남리9호				
경산지역			임당6A호 조영CI-1호 조영EI-2호 북사리1호	조영CI-1호 조영EI-1호 임당5C호			조영CI-1호	임당6A호
대구지역		달성37-1호 달성37-2호 문산리M1-1호 죽곡리고분	달성37-1호 달성37-2호 비산동55호	문산리5호 죽곡리고분			죽곡리고분	달성37-2호
구미지역							황상동1호	황상동1호
왜관지역			덕천리99호				낙산리28호	
김천지역				문무리5호				
성주지역			성산동1호				성산동59호	

	도(장식대도)			철촉			철모	
	용봉문	삼루문	삼엽문	착두형	삼익형	투공능형	반부	가지형
창녕지역	교동11호		교동7호 송현동7호 교동고분 (횡구식석실분)	교동1호 계성리1호 송현동2호 송현동7호	교동89호	교동고분 (횡구식 석실분)	교동1호 교동3호 교동89호	송현동7호 교동고분 (횡구식석실분)
의성지역			학미리1호 탑리2곽 대리리3호2곽 대리48-1호	탑리2곽 대리46-1호 대리48-1호			탑리2곽	
안동지역			조탑동C호					조탑동C호
상주지역				신흥리나39호			병성동18-2호	오봉산481호
포항지역		냉수리고분	용흥동고분	옥성리가35호 옥성리50호				
울진지역			덕천리99호					
강릉지역				초당동A-1호 초당동300번지 2호, 7호			초당동A-1호	
청원지역			미천리가8호	미천리가5호			미천리가5호	

삼루문환두대도는 경주 황남대총남분(皇南大塚南墳), 금령총(金鈴塚), 금관총(金冠塚), 천마총(天馬塚), 식리총(飾履塚) 등 신라의 최상급 무덤에서 출토되고 있으며, 삼엽환두대도는 삼루환두대도에 비해 위계는 낮지만 역시 상급 무덤에서 확인되고 있다.

삼루 및 삼엽환두대도는 신라 중앙인 경주지역에 집중되어 있으며, 경산 임당동고분군, 대구 내당동고분군, 부산 복천동고분군, 양산 북정리고분군, 구미 황상동고분군, 왜관 낙산리고분군, 성주 성산동고분군, 창녕 교동 및 송현동고분군, 의성 금성고분군, 강릉 초당동고분군 등 지방의 최수장급 무덤에서도 출토되고 있다. 반면에 용봉환두대도는 경주 천마총, 식리총, 호우총, 창녕 교동 11호분 등 신라권역에서는 제한적으로 출토되고 있어 가야 또는 백제 환두대도의 영향으로 보고 있다.

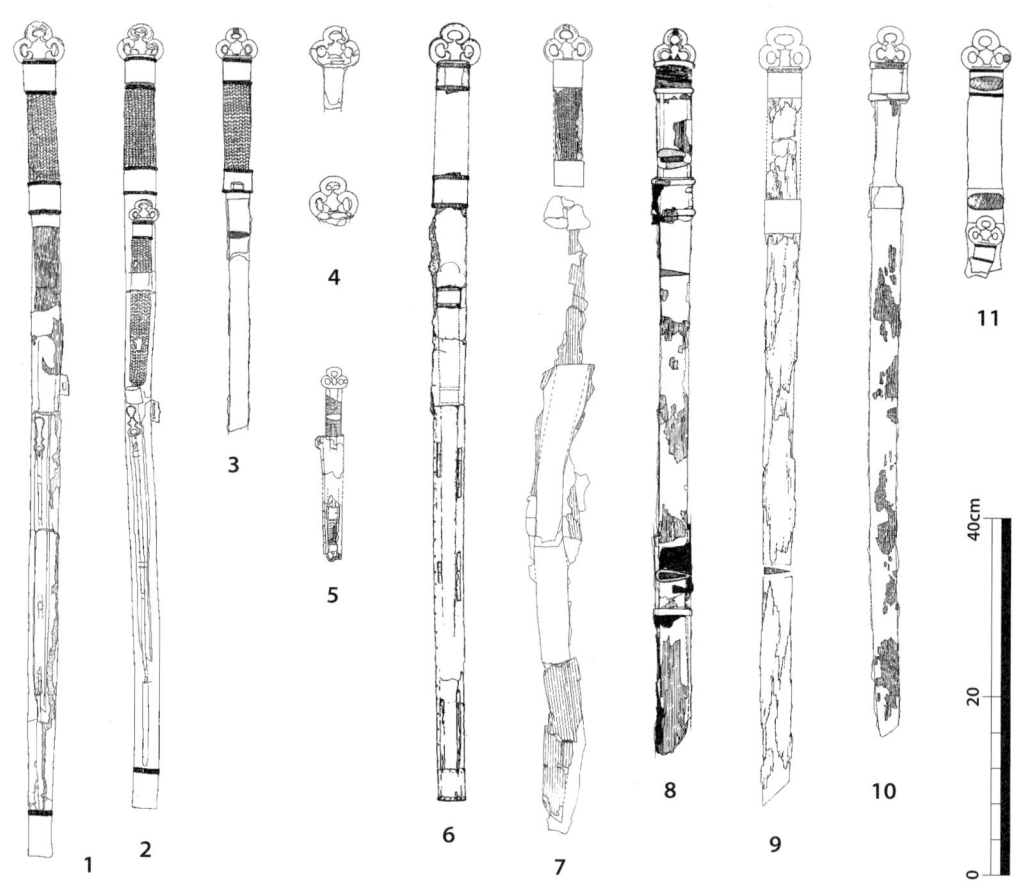

도면 86 신라권역 출토 삼루환두대도
1~4. 경주 황남대총남분 | 5. 경주 보문리부부총 | 6. 경주 천마총 | 7. 경주 덕천리1호 | 8. 부산 복천동11호 | 9. 양산 부부총 | 10. 대구 문산리M1호 | 11. 경주 안계리43호

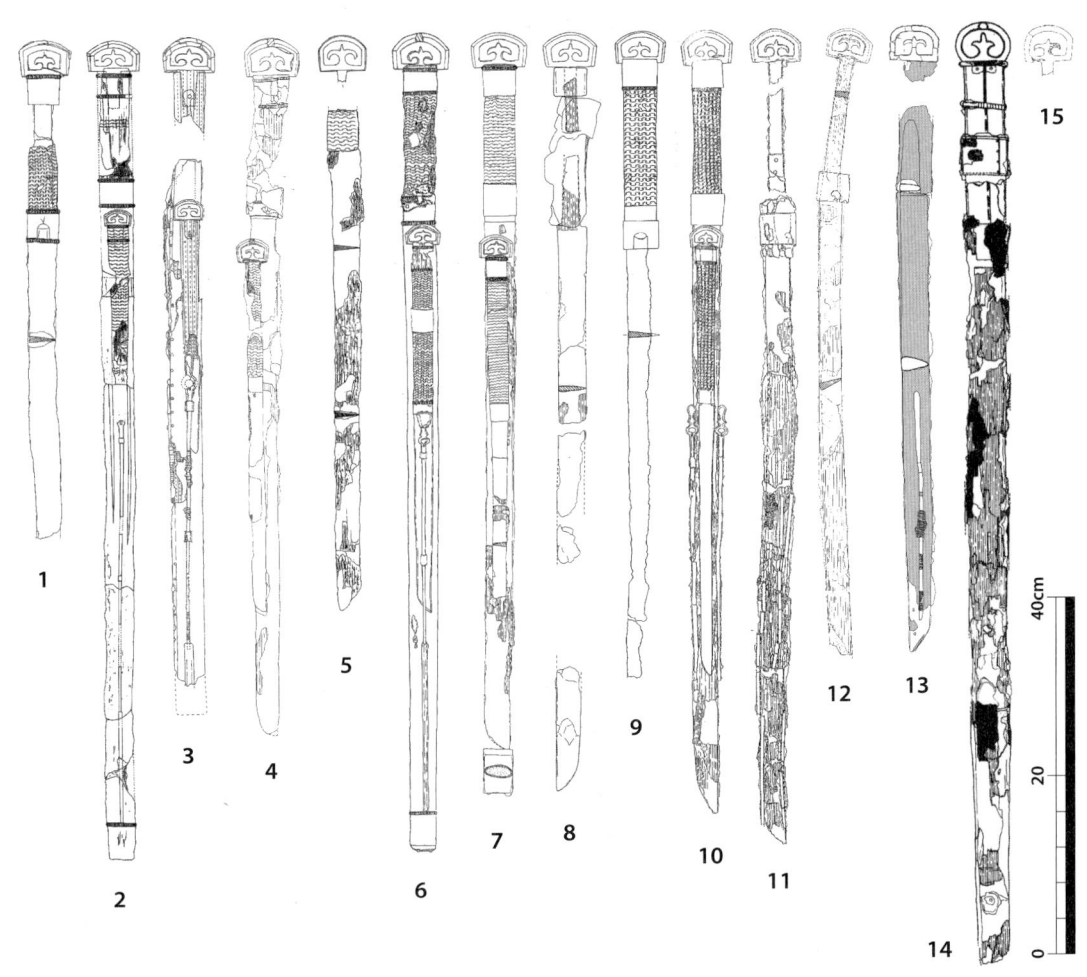

도면 87 신라권역 출토 삼엽환두대도
1. 경주 황남대총남분 | 2. 경주 황남대총북분 | 3. 경주 보문리부부총 | 4. 경주 덕천리4호 | 5. 울산 조일리49-2호 | 6. 경산 임당동6A호 | 7. 경산 조영동C1-1호 | 8. 경산 조영동E1-2호 | 9. 창녕 송현동7호 | 10. 의성 학미리1호 | 11. 안동 조탑동C호 | 12. 창녕 교동고분(횡구식석실묘) | 13. 포항 용흥동신라묘 | 14. 부산 복천동11호 | 15. 청원 미천리가8호

제5장 의장 무기로 본 신라와 가야   291

(2) 신라 철모(창)의 특성

원삼국시대 후기에 유행하였던 관부돌출형철모가 지속적으로 확인되는 가운데 3세기 중엽~4세기 전엽에 이르면, 이 시기부터 삼국시대 일반적인 철모인 직기형 및 연미형철모가 출현하는데 특히 고구려계통의 연미형철모가 신라의 실전용 무기로 주류를 이루게 된다. 4세기 후엽 이후에는 고구려 무기체계의 영향을 더욱 강하게 받는다.

4세기 후엽에 출현하는 반부철모는 고구려계 철모로 알려져 있다. 경주 월성로 가13호 출토품은 반부의 위치가 공부의 중상위에 위치하여 고식으로 판단되는데, 경주 월성로 가13호가 조성되는 어느 시점에 고구려계 무기체계가 신라로 이입되었다고 생각된다.

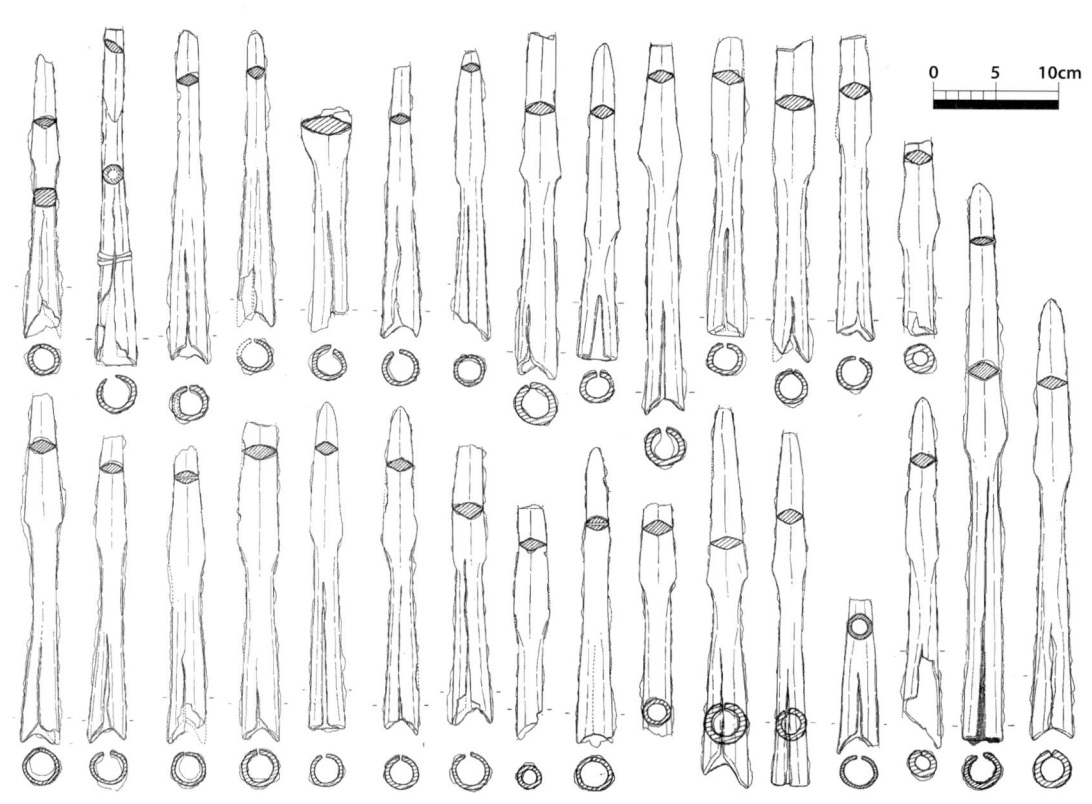

도면 88 삼국시대 신라의 실전용 철모
경주 월성로가6호 출토 연미형 및 직기형철모 일괄

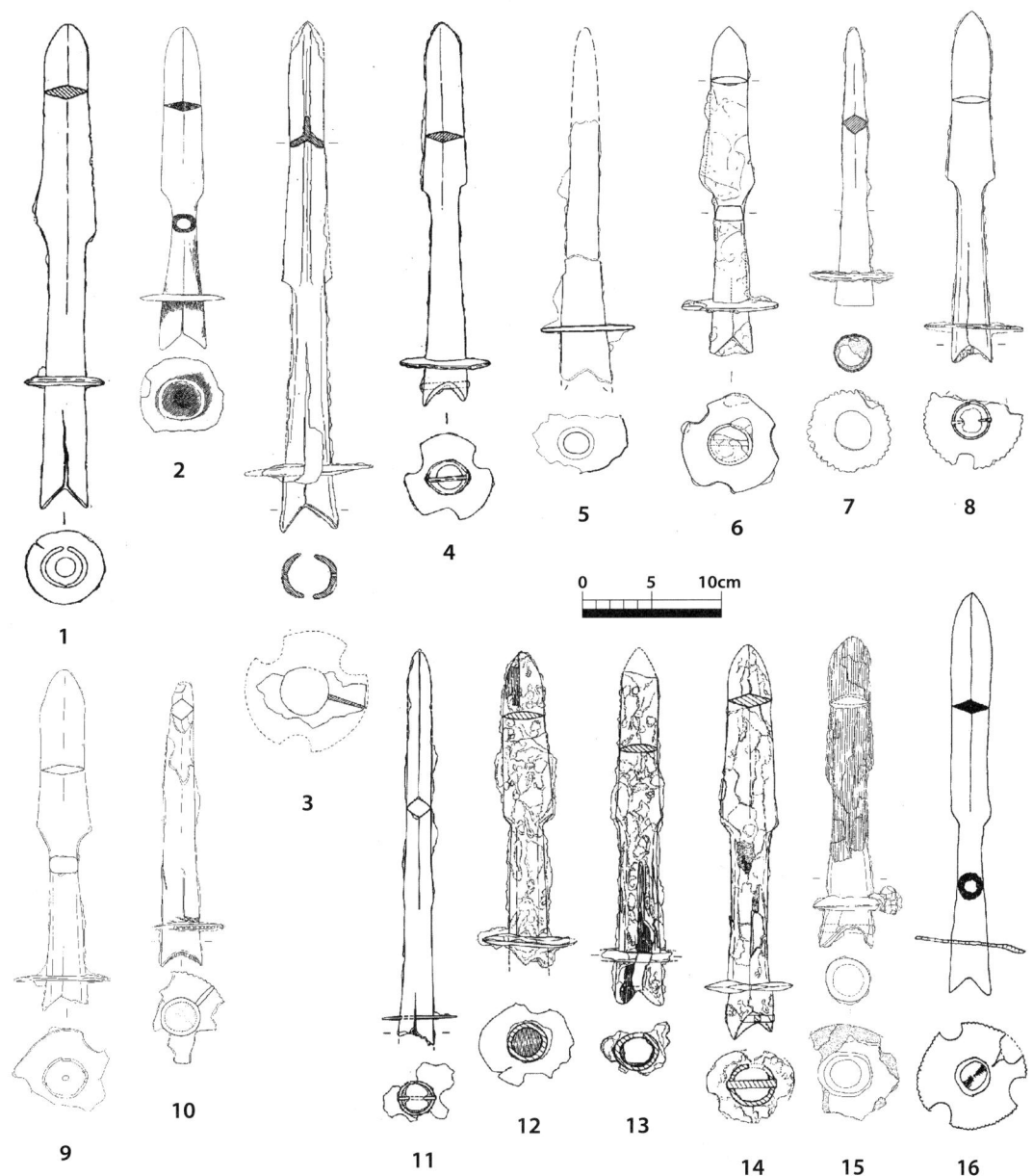

도면 89 신라권역 출토 반부철모
1. 경주 월성로13호 | 2. 경주 황남동109호1곽 | 3. 경주 황남대총남분 | 4. 경주 월성로10-1호 | 5. 경주 천마총 | 6. 경주 율동27호 | 7. 경산 조영동C1-1호 | 8. 밀양 신안49호 | 9. 왜관 낙산리28호 | 10. 상주 병성동18-1호 | 11. 성주 성산동59호 | 12. 창녕 교동1호 | 13, 14. 창녕 교동3호 | 15. 강릉 초당동A1-1호 | 16. 구미 황상동1호

제5장 의장 무기로 본 신라와 가야 293

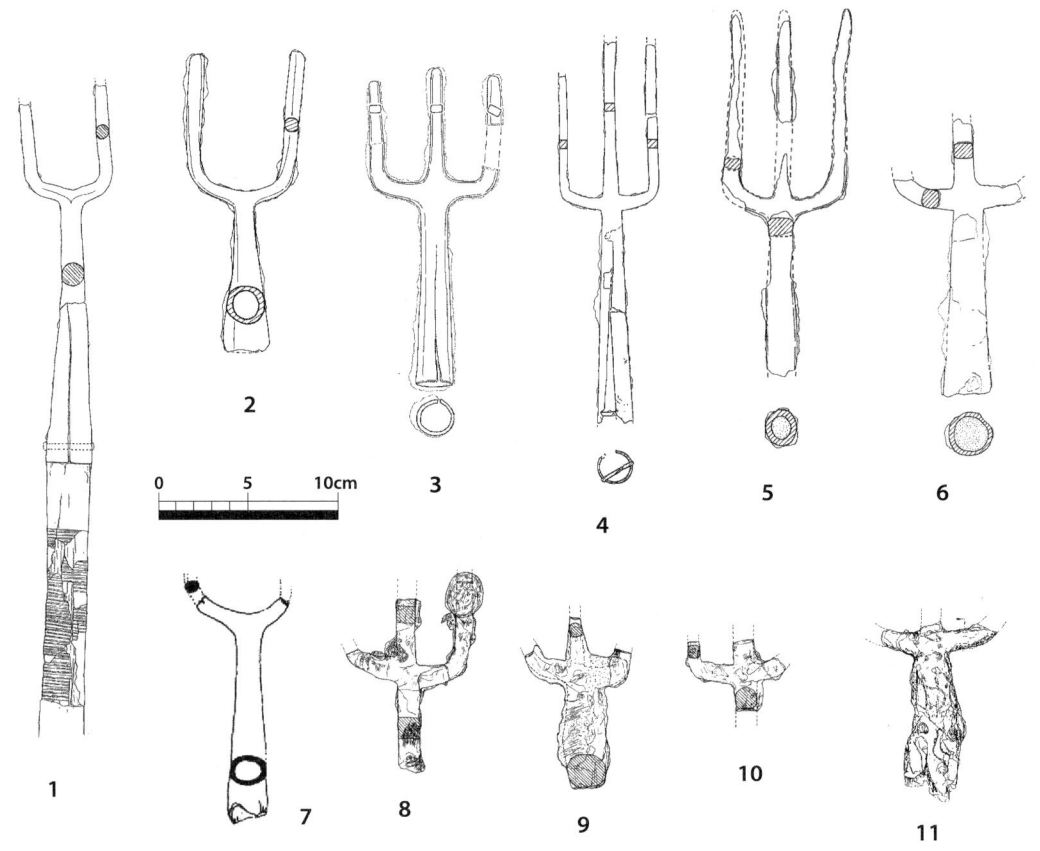

도면 90 신라권역 출토 가지형철모(삼지형철모 및 이지형철모)
1. 창녕 송현동7호 | 2. 울산 조일리49-2호 | 3. 안동 조탑동C호 | 4. 창녕 교동고분(횡구식석실묘) | 5. 경산 임당동6A호 | 6. 대구 죽곡리고분 | 7. 구미 황상동1호 | 8~10. 경주 황남대총북분 | 11. 경주 천마총

이렇게 고구려 계통의 성격을 가진 반부철모는 이후 신라가 간접지배의 형태를 취하면서 중앙과 지방의 주요 수장급묘에 위세적 성격을 가진 무기의 하나로 분묘에 부장되고 있다.

한편 고구려계 철모의 하나로 가지형철모(삼지형, 이지형)가 있는데, 이 역시 반부철모와 같이 중앙과 지방의 주요 수장급묘에서 확인되고 있다. 그리고 반부철모와 가지형철모는 경주지역에 집중되어 있으며 지방에서는 소수 확인된다.

(3) 신라 철촉의 특성

삼국시대에 들어서면 이전에 유행하던 유경식철촉의 부장량이 줄어들고 경부(頸部)가 추가된 촉신부+경부+슴베로 구성된 유경식철촉인 사두식(蛇頭式)능형철촉이 등장한다. 그 대표적인 사례로 경주 월성로 가5호에서 출토된 다량의 사두식능형철촉을 들 수 있다. 또한 이 시기에 김해 대성동13호, 경주 구어리1호 등에서는 김해, 경주 지역에서 그 출토 예가 다수 확인되는 광형계 능형철촉이 등장한다.

4세기 중후엽 이후 고구려계 무기체계가 신라로 도입되면서 고구려에서 상위 신분만 소유했던 착두형철촉, 삼익형철촉이 신라에서도 그와 유사한 양상을 보이게 된다. 앞서 고구려계 철모와 마찬가지로 착두형과 삼익형철촉 역시 경주지역의 중상층 혹은 최고 수장급의 무덤에 집중 출토하고 지방에서도 주요 수장급묘에서만 확인되는 의장용 성격인 강한 무기류이다. 더불어 실전용 철촉으로는 신부의 단면이 능형인 추형철촉도 고구려에서 유행하던 것이 신라에 도입되면서 사용되고 있다.

한편 실전용 철촉은 원삼국시대 후기부터 삼국시대에 이르기까지 주력 철촉의 변화가 명확히 확인된다. 즉 실전용으로서 주력 철촉은 무능식사두형철촉 → 골촉형철촉 → 사두식능형철촉 → 유엽형철촉 등으로의 변화를 확인할 수 있다. 이 가운데 신라의 실전용 철촉으로 사두식능형철촉과 유엽형철촉이 있으며 도자형철촉도 다수 확인되고 있다.

(4) 신라 무구(경갑)의 특성

무구 가운데 경갑은 신라권역에서만 출토되는 지역성이 확인된다. 경주지역에서 경주 황남대총남분, 천마총 등에서, 신라의 지방에서는 부산 복천동10·11호, 대구 달성34호1곽, 의성 대리48-1호, 상주 신흥리37호 등에서 출토된 바 있다. 제작기술과 형태로 보아

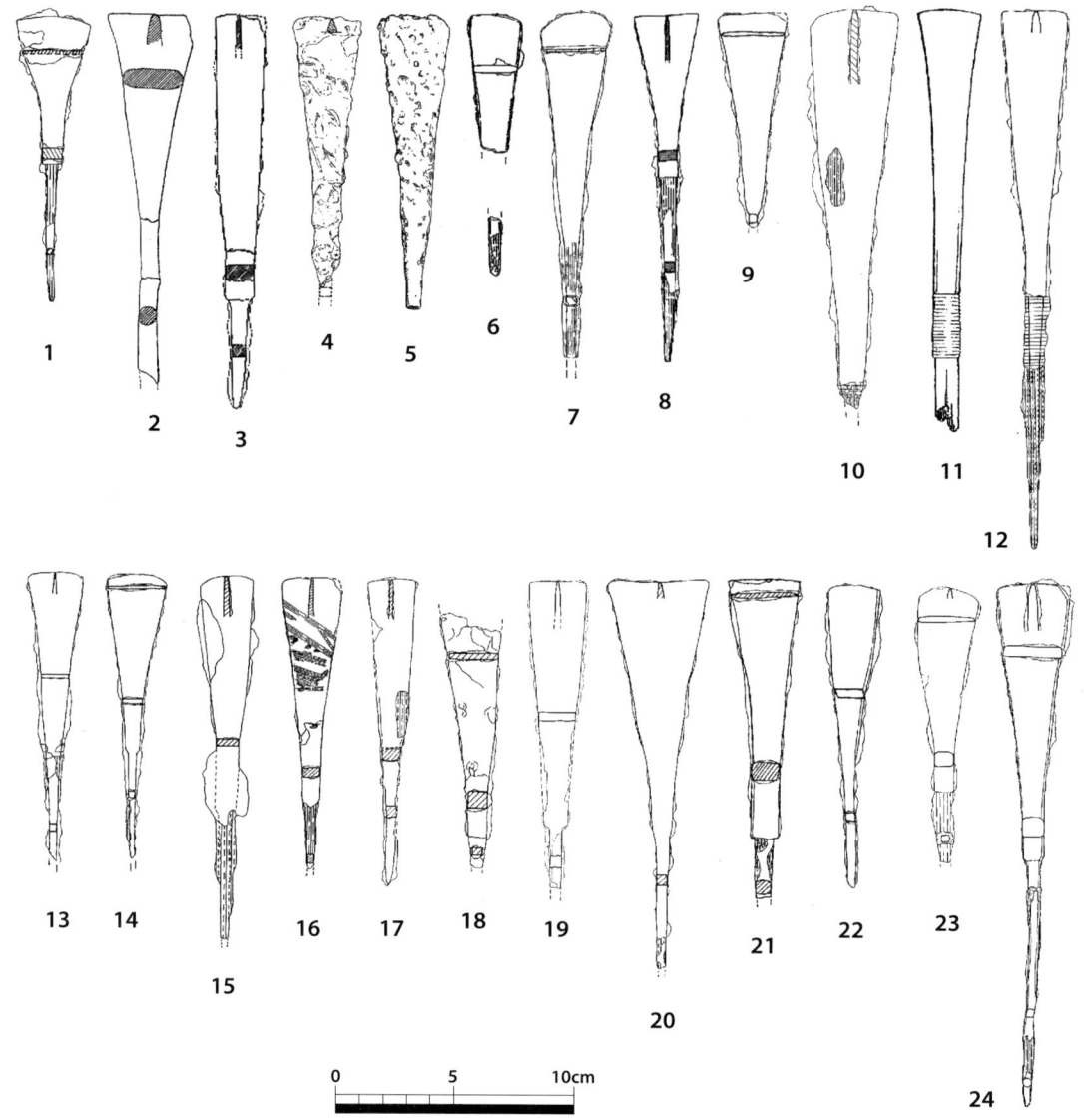

도면 91 신라권역 출토 착두형철촉

1. 포항 옥성리가35호 | 2. 경주 황남동109호4곽 | 3. 경주 황남대총남분 | 4. 경주 황남대총북분 | 5. 경주 천마총 | 6. 경주 노동리4호 | 7. 경주 사방리11호 | 8. 부산 복천동21호 | 9. 부산 연산동93호 | 10. 울산 하삼정1호 | 11. 양산 부부총 | 12. 경주 계림로14호 | 13. 밀양 신안16호 | 14. 영천 화남리9호 | 15. 경산 조영동C1-1호 | 16. 경산 조영동E1-1호 | 17. 경산 임당동5C호 | 18. 대구 죽곡리고분 | 19. 창녕 송현동2호 | 20. 상주 신흥리39호 | 21. 청원 미천리가5호 | 22. 강릉 초당동2호 | 23. 포항 옥성리50호 | 24. 강릉 초당동A1호

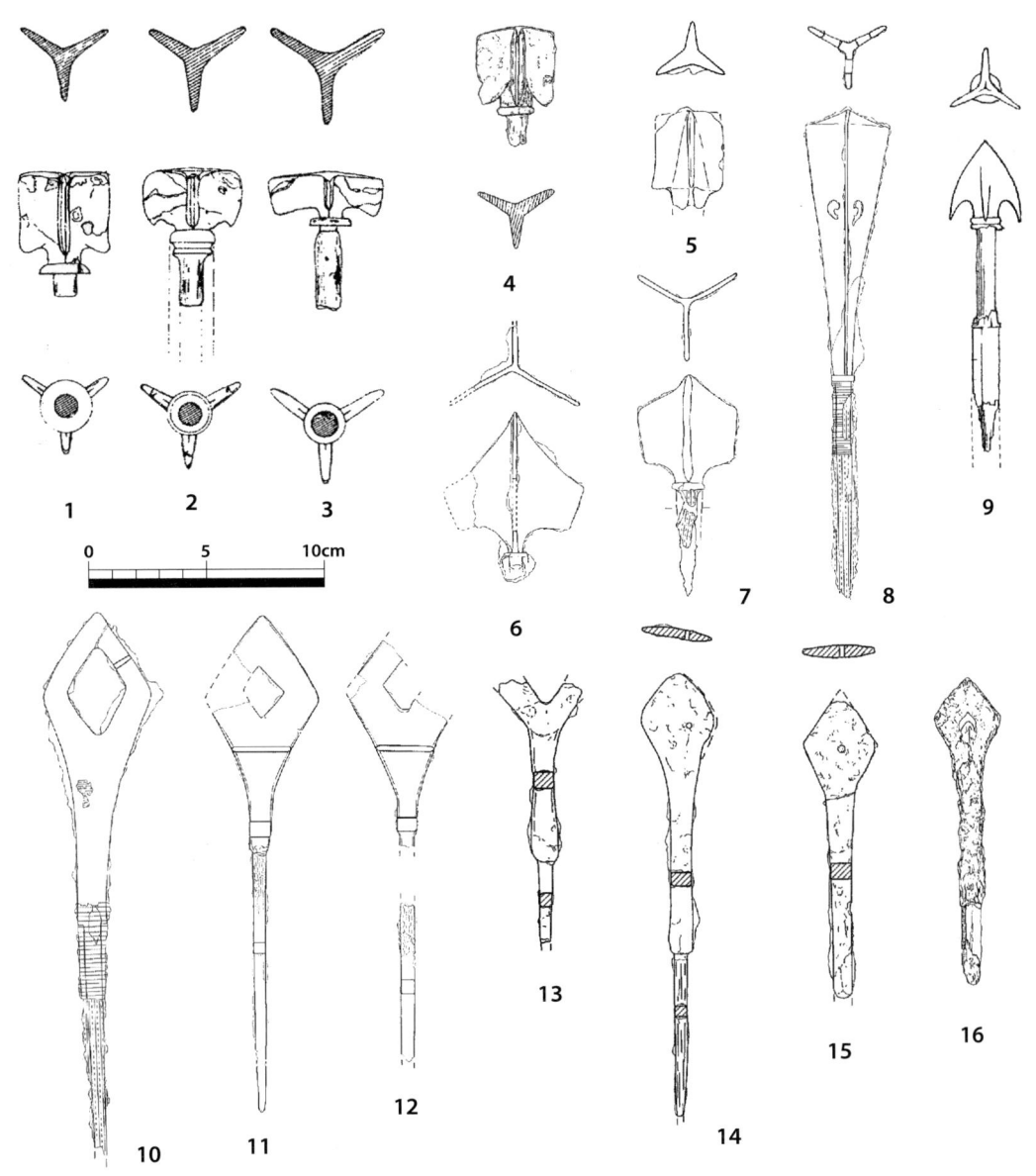

도면 92 신라권역 출토 삼익형철촉 및 투공능형철촉
1~3. 경주 황남동110호 | 4. 경주 천마총 | 5. 경주 봉길리54호 | 6~8, 10. 경주 계림로14호 | 9. 양산 부부총 |
11, 12. 경주 황오동14호 | 13~15. 창녕 교동고분(횡구식석실묘) | 16. 경주 천마총

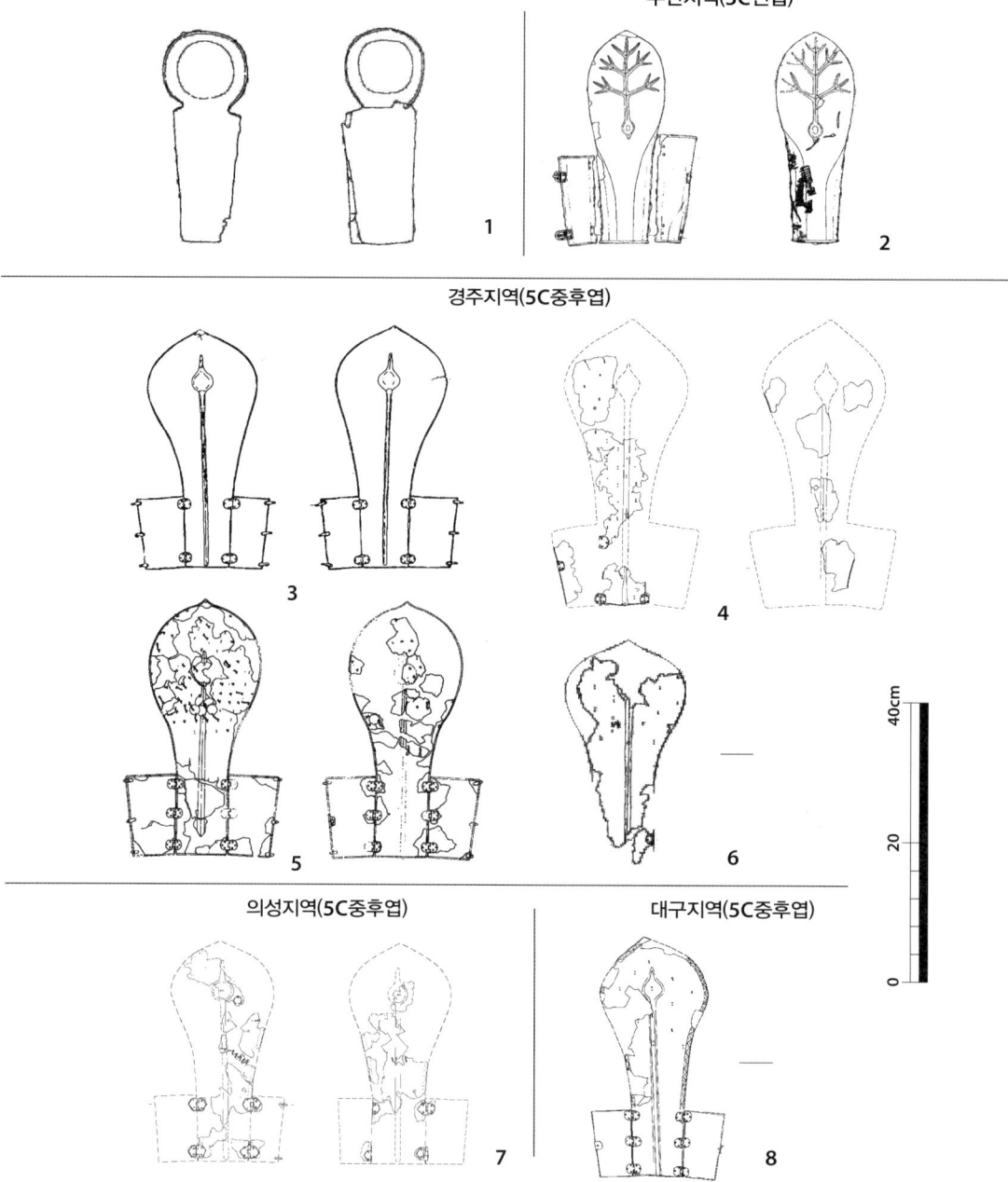

도면 93 신라권역 출토 비갑
1. 상주 신흥리나37호 | 2. 부산 복천동10, 11호 | 3. 경주 황남대총남분 | 4. 경주 금관총 | 5 경주 천마총 | 6. 경주 노동리4호 | 7. 의성 대리48-1호 | 8. 대구 달서34호1곽

부산 복천동10·11호 출토 경갑이 가장 이른 시기에 제작된 것으로 보이며, 경주 황남대총남분 단계부터 전형적인 신라의 경갑 형태를 띠며 유행하였다.

(5) 신라 무기체계의 특성과 고구려 및 연 계통 문제

앞서 언급한 것처럼 원삼국시대 진한의 군사체계는 철검과 철도, 철모, 철촉을 주로 사용하는 보병 군사체계가 중심이었다. 진한 이후 성립한 신라에서는 보병 군사체계가 유지되는 가운데 4세기 중·후엽이후 고구려 무기체계가 도입되면서 기병 군사체계의 비중이 지속적으로 확대되는 양상이다. 이 때 부터 각종 마구류의 출토가 증가할 뿐만 아니라 보병부대의 주력 무기인 창병의 철모 또한 변화 양상이 뚜렷하다.

삼국시대에는 연미형 및 직기형철모의 경우 신라 초기에 유입되어 사용되지만 얼마 지나지 않아 직기형철모는 사라지고 연미형철모가 신라에서 주력 실전 전투용 무기로 자리 잡는다. 또한 방어에 유리한 판갑의 활용이 점차 줄어들고 기동성에 유리한 찰갑의 증가도 기마부대를 방증하는 자료이다.

고구려는 보병부대와 기마부대가 활성화된 군사조직을 이루었다면 신라의 경우 창병(철모) 중심의 보병부대를 기본으로 하면서 점차 기마부대가 증가하는 추세로 군사체계가 지속된다고 할 수 있겠다.

한편 앞서 설명한 의장 무기류인 삼루문 및 삼엽문환두대도, 반부 및 가지형철모, 착두형 및 삼익형, 투공능형철촉 등은 고구려로부터 적극적으로 수용하여 신라화된 무기이다.

고구려에서는 3~4세기부터 의장 무기가 출현하는데 집안(集安) 마선구(麻線溝)1호, 우산하(禹山下)3560호 출토 삼엽환두대도, 환인(桓人) 오녀산성(五女山城) 4기문화층 출토 가지형철모(삼지형철모),

집안 우산하(禹山下)3296호, 집안 국내성(國內城) 출토 반부철모, 집안 우산하1041호, 우산하2110호, 집안 태왕릉(太王陵), 집안 산성하145호 출토 삼익형철촉, 환인(桓人) 오녀산성(五女山城) 4기문화층, 집안 국내성, 마선구2100호, 산성하145호, 우산하3560호 출토 착두형철촉이 표지적인 무기이라 할 수 있다. 이러한 의장 무기류를 신라가 적극 수용하여 신라의 의장용 성격 무기로 정착화하였다고 볼 수 있다.

그런데 고구려의 무기류는 고구려만 독자적 문화를 이룬 것이 아니다. 서쪽으로 접한 중국 5호16국시대의 모용(慕容)의 연나라(前燕)와 교류, 전쟁 등의 상호간의 영향을 주고받는 과정에서 탄생한 고구려 군사 문화이다.

중국 전연(前燕)과 고구려의 무기체계는 장식대도와 더불어 연미형, 직기형의 철모, 가지형철모(삼지형), 삼익형철촉, 착두형철촉 등 형태적으로 유사한 무기류를 사용하고 있다. 또한 주력 실전용 무기인 철창(철모)와 화살촉의 구성도 유사성을 보이고 있으며, 특히 이들 무기는 북쪽에 위치한 흉노 등의 기마전술 무기체계에 대응하는 무기류가 많은 특징이 있다. 특히 삼익형철촉은 흉노에서 실전용 주력 철촉으로 주로 사용되는 무기인데, 착두형철촉과 함께 기마에 상처를 주어 상대 적의 전력 손실을 주는 무기로 판단된다.

다만 중국 전연(前燕)과 고구려 무기체계의 차이점이라고 한다면, 전연(前燕)은 병부(손잡이)를 얇게 제작한 철검이 유행하는 점, 고구려는 전연에서 잘 확인되지 않는 반부철모를 사용하는 점이다.

중국 전연(前燕)과 고구려의 무기체계가 유사한 것은 이들 국가가 중국 중원의 동북부지역에 위치하는 지리적 환경과 주변 국가의 상황이 많은 영향을 주었을 것으로 판단된다. 이들 국가는 북부지역에 흉노 등 기마전술체계를 주력으로 하는 국가가 위치하고 있고, 남서쪽으로는 중국 중원의 여러 국가가 위치하고 있다. 즉 중국 중원의 다수 국가와 마찬가지로 보병중심의 군사조직을 기본으로 하되 북쪽지역과의 전쟁을 위해 기마병 군사조직이 활성화되거나 흉노 등의 기마전술체계에 대응한 여러 무기류가 발달하였다고 할 수 있겠다.

이상으로 본다면 중국 전연(前燕), 고구려, 신라는 유사한 무기체계와 군사조직으로 보이지만 실전용 무기체계는 일부 차이가 있다. 앞서 말했듯이 중국 전연(前燕)과 고구려는 북방의 흉노와 직접 영향권에 있어 기마전술체계에 대응한 무기체계와 군사조직이 활성화되어 있지만 신라의 군사지리적 환경은 북방의 기마전술체계와는 간접 영향권에 위치하고 있다. 실제로 신라의 화살촉은 고구려부터 수용한 광형계 삼익형철촉, 착두형철촉은 의장 무기로 사용되어 주로 최상위 수장급묘에서만 확인되고 있으며, 실전용 화살촉은 세형계의 능형철촉, 유엽형철촉이 주류를 이루고 있다. 또한 전반적 무기체계로 보아 고구려만큼 기마부대가 활성화되지 않았다고 판단된다. 이것은 영남지방의 험난한 지형과 인접한 상대국가인 백제, 대가야의 보병 중심의 군사체계와도 밀접한 관련성이 있다고 판단된다.

2) 대가야의 의장 무기

가야는 금관가야, 아라가야, 대가야, 소가야 등 여러 정치체마다 나름의 정체성을 반영하는 철기류를 제작하지만 의장 무기류가 뚜렷이 확인되는 것은 국가단계로 이행되었던 대가야이다. 이에 대가야의 특성을 파악하기 용이한 장식대도를 중심으로 대가야 무기류의 특성을 검토하고 이 무기류의 확산과 제작기술의 영향을 검토해 보고자 한다.

대가야권역에서는 의장 무기라고는 할 수 없지만 실전용으로 사용된 공부단면이 다각형인 철모가 유행한다. 흔히 공부다각형철모로 불리우는 이 철모는 어느 지역에서 유행하느냐에 대하여 일부 이견이 있었다. 김길식은 공주 무령왕릉 출토 공부다각형철모를 염두하여 백제계로 파악하였고,[84] 반면 高田貫太, 박천수, 우병철은 출토 지역의 집중성을 감안하여 대가야계로 보았다.[85] 최근까지의 공부다각형철모를 집성하면 역시 대가야권역에 주로 출토되기 때문에 대가야에서 유행하였다 할 수 있겠다.

다만 철기 자체의 유물이 녹 혹은 부식된 상태로 확인되고, 더욱이 공부 단면을 면밀히 검토하지 않은 학계의 분위기로 보아 앞으로 백제권역의 자료를 더욱 검토할 여지는 남아 있다.

(1) 대가야의 장식대도

대가야권역에서 출토되는 장식대도에는 용봉환두대도, 삼엽환두대도, 소환두대도, 상감기법이 베풀어진 소환두대도 등 다양한 형태가 있다. 그 가운데 대가야의 지역성으로 둘 수 있는 것은 별주식 용봉환두대도와 장식 소환두대도가 있다.

대가야 장식대도가 유행하는 것은 5세기 중엽 이후이다. 대가야 장식대도의 초현기(5세기 전엽~중엽)에는 백제와 신라의 제작기술이 확인된다. 고령 지산동73호분, 지산동 I-3호분 출토 용봉환두대도를 살펴보면 이러한 양상을 확인할 수 있다. 양 고분에서 출토된 용봉환두대도는 모두 백제에서 유행하는 환내장식과 외환이 함께 주조되는 일주식 환두부 형태로 제작된다.

그리고 고령 지산동73호분의 용봉환두대도는 병부장식이 신라권역에서 가장 유행하는 연호문 장식이 시문되어 있다. 특히 병부장식의 고정 방식은 스탬플러형 고정방식으로 역시 신라에서 유행하는 제작기술이다. 반면 백제와 후대 대가야는 병부장식의 고정 기술이 작은 못으로 고정하는 제작기술이 유행한다. 이처럼 대가야의 장식대도가 유행하기 전에는 백제 및 신라에서 유행하는 제작기

---

[84] 金吉植, 1994,「三國時代 鐵矛의 變遷-백제계철모의 인식-」,『百濟研究』24집, 충남대학교백제연구소.

[85] 高田貫太, 1998「古墳副葬鐵鉾の性格」,『考古學研究』第45卷第1號. 朴天秀, 1999,「裝飾鐵鉾の性格と地域性」,『國家形成期の考古學』大阪大學考古學研究室10周年記念論集. 禹炳喆, 2005,「南韓出土 銎部多角形 鐵鉾에 대한 一考察」,『嶺南文化財研究』18, 嶺南文化財研究院.

술을 받아들여 일시적으로 제작하다가 이후 대가야 나름의 장식대도를 제작한 것으로 보인다.

대가야 장식대도는 환두부 제작이 외환과 용문 환내장식을 별도로 제작하여 부착한 별주식 용봉환두대도가 대표적이다. 용봉환두대도의 제작기술은 백제의 영향을 받은 것으로 추정하는 것이 일반적인 견해이며, 이후 대가야 나름의 제작기술로 제작한 용봉환두대도가 유행한다.

한반도에서 용봉환두대도의 출토 빈도는 대가야권이 가장 많다. 외환장식은 용머리 장식이 거의 겹치지 않게 대칭으로 위치한다. 용머리 부분이 교차하면서 대칭하는 백제의 외환장식과 차이가 있다. 기왕에 주목하지 않은 장식 소환두대도 가야권역에서 주로 확인된다. 금제, 은제, 철제의 상원하방형 혹은 오각형 환두부 형태이며, 병연금구는 역시 금제, 은제, 철제 금속판을 감싼 형태이다. 병부장식은 없거나, 가야권에서 주로 확인되는 어린문으로 타출하여 문양화한 금속판을 감싼 형태이다.

주요 출토품으로 고령 지산동3호분, 합천 옥전M3호분, 8호분, 20호분, 71호분, 75호분, 합천 반계제가A호분, 함양 백천리Ⅰ-3호분, 남원 두락리4호분 등이 있다. 병부장식은 주로 어린문이 시문된 금속판을 사용한다. 또한 환두부가 타원형이고 병연금구를 금은제, 철제 금속판으로 사용한 소환두대도도 오산 수청동5-2지점 20호분, 고령 지산동32NW-1호분, 합천 옥전75호분, 합천 옥전M3호분 등에서 확인되어 백제권역과 가야권역에서 유행하였다 할 수 있겠다.

대가야의 중심지인 고령지역 출토품을 세부적으로 살펴보면 다음과 같다. 고령 지산동39호분 출토 용봉환두대도는 환두부와 환내장식을 별도로 제작하여 부착한 별주식 환두부 형태이다.

병연금구는 귀갑문 내에 봉황문이 베풀어진 금동제 금속판으

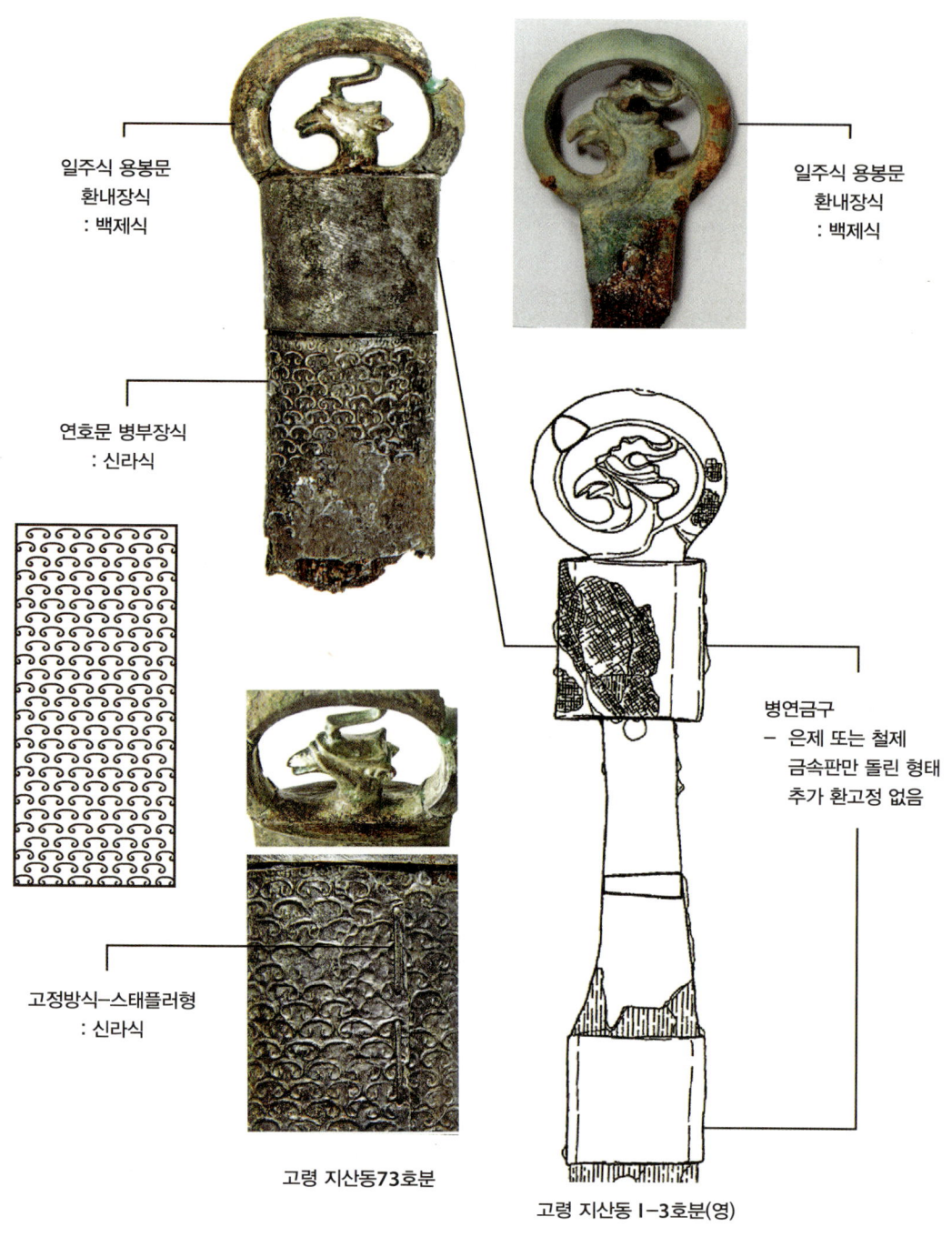

도면 94   대가야 장식 환두대도의 초기 형태(대동문화재연구원, 2012, 『高靈 池山洞 第』73~75號墳 인용)

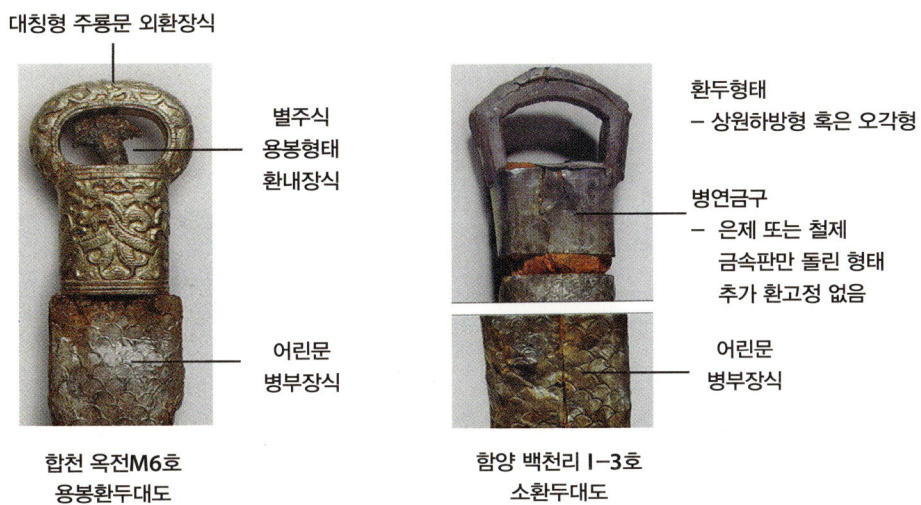

대가야(가야) 환두대도의 지역성

도면 95 대가야(가야) 환두대도 제작기술의 지역성(국립대구박물관, 2007, 『한국의 칼』 2007년 특별전 도록 인용)

로 제작하였다. 귀갑문 내에 봉황문이 베출어진 형태는 백제지역의 공주 무녕왕릉 은제 병연금구가 있다. 병부장식은 사격자문으로 투조된 금속판으로 제작하였다.

고령 지산동39호분 출토 용봉환두대도는 환두부와 환내장식을 별도로 제작하는 대가야의 전형적인 별주식 용봉환두대도이지만 앞서 기술한 병연금구, 병부장식은 전형적인 대가야 특성이라 말하기에는 무리가 있다. 사실 대가야의 특성을 가진 전형적인 용봉환두대도는 고령 지산동고분군이 아닌 합천 옥전고분군에서 다수 출토되었다.

합천 옥전고분군에서 출토된 용봉환두대도는 대가야권역뿐만 아니라 현재까지 한반도에서 출토된 용봉환두대도가 가장 많다. 고령 지산동고분군과 합천 옥전고분군을 축조한 집단이 대가야에서 가장 밀접한 관계인 것은 잘 알려져 있다.

따라서 합천 옥전고분군에서 출토된 용봉환두대도를 대가야의

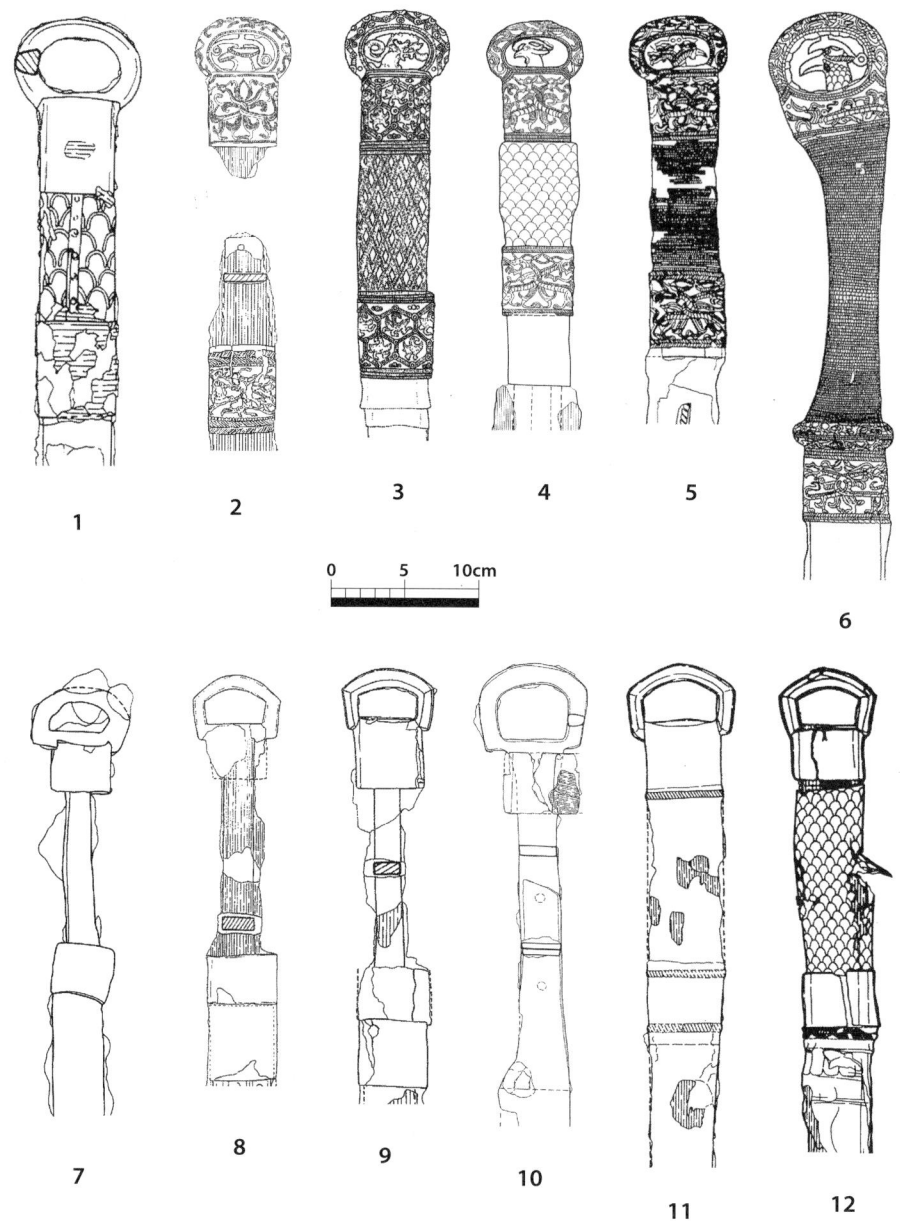

도면 96 삼국시대 대가야의 장식 환두대도

1. 합천 옥전75호분 | 2. 산청 생초M13호분 | 3. 고령 지산동39호분 | 4. 합천 옥전M6호분 | 5·6·9. 합천 옥전 M3호분 | 7. 군산 산월리4호분 | 8. 합천 옥전71호분 | 10. 고령 지산동3호분 | 11. 합천 반계제가A호분 | 12. 함양 백천리I-3호분

전형적인 용봉환두대도로 설정하고 그 특성에 대해 기술하고자 한다. 대가야 용봉환두대도의 전형적인 특성을 나타내는 것으로 합천 옥전M6호분 출토품을 들 수 있다. 합천 옥전M6호분 용봉환두대도의 환두부 형태는 고령 지산동39호분과 유사한 제작방식이며 별주식 환두부 형태로 제작하였다. 병연금구는 용문양이 베풀어진 금속판이며, 병부장식은 대가야권역에서 유행하는 어린문으로 제작하였다.

한편 용봉환두대도 외 대가야권역에서 집중 확인되는 장식 소환두대도도 주목된다. 고령 지산동I-3호(영) 출토 소환두대도는 환두부 형태가 상원하방형에 가깝우며, 병연금구는 장방형의 금속판을 감아 고정하였다. 신라의 경우 상원하방형 환두부 형태가 유행하지만 대부분 상원하방형 환두부 내에 삼엽문 환두장식이 있기 때문에 대가야의 소환두대도와 비교된다.

(2) 대가야계 철모의 제작기술 및 형태적 특성

공부다각형철모는 현재까지의 자료를 종합하면 대부분 가야권역에서 출토하고 특히 고령지역에서 집중하는 것으로 보아 대가야계 철모로 인정된다. 영남지방에서 공부다각형철모의 출현은 4세기대이며 영남지방 전역에서 확인된다. 부산 노포동21호분 출토 공부다각형철모는 장신형의 철모이며 공부 기부의 형태는 직기형이다. 이후 5세기대에 들어서면 타지역에서는 잘 확인되지 않으며 대가야권역에서 집중 확인된다. 공부다각형철모의 변천은 그 규모에서 뚜렷이 확인된다. 전체 길이가 긴 것에서 짧아지며, 신부의 단면도 점점 두꺼워져 5세대에 들어서면 두꺼운 마름모 단면이 주로 확인된다. 봉부의 기부형태는 연미형과 직기형이 모두 확인되지만 연미형이 다수를 차지하고 있다. 부산 노포동21호를 비롯한 4세기대 소수 확인되는 공부다각형철모는 당시 영남지방에 유행하는 관부돌출형철모의 규모에 비해 전체 길이가 긴 것이 특징적이다.

따라서 4세기대 소수 확인되는 공부다각형철모는 위계용이나 의례용일 가능성이 있다. 삼국시대에 확인되는 공부다각형철모는 앞 시기에서 소수 확인되는 장신형이 거의 사라지고 실전 전투용에 사용되는 연미형 및 직기형 공부다각형철모가 대가야권역에서 주로 확인된다.

삼국시대 대가야권역에서 확인되는 공부다각형철모는 고령 지산동고분군을 비롯한 고령과 합천지역에 집중 확인되며, 특히 고령

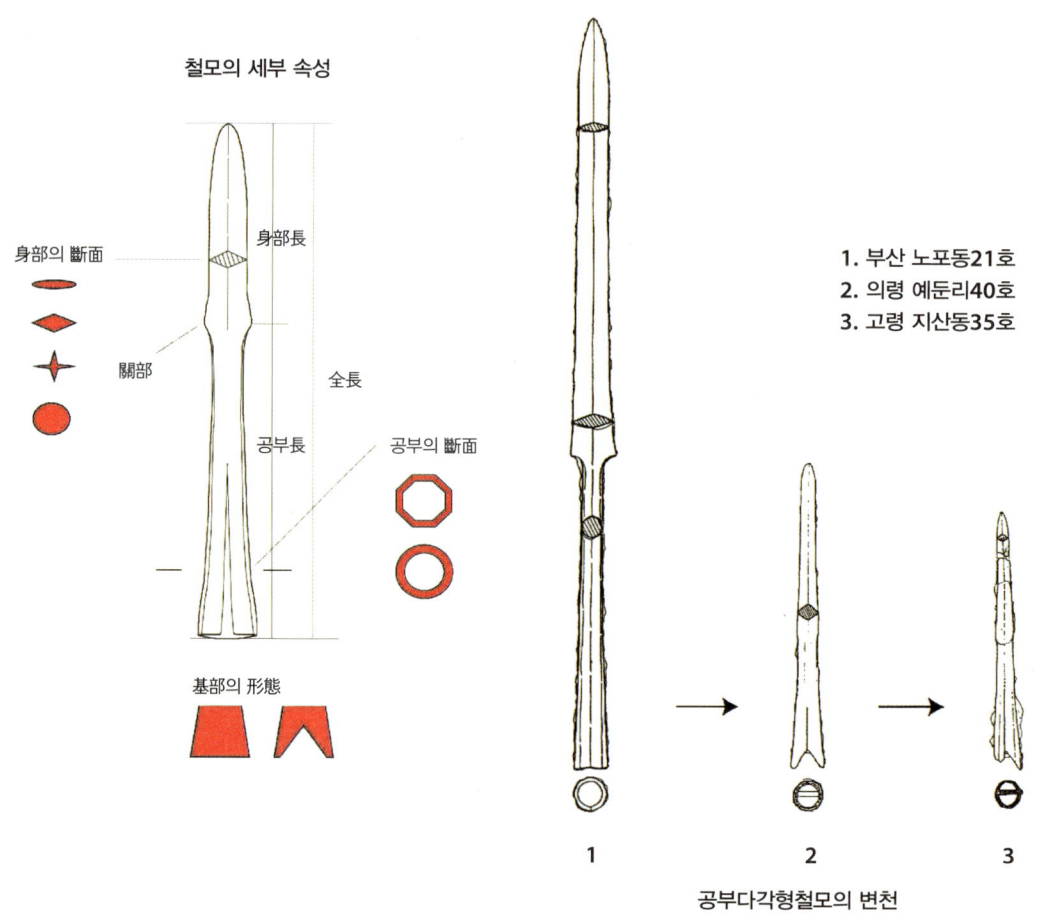

도면 97 삼국시대 철모의 세부 명칭 및 공부다각형철모의 변천

지역에서 그 비율이 높다. 또한 5세기이후 대가야권역이 확대됨에 따라 아라가야, 소가야권역과 대가야 세력이 진출하는 동부 호남지역에서도 소수 확인된다.

대가야 초현기에 출현하는 대가야식 공부다각형철모는 고령 지산동I-3호분 출토품에서 그 특징을 확인할 수 있다. 5세기 전엽~중엽으로 편년되는 고령 지산동I-3호분에서는 백제에 유행하는 일주식 용봉환두대도를 비롯한 환두부 상원하방형의 소환두대도, 공부다각형철모, 철촉, 목심등자 등 다양한 유물이 출토되었다. 지산동I-3호분 일주식 용봉환두대도는 천안 용원리1호와 유사한 형태로 대가야 초기 백제의 영향을 받아 제작된 것으로 판단된다.

지산동I-3호분에서 출토된 공부다각형철모은 총 2점의 연미형철모가 출토되었는데 하나의 전장은 32.9cm, 다른 하나는 현길이 26.3cm이다. 현길이 26.3cm의 공부다각형철모는 공부의 잔존 상태로 보아 29cm 내외로 추정된다. 고령 지산동 44호·45호 단계의 5세기 후엽에서 6세기 전엽에 가장 유행하는 연미형 공부다각형철모의 길이가 22~27cm을 감안하면 5세기이후 전체 길이가 점점 줄어드는 것을 알 수 있다. 또한 철모가 찌르는 공격용 무기임을 감안하면 대량생산이 가능하고 적당한 길이와 무게, 신부 단면이 두꺼워지는 현상 등으로 보아 실용성에 맞게 제작되는 방향성을 확인할 수 있다.

이후 5세기 중후엽의 고령 지산동73호분, 74호분, 75호분에서는 전단계의 길이 28~35cm 공부다각형철모와 22cm~27cm의 공부다각형철모가 확인되어 과도기 현상이 확인된다.

먼저 지산동 75호분에서는 앞 단계에서 유행하는 길이가 긴 형태의 공부다각형철모가 3점이 출토되었다. 이 고분에서는 앞 절에서 일부 언급한 일주식 용봉환두대도도 출토되었는데 백제 영향의 일주식 용봉환두부와 신라의 영향인 연호문 병부장식으로 제작되어 대가야 환두대도 초현기 현상을 엿 볼 수 있다. 지산동 75호분에서는 총 4점의 공부다각형철모 중 3점이 전단계에서 유행하는 길이가 긴 형태이며 1점이 5세기 중후엽이후에 유행하는 짧은 형태이다. 5세기 중후엽에 가장 유행하는 길이가 상대적으로 짧은 공부다각형철모가 지산동73호분에 5점, 74호분에 1점이 출토되었다.

앞서 언급하였듯이 공부다각형철모는 고령지역에 집중 출토되며 고령 지산동고분군에서는 그 비율이 90%이상이다. 고령 지산동고분에서 출토된 공부다각형철모는 규모의 주된 속성과 관부의 유무 등으로 구분하면 총 4개의 군으로 분류할 수 있다. 길이의 속성 기준은 17cm이상~22cm미만의 Ⅰ군과 22cm이상~27cm미만 Ⅱ군, 28cm이상~35cm이하 Ⅲ군으로 설정하며, 관부가 명확히 형성된 유관형의 Ⅳ군으로 설정한다.

먼저 길이 고령 지산동Ⅰ-66호분(영) 출토품을 비롯한 길이 17cm~22cm의 공부다각형철모 Ⅰ군, 지산동Ⅱ-17호분, 18호분 등의 길이 22cm~27cm의 공부다각형철모 Ⅱ군, 지산동Ⅰ-3호분(영), Ⅰ-123호분(영) 등의 공부다각형철모 Ⅲ군, 지산동44호분 등의 관부가 명확히 형성된 공부다각형철모 Ⅳ군 등으로 나뉜다. Ⅳ군은 지산동44호분 출토품과 같이 위계용으로 제작되거나 지산동Ⅱ-116호분(영)과 같이 실전용이지만 소수 확인되기도 한다. 앞서 언급하였듯이 공부다각형철모 규모의 특성으로 보아 공부다각형철모 Ⅲ군에서 Ⅱ·Ⅰ군으로 변화한 것으로 보이며, 대가야 나름의 특성을 지닌 공부다각형철모는 Ⅰ군과 Ⅱ군이다. Ⅰ군과 Ⅱ군의 시기 차이는 구분하기 어려우며 동시기에 유행한 것으로 판단된다.

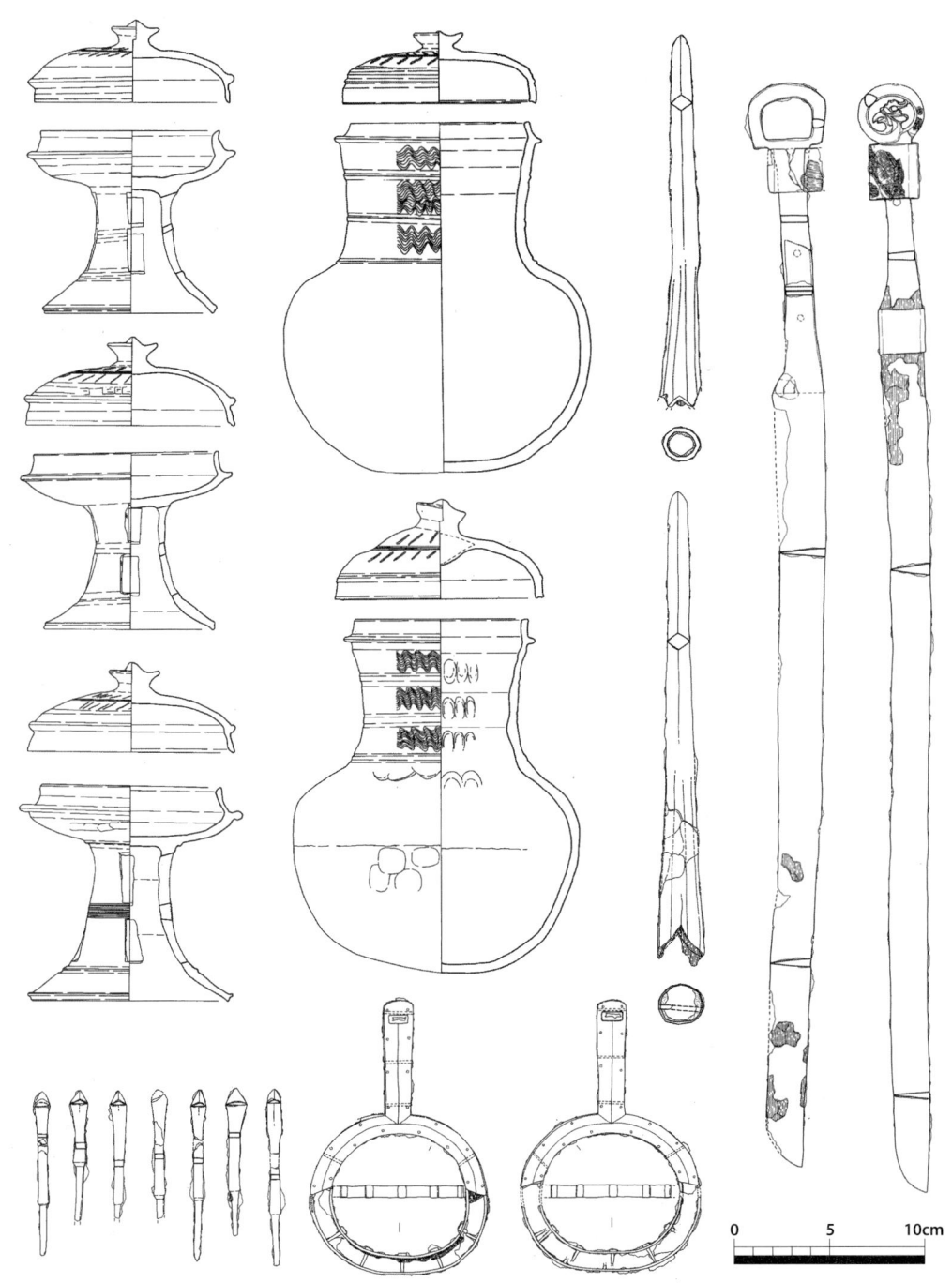

도면 98 고령 지산동Ⅰ-3호분 출토 유물

제5장 의장 무기로 본 신라와 가야 311

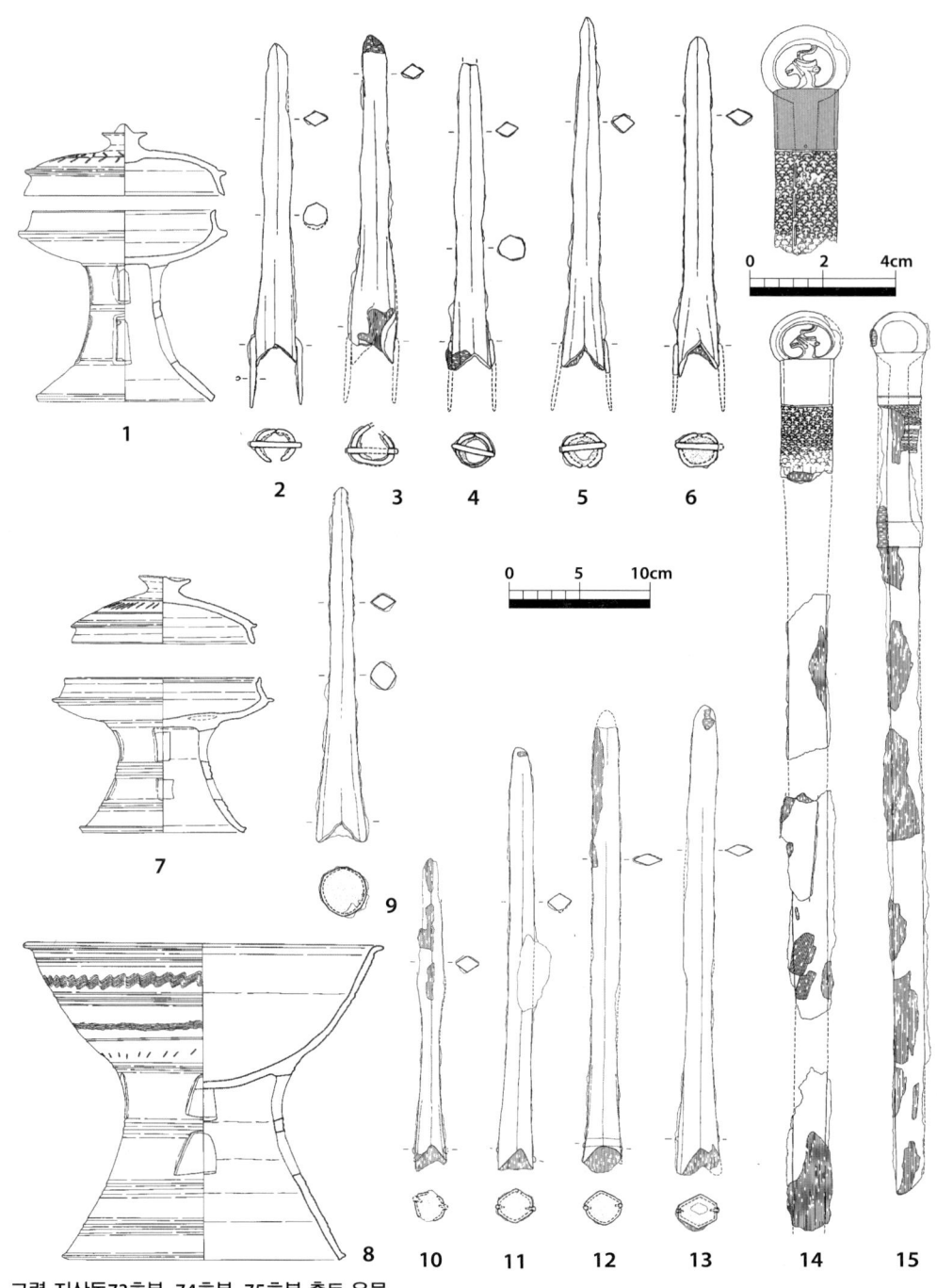

도면 99 고령 지산동73호분, 74호분, 75호분 출토 유물
1~6, 14. 고령 지산동73호분 | 7~9. 고령 지산동74호분 | 10~13, 15. 고령 지산동75호분

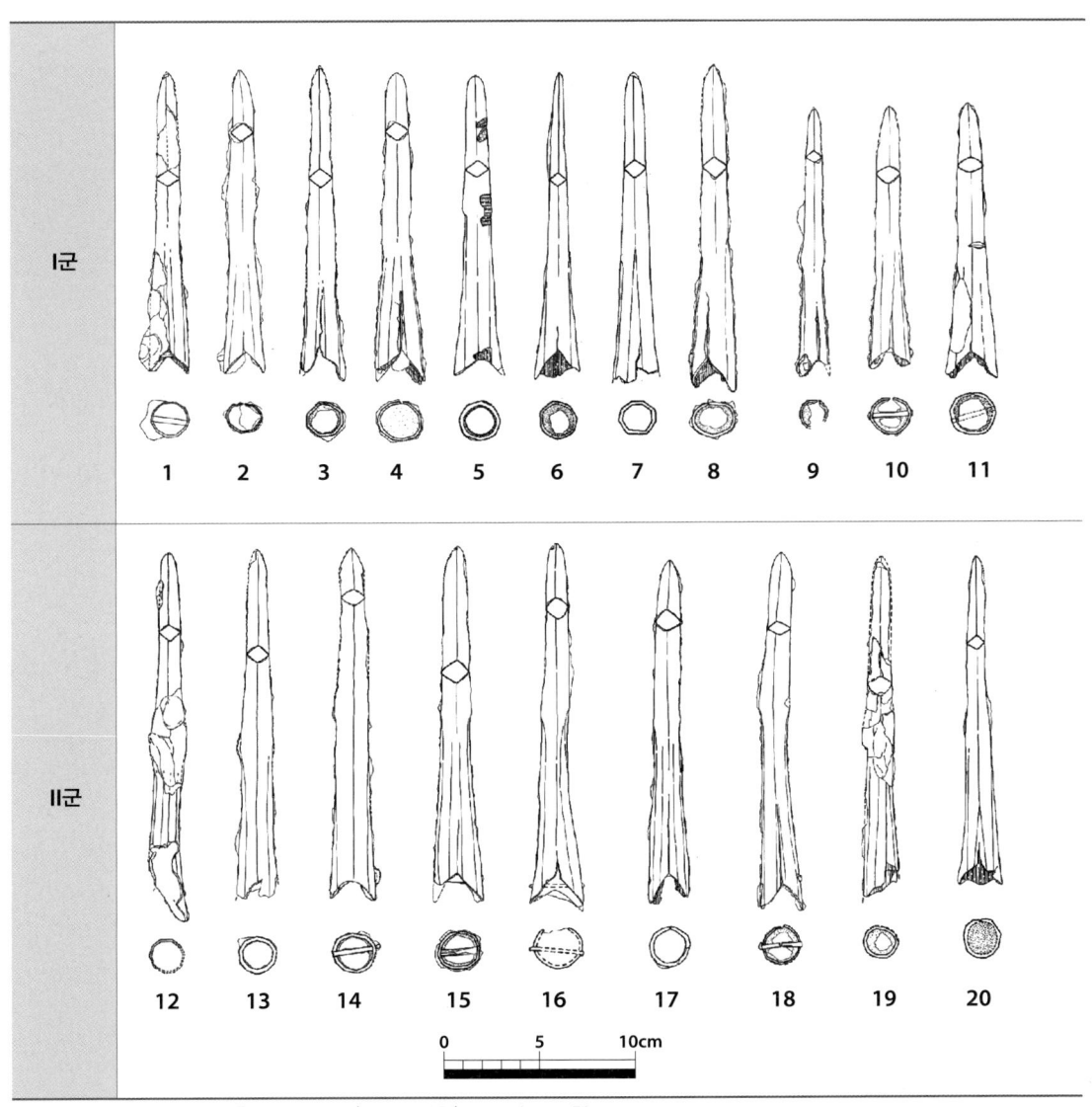

도면 100　고령지역 고분 출토 대가야계(공부다각형) 1군 및 2군 철모
1. 고령 지산동 I -32호분(영) | 2. I -84호분(영) | 3. I -124호분(영) | 4. II-33호분(영) | 5. 2호분(경) | 6. 62호분(경) | 7. 81호분(경) | 8. I -52호분(영) | 9. I -66호분(영) | 10. II-7호분(영) | 11. 59호분(경) | 12. I -28호분(영) | 13. I -41호분(영) | 14. I -46호분(영) | 15. I -76호분(영) | 16. II-17호분(영), 17. II-18호분(영), 18. II-104호분(영), 19. II-118호분(영), 20. 55호분(경)

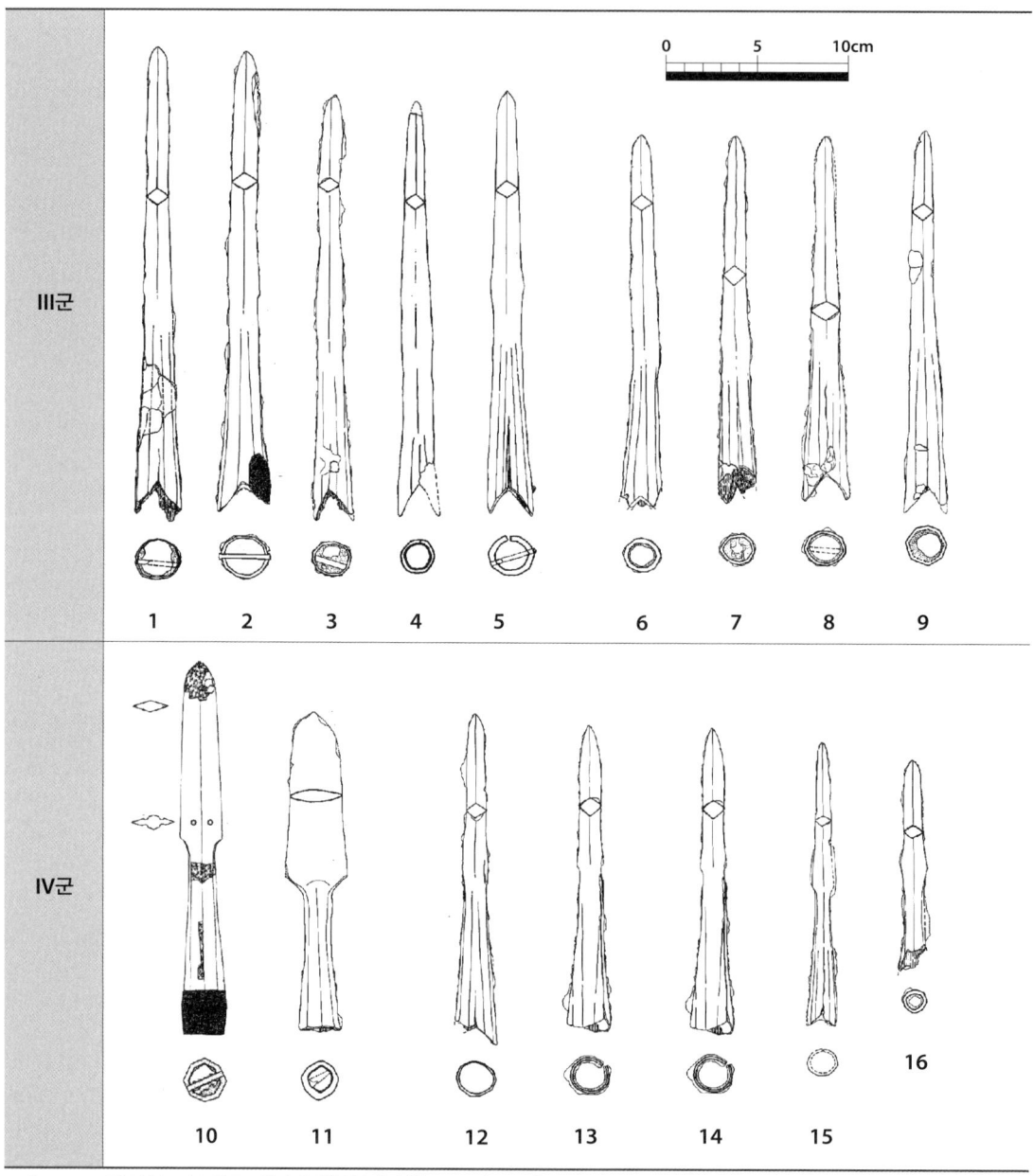

도면 101 고령지역 고분 출토 대가야계(공부다각형) 3군 및 4군 철모

1, 6. 고령 지산동Ⅰ-3호분(영) | 2. Ⅰ-18호분(영) | 3. Ⅰ-52호분(영) | 4. 2호분(경) | 5. 10호분(경) | 7. Ⅰ-111호분(영) | 8. Ⅰ-123호분(영) | 9. 39호분(경) | 10. 44호분 | 11. 8호분(경) | 12, 13. 87호분(경) | 14. Ⅱ-16호분(영) | 15. Ⅱ-116호분(영) | 16. Ⅱ-17호분(영)

도면 102 고령지역 고분 출토 공부다각형철모 규모의 특성

1. 고령 지산동 59호분(경) | 2. 지산동Ⅰ-32호분(영) | 3. 지산동Ⅰ-124호분(영) | 4. 지산동2호분(경) | 5. 지산동Ⅰ-41호분(영) | 6. 지산동Ⅰ-76호분(영) | 7. 지산동Ⅱ-17호분(영) | 8. 지산동Ⅱ-18호분(영) | 9. 지산동Ⅰ-52호분(영) | 10. 지산동2호분(경) | 11. 지산동Ⅰ-3호분(영) | 12. 지산동Ⅰ-18호분(영)

*(영): 영남문화재연구원, (경): 경상북도문화재연구원

제5장 의장 무기로 본 신라와 가야

1. 머리말

2. 신라의 의장 무기와 세력 확산
1) 신라 수도방위를 위한 군사적 방어체계에 속한 소규모집단이 위치한 지역
2) 신라의 수도 방위를 위한 군사적 거점지역의 형성
3) 신라의 대외진출 혹은 대외방어를 위한 지방의 군사적 거점지역
  (1) 신라 수도 북서쪽의 영남내륙 지역
  (2) 신라 수도 남서쪽의 영남내륙 지역
  (3) 신라 수도의 남쪽 동해안 및 내륙지역
  (4) 신라 수도의 북쪽 동해안지역
  (5) 소백산맥 서쪽지역
3) 신라의 영역확대 과정에서 본 영남지방 각 지역 군사적 기능과 역할

3. 의장 무기로 본 대가야의 세력 확산
1) 하위 연합지역으로의 확산
2) 가야연맹 권역으로의 확산
3) 대가야세력의 직접적인 확산지역
4) 일본열도 전파 후 수용지역
5) 일본열도(日本列島)로의 전파

4. 소결

06 의장 무기로 본 신라와 가야의 세력 확산

고대 동아시아의 무기(武器)와 전사(戰士)

1. 머리말

기왕의 연구는 삼국시대 신라와 가야 정치체의 매장의례 행위에서 나타나는 물질문화의 확산을 신라와 가야 세력 확장으로 해석하는 과정에서 많은 이견이 충돌하고 있다. 더욱이 매장의례 행위에서 나타나는 물질문화를 정치 행위로 해석할 수 있느냐는 논거 자료 자체의 부정 의견도 제기되기도 한다. 특히 연구자의 역사적 인식에 따라 동일한 자료도 상호 집단 간의 유사성으로 인지하거나 반대로 차이성으로 부각되는 등 극명한 대조 현상을 보인다. 그럼에도 불구하고 매장의례행위에서 상징의 출현과 집중화, 그리고 그 상징의 확산에는 어느 정도의 정치행위가 반영된다고 판단한다.

삼국시대 신라와 가야의 중심 정치체에서는 상징의 물건을 제작하고 그 제한된 물건이 일정한 패턴으로 시공간적으로 확산되는 정황이 확인된다. 앞 장에서 논의한 신라와 가야의 의장용 성격 무기류가 이러한 제한된 물건이라 할 수 있다. 그런데 상징의 물건이 확산되는 과정에서도 그 정치적 행위는 교환, 선물, 분여, 기술의 유입을 통한 자체 제작 등 다양한 형태로 해석될 수 있다. 이에 매장의례 행위에서 나타나는 현상에서 크게 두 가지로 전제하고 논의를 전개하고자 한다.

첫째, 무덤에 부장되는 일괄유물에서 정치체의 성격을 반영하는 토기양식의 다수부장과 의장 무기류가 같이 확인되는 경우, 이를 정치 세력의 확산 과정에서 나타나는 위세품의 분여 또는 중심 정치세력을 중심으로 한 매장의례 행위 시스템에 편입된 것으로 간주한다.

예를 들면, 영남지방 낙동강이동지역에 주로 확인되는 범신라양식 토기와 신라의 의장용 무기류인 삼루환두대도, 삼엽환두대도, 반부철모, 착두형철촉 등이 공반하는 예이다. 산청 생초M13호분 출토 일괄유물에서 보듯이 대가야 양식 토기류와 대가야계 용봉환두대도가 출토되는 경우도 같은 예라 할 수 있겠다.

그런데 주시하다 있듯이 삼국시대 신라와 가야는 나름의 토기양식이 존재한다. 가야의 금관가야, 아라가야, 대가야, 소가야 토기양식에 대해서는 그 정체성을 인정하고 있으나 경주양식을 중심으로 한 범신라 토기양식에 대해서는 일부 이견이 있다. 이러한 이견의 다수는 토기양식의 전반적 흐름에서 보지 않고 세세한 속성의 다른 점을 축출하여 그 지역과 신라 중앙과의 차이성을 부각시키려는 경향이 강하기 때문이라 판단된다. 이러한 연구 경향은 일부 묘제 연구에서도 확인된다.

신라 토기양식은 경주지역 외의 지방에서는 의성양식, 경산양식, 대구양식 등 나름의 지역 양식이 존재하며, 세부적으로 보면 중심지역인 경주양식과 지방양식의 토기와 차이성이 확인된다. 이러한 관점으로 본다면 신라 정치체의 범위는 신라 후기양식의 인화문 토기가 지방까지 일괄 확산되는 시기 또는 삼국통일을 완수하는 시기까지 경주지역에만 국한된다. 그러다가 갑자기 삼국통일을 이루는 결론에 도달하게 된다.

둘째, 신라와 가야 등 각 정치제 간의 상호 상징물 교환, 선물 등의 정치행위이다. 고령 지산동45호분 삼엽환두대도와 같이 전형적인 신라 장식대도가 출토되지만 함께 부장되는 토기는 대가야양식이 주류를 이루는 경우, 이 장식대도는 상호간의 상징물 선물, 교환 등으로 파악한다.

2. 신라의 의장 무기와 세력 확산

경주지역를 중심으로 하여 영남지방의 주요지역은 4~7세기 신라가

통일국가로 이행하는 과정에서 경주지역으로 이어지는 주요 교통망의 중심지, 倭와의 잦은 전쟁으로 인한 해안 치안의 유지, 바다에서 생산되는 수산물의 유통 등 여러 이유에서 그 중요도를 인지할 수 있다.

경주지역 인근에 위치한 주요지역의 집단들은 신라가 고대국가의 틀을 형성하기 전(원삼국시대)부터 강한 공통성을 지니고 있었다. 그 대표적인 지역이 포항과 울산지역이며, 포항 옥성리유적과 울산 하대유적을 조성하였던 집단이라 할 수 있겠다. 그리고 4세기 즈음에 신라의 영역확대가 본격화되면서 5세기 이후가 되면 북서쪽 영남내륙지역으로는 경산, 대구, 의성, 영천, 구미, 상주, 성주지역, 남서쪽 영남내륙지역으로 창녕, 밀양지역, 동해안 남쪽의 양산, 기장, 부산지역, 동해안 북쪽의 영덕, 울진지역, 강릉지역 등 광범위하게 세력이 확산된다.

따라서 이 절에서는 신라권역 신라의 의장 무기를 영남지방 주요지역에 위치하였던 각 지역 집단을 연결하는 군사체계를 살펴보고, 그 속에서 신라의 세력의 확산을 추정해 보고자 한다.

신라권역 지방에 위치한 집단은 고분군 유적의 종합적인 양상으로 보았을 때 크게 세 가지로 그 성격을 구분할 수 있다.

첫째는 경주지역 근접한 지점에 위치해 있어 수도의 군사 방어선에 적합하거나 바다로의 접근성이 용이하며, 동시에 고구려나 백제, 가야, 왜로부터 침입에 대한 연락망 혹은 방어지역으로서의 특징을 가진 군사적 요충지역이다. 이들 지역은 신라 중앙의 직접지배 영역일 가능성이 높으며 실제로 신라의 간접지배 형태에서 나타나는 타 지역에 비해 고총의 출현이나 위세품적 성격의 무기부장이 현격히 떨어지는 곳이다.

둘째는 신라 중앙의 인근에 위치하고 있으나 원삼국시대부터 이미 경주지역과 공통적 문화를 형성하여 대등적 관계에 있다가 신라가 고대국가로 성립하는 과정에서 경주지역 중심으로 재편되어 신라 중앙의 영향이 강하게 나타나는 곳이다.

셋째는 경주지역과 접근성이 멀고 신라가 영역을 확대하는 과정 대외진출 혹은 대외방어를 위한 군사적으로 중요한 거점지역이다. 이것은 복속 혹은 투항하여 간접지배의 형태로 존속하는 곳으로 앞의 경우보다 신라 중앙세력의 영향을 상대적으로 적게 받는 곳이다.

1) 신라 수도방위를 위한 군사적 방어체계에 속한 소규모집단이 위치한 지역

신라 수도의 경주 주변지역에 위치한 소규모 지역집단이 위치하는 곳으로 수도로 이어지는 중요한 군사지리적 요충지에 위치하거나 군사적 정보 네트워크의 기능을 담당하였을 것으로 추정되는 지역이다.

경주주변의 중요 군사지리적 요충지에 위치한 집단으로 바다와 가장 가까운 지역에 위치한 경주 봉길리고분군 축조 집단이 대표적 예라 할 수 있다.

① 경주 봉길리고분군 축조집단의 군사적 특성

경주 봉길리고분군은 경주 분지 경계의 토함산에서 발원하여 동해로 흘러드는 대종천수계의 남쪽에 위치하고 있다. 이 지역은 대종천 수계를 거슬러 토함산의 추령재를 통하면 경주와 직접 연결될 수 있다. 인근에 위치하고 있는 대왕암, 감은사지 등과 관련된 역사적 사실로 미루어 볼 때, 이 곳 해안은 왜와의 관계에서 군사적으로 중요한 역할을 담당하였을 가능성이 높다.

이 고분군은 울산대학교박물관과 경북문화재연구원에 의해 발굴 조사되었는데 양 기관에서 조사한 삼국시대 고분은 수혈식석곽

도면 103 신라 수도와 근접한 곳에 위치한 지역의 집단

제6장 의장 무기로 본 신라와 가야의 세력 확산

묘 149기를 비롯하여 목곽묘 26기, 석실묘 8기, 옹관묘 4기 등 총 187기의 분묘가 확인되었다.[86]

경주 봉길리고분군에서 출토된 철기는 대도, 철모, 철촉(광형계 착두형, 역자형), 주조철부, 단조철부, 철착, 철겸 등 다양하게 확인되고 있다. 목곽묘단계에서는 주조철부, 단조철부, 철착 등의 실생활에 가까운 철기들이 출토되고 있고 석곽묘단계에 이르러서는 대도, 철모, 철촉, 철겸, 철부 등 무기류와 농공구류가 함께 확인되고 있다. 특히 전투용의 무기류는 대도, 철모, 철촉 등이 있는데 이 가운데 대도나 삼익형 및 착두형 철촉은 일정 신분 이상만이 소유할 수 있는 것이다. 특히 석곽묘4-3호와 54호에서 출토된 착두형 및 삼익형 철촉은 영남지방에서도 그 출토 수가 제한적이기 때문에 이 지역집단의 군사적 성격을 일부나마 추정할 수 있다.

삼익형, 착두형철촉은 4세기 중엽이후 고구려 무기체계를 영향으로 신라에 도입되며 주로신라 중앙의 상위층뿐만 아니라 지방의 수장에게도 분여되는 위세품적 성격을 지니게 된다. 특히 4세기 후엽부터 시작해서 5세기 전엽 이후 본격적인 위세품으로서 역할을 하는데 신라 중앙의 최상급 분묘인 경주 황남동110호 삼익형철촉, 경주 황남대총남분, 북분, 황오리16호, 노동리4호, 천마총, 금령총에서는 광형계 착두형철촉 등이 많게는 수십 점에 달하는 다수부장 현상이 확인된다. 또한 지방의 부산, 울산, 양산, 경산, 대구, 성주, 창녕, 의성, 구미, 상주, 포항, 강릉지역 등의 주요 수장급묘에서 대개 1점 정도 부장되는 현상으로 볼 때 그 정형성을 확인할 수 있다. 특히 삼익형철촉의 경우 그 희소성이 더욱 두드러지는데, 경주 황남동 110호에 초현하여 5세기 이후에는 경주 천마총, 양산 부부총, 창녕 교동89호 등 최상급 신분을 가진 고총에서만 출토되고 있다.

그런데 봉길리고분군 축조집단은 의장 무기가 출토되는 타 지역과 전반적으로 비교해 볼 때 상당한 차이점을 발견할 수 있다. 봉

---

[86] 慶尙北道文化財硏究院, 2005, 『慶州 奉吉里古墳群』.
울산대학교박물관, 2000, 『경주 봉길리고분군Ⅰ』, 울산대학교박물관 학술연구총서 제3집.

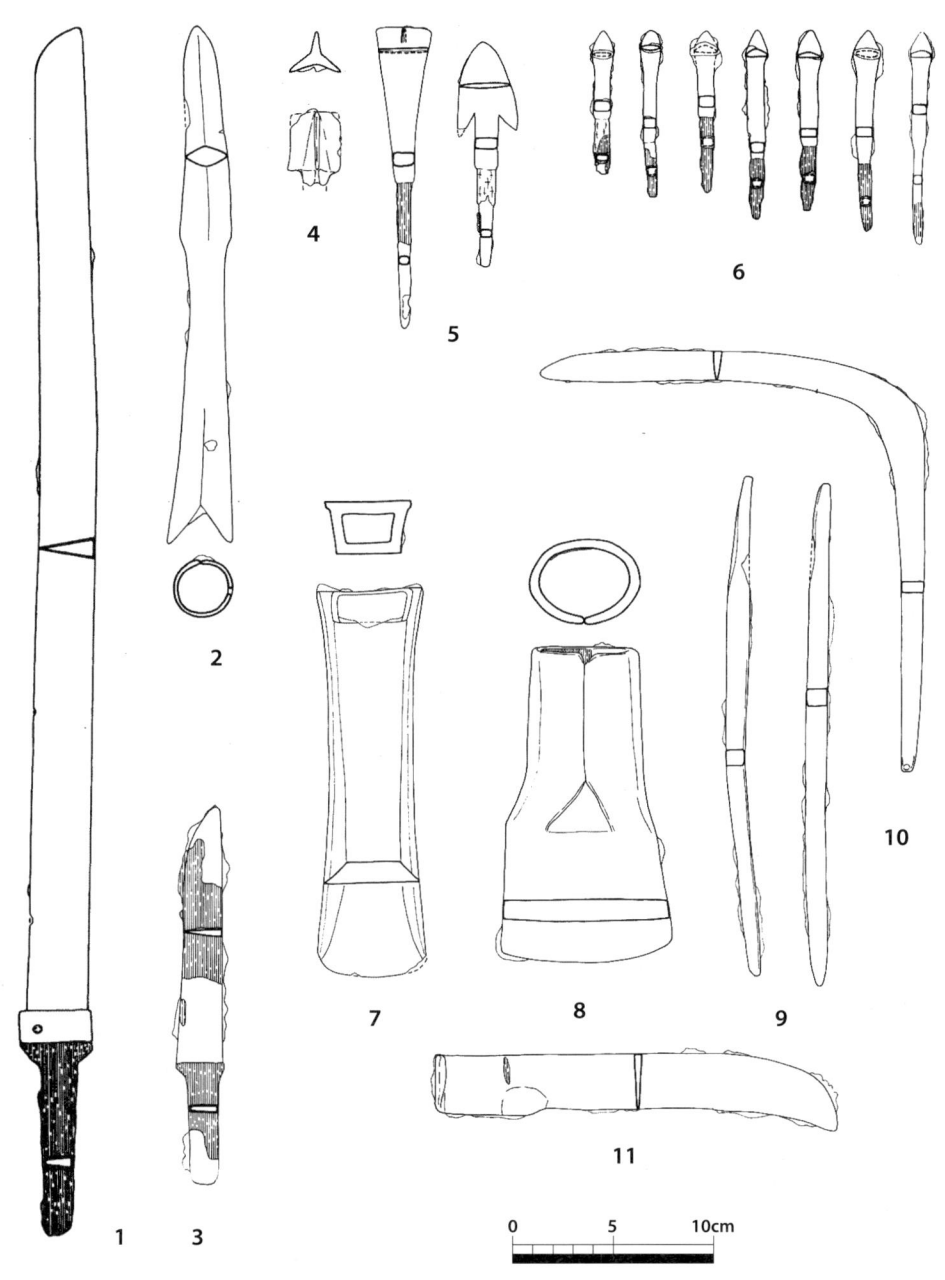

도면 104 신라 수도 인접지역 경주 봉길리고분군 출토 철기류 일괄
1·2·5. 석곽묘4-3호 | 3·6·11. 석곽47-3호 | 4. 석곽54호 | 7. 목곽묘10호 | 8·9·10. 목곽묘12호

제6장 의장 무기로 본 신라와 가야의 세력 확산   325

길리고분군 축조집단은 전반적인 유구나 부장된 토기류 등으로 보았을 때, 그 시작 시점부터 신라 중앙에 영향을 받은 것으로 추정되고 있다.

하지만 타 지역의 경우 지방의 거점 지역에 고총이 조성되면서 그 지방의 가장 유력한 수장급묘에서 금동관을 비롯한 다수의 위세품을 공반하고 있는데 비해, 봉길리고분군에서는 고총이 축조되지 않고, 더욱이 화려한 위세품도 거의 확인되지 않는다.

이상과 같이, 경주 봉길리고분군의 축조집단은 신라 중앙에서 가장 근거리로 해안가에 이어지는 중요한 군사·지리적 특성, 출토된 무기류의 위계성, 타 지역에서 무기류와 공반하여 출토되는 유물이 상대적으로 위계가 떨어지는 점 등을 고려할 때, 고구려나 왜로부터 당시의 해안가를 담당하는 중요한 군사적 요충지로 추정할 수 있겠다. 시기적으로는 5세기 전엽부터 이러한 해안가 군사적 요충지의 역할을 담당했던 것으로 보이며, 현재의 고고자료로 단언할 수 없으나 당시의 사회적 정황으로 보았을 때 신라세력의 직접지배 하에 군사적 관료가 파견되었을 가능성이 높다.

한편 신라 중앙의 근접지역에 위치하고 있으나 고분군 축조의 성격으로 볼 때 군사적 요충지이기 보다는 어촌의 집단 혹은 적이 침입하였을 때 군사적 정보 네트워크의 기능을 담당하였을 것으로 추정되는 지역이 있다. 그 추정 지역으로 발굴조사되어 그 고분군의 성격을 일부나마 추정할 수 있는 포항 강사리고분군, 대보리고분군, 양남 하서리유적, 울산 정자동고분군을 비롯하여 발굴조사가 되지는 않았으나 영일만 일대의 지표조사에서 확인된 포항 대종배리유적, 인덕동유적, 호동유적, 도구리유적 등이 이에 해당된다.

2) 신라의 수도 방위를 위한 군사적 거점지역의 형성

이들의 지역은 신라의 수도인 경주지역을 둘러싸고 있는 해안가 혹은 교통로의 중심지에 위치한 곳이다. 포항(옥성리고분군), 영덕(괴시리고분군), 울산지역(중산리고분군)이 대표적으로 적의 침입을 방어하는 군사적 방어에 요충지역이라 할 수 있다.

이들 지역에서 나타나는 무기체계의 양상은 포항 옥성리고분과 같이 지방의 주요 타 지역과는 그 위세가 약간 떨어지기는 하지만 관식이나 대도, 철촉(광형계 착두형) 등의 위세품과 의장 무기류가 확인되고 있어 경주 주변의 소규모 축조집단 보다는 상위의 위치에 있었다고 볼 수 있다.

또한 이 지역들은 원삼국시대부터 영남지방 공통의 와질토기 문화권을 공유하였고 그것은 경주지역과 비교되어도 손색이 없다. 철제 무기도 철검, 철도, 철모(관부돌출형철모의 다수 부장) 등이 군사적 문화를 공유하고 있었다. 이러한 지역이 4세기 이후, 신라의 고대국가 형성 과정 속에 신라 중앙세력에 복속 혹은 합병되면서 신라 중앙지역의 가까운 지리적 특성으로 중앙세력의 강한 영향을 받게 된다.

① 포항 옥성리고분군 군사·지리적 특성과 출토된 무기류 검토

포항 옥성리고분군은 흥해지역에 위치하고 있으며 신라가 북쪽의 동해안지역으로 진출하는데에 있어 관문의 역할을 하는 곳이다. 또한 삼국시대 고분군의 분포로 보며, 흥해지역 중심지인 포항 옥성리고분군의 남쪽으로 남성리, 학천리고분군, 성곡리, 대련리고분군이 경주로 이어지는 주된 교통로의 일직선으로 분포하고 있다. 또한 신라의 동북방 전초기지의 역할을 담당하였던 남성리의 남미질부성(南彌秩夫城)과 흥안리의 북미질부성(北彌秩夫城)이 위치하고 있어 이 지역의 군사적 기능을 가늠해 볼 수 있겠다.

포항 옥성리고분군의 축조집단은 원삼국시대의 목곽묘가 조성되는 2세기 중엽부터 신라세력의 영향 아래로 접어드는 3세기 중엽

까지가 가장 융성했던 시기로 볼 수 있다. 실제로 목곽묘 78호에서 100여 점의 관부돌출형철모의 부장 등, 다수의 목곽묘에서 부장된 철기의 양상으로 보면 이 집단의 철제 무기 제작이 상당한 수준에 있었음을 알 수 있다.

앞의 장에서 언급하였듯이 4세기 전엽을 전후로 경주지역(인근)을 중심으로 한 의례적 성격이 강한 궐수형철모의 집중 현상이 확인된다. 궐수형철모의 분포정형은 경주, 영덕, 포항, 경산, 울산, 밀양, 부산지역 등 경주의 인근지역에 한정되고 있다. 이러한 특성을 가진 궐수형철모가 포항 옥성리, 마산리, 학천리고분군 등에서 확인되며 그 출토 수량은 경주지역을 제외하고는 신라의 지방에서 가장 많다. 또한 4세기대 목곽묘에서의 고식의 종장판주와 경갑, 원판비, 철촉(착두형)이 출토되어 이 시기 신라의 군사적 기능으로서 그 중요성이 인지된다.

한편 5세기에 이르게 되면, 앞 시기(4세기대)의 강력한 군사적 기능이 점차 사라진다. 더욱이 신라 지방의 타 지역과 비교할 만큼의 고총 축조, 부장된 유물의 화려함 등의 특성은 확인되지 않기 때문에, 상대적으로 신라의 지방 정치체 중에서도 그 위계가 낮았다고 판단된다. 이것은 신라의 영역확장이 확대되면서 군사적 관심도가 가야세력과 대치되는 낙동강 전선으로 이동했기 때문일 것이다.

하지만 신라 수도 방어의 최전선인 만큼 그 기능이 완전히 소멸되지는 않는 듯하다. 이를 방증하는 자료로서 포항 옥성리 50호 적석목곽묘 출토 철제 무기류를 들 수 있다. 50호 적석목곽묘에서는 5세기 전반으로 판단되고 있으며, 출토된 철기는 관식을 비롯하여 대도(모자대도), 철모, 철촉, 성시구, 철정, 철착, 철겸 등의 종류가 있다. 이 가운데 철제 관식과, 대도(모자대도), 철촉(광형계 착두형)은 의장용 성격이 강한 철기류이다. 관식, 철촉(광형계 착두형)은 신라의 중앙과 지방의 주요 수장급묘에서 확인되는 자료이기 때문에

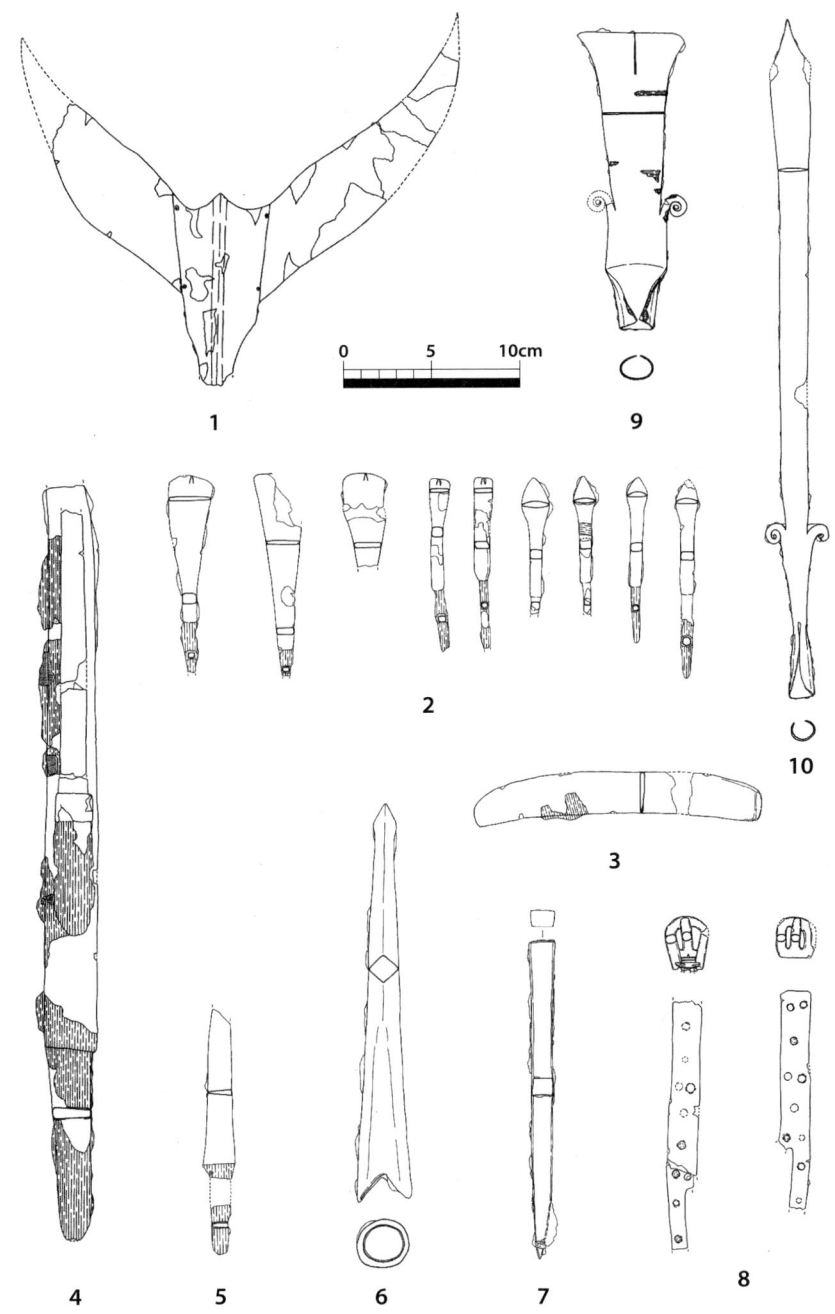

도면 105 신라 수도 인접 거점지역 포항 옥성리고분군 출토 철기류 각종
1~8. 옥성리 50호 | 9·10. 나122호

옥성리 50호 적석목곽묘의 피장자는 이 시기 흥해지역의 유력 세력 혹은 신라에서 파견된 관료일 가능성이 높다.

이상을 종합해보면 포항 옥성리고분군 축조집단은 시기적으로 2~3세기에 흥해지역의 중심세력으로 존재하였으나, 3세기 후엽부터 4세기까지 신라세력의 영향으로 편재되면서 그 위계가 약화되었다. 하지만 4세기대 신라의 영토 확장을 위해서는 위치적으로 군사적인 요충지로 인지되며, 5세기 이후 신라의 영역확장이 가야세력과 대치되는 낙동강 전선으로 이동하면서 신라의 주요 교통로 성격을 가진 하나의 변방으로 전락하였을 가능성이 높다.

② 울산 중산리고분군의 군사·지리적 특성과 출토된 무기류 검토

경주분지와 가장 가까운 동해 해안가지역으로 감포읍 일대가 있지만 경주분지에 형성된 태백산맥의 지리적 특성으로 이 지역을 통한 공략은 쉬운 전술이 아닐 것이다. 울산만 일대는 경주지역과 직접적으로 이어지는 동해에 위치하고 있어, 바다를 통해 신라로 침략하는 왜가 대규모 군사를 진입할 수 있는 주요 교통로 유리한 점이 있다. 『三國史記』에 기록된 수많은 왜와의 전쟁기사를 보더라도 신라의 해안가 방어는 중요한 문제였을 것이며 그 중심에는 울산만지역에 중추를 담당하였을 가능성이 높다. 더욱이 『三國史記』402년)의 기록에서 보면 신라는 5세기 초에 왕자 미사흔(未斯欣)을 왜에 인질로 보냈다가 朴堤上이 구출한 사건이 있는데 이 때 구출해서 돌아왔던 곳이 울산만으로 추정되고 있다.[87]

울산만지역의 고분군 분포를 살펴보면 울산만에서 경주방향으로 조금 들어간 지역에 울산 중산리고분군이 위치하고 있어 이 일대를 군사적 방어체계를 총괄하였던 것으로 추정된다. 그리고 이후의 시기에 축조된 것이지만 중산리고분군의 인근에는 관문성이 위치하고 있고, 동쪽으로 울산 신대리산성을 거쳐 해안가로 가면 울

---

[87] 朱甫暾, 2002, 「辰·弁韓의 成立과 展開」, 『진·변한사 연구』, 경상북도·계명대학교 한국학연구원.

산 정자고분군이 있는 곳으로 이어진다. 이러한 여러 지리적 상황으로 보았을 때, 해안가로 침입하는 倭를 방어하는 최적의 군사적 요충지라 할 수 있겠다.

울산 중산리고분군에서 출토된 무기류의 특성은 포항 옥성리고분군과 그 성격이 유사하다. 시기적으로 2~3세기에 울산지역의 중심세력으로 존재하였으나, 3세기 후엽부터 4세기까지 신라세력의 영향으로 편재되면서 그 위계가 약화되는 점, 신라 지방의 타 지역과 비교할 만큼의 부장된 무기류의 위세성이 확인되지 않는 점, 신라의 해안가 방어의 군사·지리적 중요성 등 이 그러하다. 그리고 포항 옥성리고분군 축조집단이 북쪽 해안 방어에 중심축을 이루었다면 울산 중산리고분군은 남쪽 해안 방어의 중요한 군사적 거점지역일 가능성이 높다.

3) 신라의 대외진출 혹은 대외방어를 위한 지방의 군사적 거점 지역

영남지방 각 지역의 小國은 4~6세기 신라의 영역확장 과정에서 신라 중앙세력에 복속 혹은 합병이 되며, 그 소국의 중심이 위치하던 곳은 신라의 간접지배 형태에서 지방의 거점지역이 된다. 그리고 군사적 거점지역은 신라의 영역확대 과정 속에 시간에 따라 그 역할이 이동하는 것으로 보인다. 이것은 5~6세기 가야와 경계를 이루는 대구, 창녕, 양산지역, 백제 혹은 한강유역으로 진출하기 위한 의성지역 등에서 고총의 축조와 더불어 화려한 위세품이 부장되고 있어 이를 방증하고 있다. 강릉지역 역시 이와 같은 맥락으로 이해할 수 있는데, 고구려로 부터의 군사적 방어 혹은 진출을 위해서는 중요한 거점지역일 가능성이 높다.

(1) 신라 수도 북서쪽의 영남내륙 지역

① 경산지역

경산 임당동고분군에 위치한 경산 조영CI-1호에서는 의장 무기로 은제 삼엽환두대도 등의 장식대도, 반부철모, 착두형철촉 등이 공반하여 출토된 바 있다. 이외에도 다수의 신라 의장용 성격 무기류가 확인되고 있다. 신라의 전형적인 장식대도인 삼엽환두대도가 경산 임당동6A호, 조영CI-1호, 조영EI-2호, 북사리1호 등 5세기에서 6세기까지 출토되고 있다. 또한 반부철모가 조영CI-1호, 가지형철모(삼지형철모)가 임당6A호에서, 착두형철촉이 경산 조영CI-1호, 조영EI-1호, 임당5C호 등에서 확인된다. 그리고 의장 무기로서 경주 황남대총남분 등에서 출토된 청동제 비갑도 임당1A호분에서 확인된다. 이상 유적에서는 범신라양식 토기와 더불어 의장 무기류가 공반되어 출토되는 공통성이 있다. 경산지역은 신라의 지방 가운데 창녕지역과 더불어 신라의 의장 무기류가 가장 많이 출토되는 지역이다.

이러한 현상은 경산지역이 갖는 군사지리적 중요성으로 인하여 중앙의 관심이 높은 지역이기 때문이다. 경산지역은 신라 지방의 거점 세력 중 경주와 가까운 지역에 위치하고 있을 뿐만 아니라 이 지역은 영남내륙지역에서 경주 수도로 이어지는 관문의 역할을 하는 중요한 지역에 위치해 있기 때문이다.

② 대구지역

대구지역의 분지 내에는 중심지역인 대구 달성고분군과 함께 불로동고분군, 문산리고분군, 성산동고분군, 설화리고분군, 죽곡리고분군, 구암동고분군 등 다수의 고총이 조성되어 있다.

의장 무기류도 신라의 타 지방에 비해 화려하다. 대구 달성55호의 장식보검(삼엽환두대도)와 대구 달성37호에서는 신라의 지방에

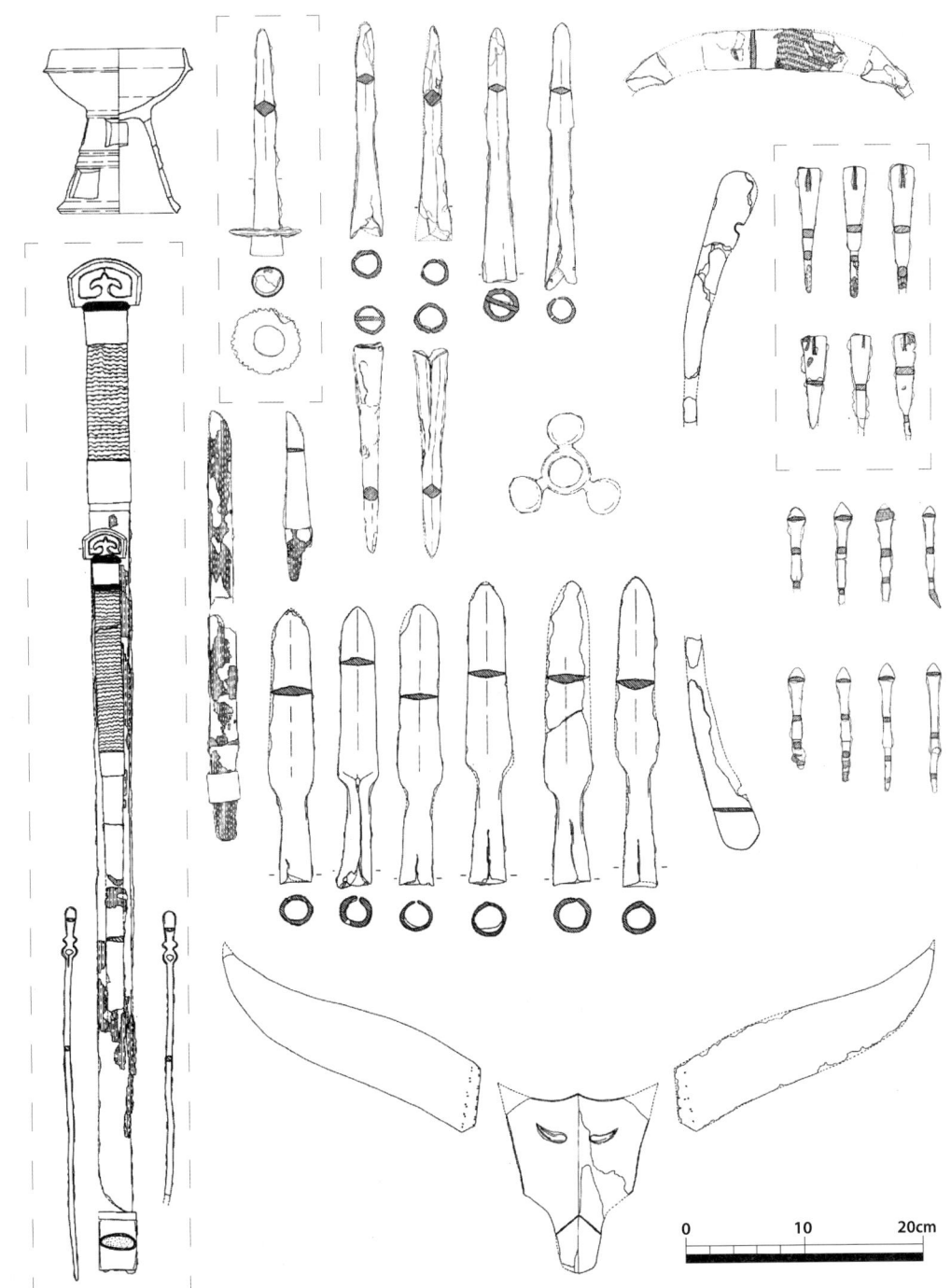

도면 106 경산지역 출토 신라 의장 무기류(경산 조영CI-1호 출토 일괄)

제6장 의장 무기로 본 신라와 가야의 세력 확산 333

서는 잘 확인되지 않는 신라 장식대도의 최상위 신분들이 소유했던 삼루환두대도도 다수 확인되고 있다. 또한 대구 달성34호와 같이 경주 황남대총 남분, 천마총 등에서 확인되는 경갑의 갑주도 확인되고 있다.

　5세기 중후엽에는 고령지역의 대가야 세력이 커지면서 대가야 경계를 이루는 지역에 위치한 대구 문산리고분군, 죽곡리고분군, 성산동고분군, 설화리고분군 등의 세력의 규모가 확대되고 있다. 이들 지역에서는 신라 지방의 주요지역에서 조성되는 고총이 축조될 뿐만 아니라 의장용 성격 무기류도 출토되고 있다. 구체적으로 대구 문산리M1-1호, 죽곡리고분 출토 삼루환두대도, 대구 죽곡리고분 출토 반부철모, 착두형철촉 등이 있다.

　5~6세기대 대구지역 의장용 성격 무기의 분포 정형으로 보아 이 시기 대구 달성고분군 축조세력은 대구지역의 군사적 거점 역할을 담당하였고, 대가야의 경계에 위치한 대구 문산리고분군, 죽곡리고분군, 성산동고분군, 설화리고분군 등의 세력은 신라 중앙과 달성고분군 축조 집단 세력이 지원을 받으면서 강력한 군사 방어체계를 구축하였던 것으로 판단된다.

테글 31
신라 북서쪽 영남내륙의 군사적 방어 거점지역 의장 무기

· 경산지역 출토 의장 무기류

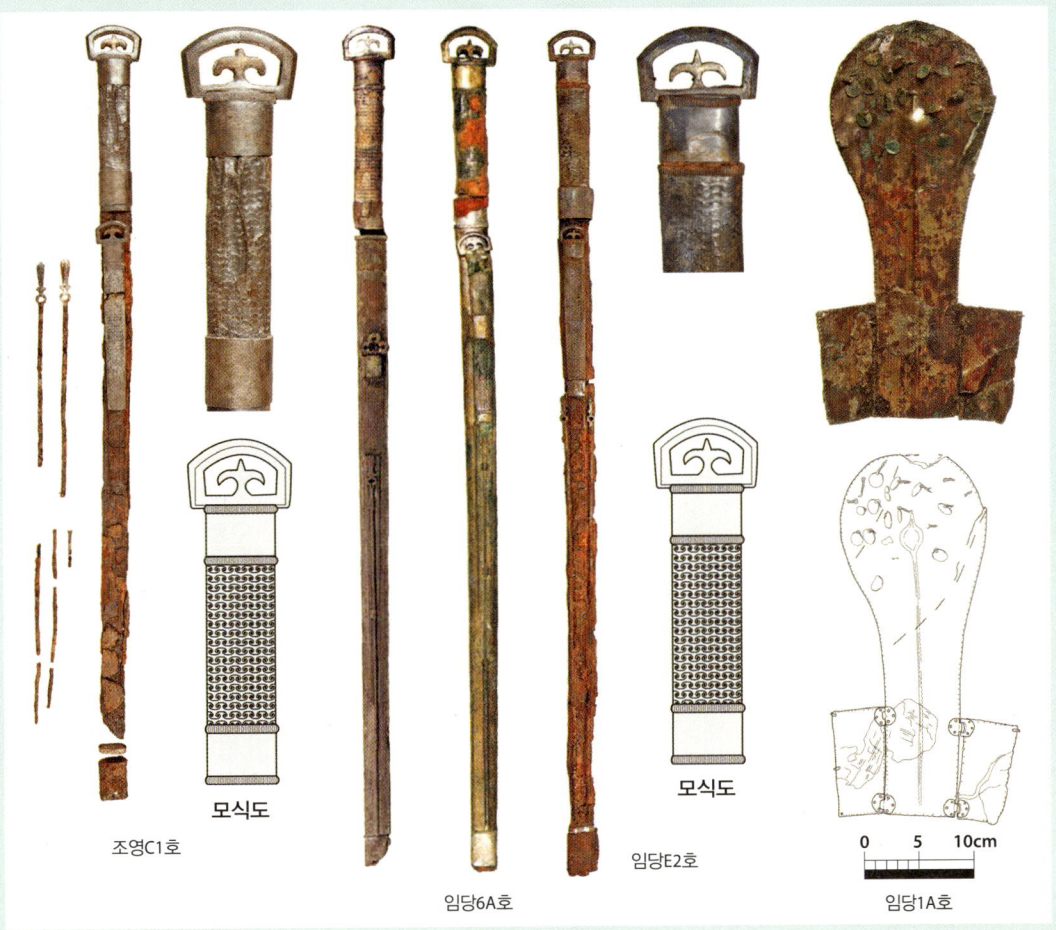

경산지역에서는 한반도 동남부지역에서 대구지역, 의성지역, 창녕지역과 더불어 신라의 의장 무기가 가장 많이 확인되고 있는 곳이다. 신라 지방의 수장급묘에서 주로 확인되는 은제 삼엽환두대도(전형적인 신라의 제작기술), 금동제 비갑, 반부철모, 착두형철촉 등의 의장 무기류가 있다. 신라 중앙에 있어서, 경산지역 집단이 갖는 중요 군사·정치적 역할을 가늠할 수 있다.

· 대구지역 출토 의장 무기류(장식대도)

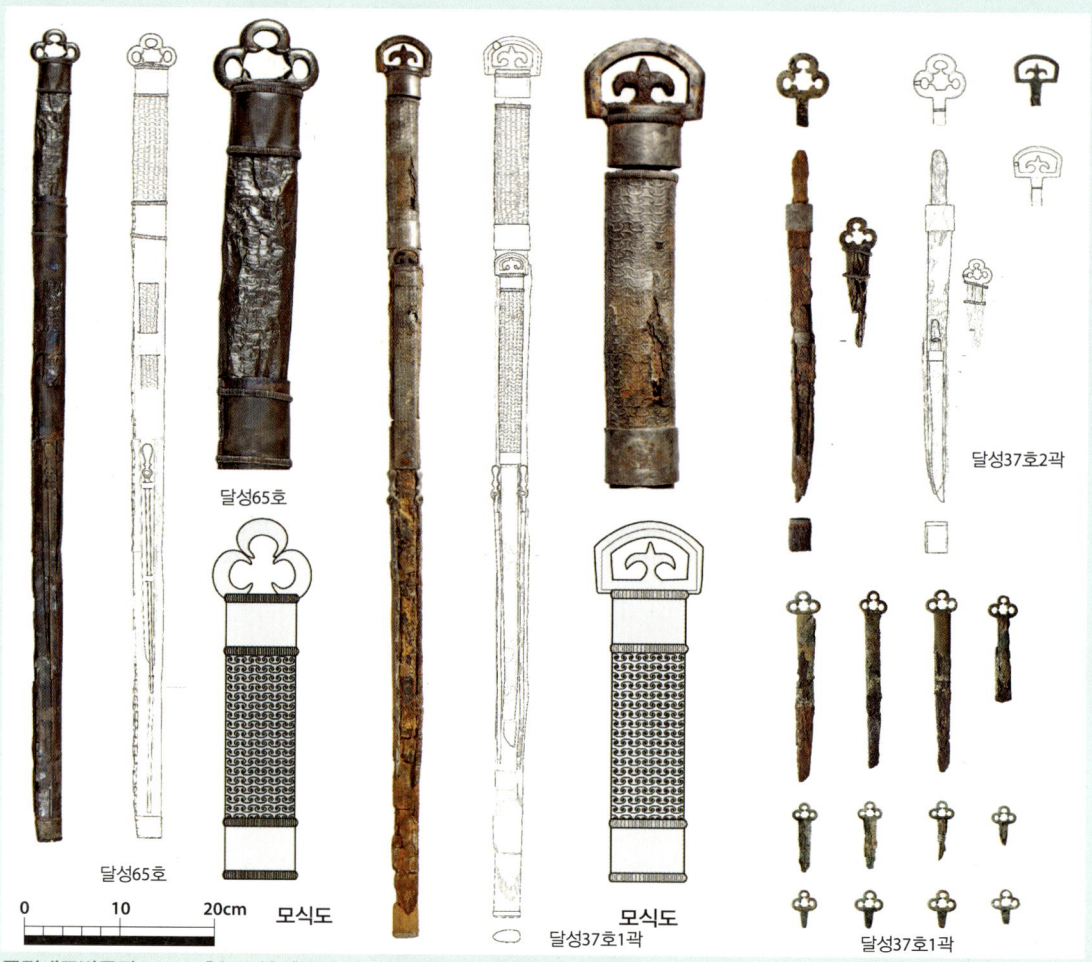

국립대구박물관, 2018, 「大邱 達城遺蹟Ⅳ」, 2020 「大邱 達城遺蹟Ⅴ」 인용

 대구지역에서도 경산지역과 같이, 신라의 의장 무기가 가장 많이 확인되고 있는 곳이다. 신라 지방의 수장급묘에서 주로 확인되는 은제 삼엽환두대도(전형적인 신라의 제작기술), 비갑, 반부철모, 삼지형철모, 착두형철촉 등의 의장 무기류가 있다.

· 대구지역 출토 의장 무기류(보검, 비갑, 삼지형철모(창), 화살촉(착두형))

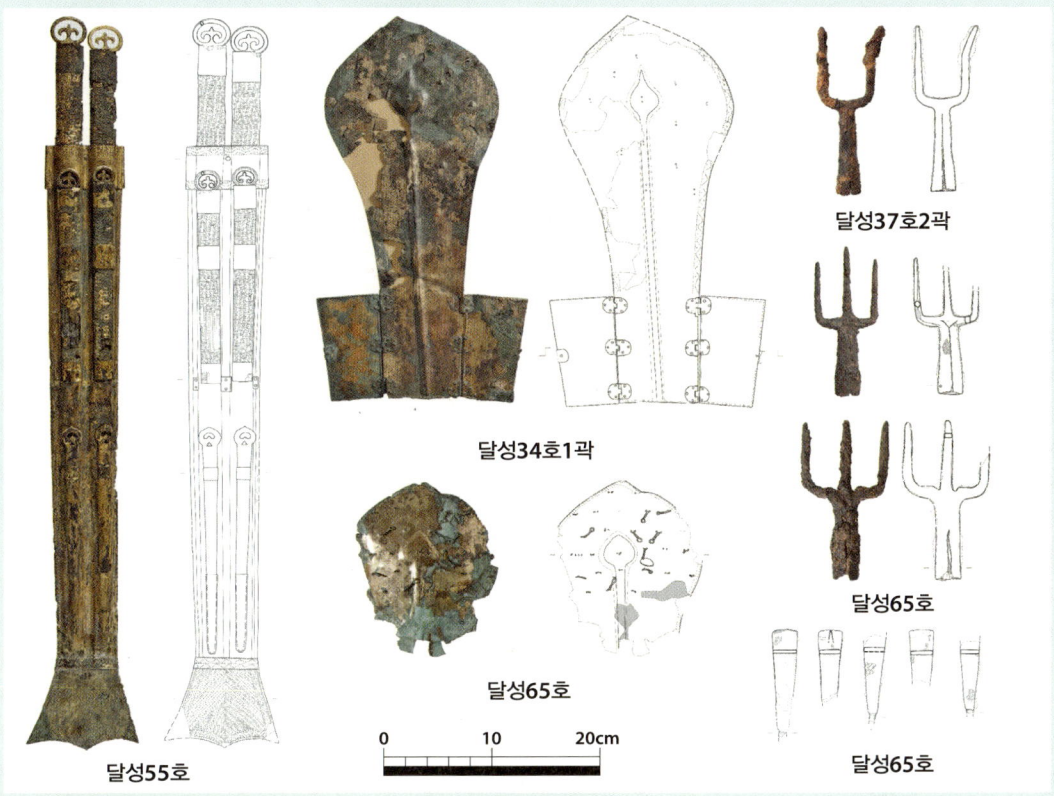

달성37호2곽
달성34호1곽
달성65호
달성65호
달성55호
달성65호

국립대구박물관, 2018, 『大邱 達城遺蹟Ⅳ』, 2020 『大邱 達城遺蹟Ⅴ』 인용

　대구지역에서는 신라 중앙인 경주지역에서도 일부만 확인되는 보검이 출토되었다. 경주 계남리14호 보검은 해외에서 수입한 것이지만, 대구 달성55호 보검은 신라의 제작기술로 제작하였다. 장식대도 외에도 의장 무기인 금동제 비갑, 삼지형 및 반부철모(창), 착두형 화살촉이 확인된다. 대구지역은 큰 분지로 이루어져 있는데, 중심부에 달성고분군이, 달성고분군을 중심으로 북쪽에 구암동고분군, 남쪽에 대명동고분군, 서남쪽에 화원 성산동고분군, 서북쪽에 문산리고분군 등이 위치하고 있다. 이들 주변 고분군에서도 장식대도인 삼루환두대도, 삼엽환두대도, 반부철모 등이 확인되고 있어, 당시 대구지역 정치체의 양상을 어느 정도 엿 볼 수 있다.

제6장 의장 무기로 본 신라와 가야의 세력 확산　337

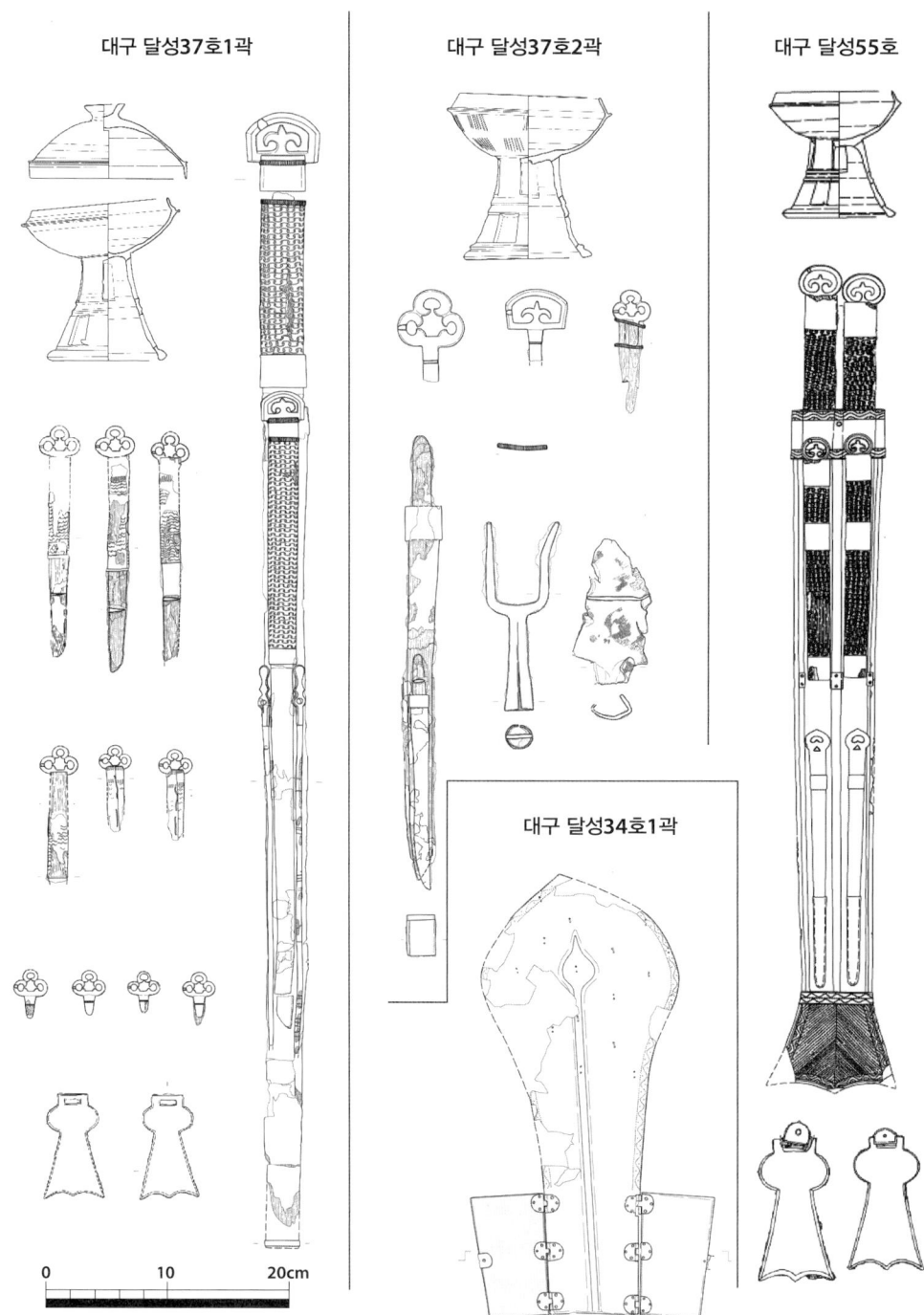

도면 107　대구지역 출토 신라 의장 무기류

③ 성주지역

성주지역은 낙동강 이서지역에 위치하며, 현재 성산가야라는 가야 연맹체의 일원으로 보려는 경향이 강하다. 하지만 5세기 중후엽에는 타 지방의 수장급묘에서 확인되는 신라 의장용 성격 무기 등 신라의 상징물 소유 체계와 유사한 양상이다. 대가야양식의 토기가 일부 유입된 현상으로 신라와 가야의 중간적 성격으로 보는 경향이 강하지만 전반적 상황으로 보아 신라의 지방세력으로 보는 것이 타당하다고 판단된다.

일제강점기에 발굴 조사된 성주 성산동1호분에서는 범신라양식 토기와 함께 신라의 장식대도인 삼엽환두대도와 신라의 은제관식 1점이 출토되었다. 그리고 성주 성산동59호에서는 반부철모 1점이 출토되었다.

테글 32
신라 북서쪽에 대가야와 백제의 경계지역에 위치한 군사지역의 의장 무기

· 성주지역 출토 의장 무기류(장식대도)

국립나주문화재연구소, 2020, 『나주 정촌고분 출토 모자도 제작기술 복원』 인용

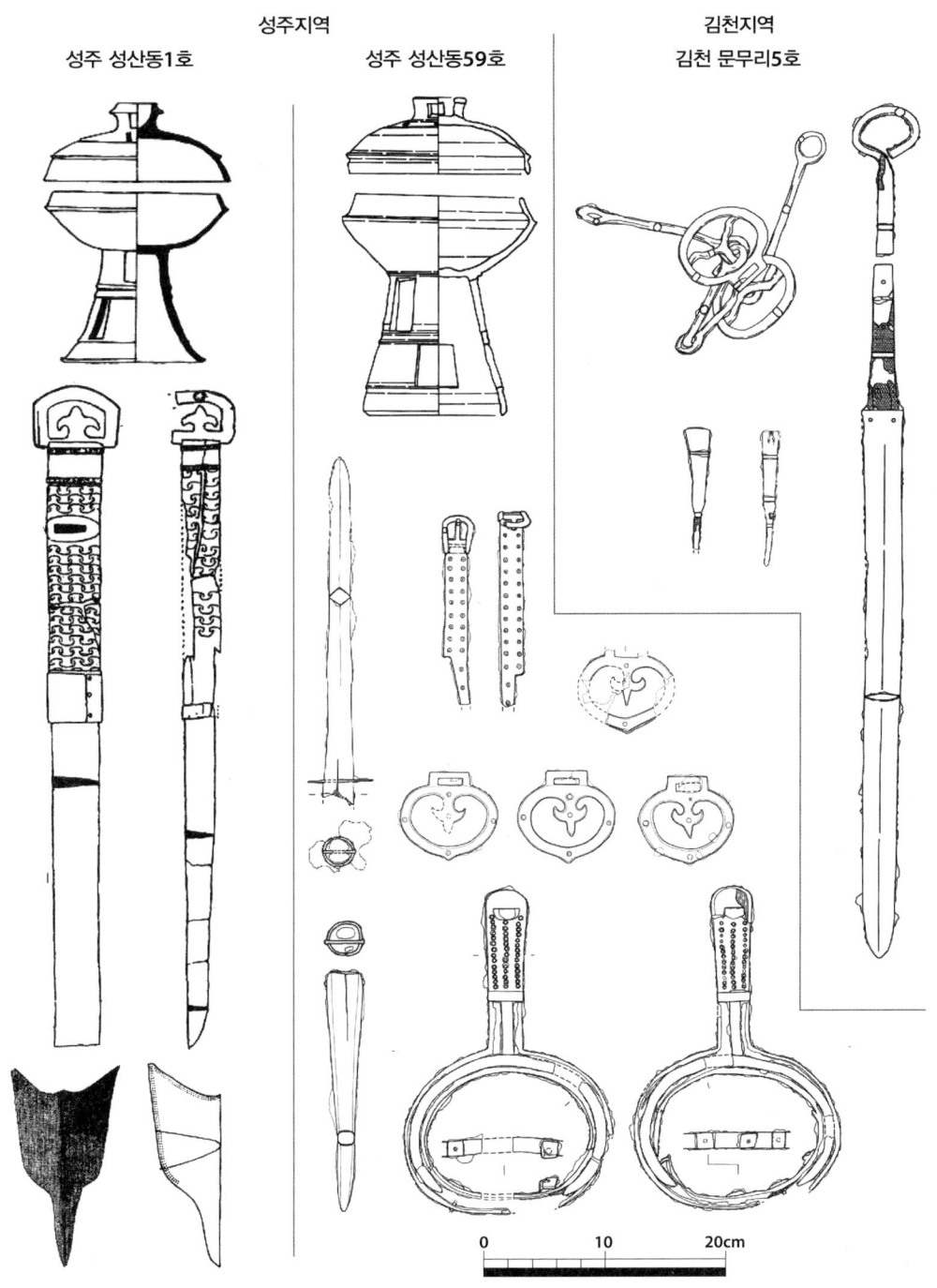

도면 108 성주지역 및 김천지역 출토 신라 의장 무기류

④ 김천지역

김천지역은 성주지역과 마찬가지로 낙동강 이서지역에 위치한다. 현재까지 고총의 무덤의 발굴조사가 타 지역에 이루어지지 않아 이 지역 중심 집단의 성격을 파악하기 어려운 점이 있다. 김천지역에는 김천 모암동고분군, 문무리고분군 등의 고총이 위치하고 있다. 최근 김천 문무리5호에서는 착두형철촉 2점이 출토된 바 있다.

⑤ 왜관지역

왜관지역은 왜관 낙산리고분군이 중심 고분군으로 알려져 있으며, 이 지역은 낙동강 이동지역에 위치하고 있다. 낙산리고분군에는 다수의 고총고분이 조성되어 있지만 외곽의 일부 고분이 조사된 바 있다. 낙산리28호에서 범신라양식 토기와 함께 반부철모 1점이 출토된 바 있다.

⑥ 구미지역

구미지역은 구미 황상동(인동)고분군이 중심 고분군으로 알려져 있으며, 이 지역은 낙동강 이동지역에 위치하고 있다. 황상동고분군에는 다수의 고총고분이 조성되어 있지만 외곽의 일부 고분이 조사된 바 있다. 구미 황상동(인동)1호에서 반부철모와 가지형철모 1점이 출토되었다. 구미 황상동1호분 역시 범신라양식 토기가 부장되고 있다.

⑦ 의성지역

의성지역은 영남내륙의 북쪽 지역에 위치하고 있으며, 경산, 대구, 창녕지역과 더불어 의장 무기가 많이 확인되고 있다. 의성지역의 중심지역은 의성 금성산고분군(탑리, 대리리, 학미리고분군) 축조 세력이며 현재에도 수백기의 고총무덤이 잔존해 있다. 일찍이 1960년

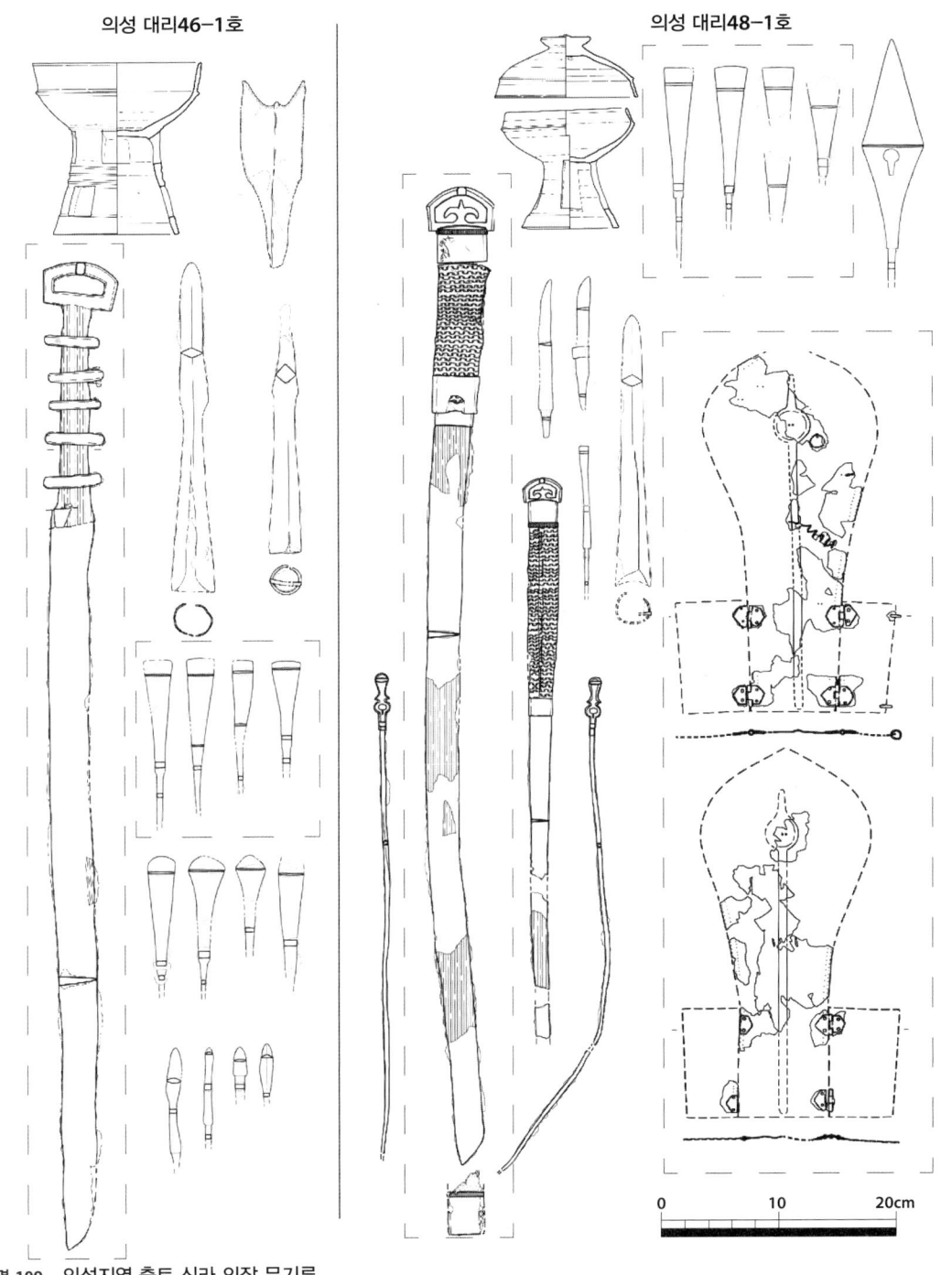

도면 109 의성지역 출토 신라 의장 무기류

제6장 의장 무기로 본 신라와 가야의 세력 확산

국립박물관에서 발굴조사한 의성 탑리고분에서는 신라의 금동제 관식과 함께 장식대도(삼엽환두대도), 반부철모, 착두형철촉 등의 의장 무기가 다수 출토된 바 있었다.

이외에도 의성 금성산고분군에 위치한 학미리1호, 대리리3호, 48-1호에서 삽엽환두대도가, 탑대리46-1호, 48-1호 등에서 착두형철촉, 투공능형철촉 등이 출토되었다. 특히 의성 대리48-1호 출토 비갑은 경주 황남대총남분, 천마총, 대구 달성고분 등 상위 신분의 무덤에서 확인되는 무구류이다.

의성지역은 신라의 군사체계에서 북부 영남내륙지역의 중요한 거점지역 역할을 하였던 것으로 추정된다. 북서쪽으로 상주지역, 문경지역, 영주(순흥)지역이 위치하고 있지만 이 지역들은 백제와의 경계인 소백산맥과 인접하여 있어 대규모 적군이 쳐들어 왔을 경우 즉각적 방어가 어려운 곳으로, 이들을 후방에서 지원하는 군사적 거점 역할을 의성 금성산고분군 축조세력이 담당하였을 가능성이 있다.

⑧ 상주지역

상주지역에서 출토되는 무기류의 전반적 상황으로 보아 상주지역은 병풍산고분군이 중심지역으로 알려져 있지만 이 지역은 6세기 이후에 세력 성장이 이룬 것으로 판단되며 5세기대에는 상주 신흥리고분 축조세력이 중심을 이루었을 것으로 판단된다. 상주 신흥리 37호분에서는 경주 황남대총남분, 천마총 출토 경갑보다는 제작기술이 떨어지나 지방에서는 잘 확인되지 않은 경갑의 무구가 출토되었다. 이외에도 상주 신흥리39호, 상주 병성동18-2호에서 반부철모가 출토 되었다.

상주지역은 영남지방에서 낙동강 이서지역에 위치하지만 소백산맥 넘어의 한강지역 진출이나 적이 공격해 올 경우 방어에 중요

테글 33
신라 북서쪽 영남내륙의 군사적 거점지역

· 의성지역 출토 의장 무기류(은제 삼엽환두대도, 반부철모(창))

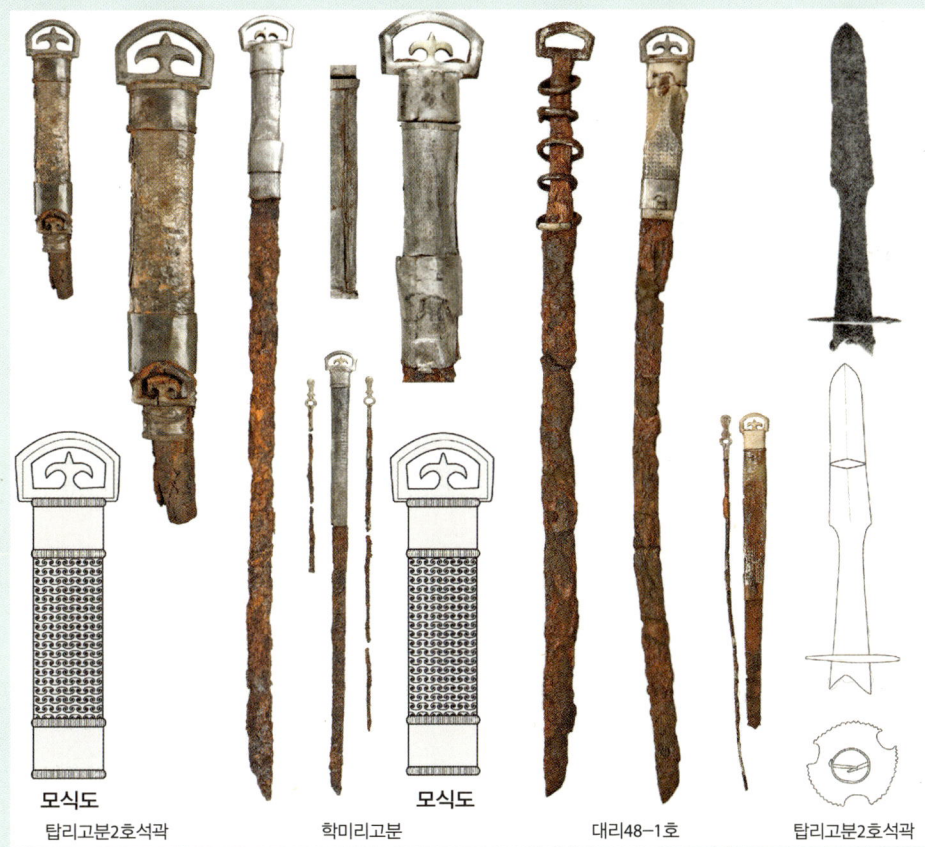

모식도		모식도		
탑리고분2호석곽		학미리고분	대리48-1호	탑리고분2호석곽

국립나주문화재연구소, 2020, 『나주 정촌고분 출토 모자도 제작기술 복원』 인용
성림문화재연구원, 2016, 『義城 大里里 古墳群』 인용

    의성지역에서는 금성산고분군에 위치한 탑리, 대리, 학미리고분에서 신라에서 유행하는 의장무기인 삼엽환두대도, 반부철모(창), 착두형, 투공능형의 화살촉이 확인된다. 또한 의장 무구인 비갑도 대리 48-1호에서 확인되고 있다. 신라 중앙에서 군사적 측면으로 볼 때, 한반도 동남부지역에서 북쪽의 군사 거점지역이라 할 수 있다.

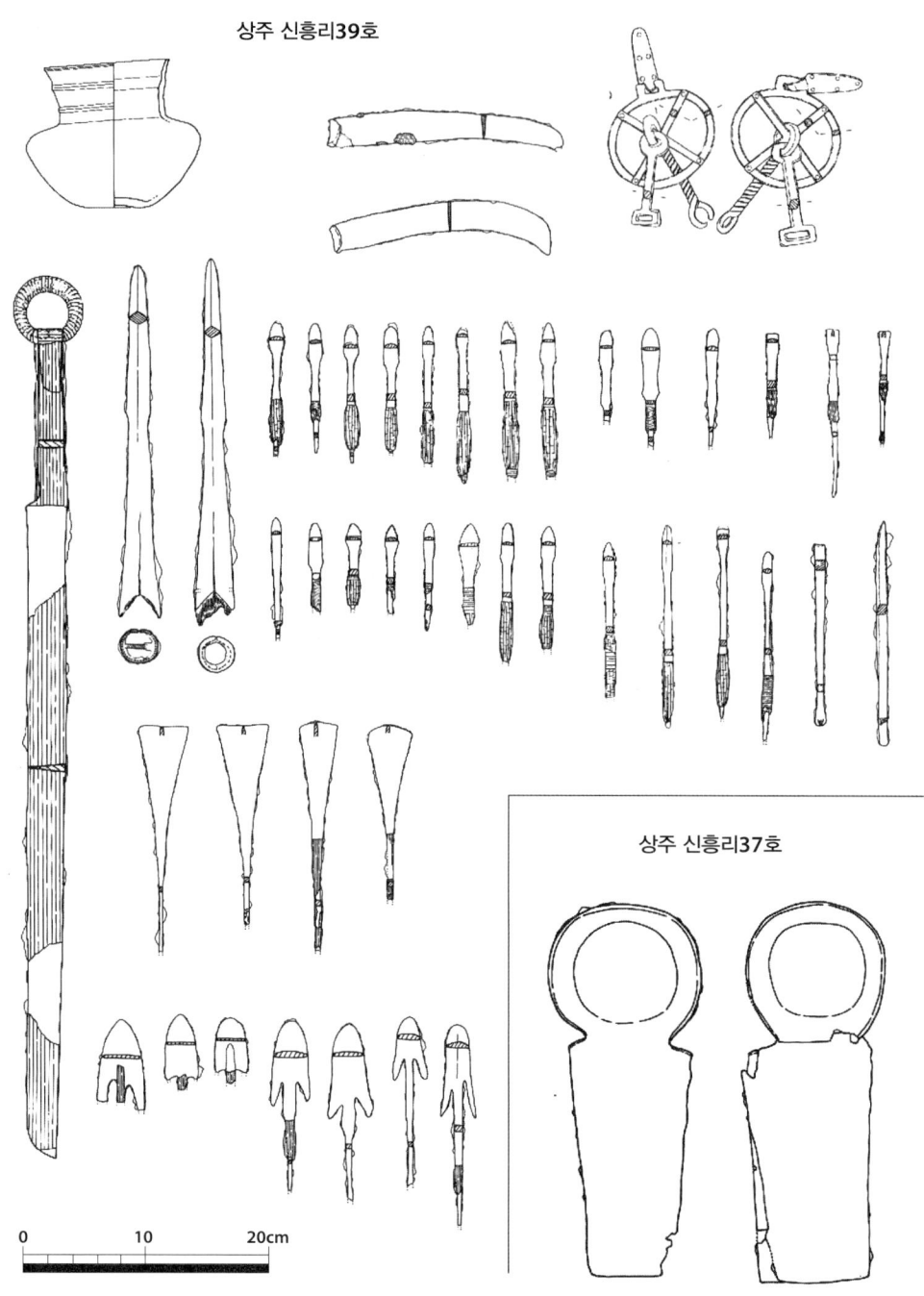

도면 110 상주지역 출토 신라 의장 무기류

한 지역이다. 6세기이후 신라가 소백산맥을 넘어 한강유역 일대로 진출하면서 상주지역 병풍산고분군 축조세력의 역할은 더욱 중요해 졌을 것으로 판단된다.

(2) 신라 수도 남서쪽의 영남내륙 지역
① 창녕지역

창녕지역은 신라의 지방 중에 경산, 대구, 의성지역과 함께 5세기 중엽이후 신라의 의장용 성격 무기류가 가장 많이 확인되는 곳이다. 신라의 장식대도인 삼엽환두대도가 창녕 교동7호, 송현동7호, 교동고분(횡구식석실분)에서, 반부철모가 창녕 교동1호, 교동3호, 교동88호에서, 가지형철모가 창녕 송현동7호, 교동고분(횡구식석실분)에서 출토되었다. 그리고 삼익형철촉이 창녕 교동89호에서, 착두형철촉이 창녕 교동1호, 계성리1호, 송현동2호, 송현동7호 등에서 출토되었다.

창녕 송현동7호 출토 가지형철모(이지형철모)는 나무자루까지 잔존하고 있어 가지형철창(철모)의 원형도 파악할 수 있게 되었다. 상위의 의장용 성격 무기류는 역시 범신라양식 토기와 공반하여 출토되고 있다.

창녕지역은 가야연맹 중 비화가야로 잘 알려져 있으며, 현재에도 많은 연구에서 신라 경주지역과의 차별성을 부각시켜 가야로 보려는 경향이 강하다. 하지만 5세기 중엽 또는 후엽이후 신라의 창녕 교동1호 은제관식 등 상징물이 다수 유입되는 현상이 뚜렷이 확인된다. 이러한 현상은 낙동강을 경계로 인근에 위치한 대가야권역 합천지역과 명확하게 구분된다. 5세기 중엽이후 대가야 세력이 커지면서 신라 중앙은 창녕 집단을 지원하여 대가야 세력을 견제하였을 가능성이 크다고 할 수 있다. 이것은 대구지역 중심의 외곽지역인 대구 문산리고분군, 죽곡리고분군, 성산리고분군, 설화리고분군 등의 축조 집단이 급성장하는 현상과 유사하다고 할 수 있다.

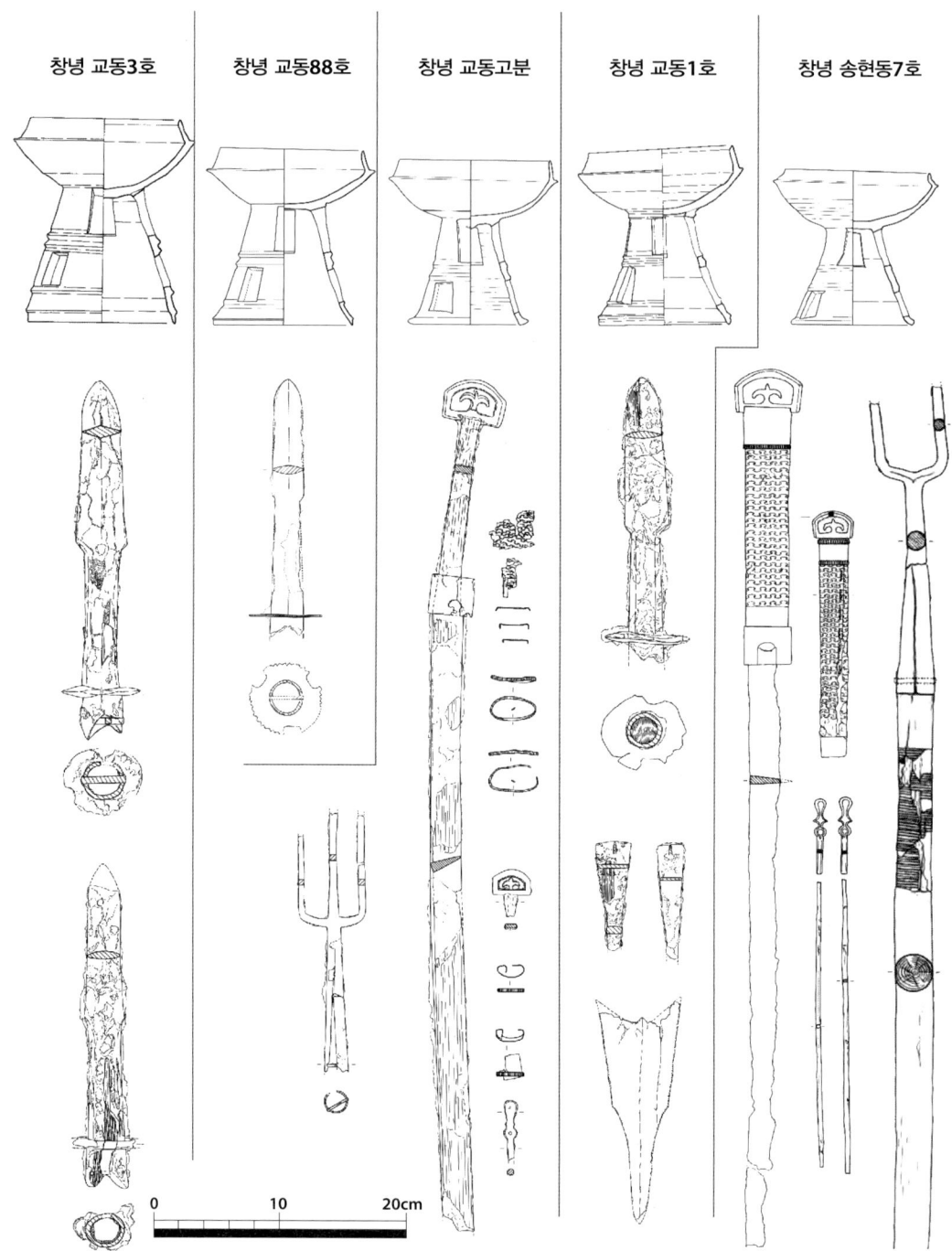

도면 111 창녕지역 출토 신라 의장 무기류

테글 34
신라 남서쪽에 대가야의 경계지역에 위치한 군사적 거점지역의 의장 무기

· 창녕지역 출토 의장 무기류(은제 삼엽환두대도, 반부철모(창))

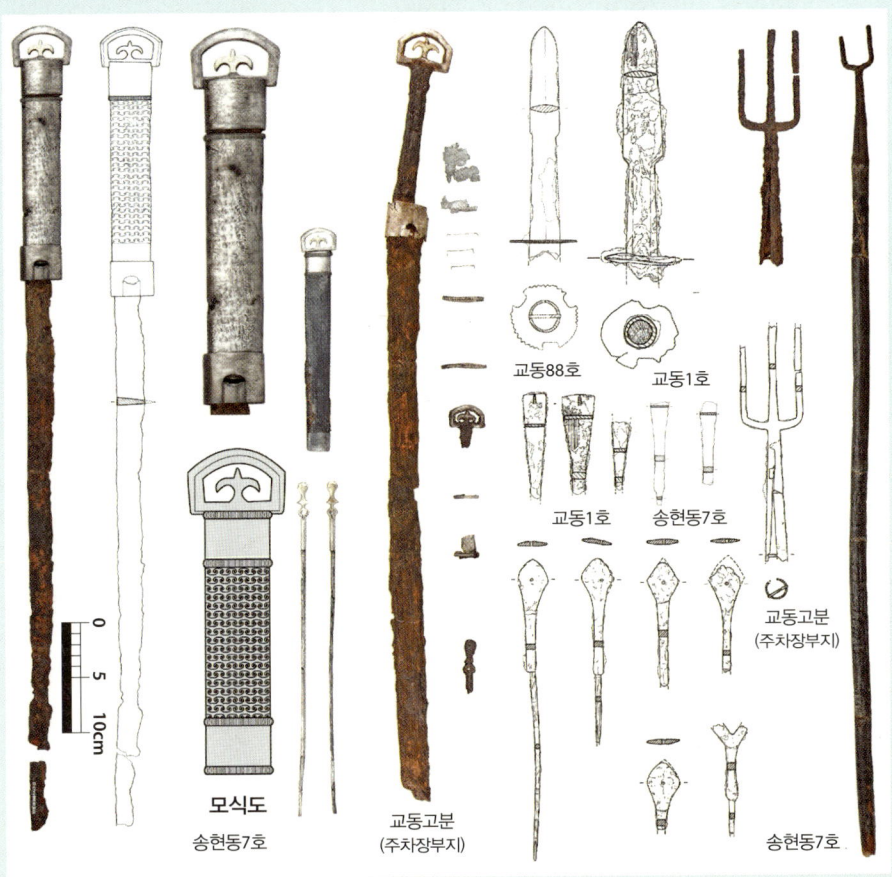

국립가야문화재연구소, 2011, 『창녕 송현동고분군Ⅰ』인용

　창녕지역에서는 경산, 대구, 의성지역과 함께 가장 많은 신라형 의장무기류가 확인되는 곳이다. 교동, 송현동고분에서는 신라에서 유행하는 의장무기인 삼엽환두대도, 반부철모 및 삼지형철모(창), 착두형, 투공능형의 화살촉이 확인된다. 신라 중앙에서 군사적 측면으로 볼 때, 한반도 동남부지역에서 가야 및 백제세력을 대응한 서쪽의 군사 거점지역이라 할 수 있다.

② 밀양지역

밀양지역은 낙동강 이동지역에 위치하며, 북서쪽에는 창녕지역이, 남동쪽에는 양산지역이 위치하고 있다. 밀양지역에는 밀양 월산리 고분군을 비롯한 밀양강을 따라 여러 지역 집단이 조성한 고분이 조성되어 있다. 현재까지 삼국시대 고총이 타 지역에 비해 발굴조사가 이루어지지 않아 그 성격을 파악하기 어렵지만, 밀양 신안리 고분군의 중상급묘에서 그 성격을 일부나마 파악할 수 있다.

밀양 신안리49호, 양동리17호에서는 반부철모가, 밀양 신안리9호, 16호 등에서 착두형철촉 등이 출토되어 신라양식토기와 함

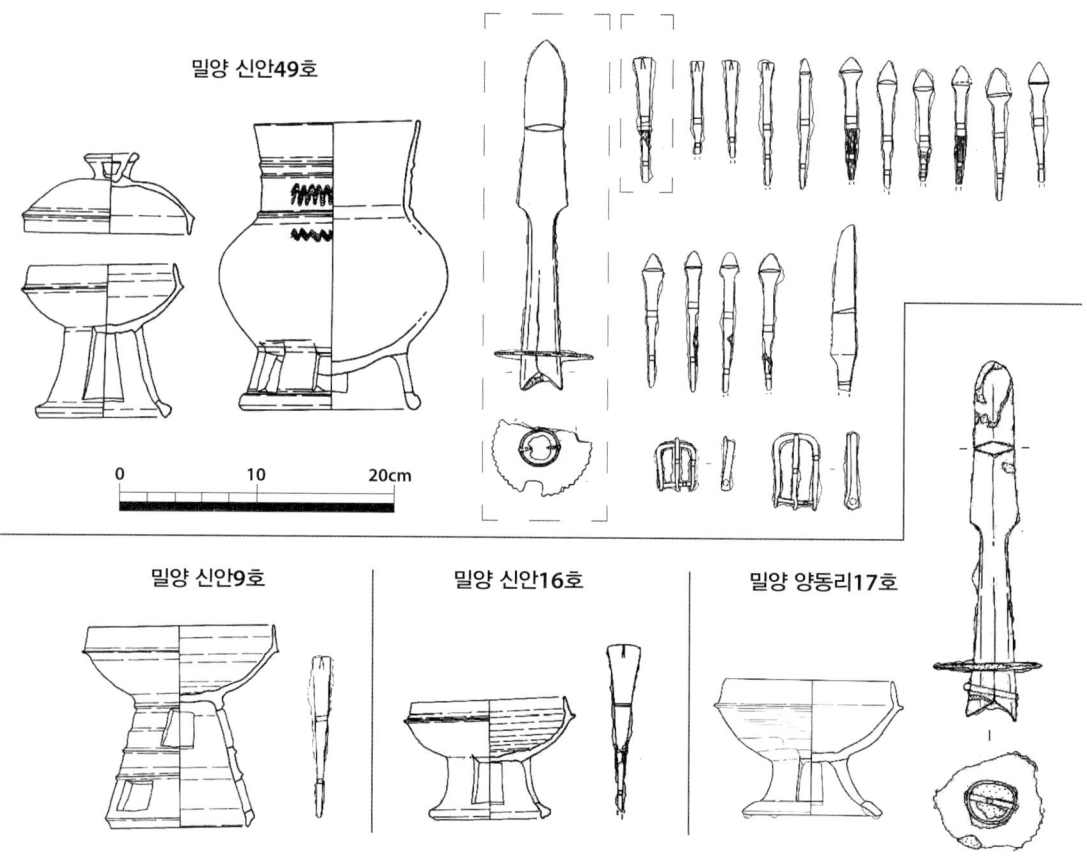

도면 112 밀양지역 출토 신라 의장 무기류

께 의장 무기가 확인되고 있다.

(3) 신라 수도의 남쪽 동해안 및 내륙지역

① 부산지역

부산지역의 중심집단으로 4세기대~5세기 전중엽까지 융성하였던 부산 복천동고분군 축조 세력과 5세기 중엽이후 부산 연산동고분군 축조 세력이 대표적이다. 부산지역에 신라의 의장용 성격 무기류 등장은 4세기 말 혹은 5세기 전엽이후부터 확인된다.

부산 복천동21·22호에서는 소환두대도의 장식대도와 착두형 철촉이 출토되었다. 이 소환두대도의 병부장식은 연호문으로 장식 하였고 병부장식과 환두부 경계부분과 병부의 중위에 톱니문양으로 장식한 환으로 고정하는 등 전형적인 신라 장식대도 제작기술이 확인된다. 신라권역에서도 경주 월성로가13호 소환두대도와 더불 어 이른 시기에 제작된 장식대도로 판단된다. 이외에도 신라 의장 무기류 중 하나인 착두형철촉이 출토되었다.

부산 복천동10·11호에서는 삼루환두대도, 삼엽환두대도, 소환두대도 등 신라의 전형적 장식대도가 다수 출토되었다. 삼루환두 대도, 삼엽환두대도, 소환두대도에는 병부를 환으로 고정하는 등의 신라 장식대도 제작기술이 확인된다. 이 외에도 경주 황남대총남분, 천마총 등 상위 신분만 소유했던 경갑 등의 무구도 출토되었다.

부산 연산동고분군에서는 부산 연산동M8호에서 범신라양식 토기와 의장 무기류인 착두형철촉이 출토된 바 있다. 부산 연산동 고분군과 관련하여 연산동고분의 축조 방식, 토기양식 등의 세부의 속성이 다름을 부각하여 금관가야 정치세력으로 보려는 경향이 강 한 듯하다. 하지만 이러한 세부적 요소의 차이성은 신라 중앙세력 이 지방세력에 대한 간접지배 방식에서 나타나는 미세한 차이성일 가능성이 크다. 이러한 세부적 차이성은 부산지역 뿐만 아니라 경산, 대구, 의성, 영천, 칠곡, 왜관, 구미, 상주, 안동, 영주, 양산, 밀양, 창녕, 울산지역 등 다수의 지역에서 공통적으로 확인되는 현상이다. 이러한 신라 지방의 전반적 양상을 인정하지 않는다면 종국에는 삼국통일이 이루어지기 전까지 신라권역은 경주지역에만 국한될 것이다.

다만 지역집단 중심의 연구가 진행함에 있어, 그 지역집단과 신라 중앙 또는 인접한 지역집단 등의 정치적 관계는 시간의 흐름에 따라 많은 변동이 있었을 것이고 이러한 변동이 물질 자료에 나타날 가능성이 있다.

② 양산지역

양산지역은 낙동강의 하류에 가까우며, 서쪽으로는 밀양지역, 남동쪽으로는 부산지역이 위치하고 있다. 양산지역의 중심은 양산 북정리고분군을 축조한 세력이다. 양산지역에서는 6세기 이후 신라의 의장용 성격 무기류 출토과 확연히 증가하는 추세이다. 양산 부부총에서는 신라의 장식대도인 삼루환두대도가 출토되었다. 또한 양산 북정리23호에서는 삼엽환두대도가 출토되었다. 이외에도 양산 부부총에서는 삼익형철촉과 착두형철촉이 확인된다.

양산 지역은 6세기이후 대가야세력과 소가야세력의 성장함에 따라 신라의 군사지리적 중요성이 커졌을 것으로 판단된다. 특히 5세기대까지는 금관가야의 김해지역에 대응하는 부산지역이 군사적 중요성이 높았으나 6세기이후에는 금관가야세력이 약해지고 북서쪽의 대가야세력, 남서쪽의 소가야세력이 성장하여 이를 주도적으로 대응하는 역할을 하였을 것으로 추정된다.

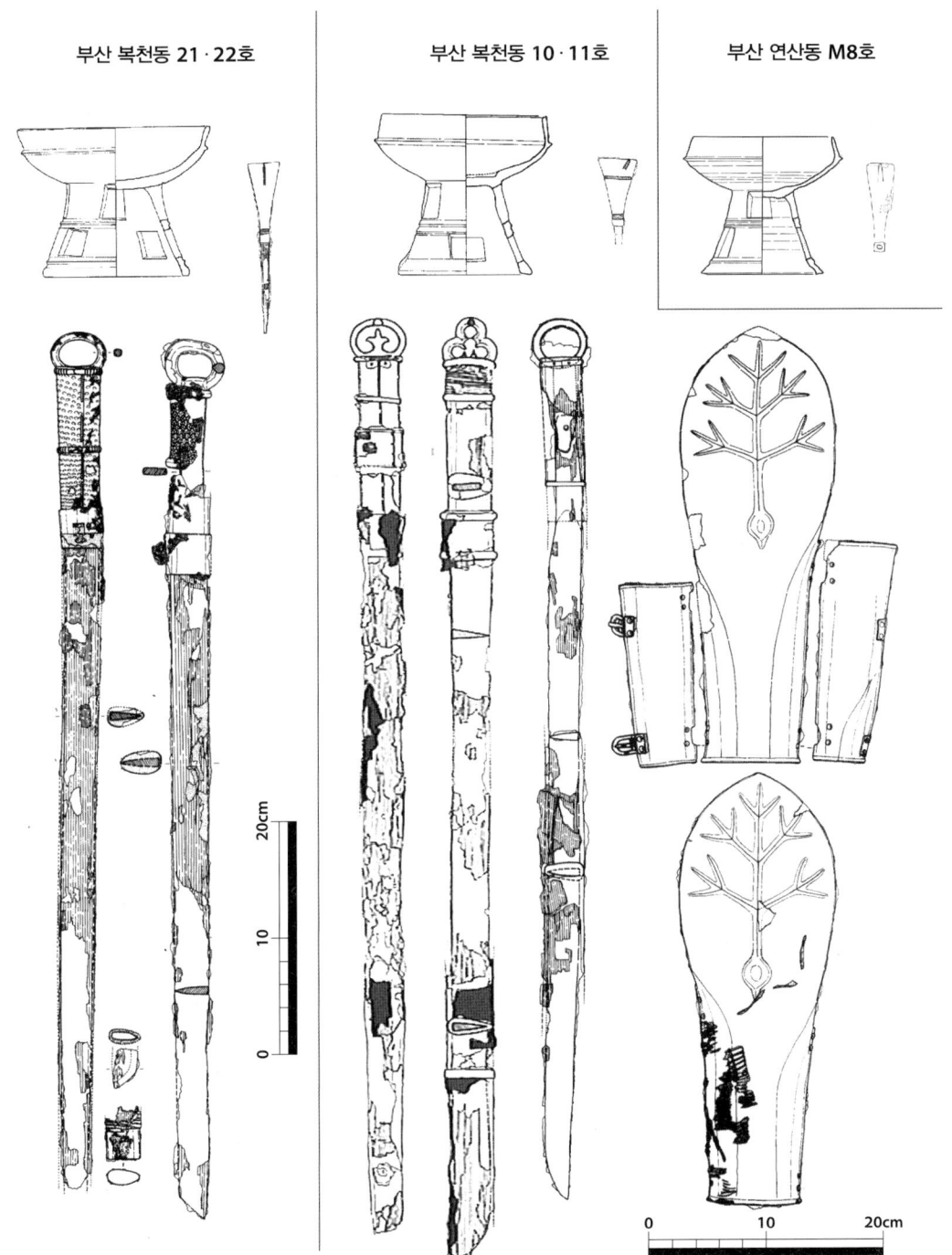

도면 113 부산지역 출토 신라 의장 무기류

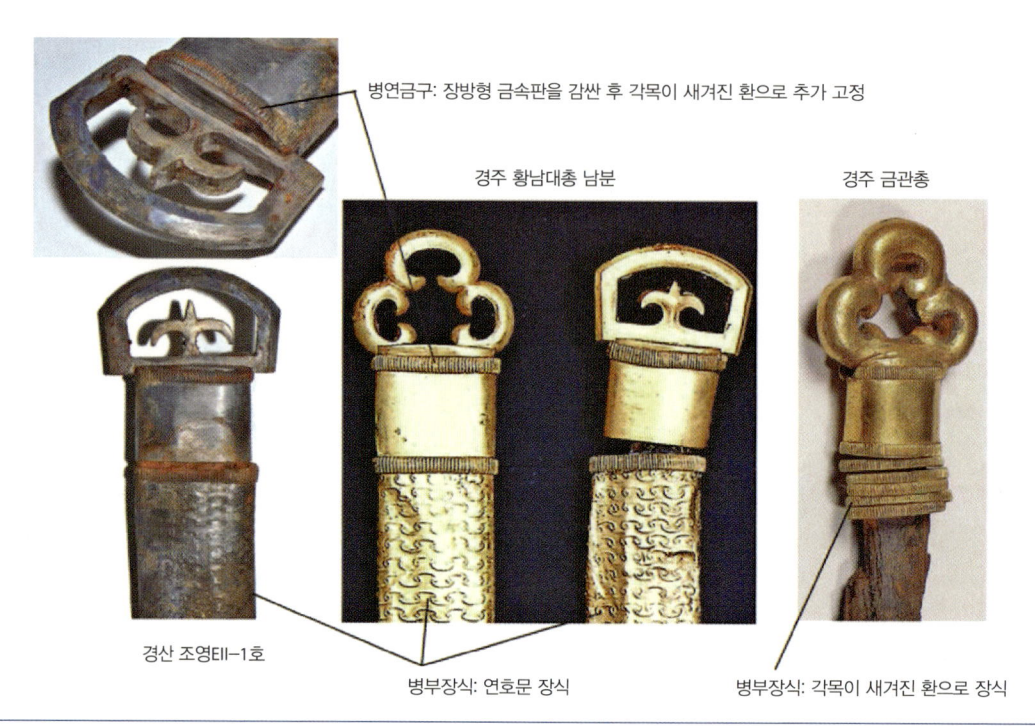

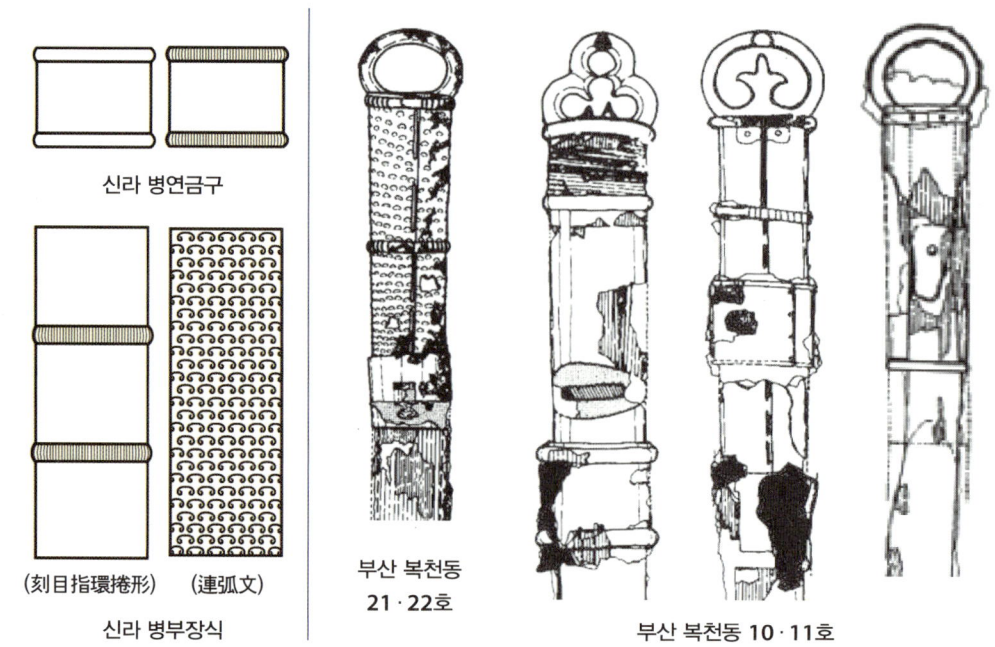

도면 114 부산지역 출토 장식대도와 신라 장식대도 제작기술의 비교

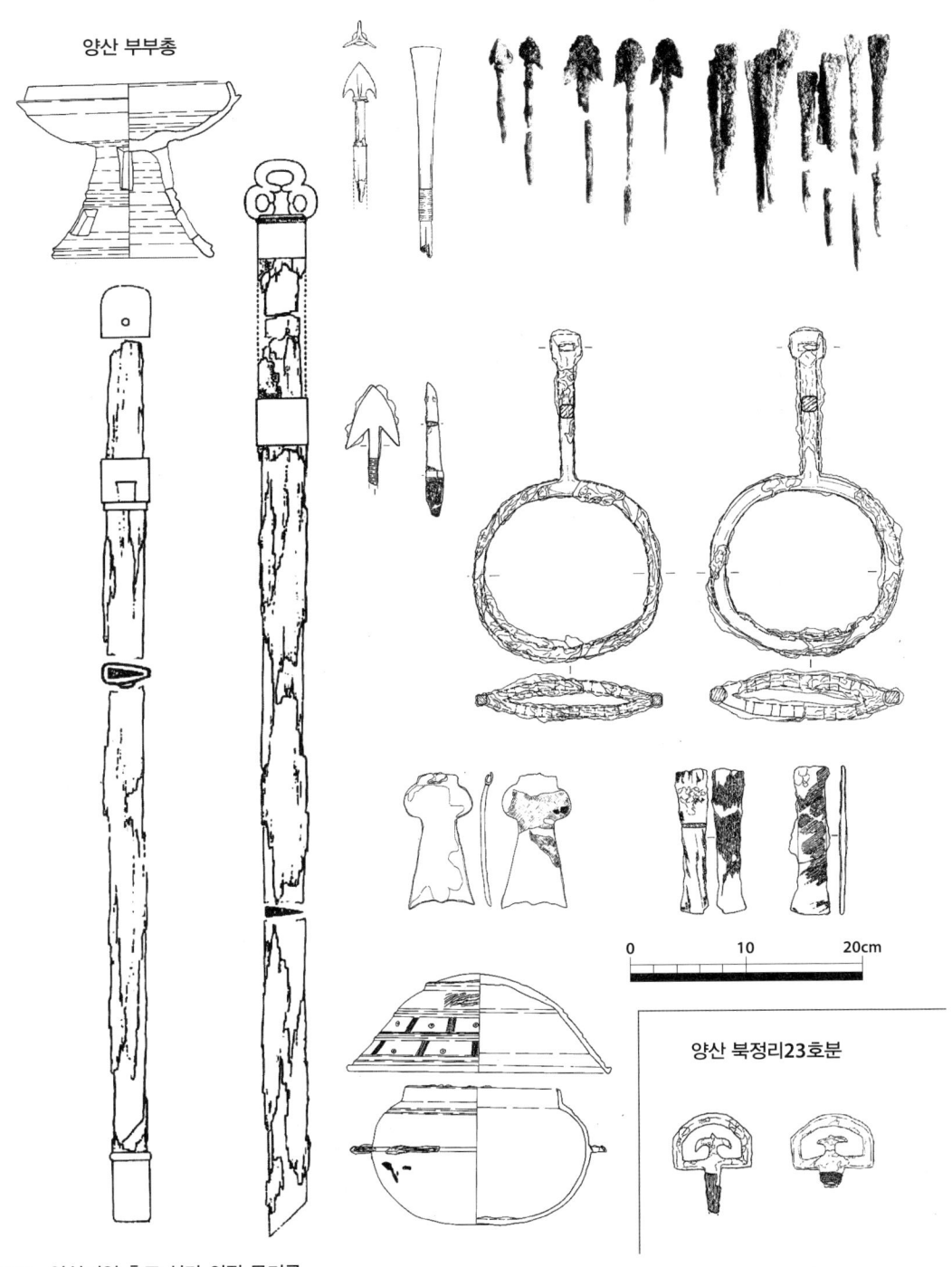

도면 115 양산지역 출토 신라 의장 무기류

제6장 의장 무기로 본 신라와 가야의 세력 확산

테글 35
신라 남쪽 남해안에 위치한 군사적 거점지역의 의장 무기(부산지역)

· 부산지역 출토 의장 무기류

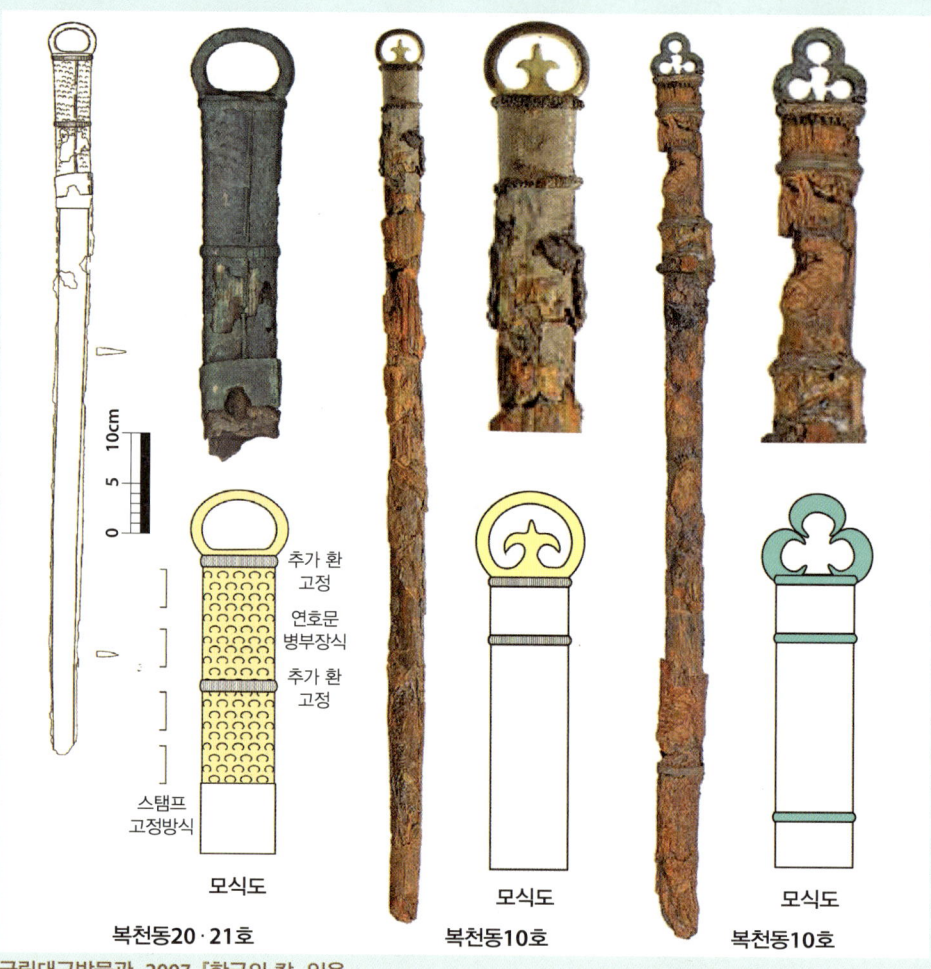

국립대구박물관, 2007, 「한국의 칼」 인용

 부산지역에서는 전형적인 신라형 장식대도가 성행하기 전단계인 과도기적 기술형태로 제작된 장식대도가 확인된다. 의장 무구인 비갑도 신라의 전형적인 비갑보다 앞선 형태라 볼 수 있다.

(4) 신라 수도의 북쪽 동해안지역

① 강릉지역

삼국시대 강릉지역의 중심지역인 강릉 초당동고분군은 강릉지역 북동쪽의 경포호와 동해가 인접하는 곳에 위치하고 있다. 삼국시대 당시의 강릉지역은 영동지방 교통의 중심지일 뿐만 아니라 고구려와 신라의 접경지대로 영토 확장을 위한 잦은 전쟁이 이루어진 곳이다. 신라의 입장에서 볼 때, 고구려로부터의 군사적 방어 혹은 진출을 위한 요충지라 할 수 있다. 그리고 초당동고분을 중심으로 북쪽 해안에는 주문리, 영진리고분군이, 남쪽 인근해안에는 병산동, 하시동고분군이 위치하고 있어, 삼국시대 강릉지역 고분군 축조집단의 규모를 가늠해 볼 수 있다.

강릉지역의 삼국시대 고분으로 영진리, 초당동, 병산동, 하시동고분군 등이 대표적이며, 이들 고분군들은 대개 이 지역이 신라의 영향을 받으면서 조성되었다. 이 가운데 초당동고분군에서는 금동관, 금동제과대, 환두대도, 철모(반부철모), 철촉(광형계 착두형) 등 당시 강릉지역 유력세력의 위세품 또는 의장 무기류가 집중적으로 출토되어 이 지역의 중심 집단으로 볼 수 있다.

초당동고분군에서의 신라 지방의 주요 거점지역에서 확인되는 고총이 조성되며, 그 대표적인 것으로 초당동A-1호[88], 123-3번지 C-1호[89], 84-2번지 석곽묘1호 등이 있다. 이들 대형분에서는 관식(조익형, 호접형), 금동제 용문투조대금구, 장식대도(모자형), 철모(반부철모), 철촉(광형계 착두형) 등의 위세품 또는 의장 무기류가 출토되었다. 또한 고총은 아니지만 중소형의 초당동B-14호에서는 금동관이 출토되기도 하였다.

초당동고분군의 주요 고총 중의 하나인 초당동A-1호에서는 관식(호접형), 대금구, 이식, 장식도자, 철모, 철촉, 등자, 행엽 등의 유물이 출토되었는데, 신라 권역 내에서 초당동고분 축조 집단의

[88] 江原文化財研究所, 2007, 『江陵 草堂洞 遺蹟Ⅲ』.

[89] 강릉대학교박물관, 1996, 『강릉 문화유적 발굴조사 보고서』.

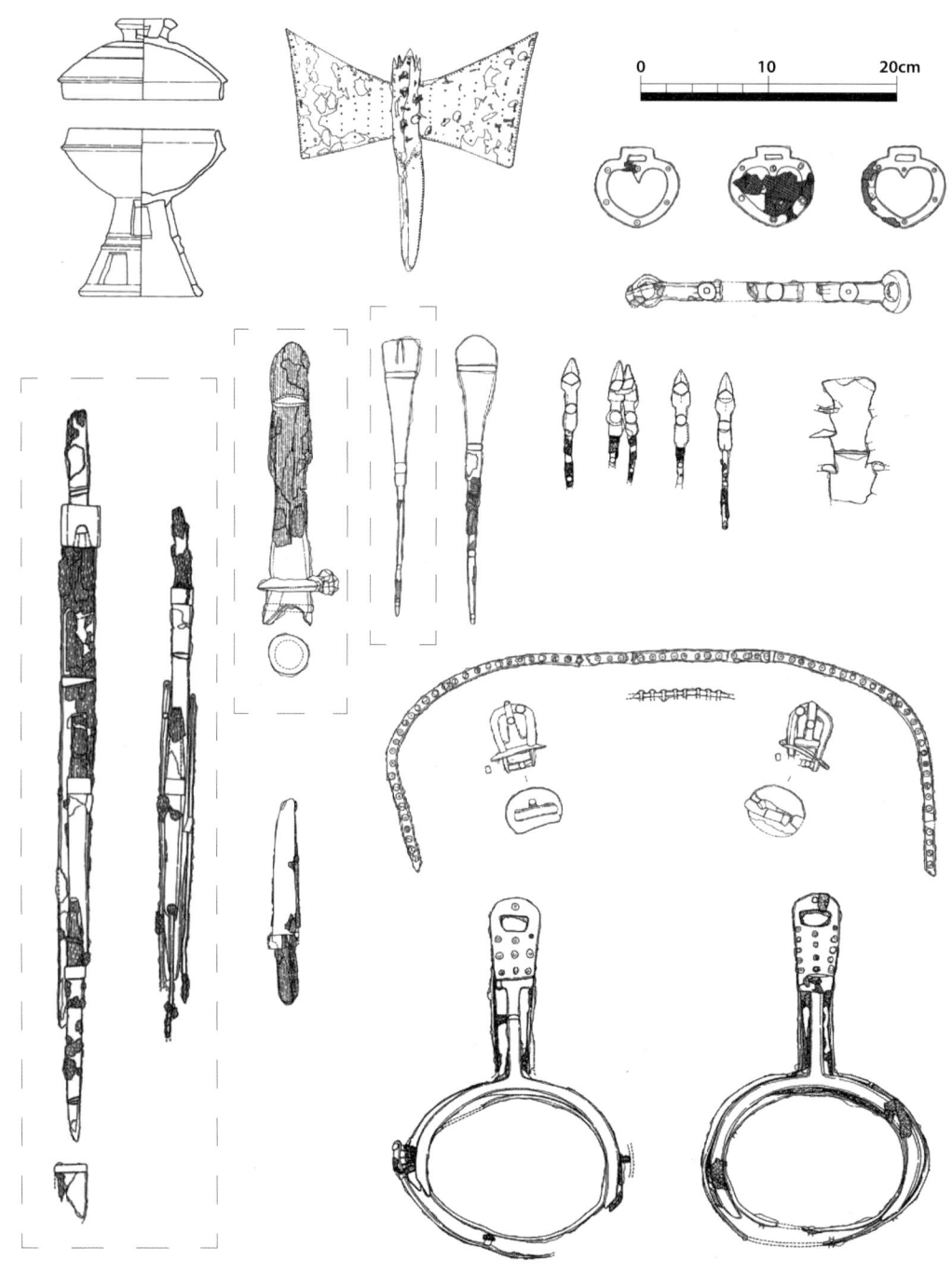

도면 116 강릉지역 출토 신라 의장 무기류

위계를 일부나마 추정할 수 있다. 이 무덤에서 출토된 금동관, 관식, 대금구, 이식 등은 신라의 위세품 분여와 간접지배를 추정하는 고고자료로서 잘 알려져 있다. 이 뿐만 아니라 의장용 성격을 가진 무기류로서 철모(반부), 철촉(광형계 착두형)이 있다.

따라서 초당동A-1호에서 출토된 일괄유물을 종합적으로 보면 황남대총북분 단계인 5세기 중후엽으로 판단되며, 이 시기에는 적어도 신라의 간접지배의 거점지역으로 존속하였다.[90] 그리고 이 지역은 신라가 고구려로부터 방어체계를 구축하는 동시에 고구려로 진출을 할 수 있는 교두보 역할을 담당하는 신라의 군사적 거점지역일 가능성이 높다고 판단된다.

② 울진지역과 영덕지역

강릉지역에 이미 5세기 중엽이후 신라계 철제 무기류가 이입되는 양상으로 보아, 경주와 강릉의 사이에 위치한 영덕과 울진지역은 이 시기를 전후해서 신라영역에 편입되었을 가능성이 높다. 현재 영덕과 울진지역에 위치한 삼국시대의 고분군은 다수 알려져 있으나 극히 일부분만 발굴조사가 되어 그 문화를 이해하는데 한계가 있다. 하지만 북방지역으로 진출하기 위해서는 반드시 거쳐야하는 거점지역이므로 당시의 문화를 다소 접근할 수 있는 강릉지역과 비교한다면 이 지역들의 성격을 일부나마 추정할 수 있으리라 생각된다.

영덕지역은 영덕읍내에 위치한 덕곡리고분군[91]과 북쪽 동해안에 위치한 괴시리고분군이 일부 조사되었다. 덕곡리고분군의 자료는 삼국시대 초기에 한정되고 있어서 정확한 양상을 파악할 수는 없지만 괴시리고분군에 다수의 고총이 조성된 것으로 보아 삼국시대 영덕지역의 거점지역은 영덕 괴시리고분군이 위치한 곳이라 생각된다. 그리고 괴시리고분군을 중심으로 북쪽과 남쪽의 해안가에는 창포리고분군, 화전리고분군, 영리고분군, 금음리고분군, 거일리

[90] 초당동고분군에서 발굴조사된 분묘의 양상을 종합적으로 볼 때 신라의 영향은 4세기 후엽에서 5세기 전엽으로 소급될 수 있으나 그 영향이 간접지배의 형태인지는 알 수 없다.

[91] 慶尙北道文化財研究院, 2005, 『盈德 德谷里遺蹟』.

고분군 등의 중소형 고분군이 해안가를 따라 위치하고 있다. 괴시리고분군은 그 고고자료가 제한적이지만 발굴조사된 괴시리16호분 출토품을 보았을 때 이미 5세기 중엽에는 신라의 영향권에 들어간 것으로 보인다. 강릉 초당동고분군과 비교해 볼 때, 다수의 고총이 조성되어 있어 그 위계가 어느 정도 높다고 할 수 있겠으나 강릉 초당동고분군 역시 5세기 중엽에는 신라의 영향권에 들어가기 때문에 신라 영역확대 과정에서의 군사적 역할은 다소 떨어졌을 것으로 추정된다.

울진지역은 영덕지역과 마찬가지로 발굴조사된 울진 덕천리고분군, 덕신리고분군를 빼면 고고자료가 극히 제한적이다.

울진 덕신리고분군에서 출토된 철기류의 양상을 보면 의장용 성격을 가진 철기류는 거의 확인되지 않고 있다. 한편 울진 읍남리고분군은 거의 발굴조사가 이루어지지 않았지만 고총으로 보이는 분묘들이 다수 확인되기 때문에 이 지역은 중심 집단이 축조한 것일 가능성이 높다. 울진지역 역시 영덕지역과 마찬가지로 중심지인 읍남리고분군을 중심으로 북쪽과 남쪽의 해안가에는 덕천리고분군, 노음리고분군, 매화리고분군, 오산리고분군, 오산리고분군, 덕신리고분군 등이 해안가를 따라 위치하고 있다. 읍남리고분군의 성격 역시 앞서 설명한 영덕 괴시리고분군과 같은 맥락일 가능성이 크다.

(5) 소맥산맥 서쪽지역

① 청원지역

청원지역은 영남지방에서 소백산맥을 넘어 호서지방에 위치한다. 이 지역은 소백산맥을 넘어 남쪽으로 영남지방의 영주, 안동지역, 북쪽으로 충주지역 위치한다. 청원 미천리고분군에서는 범신라양식 토기와 함께 신라의 의장용 성격 무기류가 확인된다. 청원 미천리 가5호, 가8호에서는 신라의 장식대도인 삼엽환두대도, 착두형

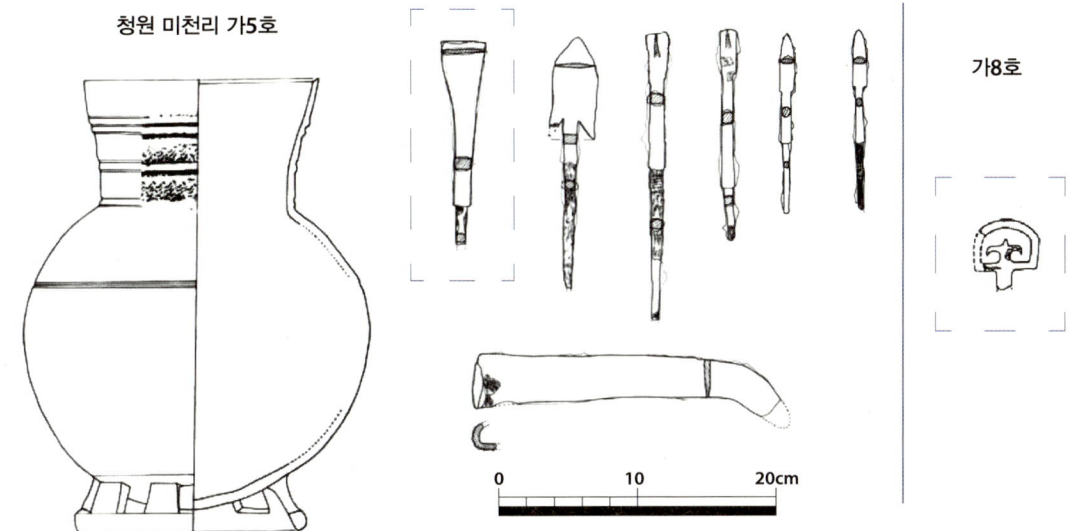

도면 117 소백산맥 서쪽의 청원지역 출토 신라 의장 무기류

철촉이 출토되었다.

청원 미천리고분군에서 신라 양식 문물이 출토되는 현상과 관련하여 신라 세력의 진출로 보는 견해[92]가 주류를 이루고 있다. 특히 『三國史記』권3 잡지 '十七年 築一牟·沙尸·廣石·沓達·仇禮·坐羅等城'(자비마립간 17년(474)에 이 지역을 점령하여 일모산성(一牟山城)을 쌓았다)의 문헌기록도 신라 세력의 진출 근거를 뒷받침한다고 할 수 있겠다.

3) 신라의 영역확대 과정에서 본 영남지방 각 지역 군사적 기능과 역할

영남지방 철기 문화의 변천과정으로 볼 때, 신라는 3세기 후엽부터 나름의 무기체계를 갖추게 된다. 구체적으로 3세기 후엽에서 4세기 전엽에 일시적으로 유행하는 궐수형철모는 경주지역에 집중 분포하고 그 인근지역인 포항, 영덕, 경산, 울산, 밀양, 부산지역에 소수

[92] 洪志潤, 2003, 「尙州地域 5世紀 古墳의 樣相과 地域政治體의 動向」, 『영남고고학』56, 영남고고학회.

의 예가 확인되고 있다. 당시 이들 지역의 상황이 신라의 영향권에 속하였는지, 연맹의 형태로 대등적 관계에 있었는지 등의 여러 논의가 있을 수 있겠지만 궐수형철모라는 동질적 문화를 공유하였던 것 자체는 의미가 크다고 할 수 있다.

한편 4세기 중엽에 이르러서 신라는 고구려 무기체계를 받아들여 나름의 무기체계를 구축한다. 특히 의장용 성격이 강한 무기류에서 그 두드러진 특징이 확인되는데, 환두대도(용봉문, 삼루문, 삼엽문), 철모(반부, 가지형), 철촉(삼익형, 착두형), 등이 신라 중앙과 지방 주요 지역의 수장급묘에서 확인되고 있다.

앞에서 살펴본 바와 같이 영남지방에는 주요지역을 중심으로 다수의 고분군이 위치하고 있다. 그 규모는 중소형에서부터 대형에 이르기까지 다양하다. 이들 고분군들에서 출토된 철기 혹은 철제 무기를 전반적으로 검토한 결과 크게 3가지의 군사적 측면으로 이해할 수 있다.

첫째로, 신라의 중앙인 경주지역에 인접한 지역에 위치하는 소규모 고분군 축조집단으로 어로 혹은 농경생활을 하면서 적의 침입이 있을 시 군사적 정보 네트워크의 역할을 담당하였던 것으로 추정된다. 그 대표적인 유적으로서 경주지역의 동쪽에 위치한 경주 봉길리고분군, 포항 강사리고분군, 대보리고분군, 양남 하서리고분군 등의 있다. 특히 경주 봉길리고분군에서는 의장용 성격이 강한 철촉(삼익형, 착두형), 대도, 철모 등이 확인되고, 경주에서 가장 가까운 지리적 특성 등으로 보아, 이들 지역에서 군사적 요충지 역할을 담당했을 것으로 추정된다. 하지만 경주분지가 태백산맥으로 둘러싸인 지형적 요건을 갖추고 있어 적의 침입이 쉽지 않은 경로이다.

따라서 봉길리고분군 축조집단은 포항, 울산과 같은 지역에 비해 그 군사적 역할이 상대적으로 떨어졌을 것이다. 그리고 이 외 지역의 고분군에서 출토된 철기들은 대개 단조철부나 철겸이 주류를 이루고 무기류는 제한적으로 출토되고 있어 군사적 기능이 미약했던 것으로 보인다. 한편 영일만지역은 5~6세기 신라와 왜의 잦은 전쟁이 반발하면서 해안가의 치안은 중요한 문제로 대두되는데, 포항 용흥동 신라묘에서 출토된 금동제 대관, 금동제 삼엽문환두대도 등이 세트로 출토된 것의 의미하는 바가 크다. 5세기 후엽에서 6세기 전엽으로 비정되는 용흥동 신라묘는 당시 지방의 수장급묘 가운데에서도 신라가 대가야를 공략하는 주요 군사적 거점지역에서만 확인되는 것이다. 이러한 위계성이 높은 유물이 부장되는 것은 당시의 왜의 잦은 침략, 고구려로 부터의 해안가 방어에 중요한 군사적 역할을 담당하였을 가능성이 높다.

둘째로, 경주지역과 인접한 지역에 위치하고 있어 신라의 수도를 방어하는 군사적 중추의 역할을 하는 곳이며, 그 대표적인 곳이 포항과 울산지역이다. 그 군사·지리적 특성을 보면, 포항(흥해)지역의 중심 고분인 옥성리고분군이 위치하는 곳은 고구려 혹은 북방지역으로 부터의 방어와 진출을 할 때 최후 방어전선의 역할을 한다. 또한 울산 중산리고분군은 인근에 통일신라시대에 조성된 관문성이 위치할 정도로 교통의 요지라 할 수 있고, 더욱이 왜가 해안가로 침입할 때 군사적 이동이 가장 용이한 곳의 하나인 울산만으로 이어지는 루트, 동쪽으로 신대리산성을 경유하여 울산 정자지역으로 가는 루트 등의 지리적 요건으로 보았을 때 신라의 동해안 남쪽 방어에 핵심적인 지역이라 볼 수 있다.

포항 옥성리와 울산 중산리고분군 출토 철기의 양상을 보면 전반적으로 유사한 면이 있다. 원삼국시대 목곽묘에서 출토되는 철검, 철모(관부돌출형철모의 다수 부장), 철촉 등의 무기류 조합을 보면 포항과 울산지역의 중심지로서 그 역할을 담당하였다. 또한 4세기 전엽에 출현하는 경주지역 중심의 궐수형철기의 부장이 확인되고, 5세기대에는 관식을 비롯한 위세품과 의장용 성격을 가진 철촉(광형계 철촉)의 부장이 이루어진다. 그런데 5세기대에 영남지방의 타 거점지역과 비교할 때 위세품과 의장 무기류는 상대적으로 그 격이 떨어지는 특성을 보이고 있다.

즉 이 지역들은 원삼국시대부터 소위 와질토기문화로 불리는 진·변한의 공통적 문화를 공유하면서 경주지역과 대등적 관계를 유지하다가 신라의 국가형성 과정 속에 비교적 빠른 시기에 경주지역 중심으로 재편되어 신라의 강한 영향을 받는다고 할 수 있다. 한편 신라의 영역확대가 가속화되면서 가야와 백제와 경계를 이루는 곳에 고총의 축조와 위세품의 분배가 이루어지는 주요 거점지역이 두각을 나타낸다. 이는 신라의 정치문화에서 간접지배로 이해되고 있다. 하지만 포항 옥성리와 울산 중산리지역은 지방의 타 지역과 달리 고총의 축조와 위세품이 잘 확인되지 않는다. 이것은 경주지역과 지리적으로 가깝고 수도 방위에 중요한 지점이기 때문에 신라 중앙세력의 직접지배가 이루어졌을 가능성이 높다.

셋째로, 경주지역으로부터 원거리의 영남지방 주요지역에 위치한 곳으로 신라의 영역확대가 가속화되면서 대외진출 혹은 대외 방어를 위한 군사적 거점지역이 출현한다. 그리고 그 군사적 거점지역은 신라의 영역확대 과정 속에 시간이 흐름에 따라 그 역할이 이동하는 것으로 보인다.

먼저 신라 수도인 경주지역을 중심으로 북서쪽 영남내륙지역에 위치한 경산지역, 대구지역, 성주지역, 김천지역, 왜관지역, 구미지역, 의성지역, 상주지역 등이 있다.

이 지역에서는 제지역 중심의 세력이 나름의 군사를 보유하고 신라 중앙과 타 지방세력 간의 유기적 군사 관계를 형성하면서 대외 방어 및 진출을 하였던 것으로 판단된다. 이 중에서도 경산지역은 광역의 북서쪽 영남내륙지역과 수도 경주지역으로 이어지는 관문의 역할을 하는 곳에 위치하여 신라의 대외 방어에 중요한 곳으로 판단되며, 신라의 의장용 성격 무기류도 다수 확인된다.

대구와 의성지역은 대가야와 백제의 국경선에 약간 떨어진 곳에 위치하여, 직접적인 경계에 있는 지역 집단을 지원하는 등의 야전 지휘적 역할을 하였을 가능성이 있다. 이 지역 역시 신라의 의장용 성격 무기류가 많이 출토되고 있다.

신라 수도의 남서쪽 영남내륙 지역으로 창녕지역, 밀양지역이 있다. 이 지역 중 창녕지역은 낙동강 건너에 합천지역이 위치하고 있으며 대가야의 성장에 따라 이를 대응하기 위해 그 중요성이 커졌을 것으로 보인다. 역시 신라의 지방에서 신라 의장 무기류가 다수 확인되고 있다.

신라 수도의 남쪽 동해안 및 내륙지역에는 부산지역과 양산지역이 위치하고 있다. 부산지역은 금관가야가 융성하였던 4세기~5세기까지 군사적 중요도가 높았으며, 양산지역은 대가야와 소가야가 성장한 6세기이후부터 그 군사적 중요성이 커졌던 것으로 보인다.

신라 수도의 경주에서 북쪽의 동해안에 위치한 주요 거점지역으로는 영덕 괴시리, 울진 읍남리·덕천리, 동해 추암동, 강릉 초당동 지역이 있다. 강릉지역은 위세품으로서 금동관, 관식, 대금구 등도 출토되고 있어 그 위계가 가야와 백제의 경계에 있는 창녕, 양산, 의성지역과 비교해도 그 격이 유사하다. 이와 같은 군사적인 맥락으로 본다면 강릉 초당동고분군의 축조집단은 고구려로 부터의 군사적 방어 혹은 진출을 위해서는 중요한 거점지역이었을 것이다.

그런데 강릉지역을 제외하고 영덕, 울진, 동해의 고분 자료는 제한적이기 때문에 시간에 따른 신라의 동해안 진출을 구체적으로 논의하기는 어려움이 있다. 하지만 강릉 초당동고분군에서는 고총의 축조와 더불어 화려한 위세품이 부장되고 있어, 신라의 간접지배 형태와 고구려와의 관계를 추정해 볼 수 있는 유효한 곳이라 할 수 있다.

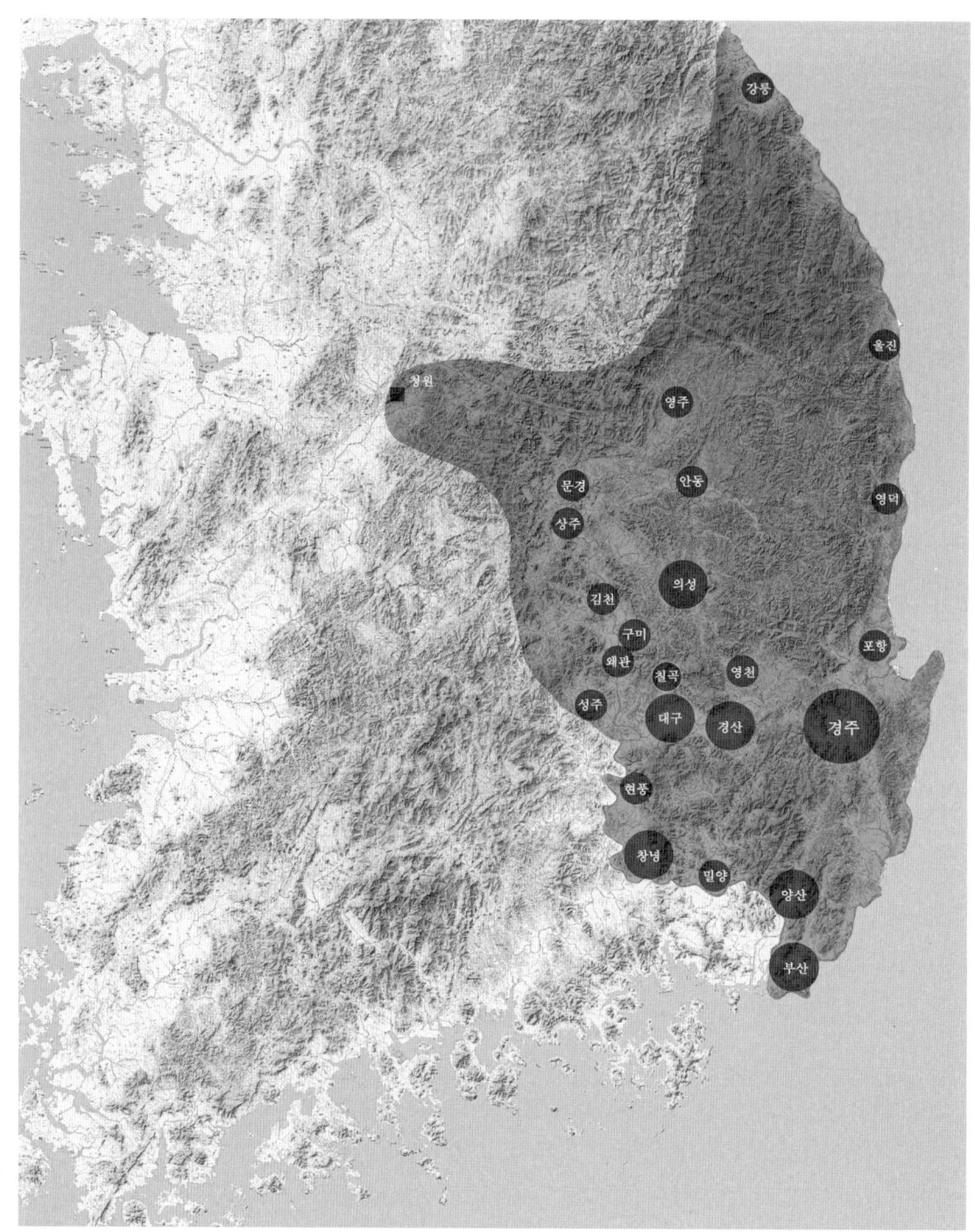

도면 118 의장 무기로 본 신라 확산 범위(5세기대)

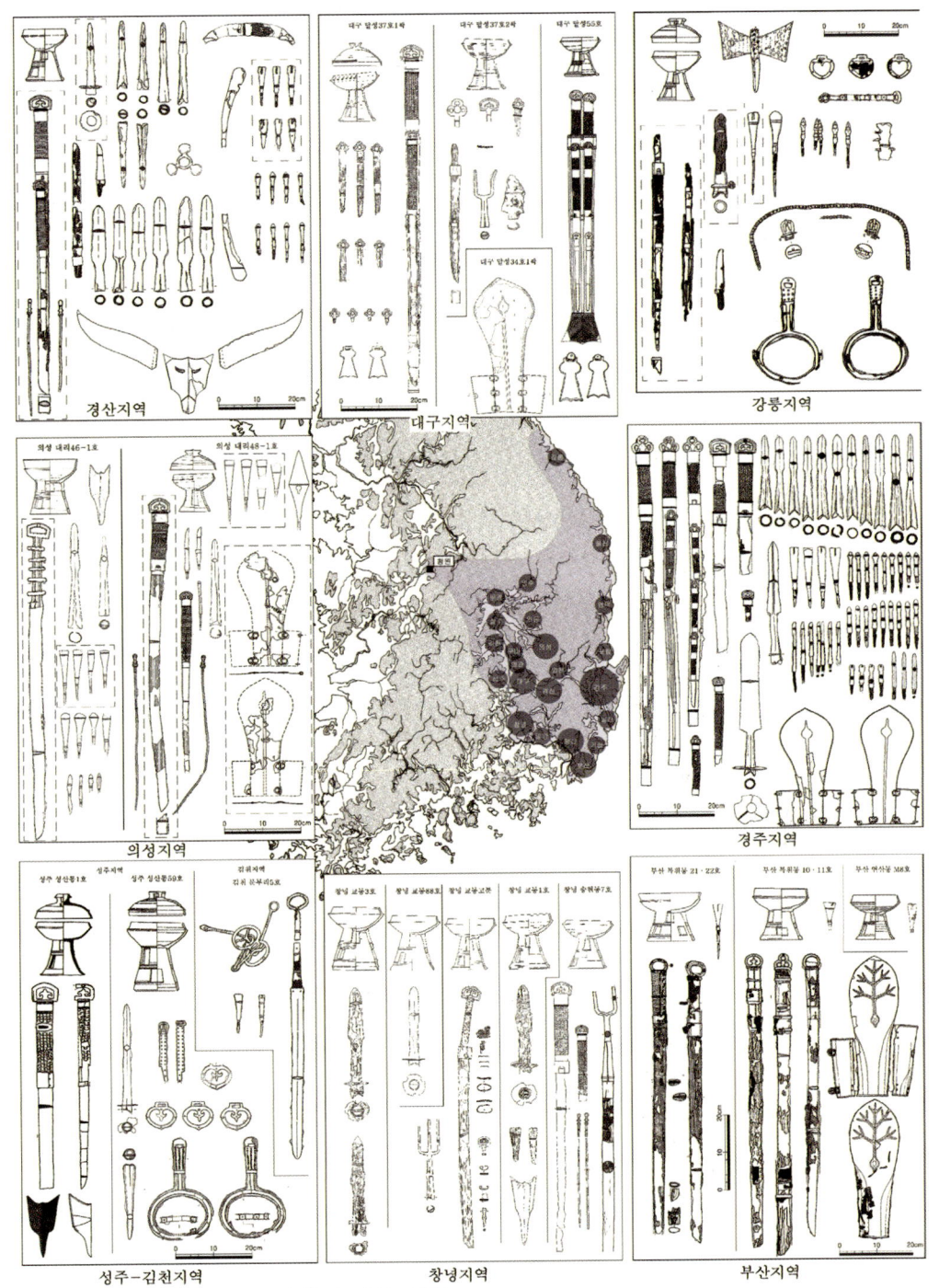

도면 119 5세기 신라 중앙과 지방의 의장용 무기 분포정형

제6장 의장 무기로 본 신라와 가야의 세력 확산   367

한편 영덕, 울진지역에서는 타 지역에 비해 의장용 성격 무기류 수량이 많지 않다. 반면 울진 신라봉평비, 영일 냉수리비, 포항 중성비 등 동해안 지역에 신라비가 다수 확인되었고 그 비의 주요 내용은 신라 중앙이 지역의 난, 문제 등을 해결하는 것이 주류를 이루고 있다. 이것은 신라 중앙 정치세력이 울진, 영덕, 포항지역 등에 대해서는 고구려 등으로 이어지는 지역의 중요성을 감안하여 타 지역에 비해 강한 정치적 영향력을 행사했던 것으로 추정된다.

마지막으로 영남지방의 소백산맥을 넘어 백제권역이었던 청원지역에서도 청원 미천리고분군에서 신라의 의장용 성격 무기류가 확인된다. 이러한 현상은 『三國史記』문헌기록에서도 자비마립간 17년에 이 지역을 점령하고 산성을 쌓았다는 기록과도 그 맥락을 같이하며, 전반적 상황으로 보아 5세기 후엽에는 신라가 소백산맥을 넘어 청원지역으로 진출했을 것으로 추정된다.

3. 의장 무기로 본 대가야의 세력 확산

대가야 나름의 별주식 용봉환두대도 및 공부다각형철모는 현재까지 한반도 남부지역 중 대가야권역에서 절대적으로 많은 비율로 확인되어 대가야식의 무기로 보아도 좋을 것 같다. 다만 용봉환두대도의 경우 고령지역 보다는 같은 대가야권역의 합천지역에 그 출토 수가 많다. 한반도에서 출토된 용봉환두대도 자체의 수가 적다보니 부족한 자료로 확대 해석될 여지가 있으나 세부적인 제작기술 검토 등 여러 연구로 보아 별주식 용봉환두대도는 대가야의 무기로 보아도 무방할 것 같다.

이상의 대가야식 용봉환두대도와 공부다각형철모은 한반도 남부지역 뿐만 아니라 일본열도까지 확산된 현상이 확인된다. 한반도 남부지역의 확산에 대해서는 지역마다의 무덤 구조, 토기 양식 등을 고려하여 4개의 지역군을 설정하여 검토하고자 한다. 먼저 합천 옥전고분군을 중심으로 하는 합천지역을 하위 연합지역으로 설정한다. 그리고 아라가야 및 소가야권역인 함안, 진주지역을 가야연맹지역으로, 산청 및 장수, 함양, 남원 등의 지역을 대가야 확장지역으로 구분한다. 한편 대가야 무기의 영향 후 일본열도계 무기류와 공반하여 출토하는 지역에 대해서는 일본열도 전파 후 수용지역으로 둔다.

1) 하위 연합지역으로의 확산

합천 옥전고분군에서는 고령지역을 제외한 대가야권역 중 대가야 공격용 무기가 가장 많이 출토하고 있다. 합천 옥전고분군이 위치한 합천지역 일대를 하위 연합지역으로 설정한 것은 이 지역이 가야의 다라국으로 비정된 곳이면서 위계적 성격이 강한 대가야식 용봉환두대도, 공부다각형철모가 타지역에 비해 월등히 많은 수가 확인되기 때문이다. 주지하고 있듯이, 합천 옥전고분군은 대가야의 중심지인 고령지역에서 약 20km 정도 떨어진 가까운 지역에 위치하며, 낙동강 이동의 창녕지역과 대치되는 대가야권역에서 중요한 거점지역이다. 다른 측면으로 합천지역 고유의 무덤구조, 토기양식 등이 존재함으로 대가야 중심세력의 직접지배로 보기에는 무리가 있어 하위 연합세력으로 설정해 둔다.

합천 옥전M3호분에서는 한반도 남부지역에서 단일 유구로서는 가장 많은 용봉환두대도가 출토되었으며, 대가야 환두대도의 특성을 파악할 수 있는 계기를 마련하였다. 특히 합천 옥전M3호분에서는 용봉환두대도 3점, 소환두대도 3점이 출토되었는데, 용봉환두대도는 대가야 나름의 별주식 환두대도가 주류를 이루고 있다. 소환두대도는 상원하방형 환두부 형태에 장방형의 금속판을 감싼 병연금구 등으로 제작하여 대가야 소환두대도의 특성을 보이고 있다. 이 밖에도 합천 옥전M4호분, 옥전M6호분, 옥전35호분, 옥전75호분 용봉환두대도와 상원하방형 환두부 형태에 은제 및 철제의 은판을 감싼 병연금구로 제작한 소환두대도가 합천 옥전8호분, 옥전71호분, 합천 반계제가A호 등에서, 병부장식 어린문으로 장식한 소환두대도가 옥전75호분 등에서 출토되었다.

그리고 대가야권역에서 유행하는 공부다각형철모는 합천 옥전M3호분을 비롯한 옥전M7호분, 옥전24호분, 옥전35호분, 합천 삼가M10호분, 삼가M2호분, 삼가16호분 등에서 다수 출토되었다. 특히 합천 옥전M3호분에서는 장신형과 단신형의 공부다각형철모가 함께 출토되었는데 고령지역에서 확인되는 시간적 차이로 보이지 않고 긴 것과 짧은 것을 세트로 부장한 것으로 보인다. 이는 일본열도 주요고분에서도 확인되는 양상인데 추후 이러한 관계에 주목할 필요성이 있다.

2) 가야연맹 권역으로의 확산

대가야 철제무기는 대가야권역 외의 아라가야, 소가야권역에서도 소수 확인된다. 반면 아라가야와 소가야의 철제 무기는 지역성을 논의할 만큼의 뚜렷한 특징이 확인되지 않기 때문에 대가야권역으로의 유입을 밝히기도 한계가 있다.

아라가야의 중심지인 함안지역에서 대가야권역에서 유행하는 소환두대도와 공부다각형철모가 일부 확인된다. 함안 도항리54호분 출토 소환두대도는 환두부 외환장식이 주룡문의 타출 제작기법으로 제작하였으며, 두 마리의 용이 대칭하여 새겨진 형태이다. 용봉환두대도의 전형적인 환두부 형태라 용봉환두대도로 불리고 있다. 병연금구는 무문양의 은판을 감은 형태이다. 함안 도항리54호 소환두대도의 외환장식은 합천 옥전M3호분 출토 소환두대도와 유사한 형태이다.

　아라가야의 중심 고분군인 함안 도항리5호분에서는 아라가야 양식의 토기와 함께 공부다각형철모 1점이 출토되었다. 전장이 길고 관부가 뚜렷이 형성된 것으로 보아 대가야권역에서 유행하는 전형적인 공부다각형철모와 차이가 있다. 다만 함안 도항리고분군의 철모는 공부다각형철모가 잘 확인되지 않으므로 제작기법을 모방하여 제작한 것으로 보인다. 한편 함안 도항리고분군과 약 10km정도 떨어져 위치한 함안 오곡리고분군에서 다수의 공부다각형철모가 확인된다. 함안 오곡리39호분에서는 함안 도항리5호와 유사한 형태의 전장이 길고 관부가 뚜렷한 공부다각형철모가 1점 출토되었다. 그런데 함안 오곡리39호분, 오곡리17호분, 오곡리101호분 출토 공부다각형철모는 전장이 비교적 짧고 관부 형성이 뚜렷하지 않은 형태로 고령지역에서 유행하는 공부다각형철모와 유사한 형태이다.

　다음으로 소가야권역의 진주지역에서는 진주 우수리고분군과 무촌리고분군에서 소수 확인된다. 진주 무천리85호분, 147호분은 대가야의 전형적인 공부다각형철모와 유사한 형태이며, 반면 진주 무촌리90호분, 129호분, 진주 우수리16호분은 관부가 형성된 유관연미형 공부다각형철모이다.

　가야연맹지역인 함안지역, 진주지역에서 확인되는 공부다각형철모는 전형적인 대가야의 특성을 지닌 공부다각형철모도 소수 확인되지만 그렇지 않은 철모가 더 많은 비율을 차지한다. 또한 이들 지역에서 공부다각형철모가 출토되는 정황을 살펴보면, 대가야토기가 공반되는 경우가 드물며 아라가야 혹은 소가야양식의 토기가 공반하여 출토하고 있다. 그리고 아라가야의 함안지역을 보면 중심고분군인 함안 도항리고분군에서의 출토 예보다 중심지역에서 떨어진 함안 오곡리고분군에서 출토 비율이 높다. 일부 대가야식 공

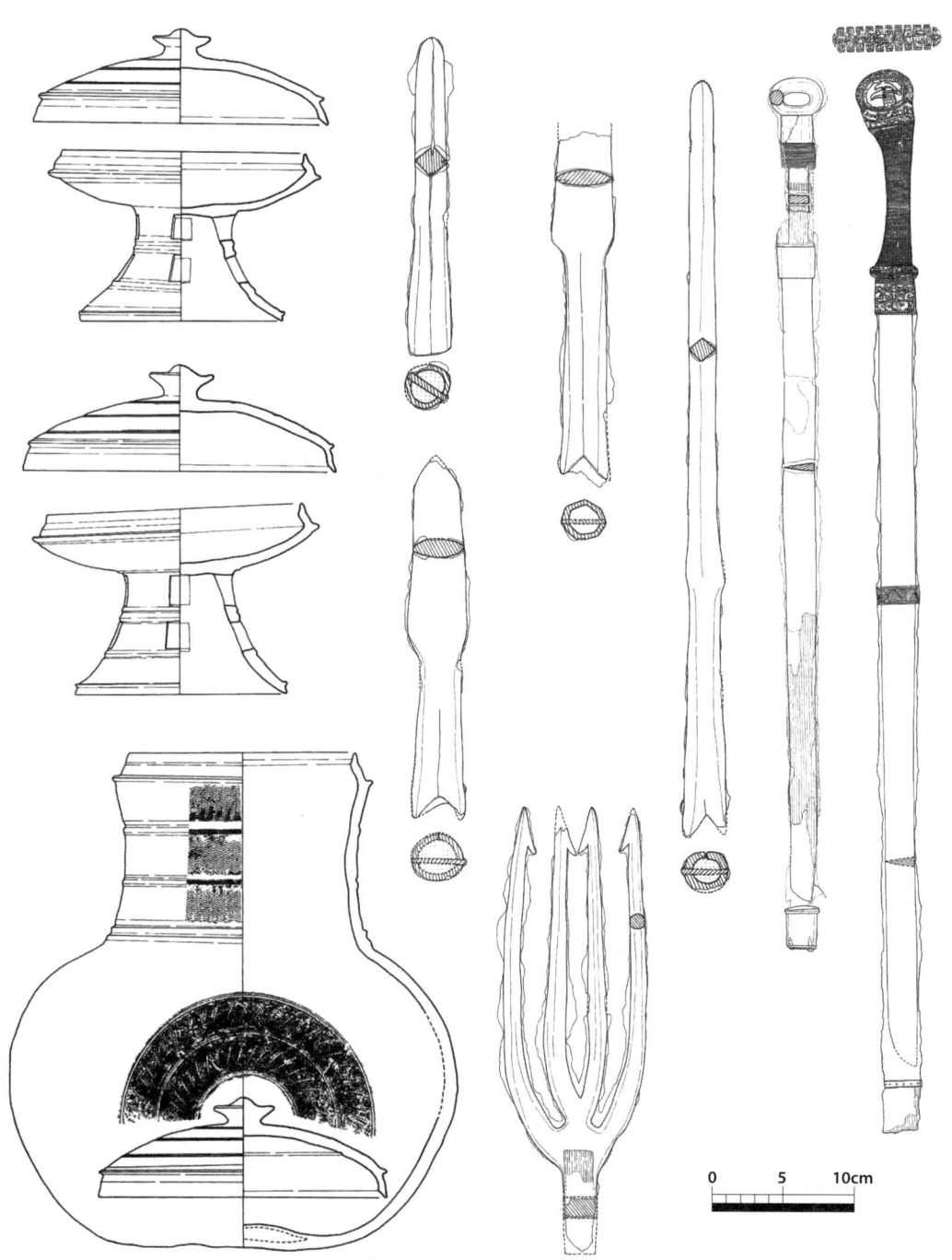

도면 120 합천 옥전M3호분 출토 유물

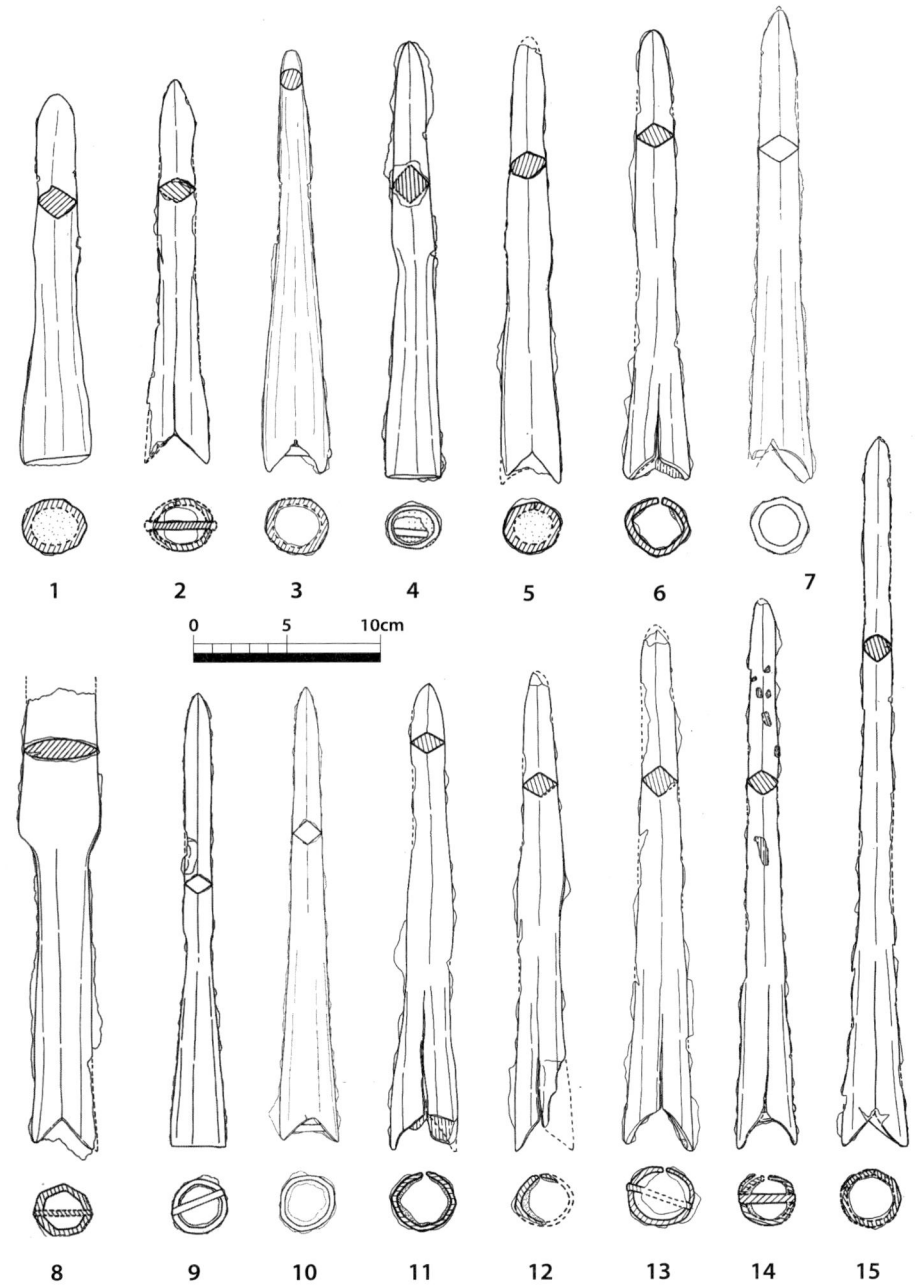

도면 121 합천지역 고분 출토 대가야계(공부다각형) 철모

1, 3, 5. 합천 옥전M7호분 | 2. 옥전24호분 | 4, 8. 옥전M3호분 | 6. 옥전35호분 | 7. 합천 삼가M10호분 | 9. 삼가M2호분 | 10. 삼가16호분 | 11~13. 옥전35호분 | 14, 15. 옥전24호분

제6장 의장 무기로 본 신라와 가야의 세력 확산 373

부다각형철모와 유사한 형태가 확인되는 것으로 보아 소수 유입될 가능성이 있지만 전체 양상으로 보아 제작기술의 영향으로 자체 제작한 것으로 판단된다.

3) 대가야세력의 직접적인 확산지역

6세기 이후 대가야는 산청, 장수, 남원, 함양, 여수지역 등의 동부 호남지역 진출이 활발히 진행된다. 이러한 대가야세력의 진출은 대가야 철제무기에서도 그 양상이 확인된다. 먼저 고령지역에서 가까운 산청지역에서는 산청 생초M13호분 등의 주요 고분에서 대가야 무기류가 출토된다. 산청 생초M13호분에서는 대가야 양식의 토기와 공반하여 용봉환두대도 및 공부다각형철모가 출토되었다.

생초M13호분 용봉환두대도는 환두부가 용봉문 환내장식과 외환을 별도로 제작하여 결합한 별주식이다. 외환장식은 주룡문을 타출에 의해 제작하였으며, 두 마리의 용이 대칭하여 새겨진 형태인데 머리 부분이 교차하는 백제의 외환장식과는 차이가 있다. 병연금구는 동판 위에 얇은 금판을 얹어서 용문양을 양각한 형태이며 두 마리의 용이 'X'자 형태로 교차하여 서로 대칭을 이룬다. 금구의 양끝에는 각목을 새겼다. 신부에 부착되어 있는 은판의 어린문 장식은 병부의 장식이 떨어져 이동한 것으로 보인다. 이상과 같이 별주식 환두부 제작, 주룡문이 머리부터 대칭하는 외환장식, 어린문의 병부장식 등은 대가야의 전형적인 용봉환두대도 제작기술로 대가야 중심세력으로부터 분여된 것으로 판단된다.

또한 생초M13호분 도굴갱에서 출토한 공부다각형철모 역시 관부가 뚜렷하지 않은 무관연미형철모이며 길이도 24.7cm로 고령지역에서 유행하는 공부다각형철모와 유사한 형태이다. 생초M13호분의 공부다각형철모는 공부의 단면이 팔각형이며, 연미형 공부 기부에 은판을 돌린 후 양끝을 접어서 고정한 은제복륜금구가 부착

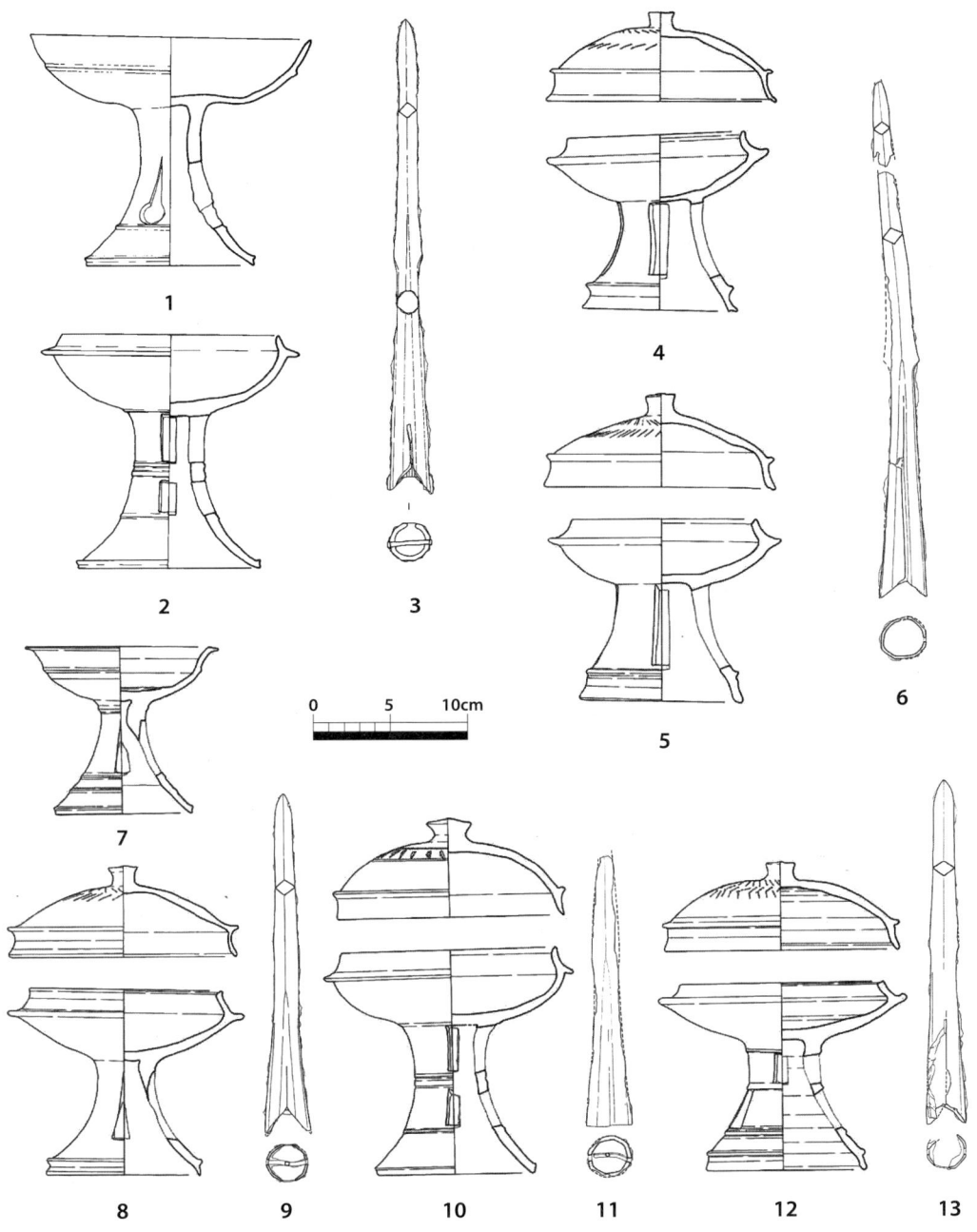

도면 122 함안지역 고분 출토 대가야계(공부다각형) 철모
1~3. 함안 도항리5호분 | 4~6. 함안 오곡리39호분 | 7~9. 함안 오곡리58호분 | 10, 11. 함안 오곡리17호분 | 12, 13. 함안 오곡리101호분

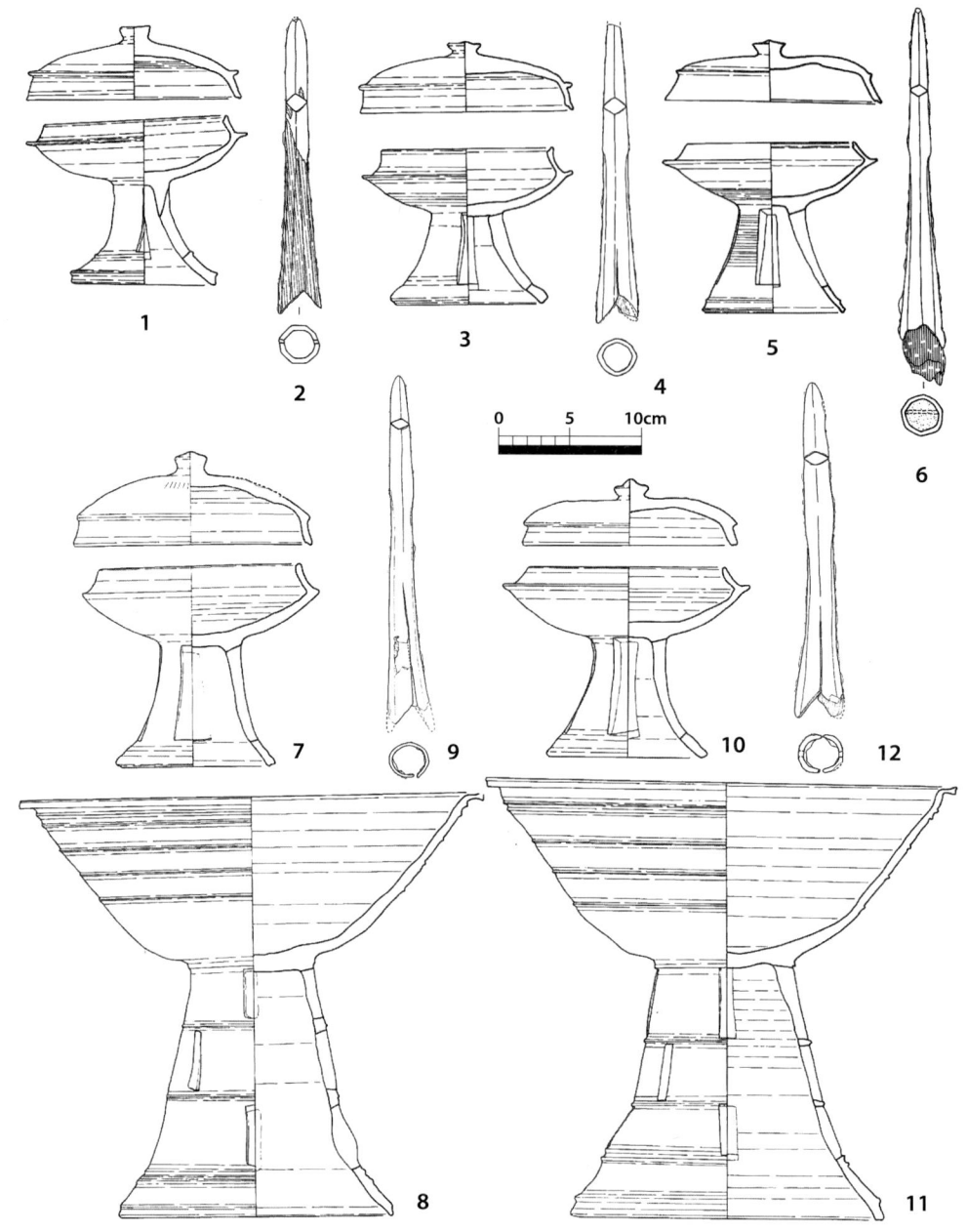

도면 123 진주지역 고분 출토 대가야계(공부다각형) 철모

1, 2. 진주 무촌리85호분 | 3, 4. 진주 무촌리90호분 | 5, 6. 진주 우수리16호분 | 7~9. 진주 무촌리129호분 | 10~12. 진주 무촌리 147호분

되어 있다. 역시 철모와 함께 수습된 물미 역시 공부의 단면이 팔각형이며, 은제복륜금구가 부착되어 있다.

이상의 생초M13호분에서 출토된 용봉환두대도와 공부다각형철모는 대가야의 중심지인 고령지역에서 확인되는 형태와 제작기술이 거의 유사하기 때문에 대가야 중심세력으로부터 분여되었을 가능성이 크다. 이 뿐만 아니라 'f'자형 표비 등 대가야계 마구류도 확인된다.

남원 월산리M1-A호분 출토 소환두대도는 환두부와 병연금구에 상감기법으로 제작하였다. 외환과 병연금구에는 귀갑문 내에 연화문 문양으로 상감처리하였다. 이러한 상감 문양은 합천 옥전 M4호분 출토 용봉환두대도와 유사하다. 남원 두락리4호분 출토 소환두대도는 환두부 형태가 상원하방형이며 외환에 은판으로 감싸은 형태이다.

함양 백천리Ⅰ-3호분 출토 소환두대도는 환두부를 상원하방형 형태로 은판을 사용하였다. 병연금구 역시 문양이 없는 은판을 감았으며, 병부장식은 대가야에서 유행하는 은판에 어린문을 장식한 형태이다. 전형적인 대가야 소환두대도의 특성을 지닌 것으로 대가야의 중심세력으로부터 분여되었을 가능성이 크다.

4) 일본열도 전파 후 수용지역

일본열도의 고분시대 주요 고분에서는 대가야계 영향을 받은 공부다각형철모가 일부 부장되고 있다. 이후 논의하겠지만 공부의 단면 형태가 다각형이라는 점에서는 공통성이 있지만 전장이 길고 관부가 형성된 유관연미형, 유관직기형철모가 특징적이다. 이러한 대가야의 영향을 받은 왜계 공부다각형철모가 한반도 남부지역 일부에서 확인된다. 고흥 야막고분에서는 공부다각형철모 외에 다수의 철검, 철도, 철촉 등의 무기류가 출토되었다. 대부분은 일본열도에서 유행하는 왜계 무기류와 공반 출토하고 있다. 공부다각형철모는 일본열도에서 확인되는 관부 형성이 뚜렷한 유관연미형철모가 주류를 이루고 있다. 철모 외에도 왜에서 유행하는 철검, 철도가 다수 부장된다. 철촉은 이중역자형철촉, 조설식철촉 등 왜에서 유행하는 형태이다.

　　고흥 야막고분 외에도 거제도 장목고분에서도 공부다각형철모를 비롯하여 왜계 찰갑 등이 출토되었다. 고흥 야막고분, 거제 장목고분 등은 대가야의 직접적 영향이 아니라 한반도에 진출한 왜인(倭人)과 관련된 고분으로 판단된다.

5) 일본열도(日本列島)로의 전파

대가야 무기류는 한반도 남부지역 외에도 일본열도의 왜에 영향을 준다. 특히 공부다각형철모 중 신부의 단면이 마름모 형태이며 공부가 다각형인 공부다각형철모가 일본열도의 주요 고분에서 확인된다. 이들 고분에서는 공부다각형철모 외에도 'f'자형 표비 등 대가야계 마구류, 이식, 토기 등이 확인되기 때문에 대가야와 밀접한 관련성이 있는 것은 틀림이 없다.

　　일본열도에서는 3~4세기대에 철모보다는 야리(ヤリ)라는 철검에 가까운 형태의 창이 유행한다. 한반도에서 철모가 기원전 2세기부터 출현하여 지속적으로 유행하는 것과 비교된다. 일본열도에서 철모가 유행하는 것은 6세기이후이며 신부의 단면이 삼각형인 것이 특징적이다. 한반도 철모의 단면은 대부분 마름모 형태이다.

　　일본열도 주요고분 출토된 공부다각형철모 중 대가야 공부다각형철모와 가장 유사한 것은 교토(京都) 우지후타고야마고분(宇治二子山古墳) 출토품이다. 이 고분에서는 총 3점의 공부다각형철모가 출토하였는데 이 중 2점은 일본열도에서 제작된 것으로 보이는 철모 전체 길이가 길고 관부가 뚜렷이 형성된 유관연미형 공부다각형철모이다. 그런데 나머지 1점은 대가야에서 유행하는 관부 형성이 뚜렷하지 않고 비교적 짧은 형태의 무관연미형 공부다각형철모와 유사하다.

　　사키타마현(埼玉縣) 이나리야마(稻荷山古墳)에서는 총 2점의 공부다각형철모가 출토되었다. 2점 모두 관부가 뚜렷이 형된 유관형이며 공부기부가 연미형이다. 사키타마현(埼玉縣) 쇼군야마고분(將軍山古墳)에서도 2점의 공부다각형철모가 출토되었다. 신부의 결실이 있어 정확한 형태를 파악할 수 없으나 관부가 없고 공부기부가 직기형인 무관직기형 공부다각형철모이다.

　　오사카부(大阪府) 오오츠카고분(大塚古墳)에서는 2점의 공부다각형철모가 출퇴되었다. 유관직기형 공부다각형철모이며, 대가야의 고령 지산동44호분 출토 공부다각형철모와 유사한 형태이다. 구마모토현(熊本縣) 에타후나야마고분(江田船山古墳)에서는 2점의 공부다각형철모가 출토되었는데 한 점은 유관연미형, 다른 한점은 유관직긱형 공부다각형철모로 모두 전체 길이가 길다.

　　사키타마현(埼玉縣) 이나리야마(稻荷山古墳), 오사카부(大阪府) 오오츠카고분(大塚古墳) 등에서 대가야계 'f'자형 표비, 이식 등이 공반하여 출토되는 정황으로 보아 대가야의 영향으로 판단된다. 일본열도에서 대가야의 영향을 받은 공부다각형철모의 출토 분포를 살펴보면, 일본의 칸토(關東)지방((사키타마현(埼玉縣) 이나리야마(稻荷山古墳), 쇼군야마고분(將軍山古墳) 등)), 킨키(近畿)지방((교토부(京都府) 우지후타고야마고분(宇治二子山古墳), 오사카부(大阪府) 오오츠카고분(大塚古墳) 등), 큐슈(九州)지방(구마모토현(熊本縣) 에타후나야마고분(江田船山古墳) 등)) 등 일본열도 넓은 범위에 분포함을 알 수 있다.

　　이상과 같이 대가야 철제무기는 별주식 용봉환두대도와 소환두대도, 연미유관형 공부다각형철모가 대표적이다. 의장용 성격이 강한 무기류이기 때문에 경제적 유통보다는 정치적 분여 혹은 영향 등으로 판단하는 것이 합리적이다. 다만 정치적 성격의 분여도 경제적 개념이 아닌 광의적 의미로 유통의 범주에 포함될 수 있겠다.

　대가야 무기류의 특성을 요약하면 다음과 같다. 대가야계 용봉환두대도는 환두부 제작방법이 환부와 내환장식(용봉문)을 별도로 제작하여 부착한다. 외환장식은 두 마리의 용 머리가 교차하지 않게 대칭한 문양이다. 병연금구는 신라처럼 금, 은, 철제 금속판을 감싼 후 별도의 환으로 공정한 경우가 거의 없다. 병부장식은 대부분 어린문이 타출되어 장식되어 있다. 대가야계 소환두대도는 환두부 형태를 상원하방형 혹은 오각형 형태로 제작한 후 은판을 감싼 형태가 많다. 또한 용봉환두대도의 외환장식과 동일한 형태로 용머리 부분부터 대칭한 형태가 일부 확인된다. 병연금구는 역시 별도의 환 고정없이 은판을 감싼 형태가 주류를 이룬다. 병부장식은 어린문으로 타출되어 장식되어 있다. 공부다각형철모는 전체 길이가 22cm이상~27cm미만이면서 공부기부가 연미형인 공부다각형철모가 가장 유행한다.

　이러한 대가야계 철모의 확산은 크게 3개 권역으로 구분된다. 먼저 아라가야권역, 소가야권역 등의 연맹지역으로 확산이며, 이들 지역에서는 아라가야 및 소가야양식 토기를 공반하여 출토되는 경우가 많고 전형적인 대가야계 무기류와는 차이성이 있어 자체 제작한 것으로 보인다. 일부 함안 도항리54호분 출토 소환두대도, 함안 오곡리58호 출토 공부다각형철모는 대가야의 전형적인 특성을 지니고 있어 대가야로부터 유입되었을 가능성이 크다.

　다음으로 대가야 중심세력의 확장에 따른 권역이다. 대가야는 6세기이후 산청, 장수, 남원, 함양, 여수지역 등의 동부 호남지역으로 그 권역을 넓히는데 이 지역에서 확인되는 대가야계 용봉환두대도, 소환두대도, 무관연미형 공부다각형철모는 대가야 중심지역의

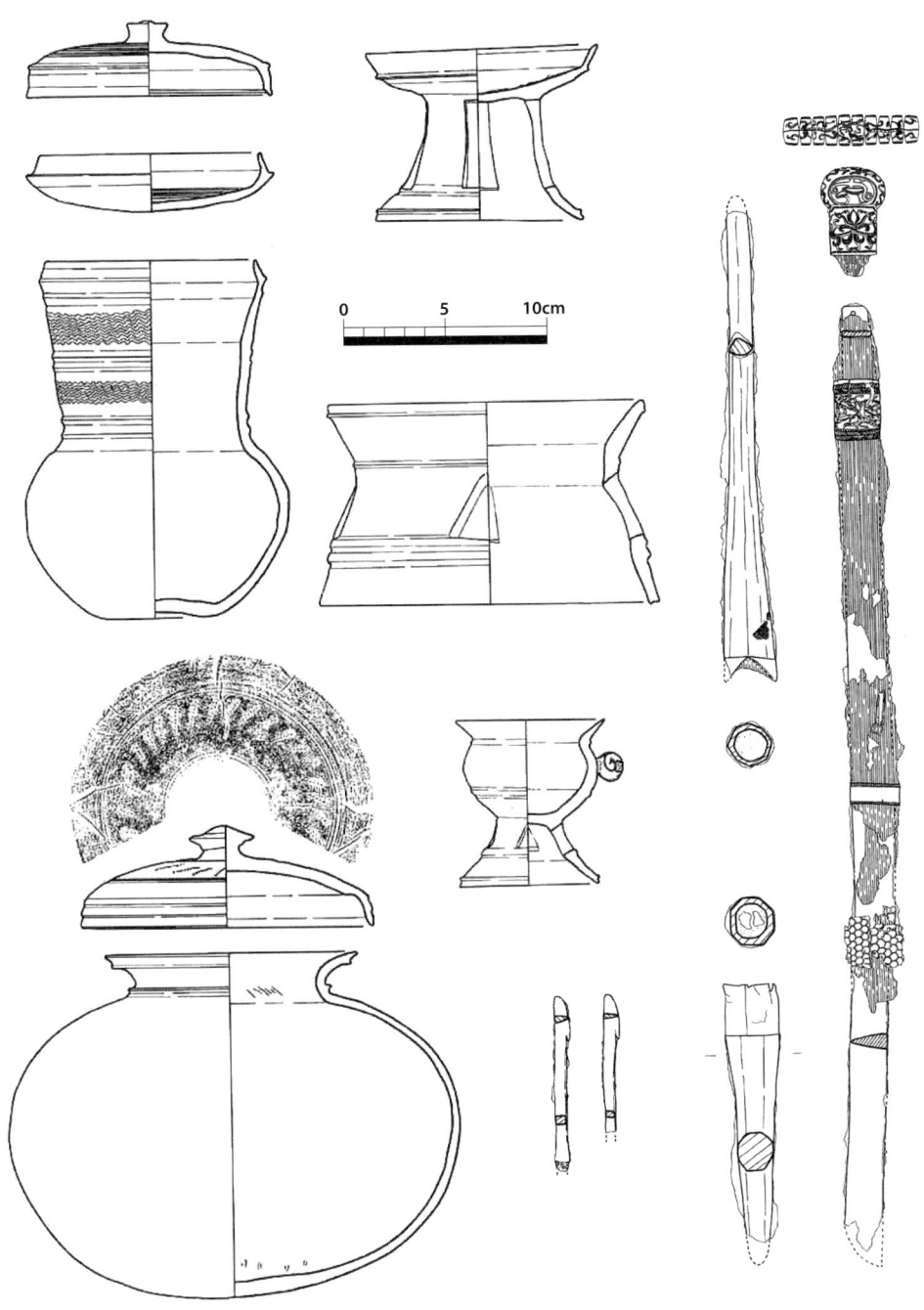

도면 124 산청지역 생초M13호분 출토 유물 일괄

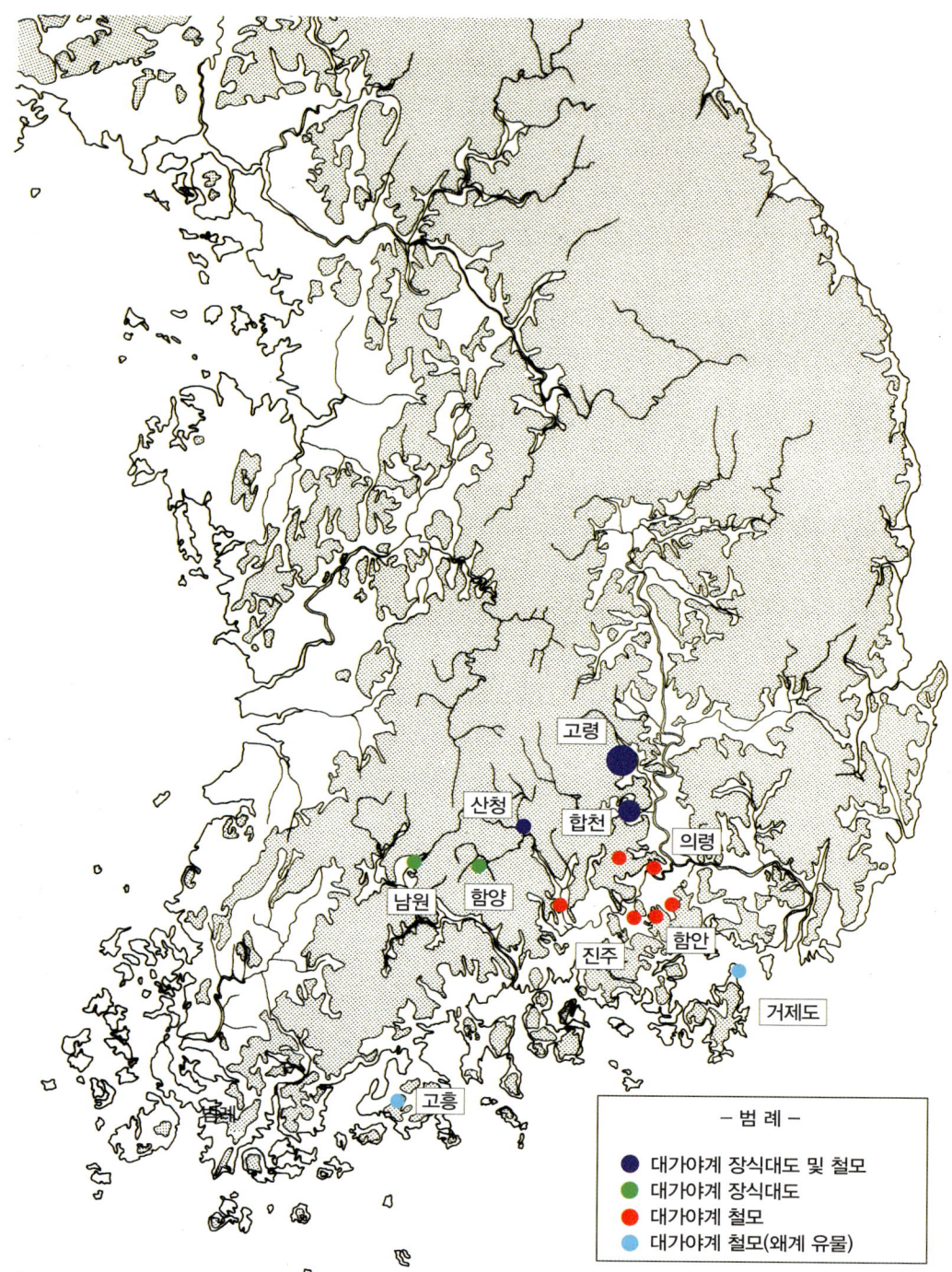

도면 125   대가야계 환두대도 및 철모 출토지역 분포도

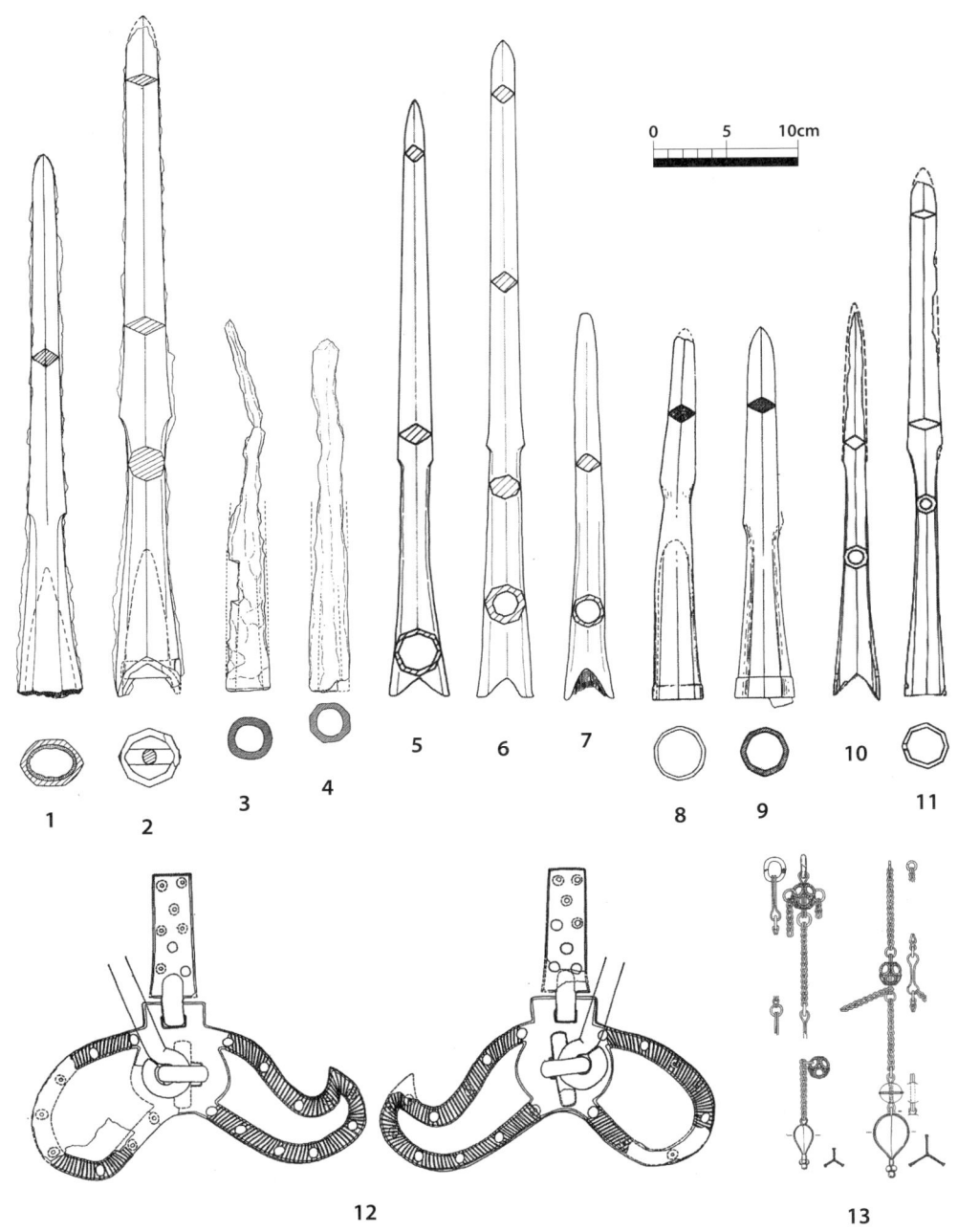

도면 126   일본열도 주요고분 출토 공부다각형철모
1, 2, 12. 埼玉縣 稻荷山古墳 | 3, 4. 埼玉縣 將軍山古墳 | 5~7. 京都府 宇治二子山古墳 | 8, 9, 13. 大阪府 大塚古墳 | 10, 11. 熊本縣 江田船山古墳

제6장 의장 무기로 본 신라와 가야의 세력 확산   383

것과 유사한 형태이다. 더불어 공반되는 토기 역시, 고령양식 토기가 주류를 이루고 있어 대가야 중심세력으로부터 직접 분여되었을 가능성이 크다.

마지막으로 일본열도로의 확산이다. 일본열도 왜의 전형적인 철모는 신부의 단면이 삼각형형태로 한반도의 철모와 차이가 있다. 일본열도의 칸토(關東)지방((사키타마현(埼玉縣) 이나리야마(稻荷山古墳), 쇼군야마고분(將軍山古墳 등)), 킨키(近畿)지방(우지후타고야마고분(宇治二子山古墳), 오사카부(大阪府) 오오츠카고분(大塚古墳) 등)), 큐슈(九州)지방(구마모토현(熊本縣) 에타후나야마고분(江田船山古墳)) 등의 주요 고분에서 대가야의 전형적인 공부다각형철모와는 차이가 있지만 이를 모방한 공부다각형철모가 확인된다. 이러한 공부다각형철모는 왜인과 관련이 있는 한반도 남부지역 고흥 야막고분, 거제도 장목고분에서 일부 확인된다.

4. 소결

한 국가의 무기체계 및 군사조직은 맞서 대응해야할 국가의 영향을 강하게 받을 수밖에 없으며, 방어적 측면으로 볼 때도 국내적 지리 및 지형적 요건, 군사 수, 무기체계의 발달 등 복잡한 관계에서 그 체계가 확립되어 진다. 이러한 전반적인 상황을 고려하지 않고 개별 유물의 분석에만 치중하면, 최근의 한반도 남부지역 출토 왜계 무기에 대한 한일 연구자간의 인식차가 커질 수밖에 없을 것이다. 이러한 이유로, 이 글은 고대 동아시아에 위치하였던 중국의 삼연, 한반도 북부의 고구려, 한반도 남부의 백제, 신라, 가야, 일본열도 왜의 무기체계 양상을 살펴보고, 이를 토대로 한반도 남부지역 출토 왜계 무기의 양상에 대하여 검토하였다.

중국 삼연과 한반도 북부의 고구려는 보병 중심의 칼(刀劍) + 장창(철모) + 화살(촉) + 찰갑이 조합된 무기체계가 주류를 이루며, 군사조직은 철모를 소지한 장창병이 중심을 이루고 있다. 타 국가에 비해 북방의 기마민족에 대응한 무기류가 많은 것이 특징적이다. 무구는 기동성을 높이고 방어력을 증대시킨 찰갑이 유행한다. 의장용 무기로는 삼루환두대도, 삼엽환두대도가 유행한다.

한반도 남부의 백제, 신라, 대가야는 한반도 북부 고구려의 무기체계 영향을 강하게 받으며 이 대응한 무기체계를 갖추게 된다. 역시 삼연과 고구려와 마찬가지로 보병 중심의 칼(刀劍) + 장창(철모) + 화살(촉) + 찰갑이 조합된 무기체계가 주류를 이루고 있다. 금관가야는 고구려, 백제, 신라 등의 무기체계와 유사한 양상이지만 타 국가에 비해 검과 철창의 비율이 크고, 무구로는 기동성이 떨어지나 방어력이 높은 판갑의 비율이 크다.

일본열도의 왜는 타 국가에 비해 도검 중 검의 비율이 가장 크며, 창(철모, 철창)도 철모보다는 철창(신부가 단검과 유사)이 오랜 기간 유행한다. 이후 왜의 철모는 신부의 단면이 삼각형인 것이 특징적인데 5세기 중후반이후에 출현한다. 무구는 오랜 기간 삼각혁철판갑, 삼각정유판갑, 횡장판정유판갑 등 판갑이 오랜 기간 동안 유행하다가 6세기에 요찰의 단면이 'Ω'자형인 찰갑이 유행한다. 화살촉의 경우, 비대칭역자형철촉, 이중역자형철촉, 이단역자형철촉, 독립역자형철촉 등의 위세적 성격이 강한 특수 철촉이 유행한다.

이러한 각 국가의 무기체계를 토대로 한반도 남부지역에서 출토한 왜계 무기에 대하여 다소 무리한 점도 있지만 크게 2개의 유형으로 분류하여 검토하였다. 먼저 왜계 무기 및 무구가 단발적으로 부장되는 양상으로 묘의 축조 방식이나 토기류 등 공반유물이 재지 성격이 다수를 점하면서 1~2점의 왜계 무기가 보이는 양상이다. 대표적으로 고령 지산동3호, 나주 복암리 정촌고분, 남원 두락리32

호분 등이 있다. 다른 유형으로 백제 중앙 및 지방세력과 관련한 왜 전사가 개입되어 왜의 무기체계를 반영하여 부장되는 양상이다. 이들 주요 무덤에서는 축조 방식에서 일부 왜의 요소가 확인되며, 무기 및 무구체계에서도 왜계 무기 및 무구의 조합 양상이 집중되고 있다. 또한 왜 전사와 관련한 주요 무덤은 백제 중앙의 위세품을 받아 왜계 무기류와 부장되는 경우와 왜계 무기류만 다수 부장되는 경우로 구분할 수 있다. 전자의 예로 고흥 인동고분, 함평 신덕고분이, 후자의 예로 연기 송원리 94호, 신안 배널리3호분, 고흥 야막고분 등을 들 수 있다.

07 맺음말

고대 동아시아의 무기(武器)와 전사(戰士)

이 글은 고대 한반도지역에서 매장의례 특성상 무기류를 다수 부장하는 한반도 동남부지역의 자료를 중심으로 기초적 자료로서 초기 철기시대부터 삼국시대까지 철제 무기의 전개과정을 살펴보고 삼국시대에는 동아시아 국가(중국대륙 삼연, 한반도 고구려, 백제, 신라, 가야), 일본열도 왜)의 무기체계를 비교함으로써 고대 한반도 무기체계의 특성을 검토하였다. 이를 토대로 시기별 군사조직의 변화양상을 추정하였다.

　　매장의례상 무기 자료가 많이 확보된 한반도 동남부지역의 신라와 가야의 특성을 좀더 구체적으로 살펴보았으며, 자료에 더해 군사지리적 환경, 대외 군사적 국제정세 등을 고려하여 검토하였다.

　　한반도 동남부지역에 위치하였던 신라와 가야의 대내적 환경은 태백산맥, 소맥산맥으로 둘러싼 천연의 방어지역에 위치하는 점, 한반도 남부지역에서도 산세가 험준한 지역에서 분지를 중심으로 발달한 점 등이 있다. 또한 대외적 환경으로는 한반도 동남부지역을 벗어난 고구려, 삼연(三燕-前燕)에서 보이는 보병과 기마병 등이 복합적이고 전문화된 군사조직으로 성장하는 동북아시아의 무기체계의 영향이 있었다. 이러한 대내외적 환경이 신라와 가야 무기체계 및 군사조직 운용에 큰 영향을 끼쳤던 것으로 보이며, 큰 틀에서 보면 백제와 신라, 가야는 유사한 무기체계와 군사조직을 운용하였던 것으로 보인다.

　　그리고 원삼국시대부터 삼국시대까지 의장용 철제 무기를 선별하여 그 특성을 검토하였다. 의장 무기는 일종의 상징물로서 각 정치체의 정체성을 반영한다. 이러한 각 정치체 간의 상징물의 소유 경쟁, 교환, 분여 등의 현상을 원삼국시대 진변한 사회의 특성, 원삼국시대 소국(小國)에서 삼국시대 국가로의 성장 과정, 신라 및 가야 정치체의 세력 확산 등으로 해석을 시도하였다. 이상의 내용을 간략히 정리하면 다음과 같다.

먼저 1장에서는 철기문화의 등장과 관련하여 한국식 철기문화의 정체성을 밝히고자 하였다. 기왕의 연구에서는 중국 연나라 및 한나라의 철기문화 확산를 중심으로 한반도 철기문화의 특성을 설명하려는 경향이 강했다. 앞서 언급하였듯이, 중국 연나라 및 한나라에서 유통한 철기류는 주조기술 중심의 농공구류가 주류를 이루고 있으며, 기원전 2세기 중엽까지는 중국의 철기문화에 강한 영향을 받고 있다.

하지만 기원전 2세기 후엽경에 한반도의 북부지역에 위치하였던 위만조선의 멸망과 중국 한나라의 한사군 설치, 한나라의 '염철전매제'가 시행되는 시점에서 한반도 남부지역에서는 중국 철기문화의 영향이 거의 확인되지 않고 소백산맥 이동의 한반도 동남부지역에서 **단조기술을 중심으로 한 한국식 철기문화**가 출현한다. 이 한국식 철기문화는 형태적으로도 앞의 세형동검문화와 계통적으로 이어지며, 세형동검문화와 동반하여 한반도 동남부지역에 대구지역을 중심으로 한 금호강유역과 경주지역의 형상강유역, 그리고 사천과 창원지역의 남해안지역에 집중적으로 출현하여 확산되고 있다.

이러한 한반도 동남부지역의 한국식 철기문화는 기원후 원삼국시대 철기문화와 계통적으로 지속된다. 한편 한반도 서남부지역에서는 기원전 3세기~2세기에 중국 연식철기문화가 다수 확인되다가 중국 한나라에서 '염철전매제'를 시행한 기원전 2세기 후엽부터 철기문화가 급속히 사라지며 이는 한나라 세력이 약해지는 2세기 중엽까지 지속된다. 이후 2세기후엽부터는 한반도 서남부지역에서도 한국식 철기문화가 크게 발달하고 마한 및 백제 고유의 철기문화를 형성되고 전개되었다.

2장에서는 초기철기시대부터 삼국시대까지 영남지방의 분묘에서 출토되는 개별 철제무기류의 전개양상을 파악하고 이후 단계별로 철제 공격용 무기, 방어용 무기, 기승용 무기의 변화 양상을 검토하였다.

초기철기시대~원삼국시대 영남지방 진한(辰韓)과 변한(弁韓)의 무기체계와 군사조직은 보병 중심의 검병(단검, 장검), 장창병(장신형 및 단신형철모, 이단관식철모, 관부돌출형철모), 궁병(무경식철촉, 유경식철촉)이 기본적인 구성을 이루는 체계이다. 원삼국시대 후기에 이르면 영남지방 진변한 소국(辰弁韓 小國)들이 정치, 경제, 군사 등의 방면에서 전반적으로 발전하면서 군사조직 역시 앞 시기에 비해 전문화되고 있다. 무기는 철제 장검이 일시적으로 출현 및 유행하다가 철도(목병도, 환두대도)가 유행하면서 철제 장검은 제한적으로 사용된다. 철모는 관부돌출형철모를 중심으로 영남지방 각 지역마다 수장묘를 중심으로 다수 부장되는 현상이 확인된다. 철촉은 장기간에 걸쳐 유행하던 무경식철촉이 소멸하고 유경식철촉이 크게 유행한다. 전반적인 양상으로 보아 원삼국시대 전기에는 장창병(이단관식철모) 중심의 소규모 군사체계가 유지되다가 원삼국시대 후기에 이르면 어느 정도 전문화된 군사조직이 확립되었다고 할 수 있겠다.

3장에서는 삼국시대 한반도지역과 한반도 북부지역에 위치한 고구려, 백제, 신라, 가야 무기체계의 특성을 살펴 보았다. 삼국시대에 이르러 한반도 동부지역의 신라와 가야는 국가단계로 접어들면서 집단의 규모가 커지고 무기체계 및 군사조직도 전문화되는 양상이다. 신라와 가야는 원삼국시대와 마찬가지로 장창병(철모)을 중심으로 한 보병부대가 군사조직의 중추적 역할을 하였다. 다만 한반도 북부지역에 위치한 고구려의 영향으로 무기체계의 변화가 일어난다. 가장 큰 변화는 영남지방 원삼국시대에 유행하였던 관부돌출형철모에서 나타난다. 이 철모는 본래 신부의 두께가 얇고 베는 기능을 가지고 있었지만, 삼국시대에는 고구려 및 중국 전연 등에서 유행하던 찌르기 기능을 가진 연미형 및 직기형철모로 대체된다. 무기뿐만 아니라 갑주 등의 무구에서도 고구려의 영향을 받는다. 신라와 가야는 고구려의 영향을 받은 찰갑뿐만 아니라 영남지역의 전술에 맞는 종장판갑도 유행하였다.

신라는 6세기 후엽이후 불교가 본격적으로 확산되고 기왕의 샤머니즘 의례가 축소됨에 따라 신라권역의 무덤에서는 유물 부장이 급격히 줄어들어 고고자료의 분석에 한계가 있다. 문헌자료로 『三國史記』등을 통해 특수 무기를 사용하는 사설당의 운용을 알 수 있다. 사설당은 특수한 무기를 다루는 4개의 특수부대인 노당(弩幢)·운제당(雲梯幢)·충당(衝幢)·석투당(石投幢)을 의미한다. 노당은 쇠뇌를 주로 이용하는 부대로 문헌에 차노(車弩), 포노(砲弩), 노포(弩砲) 등을 사용하였다는 기록이 보인다. 운제당은 성을 공격하기 위해 긴 사다리를 차에 탑재한 후 성벽에 올라 성 안으로 진입하는 데 사용되는 공성무기 부대이다. 충당은 충차(衝車)라는 대형의 망치와 같은 것을 달고 성에 접근하여 성문을 파괴하는 공성무기를 운용하는 부대이다. 문헌기록과 접목되는 고고자료로서는 포차를 이용하였던 증거가 유적의 발굴조사를 통해 확인된 바 있다. 대표적으로 문경 고모산성, 충주 장미산성 등에서는 석환무지가 확인되었는데, 이것은 포차에 쓰이는 투석을 모아 두었던 것이다.

한반도의 북부지역에 위치한 삼국시대 고구려의 무기체계는 서쪽으로 연접하면서 중국 중원의 동북지역에 위치한 삼연(三燕)의 무기체계와 매우 유사한 양상이다. 이러한 현상은 고구려와 삼연이 지형적으로는 북방의 기마민족과 중국 중원의 사이에 위치하여 이를 대응하여 공격 및 방어를 수행해야하는 유사한 상황이며, 또한 고구려와 삼연은 상호간에 오랜 기간 전쟁과 우호관계를 맺으면서 서로 많은 영향을 주었기 때문이다.

고구려의 무기체계와 군사조직은 안악3호분의 행렬도 등 벽화고분을 통해 잘 알 수 있다. 안악3호분에 묘사된 행렬도 주인공의 주변으로는 단기병의 도병과 부병(부월수) 등이 근거리 전투에 적합한 군사가 배치된다. 또한 단기병의 인근에는 원거리 무기를 사용하는 궁병이 위치한다. 양 가장자리에는 중장기병이, 가장자리 중장기병 앞에는 철제 갑옷을 착용한 중보병의 장창병이 위치하고 있다. 고구려의 군사조직은 중보병인 도병, 부병, 궁병, 장창병과 중장기병이 운용되었고 그 중에서 창을 사용하는 장창병과 중장기병이 고구려의 주요 군사조직임을 알 수 있다.

한반도 서남부지역에 위치하였던 원삼국시대 마한과 삼국시대 백제는 한반도 동남부지역의 무기체계와 유사성이 강하다. 원삼국시대 마한의 무기체계와 군사조직은 철제 장검과 철모, 철촉을 주로 사용하는 보병 중심의 군사조직이었으며, 삼국시대 백제의 무기체계 역시 앞 시기의 전통에서 크게 벗어나지 않은 채 여전히 철모(창병) 중심의 보병이 중심이 된다. 다만 주변 국가의 세력이 점차 커지면서 주변 국가인 고구려와 신라에 대응하기 위해 무기체계는 변화하였다. 이에 장창병과 궁병이 중심으로 도병, 장창병, 궁병 등의 전문화된 보병이 갖추어 지고 기병이 증가하는 추세로 군사조직이 편재되어 갔다.

백제의 의장 무기류는 용봉의 문양을 장식한 용봉환두대도가 장식대도의 중심을 이루며, 이는 삼루 및 삼엽환두대도를 주로 사용하는 고구려와 신라와는 큰 차이를 보이고 있다.

한편 백제권역에서 영산강유역을 중심으로 지방에서 제작되는 장식대도도 출현한다. 이 장식대도는 화려하게 제작되는 백제의 용봉환두대도와 차이가 있는데, 백제, 신라, 대가야의 제작기술이 혼합된 나름의 제작기술로 제작하는 특성을 보인다.

해양에 위치한 일본열도 왜를 제외하고 동북아시아에 위치한 여러 국가의 무기체계를 거시적 관점에서 볼 때, 신라와 가야의 실전용 무기체계가 강한 유사성을 띠고 있다. 중국 三燕(前燕)과 고구려는 창병이 중심을 이루는 보병과 경기병과 중기병이 혼합된 기병 등이 갖추어진 무기체계와 군사조직이, 일본열도 왜는 도검병이 주축을 이루는 보병의 무기체계와 군사조직이 유행한다. 반면 신라와 가야는 장창병(철모), 궁병(화살촉)의 보병을 중심으로 한 도병, 장창병, 궁병 등 전문화된 보병으로 편재되고, 기병이 점차 증가하는 양상으로 무기체계와 군사조직이 갖추어졌다.

　4장에서는 한반도지역과 한반도의 북부지역의 인근에 위치하였던 동아시아 중국대륙 삼연과 일본열도 왜의 무기체계를 살펴봄으로써 고대 동아시아 각국의 무기체계 특성을 살펴보았다.
　중국 삼연과 한반도 북부의 고구려는 보병 중심의 칼(刀劍) + 장창(철모) + 화살(촉) + 찰갑이 조합된 무기체계가 주류를 이루며, 군사조직은 철모를 소지한 장창병이 중심을 이루고 있다. 타 국가에 비해 북방의 기마민족에 대응한 무기류가 많은 것이 특징적이다. 무구는 기동성을 높이고 방어력을 증대시킨 찰갑이 유행한다. 의장용 무기로는 삼루환두대도, 삼엽환두대도가 유행한다.
　한반도 남부의 백제, 신라, 대가야는 한반도 북부 고구려의 무기체계 영향을 강하게 받으며 이 대응한 무기체계를 갖추게 된다. 역시 삼연과 고구려와 마찬가지로 보병 중심의 칼(刀劍) + 장창(철모) + 화살(촉) + 찰갑이 조합된 무기체계가 주류를 있다. 금관가야는 고구려, 백제, 신라 등의 무기체계와 유사한 양상이지만 타 국가에 비해 검과 철창의 비율이 높고, 무구로는 기동성이 떨어지나 방어력이 높은 판갑의 비율이 높다.
　일본열도의 왜(倭)는 타 국가에 비해 도검 중 검의 비율이 가장 크며, 창(철모, 철창)도 철모보다는 철창(신부가 단검의 형태)이 오랜 기간 유행한다. 이후 왜의 철모는 신부의 단면이 삼각형인 것이 특징적인데 5세기 중후반이후에 출현한다. 무구는 오랜 기간 삼각혁철판갑, 삼각정유판갑, 횡장판정유판갑 등 판갑이 오랜 기간 동안 유행하다가 6세기에 요찰의 단면이 'Ω'자형인 찰갑이 유행한다. 화살촉의 경우, 비대칭역자형철촉, 이중역자형철촉, 이단역자형철촉, 독립역자형철촉 등의 위세적 성격이 강한 특수 철촉이 유행한다.

5장에서는 실전용 무기체계에서 나름의 정체성을 반영하는 의장 무기를 선별하고 정치체간에 상징물의 교환, 분여 등이 의미하는 바를 해석하고자 하였다.

먼저 공통성이 강한 원삼국시대 각 소국(小國)간에는 상징물의 공통성이 강한 데 이를 '대등 정치체 상호작용(Peer Polity Interaction)'의 관점에서 접근하였다. 원삼국시대의 대표적 상징물 중에 하나인 궐수형철기의 특성을 검토함으로써 원삼국시대 소국(小國) 정치체가 서로 대등한 관계에서 이 상징물들을 경쟁적으로 소유하고 분묘에 부장하려 했던 것을 정치체간 상호작용의 여러 행위 중 우월경쟁(Competitive emulation), 상징동승(Symbolic entrainment)의 면모를 보여주는 것으로 보았다.

하지만 삼국시대에 이르면 유사한 형태의 궐수형철기 공통 소유 및 부장현상이 사라지고 경주지역과 김해지역을 중심으로 한 궐수형철기의 지역성이 출현한다. 이러한 현상에 대해 원삼국시대 각 소국(小國)간의 대등한 관계가 해체되고 경주, 김해지역을 중심으로 국가 단계로 이행한 것으로 보았다.

신라와 가야 국가가 형성되면서 각 정치체 간에는 나름의 정체성을 표출하려는 의장 무기가 등장한다. 대표적인 의장 무기로는 장식대도가 있으며, 신라는 삼루환두대도, 삼엽환두대도, 대가야는 용봉환두대도가 유행한다. 특히 장식대도의 세부 제작기술에서도 나름의 특성이 있어 타 지역에서 제작한 삼루환두대도, 삼엽환두대도, 용봉환두대도와 구분이 가능하다. 이외에도 신라의 의장용 성격 무기로 고구려에서 영향을 받아 정착한 반부철모, 가지형철모, 착두형철촉, 삼익형철촉 등이 있다. 이러한 의장 무기류는 신라와 대가야의 상위 피장자의 무덤에 집중 확인되며, 지방의 수장급 무덤에서 소수가 확인되고 있다.

6장에서는 신라와 대가야의 의장 무기를 대상으로, 그러한 상징물이 일정한 패턴을 가지고 시공간적으로 확산되는 정황을 검토하였다. 지방의 무덤에 신라양식이나 대가야양식의 토기류와 각국의 정체성을 반영하는 의장용의 성격 무기류가 공반하여 출토되는 경우, 이를 신라나 대가야 세력의 확산으로 보았다. 반면에 고령 지산동45호 출토 삼엽환두대도와 같이 신라의 전형적인 의장용 성격 무기와 대가야양식 토기가 공반되는 경우, 이를 정치체 상호 간의 교환, 선물 등의 행위로 파악하였다.

신라의 군사체계는 크게 3가지로 구분하였다. 첫째, 신라의 중앙인 경주지역에 인접한 지역에 위치하는 소규모 고분군 축조집단으로, 어로 혹은 농경생활을 하면서 적의 침입이 있을 시 군사적 정보 네트워크의 역할을 담당하였던 것으로 보았다.

둘째, 경주지역과 인접한 지역에 위치하고 있어 신라의 수도를 방어하는 군사적 요충지이며, 그 대표적인 곳이 포항과 울산지역이다. 포항 옥성리와 울산 중산리지역은 신라 지방의 타 지역과 달리 고총의 축조와 위세품이 잘 확인되지 않는다. 이것은 경주지역과 지리적으로 가깝고 수도 방위에 중요한 지점이기 때문에 신라 중앙세력의 직접지배가 이루어졌을 가능성이 높다.

셋째, 경주로부터 원거리에 위치하는 영남지방 주요거점으로 신라의 영역확대가 가속화되면서 대외진출 혹은 대외방어를 위한 군사적 거점의 역할을 하며, 이들 지역은 신라의 영역확대 과정 속에 시간이 흐름에 따라 그 역할이 이동하였다. 먼저 신라 수도인 경주지역을 중심으로 북서쪽 영남내륙지역에 위치한 경산지역, 대구지역, 성주지역, 김천지역, 왜관지역, 구미지역, 의성지역, 상주지역 등이 있다. 이 지역에서는 제지역 중심의 세력이 나름의 군사를 보유하고 신라 중앙과 타 지방세력 간의 유기적 군사 관계를 형성하면서 대외 방어 및 진출을 하였던 것으로 판단된다. 이 중에서도 경산지역은 광역의 북서쪽 영남내륙지역과 수도 경주지역으로 이어지는 관문 역할을 하는 곳에 위치하여 신라의 대외 방어에 중요한 곳으로 판단된다. 대구와 의성지역은 대가야와 백제의 국경선에 약간 떨어진 곳에 위치하여, 직접적인 경계에 있는 지역 집단을 지원하는 등 야전의 지휘 역할을 하였을 가능성이 있다.

경주의 남서쪽 영남내륙 지역으로 창녕지역, 밀양지역이 있다. 이 중 창녕지역은 낙동강 건너에 합천지역이 위치하고 있으므로, 대가야의 성장에 따라 이를 대응하기 위해 그 중요성이 커졌을 것으로 보인다.

경주의 남쪽 동해안 및 내륙지역에는 부산지역과 양산지역이 위치하고 있다. 부산지역은 금관가야가 융성하였던 4세기~5세기까지 군사적 중요도가 높았으며, 양산지역은 대가야와 소가야가 성장한 6세기 이후부터 그 군사적 중요성이 커졌던 것으로 보인다.

대가야의 의장 무기류에는 별주식 용봉환두대도와 소환두대도, 연미유관형 공부다각형철모가 대표적이며, 이 무기류를 중심으로 한 유물들이 지방으로 확산되는 현상이 보인다. 먼저 아라가야권역, 소가야권역 등 연맹지역으로 확산이다. 이 지역들에서는 의장 무기류가 아라가야 및 소가야양식 토기와 공반하여 출토되는 경우가 많고 전형적인 대가야계 무기류와는 차이가 있어 자체 제작한 것으로 보인다.

대가야는 6세기 이후 산청, 장수, 남원, 함양, 여수 등 동부 호남지역으로 그 권역을 넓히는데 이 지역에서 확인되는 대가야계 용봉환두대도, 소환두대도, 무관연미형 공부다각형철모는 대가야 중심지역의 것과 형태상 유사하다. 더불어 공반되는 토기 역시 고령양식 토기가 주류를 이루고 있어 동부 호남지역 출토 의장 무기류는 대가야 중심세력으로부터 직접 분여되었을 가능성이 크다.

참고문헌

국내 논문

강동석, 2018, 「아라가야의 공간구조」, 『아라가야의 역사와 공간』, 제10회 아라가야 국제학술심포지엄, 창원대학교 경남학연구센터.

강현숙, 2013, 『고구려 고분 연구』, 진인진.

權五榮, 1998, 「『三國志』弁·辰韓 기사와 고고자료의 비교검토」, 『弁·辰韓의 世界』, 제2회 부산광역시립박물관 복천분관 학술발표대회요지.

권택장, 2014, 「고흥 야막고분의 연대와 등장배경에 대한 검토」, 『고분을 통해 본 호남지역의 대외교류와 연대관』, 국립나주문화재연구소.

권학수, 1992, 「가야의 복합사회 출현」- 제8회 한국상고사학회학술발표회요지 -, 한국상고사학회.

고상혁·김훈희, 2014, 「영남지역 목관묘 출토 닻형철기 연구」, 『嶺南考古學』68號, 嶺南考古學會.

具滋奉, 2004, 「三國時代의 環頭大刀 硏究」, 嶺南大學校 大學院 博士學位論文.

김권구, 2007, 「청동기시대 상징과 사회발전」, 『天馬考古學論叢』石心鄭永和敎授 停年退任紀念論叢 刊行委員會.

김구군, 2012, 「한국 초기철기시대의 상한과 하한 - 다뉴경을 중심으로 -」, 『선사에서 역사로 - 초기철기시대·원삼국시대 상한과 하한』영남고고학회·한국상고사학회 주최 학술워크샵.

김권일, 2020, 『한국 고대 제철기술의 고고학적 연구 - 영남지역을 중심으로 -』, 학연문화사

金吉植, 1994, 「三國時代 鐵矛의 變遷 - 백제계철모의 인식 -」, 『百濟硏究』24집, 충남대학교백제연구소

金吉植, 1998, 「5~6世紀 신라의 무기 변화양상과 그 의의」, 『東垣學術論文集』第1輯, 韓國考古美術硏究所.

김길식, 2013, 「김포 운양동유적 철제무기의 성격과 무기 집중화의 배경」, 『김포 운양동유적I』, (재)한강문화재연구원.

김길식, 2014, 「2~3세기 한강 하류역 철제무기의 계통과 무기의 집중유입 배경 - 김포 운양동유적 철제무기를 중심으로 -」, 『百濟文化』50, 공주대학교 백제문화연구소.

김낙중, 2014, 「가야계 환두대도와 백제」, 『百濟文化』第50輯, 공주대학교 백제문화연구소.

김대환, 2023, 「고고학에서 본 한국 고대사: 한반도의 '초기국가'와 고대」, 『한국고대사 연구』110.

김도영, 2014, 「三國時代 龍鳳文環頭大刀의 系譜와 技術傳播」, 『中央考古硏究』第14號, 中央文化財硏究院.

김도영, 2022, 『금공품으로 본 고대 동아시아 세계』대한문화재연구원 학술총서17, 진인진.

金度憲, 2002,「三韓時期 鑄造鐵斧의 流通樣相에 대한 檢討」,『嶺南考古學報』31. 嶺南考古學會.

金度憲, 2004,「고대의 판상철부에 대한 검토 – 영남지역 분묘출토품을 중심으로 – 」,『韓國考古學報』53, 韓國考古學會.

金斗喆, 2003,「무기·무구 및 마구를 통해 본 가야의 전쟁」,『가야고고학의 새로운 조명』, 혜안.

김두철, 2005,「4세기 후반~5세기 초 고구려·가야·왜의 무기·무장체계비교」,『한일관계사연구논집』 1, 한일관계사연구논집편차위원회.

金斗喆, 2006,「木槨墓 社會로의 轉換」,『石軒鄭澄元敎授停年退任紀念論叢』.

김두철, 2009,「변진한의 철기문화」,『考古學誌』特輯號, 국립중앙박물관.

김두철, 2011,「삼국(고분)시대 한일무장체계의 비교연구」,『영남고고학』5, 영남고고학회.

金玟澈, 2014,「嶺南地方 鐵器登場過程과 그 年代를 둘러싼 논의」,『한반도 남부지역 초기철기시대 철기문화의 양상』제10회 한국철문화연구회 학술세미나, 한국철문화연구회.

金玟澈, 2014,「양지리유적을 통해 본 경산지역 목관묘 축조양상과 특징」,『경산지역 청동기~원삼국시대 문화 전개양상 – 양지리유적을 중심으로 – 』제1회 경산시립박물관 학술대회, 경산시립박물관·한국청동기학회.

김상민, 2017,「요령지역 철기문화의 전개와 한반도 초기철기문화」,『동북아역사논총』55, 동북아역사재단.

김상민, 2018,「東北아시아 鐵器文化의 擴散과 古朝鮮」,『韓國考古學報』第107輯, 韓國考古學會.

김상민, 2020,『동북아 초기철기문화의 성립과 고조선』, 서경문화사.

김새봄, 2011,「原三國後期 嶺南地域과 京畿·忠淸地域 鐵矛의 交流樣相」,『한국고고학보』제81집, 한국고고학회.

김새봄, 2012,「原三國後期 鐵矛와 鐵鏃의 生産과 流通」,『생산과 유통』, 영남고고학회·구주고고학회 제10회 합동고고학대회 발표요지.

김새봄, 2012,「중국 동북지역 半月形鐵刀의 출현과 그 기원에 관한 문제제기」,『人類學考古學論叢』, 영남대학교 문화인류학과 개설 40주년 기념논총.

김세기, 2003,『고분자료로 본 대가야 연구』학연문화사.

김승신, 2012,「옥전고분군 출토 무기의 변화와 편년」,『慶南研究』6, 경남발전연구원 역사문화센터.

김승신, 2013,「대가야권 출토 대도와 철모의 변화와 획기」,『경남연구』제8집, 경남발전연구원.

金龍星, 1999,『新羅의 高冢과 地域集團 – 大邱·慶山의 例 – 』, 춘추각.

金龍星, 2010,「新羅 麻立干 時期의 王陵 皇南大塚 南墳」,『황금의 나라 신라의 왕릉 황남대총』, 국립중앙박물관.

김영민, 1996, 「영남지역 삼한후기문화의 특징과 지역성」, 부산대학교대학원 석사학위논문.
김영민, 1997, 「울산하대수습철기의 검토」, 『가야고고학논총』2, 가야문화연구소.
金榮珉, 2004, 「三韓後期 辰韓勢力의 成長過程研究」, 『新羅文化』 第23輯, 東國大學校新羅文化研究所.
김일규, 2014, 「嶺南地域 철문화의 출현과정과 전개」, 『영남고고학』69, 영남고고학회.
김재우, 1994, 「3·4세기 가야무기에 관한 일고찰」, 경성대학교대학원 석사학위논문.
김재열, 2024, 『4~6세기 신라 귀금속 장신구 연구』, 영남대학교대학원 박사학위논문.
金在弘, 2011, 「韓國 古代 農業技術史硏究-鐵製 農具의 考古學-」, 考古.
김재홍, 2014, 「'尒斯智王'銘 대도와 금관총의 주인공」, 『금관총과 이사지왕』, 국립중앙박물관.
김태식, 2003, 「初期 古代國家論」, 『강좌 한국고대사 제 2권 고대국가의 구조와 사회』한국고대사회연구소편, 서울 가락국사적개발연구원.
金訓熙, 2011, 「蕨手型 有刺利器의 變遷과 意味」, 『韓國考古學報』第81輯, 韓國考古學會.
남익희, 2019, 『新羅土器 硏究』, 경북대학교대학원 박사학위논문.
魯泰昊, 2014, 「原三國~百濟漢城期 中西部地域 鐵刀子의 變遷과 性格 研究」, 龍仁大學校大學院 석사학위논문.
류창환, 2009, 「삼국시대 기병과 기병전술」, 『갈등과 전쟁의 고고학』 제33회 한국고고학 전국대회, 한국고고학회.
류창환, 2012, 「부장철기로 본 아라가야의 수장들」, 『中央考古研究』第11號, 中央文化財研究院.
박광열, 2014, 「신라 적석목곽분의 연구와 금관총」, 『금관총과 이사지왕』, 국립중앙박물관.
박경도, 2007, 「삼국시대 백제·신라·가야의 장식대도」, 『선사에서 조선까지 한국의 칼』, 국립대구박물관.
박경도, 2021, 「함평 신덕 1호분 출토 대도의 성격 검토」, 『咸平 禮德里 新德古墳』, 國立光州博物館·全羅南道·咸平郡.
박대영, 2024, 「辰韓의 철제무기체계와 전쟁방식 연구」, 부산대학교대학원 석사학위논문.
박수영, 2009, 「江陵 草堂洞 三國時代 遺構와 遺物에 대한 小考」, 『강릉 초당동 유적』, (사)한국문화재조사연구기관협회.
朴淳發, 1989, 「漢江流域 百濟土器의 變遷과 夢村土城의 性格에 對한 一考察: 夢村土城 出土品을 中心으로」, 서울대학교대학원 석사학위논문.
朴淳發, 2001, 『한성백제의 탄생』, 서경문화사.
朴升圭, 2003, 「大加耶土器의 擴散과 관계망」, 『韓國考古學報』第49輯, 韓國考古學會.
박장호, 2012, 「한반도 중남부 출토 動物形帶鉤의 전개와 그 의미」, 『영남고고학』62, 영남고고학회.

朴章鎬, 2020,『중서부지역 출토 진변한계 물질문화의 고고학적 연구』, 영남대학교대학원 박사학위논문.

박진일. 2007,「점토대토기, 그리고 청동기시대와 초기철기시대」,『한국 청동기시대의 시기구분』, 한국청동기학회.

박진일, 2012,「초기철기~원삼국시대 토기의 계기적 변천에 대한 고찰 – 경남지방을 중심으로 – 」,『선사에서 역사로 – 초기철기시대·원삼국시대 상한과 하한』영남고고학회·한국상고사학회 주최 학술워크샵.

박진일, 2021,「고조선 준왕의 남래와 삼한사회」,『고대 한국의 외래계 문물』, 국립경주박물관.

朴天秀, 1997,「三國時代 東萊·釜山地域 集團의 對外交涉」,『복천동고분군의 재조명』제1회 부산광역시립복천박물관 학술발표대회, 부산광역시립박물관.

朴天秀, 2001,「伽倻와 倭의 交涉」,『伽倻文化』第十四號, 伽倻文化研究院.

박천수, 2007,『새로 쓰는 고대 한일교섭사』, 사회평론.

朴天秀, 2009,「호남 동부지역을 둘러싼 大伽耶와 百濟 – 任那四縣과 己汶, 帶沙를 중심으로 – 」,『韓國上古史學報』第65號, 韓國上古史學會.

朴天秀, 2009,「5~6세기 大伽耶의 發展과 그 歷史的 意義」,『高靈 池山洞 44號墳 – 大伽耶 王陵 – 』, 慶北大學校博物館·慶北大學校 考古人類學科·高靈郡 大加耶博物館.

박천수, 2023,『고대 한일 교류사』경북대학교 학술총서4, 경북대학교출판부.

박형열, 2021,『古新羅 古墳群 研究』, 학연문화사.

서영남·이현주, 1997,「三韓·三國時代 鐵器의 儀器的 性格에 대한 일고찰 – 鐵矛와 有刺利器를 중심으로 – 」,『가야고고학논총』2, 가락국사적개발연구원.

成正鏞, 2000,「中西部地域 3~5世紀 鐵製武器의 變遷」,『韓國考古學報』42輯, 韓國考古學會.

成正鏞, 2007,「漢江·錦江流域의 嶺南地域系統 文物과 그 意味」,『百濟研究』제46집, 忠南大學校百濟研究所.

성정용, 2018,「가야지역의 철 생산과 유통양상」,『호서사학회』, 역사와 담론 85.

孫明助, 2009,「韓半島 鐵器文化의 受容과 展開」,『東北亞 古代鐵器文化의 形成과 展開』, 전북대학교 고고인류학과 20주년기념 BK21사업단 해외석학초청특강 및 국제학술대회, 전북대학교 BK21사업단.

송호정, 2007,「세죽리 – 연화보유형 문화와 위만조선의 성장」,『역사와 담론』48, 湖西史學會.

申東昭, 2008,「嶺南地方 原三國時代 鐵斧와 鐵矛의 分布定型 研究」, 慶北大學校 文學碩士學位論文.

신동조, 2021,「4~5세기 김해·부산지역 장병무기 비교 검토」,『가야 전사의 무기』, 2021년 국립김해박관 가야학술제전.

심재용, 2016, 「金官加耶의 外來系 威勢品 愛 受用과 意味」, 『영남고고학』제74집, 영남고고학회.

심재용, 2016, 「금관가야 목곽묘의 성격」, 『금관가야 고분의 축조세력과 대외교류』2016년 가야고분 조사·연구 학술대회 자료집, 국립가야문화재연구소.

심재용, 2016, 「金官伽倻의 外來系 威勢品 受用과 意味」, 『韓國考古學報』第74號, 韓國考古學會.

양진석, 2021, 『백제 용봉문 환두대도의 지역별 비교연구』, 충남대학교대학원 석사학위논문.

우병철, 2005, 「嶺南地方 3~6世紀 鐵鏃의 地域性研究」, 경북대학교대학원 석사학위논문.

우병철, 2005, 「南韓出土 鏊部多角形 鐵鉾에 대한 一考察」, 『嶺南文化財研究』18, 嶺南文化財研究院.

우병철, 2006, 「新羅 및 加耶式 鐵鏃의 成立과 擴散」, 『韓國考古學報』第58輯, 韓國考古學會.

우병철, 2006, 「공격용 武器로 본 大加耶와 倭의 交涉」, 『伽倻文化』第19號, 伽倻文化研究院.

우병철, 2007, 「5~6世紀 韓半島 南部地域 出土 日本列島系 鐵鏃」, 『영남문화재연구』20, 영남문화재연구원.

우병철, 2008, 「鐵鏃과 鐵鉾로 본 新羅, 加耶 그리고 倭」, 『영남고고학』47, 嶺南考古學會.

우병철, 2009, 「4~5世紀 新羅와 倭의 무기체계 비교 검토」, 嶺南文化財研究院·大阪市文化財協會交流 10週年紀念 심포지엄 발표요지, 嶺南文化財研究院·大阪市文化財協會.

우병철, 2009, 「신라 철제 무기로 본 동해안 고분 축조 집단의 군사적 성격」, 『4~6세기 영남 동해안 지역의 문화와 사회』, 동북아역사재단.

우병철, 2009, 「三國~三國時代 鐵器 副葬樣相으로 본 隍城洞·集團의 性格」, 『영남문화재연구』22, 영남문화재연구원.

우병철, 2012, 「한반도 동남부지역 철기문화의 성격과 전개양상」, 동아시아 고대 철기문화연구학술심포지움 발표요지, 국립문화재연구소.

우병철, 2012, 「중원지역 철기의 흐름과 성격」, 『국립중원문화재연구소 개소5주년 기념학술대회』, 국립중원문화재연구소.

우병철, 2013, 「고대 울산지역의 철기문화」, 『울산쇠부리축제 기념 학술세미나』, 울산쇠부리연구회.

우병철, 2014, 「新羅의 武器」, 『신라고고학개론』, 중앙문화재연구원.

우병철, 2015,「三國時代 裝飾大刀의 製作技術과 地域性」, 『韓國考古學報』第96輯, 韓國考古學會.

우병철, 2015, 「대가야 철제무기의 특성과 확산」, 『대가야 문물의 생산과 유통』, 고령군.

우병철, 2016, 「군사-무기와 무구」, 『유적과 유물로 본 신라인의 삶과 죽음』신라사대계 제21권, 경상북도문화재연구원.

우병철, 2019, 『新羅·加耶 武器 研究』, 경북대학교대학원 문학박사학위논문.

우병철, 2021, 「무기체계로 본 가야 전사」, 『가야 전사의 무기』, 2021년 국립김해박물관 가야학술제전.

우병철, 2022, 「3~6세기 동아시아 국가의 무기체계로 본 한반도 남부지역 출토 왜계 무기의 인식」, 『한일의 무기・무구・마구』제14회 영남구주합동고고학대회, 嶺南考古學會・九州考古學會.

우병철・金玟澈, 2009, 「궐수형철기를 통해 본 진・변한정치체의 상호작용 – 대등정치체상호작용모델(peer polity interaction model)의 적용 –」, 『韓國上古史學報』, 韓國上古史學會.

우병철・李仁淑, 2020, 「新羅 中央의 生産과 流通體系」, 『유라시아 고고와 문화』, 경북대학교 고고인류학과 40주년 기념논총.

우재병, 2008, 「3~5세기 백제지역 素環頭刀를 통해 본 백제・가야・왜의 교역체계」, 『한국사학보』33, 고려사학회.

우재병, 2009, 「5~6世紀 百濟・加耶・倭 사이의 廣域交易體系 再編과 그 背景」, 『先史와 古代』31, 한국고대학회.

尹相悳, 2007, 「Ⅴ. 考察」, 『浦項 龍興洞 新羅墓』, 學術調査報告 第20冊.

윤온식, 2001, 「3세기대 동해 남부 지역 토기 양식의 형성과 변천」, 경북대학교대학원 석사학위논문.

윤온식, 2002, 「영남지방 원삼국시대 토기〈樣式〉論의 제기」, 『영남고고학』31, 영남고고학회.

윤온식, 2016, 「2~4세기 동해남부지역 목곽묘의 유형과 전개」, 『중앙고고연구』20호, 중앙문화재연구원.

李健茂・李榮勳・尹光鎭・申大坤, 1989, 「창원 다호리유적」, 『考古學誌』.

李健茂, 1990, 「夫餘 合松里遺蹟 出土 一括遺物」, 『考古學誌』第2輯.

李南珪, 1993, 「1~3세기 낙랑지역의 금속기문화 – 鐵器를 중심으로」, 『韓國古代史論叢』5, 韓國古代社會研究所.

이남규, 1998, 「백제 철기의 생산과 유통에 대한 시론」, 『백제 생산기술의 발달과 유통체계 확대의 정치사회적 함의』한신대학교 학술원 편, 학연문화사.

李南珪, 1999, 「한반도의 고대국가 형성기의 철제무기의 유입과 보급 – 중국과의 비교적 시각에서 –」, 『韓國古代史研究』第16輯.

李南珪, 2005, 「한반도 서부지역 원삼국시대 철기문화 – 지역성과 전개양상의 특성 –」, 『원삼국시대 지역성과 변동』.

李南珪, 2005, 「한반도를 중심으로 한 동아시아 고대 철기 문화 연구동향 – 초기철기~원삼국시대를 중심으로 –」, 『동아시아 고대 철기문화연구, 燕國철기문화의 형성과 확산』, 국립문화재연구소.

이동관, 2013, 「韓半島南部 鐵器文化의 波動 – 初期鐵器・原三國期 鐵器의 系譜와 劃期 –」, 『中國 東北地方과 韓半島 南部의 交流』, 제22회 정기학술발표회, 영남고고학회.

이성주, 1993, 「1~3세기 가야 정치체의 성장」, 『한국고대사논총』5, 가락국사적개발연구원.

李盛周, 2000, 「考古學을 통해 본 阿羅伽耶」, 『考古學을 통해 본 加耶』, 韓國考古學會.

이성주, 2005, 「영남지방 원삼국시대 토기」, 『원삼국시대 문화의 지역성과 변동』, 제29회 한국고고학전국대회 발표요지, 한국고고학회.

李盛周·金昡希, 2000, 「蔚山 茶雲洞·中山里遺蹟의 木棺墓와 木槨墓」, 『三韓의 마을과 무덤』, 第9回 嶺南考古學會 學術發表會要旨, 嶺南考古學會.

李盛周·姜善旭, 2009, 「草堂洞遺蹟에서 본 江陵地域의 新羅化 過程」, 『강릉 초당동 유적』.

이승신, 2008, 「가야 환두대도 연구」, 홍익대학교대학원 석사학위논문.

이원태, 2022, 『영남지역 원삼국시대 토기 연구』, 동국대학교대학원 박사학위논문.

이영철, 2011, 「영산강 상류지역 취락변동과 백제화 과정」, 백제학보 6집.

李在賢, 2003, 『弁·辰韓社會의 考古學的 硏究』, 부산대학교대학원 박사학위논문.

李在賢, 2006, 「영남지역 후기와질토기의 문양 성격」, 『石軒鄭澄元敎授停年退任紀念論叢』.

이재현, 2012, 「묘제로 보는 초기철기·원삼국시대의 상한과 하한 – 연구 성과와 과제를 중심으로 –」, 『선사에서 역사로 – 초기철기시대·원삼국시대 상한과 하한』영남고고학회·한국상고사학회 주최 학술워크샵.

李在興, 2009, 「경주와 경산지역의 중심지구 유적으로 본 4~5세기 신라의 변모」, 『韓國考古學報』제70집, 韓國考古學會.

이주헌, 2009, 「영남지역 무기·무구부장묘와 피장자의 성격」, 『갈등과 전쟁의 고고학』제33회 한국고고학 전국대회, 한국고고학회.

이창희, 2010, 「점토대토기의 실연대 – 세형동검문화의 성립과 철기의 출현연대 –」, 『문화재』43-3, 국립문화재연구소.

李淸圭, 2007, 「石劍, 銅劍, 그리고 鐵劍」, 『石心鄭永和敎授 停年退任記念 天馬考古學論叢』, 석심정영화교수 정년퇴임논총 간행위원회.

이청규, 2014, 「遼東·西北韓의 初期鐵器文化와 衛滿朝鮮」, 『동북아역사논총』44, 동북아역사재단.

이춘선, 2020, 「4~6世紀 鐵鋌副葬을 통해 본 金官加耶 交易網의 變化」, 『영남고고학』86호, 영남고고학회.

이춘선, 2021, 『가야 남부 세력의 형성과 전개』, 경북대학교대학원 박사학위논문.

李漢祥, 2004, 「삼국시대 환두대도의 제작과 소유 방식」, 『한국고대사연구』36, 한국고대사학회.

李漢祥, 2006, 「裝飾大刀로 본 百濟와 加耶의 交流」, 『百濟硏究』第43輯, 충남대학교 백제연구소.

李漢祥, 2010, 「대가야의 성장과 용봉문대도문화」, 『신라사학보』18, 신라사학회.

李漢祥, 2012, 「百濟 大刀의 環頭 走龍紋 檢討」, 『考古學探究』12, 考古學探究會.

이현우, 2019, 「기원전 6~1세기 중국 동북지방과 한반도의 마구」, 『북방의 재인식 우리 고대문화 연구에서의 함의』제52회 한국상고사학회 학술대회, 한국상고사학회·국립문화재연구소.

이현우, 2019, 「기원전 6~1세기 중국 동북지방과 한반도의 마구」, 『북방의 재인식 우리 고대문화 연구에서의 함의』제52회 한국상고사학회 학술대회, 한국상고사학회·국립문화재연구소.

이현우, 2020, 「기원전 1세기~기원후 1세기 한반도 남부지역 초현기 마구의 계통과 성격」, 『한반도 고대 주요 마구 자료집』, 국립문화재연구소.

李賢珠, 2005, 「三韓·三國時代 釜山地域 軍事組織의 考古學的 硏究」, 釜山大學校 碩士學位論文.

이현주, 2009, 「한국 고대갑주연구의 현황과 과제」, 『韓國의 古代甲冑』 복천박물관 학술연구총서 제31집, 복천박물관.

이현주, 2010, 「4~5세기 부산·김해지역 무장체제와 지역성」, 『영남고고학』제54집, 영남고고학회.

李賢惠, 1984, 『三韓社會形成過程研究』, 一潮閣.

李熙濬, 1996, 「낙동강 以東지방 4·5세기 고분자료의 정형성과 그 해석」, 『4·5세기 한일고고학』, 제2회 영남·구주학회 합동고고학대회 발표요지.

李熙濬, 1996, 「신라의 성립과 성장과정에 대한 고찰」, 『신라고고학의 제문제』한국고고학회.

이희준, 1998, 『4~5세기 新羅의 考古學的 硏究』, 서울대학교대학원 박사학위논문.

이희준, 2002, 「초기 진·변한에 대한 고고학적 논의」, 『진·변한사연구』경상북도, 계명대학교 한국학연구원.

임영희, 2011, 「嶺南地域 原三國期 鐵劍·環頭刀의 地域別 展開過程」, 『嶺南考古學』제59집, 영남고고학회.

임효택, 2000, 「金海 良洞里 古墳群 調査와 그 成果」, 『金海良洞里古墳文化』, 동의대학교박물관.

장기명, 2014, 「경주지역 원삼국시대 분묘의 철기부장유형과 위계」, 『한국고고학보』제92집, 한국고고학회.

장기명, 2024, 『철 생산과 의례를 통해 본 사로국의 형성과 성장』, 경북대학교대학원 박사학위논문.

張相甲, 2010, 「後期加耶의 軍事組織에 대한 硏究」, 『영남고고학』54집, 嶺南考古學會.

張相甲, 2021, 「가야 철촉의 변천과 보유양상」, 『가야 전사의 무기』, 2021년 국립김해박물관 가야학술제전.

정동민, 2008, 「高句麗 重裝騎兵의 特徵과 運用形態의 變化-古墳壁畵資料를 중심으로」, 『한국고대사연구』제52집, 韓國古代史研究.

정인성, 2013, 「衛滿朝鮮의 鐵器文化」, 『白山學報』96, 白山學會.

정인성, 2014, 「燕式토기문화의 확산과 후기 고조선의 토기문화 – 세죽리·연화보유형의 이해를 바탕으로」, 『白山學報』100, 白山學會.

정인성, 2016, 「燕系 鐵器文化의 擴散과 그 背景」, 『嶺南考古學』74號, 영남고고학회.

조성윤, 2006, 「慶州 隍城洞 原三國時代 墳墓 出土 鍛造鐵斧에 대하여, 新羅形成의 秘密 – 慶州 隍城洞 遺蹟의 最近 研究成果 –」, 『第5回 古墳研究會 學術세미나』, 古墳研究會.

趙榮濟, 1992, 「신라와 가야의 무기·무구 – 용봉문대도와 삼루환두대도 –」, 『한국고대사논총』3, 한국고대사회연구소.

주보돈, 2002, 「辰·弁韓의 成立과 展開」, 『진·변한사 연구』, 경상북도·계명대학교 한국학연구원.

조상기, 2015, 『청주지역 백제토기 전개과정과 고대 정치체』학술총서 21, 중앙문화재연구원.

崔秉鉉, 2014, 「초기 등자의 발전」, 『중앙고고연구』14, 중앙문화재연구원.

崔秉鉉, 2015, 「신라 조기 경주지역 목곽묘의 전개와 사로국 내부의 통합과정」, 『한국고고학보』제95집, 한국고고학회.

崔秉鉉, 2017, 「신라 전기 경주 월성북고분군으 계층성과 복식군」, 『한국고고학보』제104집, 한국고고학회.

최병현, 2018, 「원삼국시기 경주지역 목관묘」, 『목곽묘 전개와 사로국』중앙고고연구27호, 중앙문화재연구원.

최영민, 2016, 『古代 韓半島 中部地域의 製鐵技術 研究』, 한신대학교대학원 박사학위논문.

최종규, 1992, 「濟羅耶의 文物交流 – 百濟金工II –」, 『백제연구』23, 충남대학교 백제연구소.

崔鐘來, 2007, 「江陵 草堂洞古墳群의 築造集團에 대하여」, 『嶺南考古學』42號, 嶺南考古學會.

최종택, 2009, 「벽화와 유물을 통해 본 고구려의 군사체계」, 『갈등과 전쟁의 고고학』제33회 한국고고학 전국대회, 한국고고학회.

하대룡, 2020, 「신라 고분의 착장 이식에 따른 부장 양상 차별화와 그 의미」, 『한국고고학보』제114집, 한국고고학회.

하승철, 2012, 「고고자료를 통해 본 창녕 계성고분군의 위상」, 『계성고분군의 역사적 의미와 활용방안』, 경남발전연구원 역사문화센터.

하승철·김승신·최영준, 2013, 「V.고찰 – 3. 삼가고분군 출토 삼국시대 철기에 대한 검토」, 『합천 삼가고분군(II지구)』, 慶南發展研究院 歷史文化센터·부산지방국토관리청.

한옥민, 2021, 「함평 신덕 1호분 출토 개배류 검토」, 『咸平 禮德里 新德古墳』, 國立光州博物館·全羅南道·咸平郡.

咸舜燮, 2010, 「皇南大塚을 둘러싼 論爭, 또 하나의 可能性」, 『황남대총』, 국립경주박물관.

함순섭·박양진, 1998, 「천안 청당동유적을 통해 본 마한의 대외교섭」, 『백제연구총서』6, 충남대학교 백제연구소.

洪志潤, 2003, 「尙州地域 5世紀 古墳의 樣相과 地域政治體의 動向」, 『영남고고학』56, 영남고고학회.

金宇大, 2011, 「제작기법을 중심으로 본 백제·가야의 장식대도」, 『영남고고학』59집, 嶺南考古學會.

高久健二, 1992, 「韓國出土 鐵鉾의 傳播過程에 대한 硏究」, 『考古歷史學志』第8輯, 東亞大學校博物館.

高田貫太, 2003, 「5, 6世紀 洛東江以東地域과 日本列島의 交涉에 관한 豫察」, 『韓國考古學報』제50집, 韓國考古學會.

高田貫太, 2021, 「함평 신덕 1호분 출토 관, 식리에 대하여」, 『咸平 禮德里 新德古墳』, 國立光州博物館·全羅南道·咸平郡.

土屋隆史, 2021, 「함평 신덕 1호분 출토 개배류 검토」, 『咸平 禮德里 新德古墳』, 國立光州博物館·全羅南道·咸平郡.

井上主稅, 2006, 『영남지방 출토 왜계유물로 본 한일교섭』, 경북대하교대학원 박사학위논문.

高田貫太, 2005, 『日本列島 5, 6世紀 韓半島系 遺物로 본 韓日交涉』경북대학교대학원 박사학위논문.

諫早直人, 2007, 「製作技術로 본 夫餘의 轡와 韓半島 南部의 初期 轡」, 『嶺南考古學』43號, 嶺南考古學會.

細川晋太郎, 2012, 「한반도출토 筒形銅器의 제작지와 부장배경」, 『韓國考古學報』85, 韓國考古學會.

대한민국 국립중앙박물관·몽골국립역사박물관·몽골과학아카데미 고고학연구소, 2003, 『몽골 호드긴 톨고이 흉노 무덤』한-몽 공동학술조사보고 제3책.

도록

국립대구박물관, 2007, 『한국의 칼』, 통천문화사.

국립중앙박물관, 2010, 『황남대총』. 국립중앙박물관문화재단.

국외 논문

町田章, 1976, 「環頭の系譜」, 『研究論集Ⅲ』 奈良国立文化財研究學報28, 奈良国立文化財研究所.

町田章, 1997, 「加耶의 環頭大刀와 王權」, 『加耶諸國의 王權』, 신서원.

穴澤咊光·馬目順一, 1976, 「龍鳳文環頭大刀試論-韓國出土例を中心として-」, 『백제연구』7, 충남대학교 백제연구소.

穴澤咊光·馬目順一, 1993, 「陝川玉田出土의 環頭大刀群의 諸問題」, 『古文化談叢』30, 九州古文化研究會.

穴澤咊光·馬目順一, 2000, 「出羽出土の韓半島系環頭大刀」, 『淸溪史學』16·17, 한국정신문화연구원 청계사학회.

新納泉, 1982, 「単竜·単鳳環頭大刀の編年」, 『史林』第65第4號, 史學研究會.

新納泉, 1987, 「戊辰年銘大刀と裝飾付大刀の編年」, 『考古學研究』第34卷3號, 考古學研究會.

大谷晃二, 2005, 「日韓の龍鳳文環頭大刀の展開」, 『古墳出土金工製品の日韓比較研究』大阪府文化財センター.

大谷晃二, 2006, 「龍鳳文環頭大刀研究の覚え書き」, 『財團法人お大阪府文化財センター·日本民族集落博物館·大阪府立弥生文化博物館·大阪府近つ飛鳥博物館共同研究成果報告書』.

持田大輔, 2007, 「裝飾大刀の導入と展開」, 早稻田大學博士學位論文.

持田大輔, 2010, 「含玉系單龍鳳環頭文大刀의 檢討-日本列島および朝鮮半島出土例より-」, 『比較考古學의 新地平』, 同成社.

持田大輔, 2011, 「含玉系單龍鳳環頭文大刀의 檢討-日本列島および朝鮮半島出土例より-」, 『比較考古學의 新地平』, 同成社.

金宇大, 2011, 「裝飾付環頭大刀の技術系譜と傳播-朝鮮半島東南部出土資料を中心に-」, 『古文化談叢』66, 九州古文化研究會.

朴天秀, 1999, 「裝飾鐵鉾の性格と地域性」, 『國家形成期の考古學』大阪大學考古學研究室10周年記念論集

高田貫太, 1998, 「古墳副葬鐵鉾の性格」, 『考古學研究』第45卷第1號.

松木武彦, 1992, 「古墳時代前半期におけるの武器·武具の革新とその評価-軍事組織の生成に関する-

試考-」,『考古学研究』第39巻, 考古学研究会.

松木武彦, 1994,「古墳時代の武器・武具および軍事組織研究の動向」,『考古学研究』第41巻, 考古学研究会.

田中晋作, 1993,「武器の所有形態からみた常備軍成立の可能性について-百舌鳥・古市古墳群を中心に-」,『古代文化』第45巻, 古代学協会.

菅谷文則, 1975,「前期古墳の鉄製ヤリとその社会」,『橿原考古学研究所論集 創立三十五周年記念』, 吉川弘文館.

豊島直博 2001,「古墳時代後期における直刀の生産と流通-近畿地方を中心に-」,『考古学研究』48-2, 考古学研究会.

豊島直博, 2006,「三燕および日本出土鉄製刀剣の比較研究」,『東アジア考古学論叢-日中共同研究論文集-』日本奈良文化財研究所・中国遼寧省文物考古研究所.

豊島直博, 2010,「第3節 武器副葬の拡大と軍事組織の形成」,『鉄製武器の流通と初期国家形成』研究論集16, 奈良文化財研究所.

石川岳彦・小林青樹, 2012,「春秋戰國期の燕国における初期鐡器と東方への拡散」,『国立歴史民俗博物館研究報告』167, 国立歴史民俗博物館.

岡村秀典, 2007,「中国鏡から原三国時代の歴年代」,『第19回 東アジア古代史・考古学研究交流會』, 東アジア考古学會.

諫早直人, 2005,「原三國時代における鐡製轡製作技術の特質」,『朝鮮古代研究』第6號, 朝鮮古代研究刊行會.

鈴木一有, 2018,「朝鮮半島出土の倭系武装具にみる相互交流」,『日韓交渉の考古学』,「日韓交渉の考古学-古墳時代-」研究会・「韓日交渉の考古学-三国時代-」研究会.

禹在柄, 1998,『國家形成期武器の武装』, 大阪大學校博士學位論文.

禹炳喆, 2012,「韓半島南部地域における鐡器文化の成立と發展」,『みずほ(MIZUHO)』43号, 日本 大和弥生文化會.

金榮珉, 2018,「韓国出土帶金式短甲の諸問題」,『日韓交渉の考古学』,「日韓交渉の考古学-古墳時代-」研究会・「韓日交渉の考古学-三国時代-」研究会.

金在弘, 2011,「三国時代漁具の分布地域と政治圏域」,『日韓交渉の考古学』,「日韓交渉の考古学-古墳時代-」研究会.

金赫中, 2018,「古代札甲を通じてみた日韓交渉」,『日韓交渉の考古学』,「「日韓交渉の考古学-古墳時

代-」硏究会·「韓日交渉の考古学-三国時代-」硏究会.

李賢珠, 2018,「三国時代おける武裝体系の変化と地域性」,『日韓交涉の考古学』,「日韓交涉の考古学-古墳時代-」硏究会·「韓日交渉の考古学-三国時代-」硏究会.

日本 奈良文化財硏究所·飛鳥資料館, 2007,『三燕文化の考古新發見』.

Clarke, G.(1976), "Prehistory since Childe", Bulletin of Archaeology, London.

Steward, J. H, 1955,『Theory of Culture Change』.

Balee, W, 1998,「Advances in Historical Ecology」,『Introduction』, New York: Columbia University Press.

Renfrew, C. 1986.「Introduction: peer polity interaction and socio-political change」, *Peer Polity Interaction and Socio-Political Change*. Cambridge: Cambridge University Press.

Renfrew, C. and Bahn, P. 2004, *ARCHAEOLOGY Theories, Methods and Practice*. London: Thames and Hudson.

Renfrew, C. and Bahn, P. (eds). 2005, *ARCHAEOLOGY-The Key Concepts-*. New York: Routledge.

Renfrew, C. and Bahn, P. 이희준譯, 2006,『현대고고학의 이해 *ARCHAEOLOGY Theories, Methods and Practice.*』, 사회평론.

사진제공 기관(가나다 순)

국립경주박물관

국립경주문화유산연구소

국립나주문화유산연구소

국립대구박물관

국립문화유산연구원

국립중앙박물관

(재)성림문화재연구원

(재)영남문화유산연구원

日本 大阪大学 大学院 文学研究科

日本 奈良文化財研究所·飛鳥資料館